本成果受到中国人民大学2018年度"中央高校建设世界一流大学(学科)和特色发展引导专项资金"支持

智库丛书 Think Tank Series
国家发展与战略丛书
人大国发院智库丛书

中国小微企业发展研究报告（2019）

Research Report on the Development of
Small and Micro Enterprises in China (2019)

刘元春　邵智宝　主编

中国社会科学出版社

图书在版编目（CIP）数据

中国小微企业发展研究报告. 2019 ／ 刘元春，邵智宝主编. —北京：中国社会科学出版社，2020.6

（国家发展与战略丛书）

ISBN 978－7－5203－6401－0

Ⅰ.①中… Ⅱ.①刘…②邵… Ⅲ.①中小企业—企业发展—研究报告—中国—2019 Ⅳ.①F279.243

中国版本图书馆 CIP 数据核字（2020）第 067611 号

出 版 人	赵剑英
责任编辑	喻　苗
责任校对	胡新芳
责任印制	王　超

出　　版	中国社会科学出版社
社　　址	北京鼓楼西大街甲158号
邮　　编	100720
网　　址	http://www.csspw.cn
发 行 部	010－84083685
门 市 部	010－84029450
经　　销	新华书店及其他书店

印　　刷	北京明恒达印务有限公司
装　　订	廊坊市广阳区广增装订厂
版　　次	2020年6月第1版
印　　次	2020年6月第1次印刷

开　　本	710×1000　1/16
印　　张	33.5
插　　页	2
字　　数	375 千字
定　　价	158.00 元

凡购买中国社会科学出版社图书，如有质量问题请与本社营销中心联系调换
电话：010－84083683

版权所有　侵权必究

本书编委会

主　编：

　　刘元春　邵智宝

参与编写人（按姓氏拼音顺序）：

　　杜帼男　李　全　李　焰　李云涛　刘存亮
　　刘　芳　刘元春　罗　兴　罗　煜　马九杰
　　莫秀根　邵智宝　孙文凯　王秀平　杨　波
　　杨　东　张大伟　张培丽　张　烨　周　立
　　周　琼　朱妍妍

序 言 一

当前全球经济面临增长乏力且贸易争端不断的局面，中国经济也需要在外部环境不确定性增大条件下完成内部保增长、调结构和促转型的多重任务。可以说世界经济又来到一个十字路口，中国经济的攻坚克难也毫无疑问到了一个新阶段。在此背景下，中小微（简称小微）企业的重要性全面凸显起来。稳增长、稳就业，核心在于稳定小微企业。同时，我国整个新动能的转换，不仅仅体现在大型企业的升级，也体现在占中国经济GDP 60%以上小微企业的升级换代，体现在它的技术、管理模式、企业家精神更新之上。

小微企业，虽曰"微""小"，但就作用而言，其在国民经济构成中却占据重要位置。党的十八大以来，习近平总书记、李克强总理等党和国家领导人多次就小微企业发展、小微企业创新和小微企业减负等作出重要指示，为小微企业的发展繁荣奠定了坚实基础。从我国的实践看，小微企业贡献了全国80%的就业，70%左右的专利发明权，60%以上的GDP和50%以上的税收。小微企业作为实体经济的重要组成部分，在增加就业、促进经济增长、科技创新与社会和谐稳定等方面具有不可替代的作用，是市场经济中最活跃的细胞。从某种意义上讲，中国经济发展的好坏，就业质量的高低，人民幸福与否都要看小微企业的"脸色"。

去年习近平总书记参加民营企业座谈会，指出中小企业的关键问题和解决方案，国家对于小微企业的支持再次上升一个新台阶。目前，小微企业数量还在不断增加，产值还在不断扩大，小微企业整体持续蓬勃发展。但同时需要注意的是，小微企业在微观经营上始终面临许多风险与挑战。调研显示，随着国内外环境的变化，小微企业在市场、融资、转型等方面遇到障碍，存在着市场需求不足、产品销售困难、市场竞争压力大、企业融资难融资贵等问题。近年来，小微企业更遭遇劳动力成本、原材料成本、环境成本、税费成本等快速上升带来的利润和生存空间挤压。小微企业遇到的这些问题预计在未来相当长时间内将持续存在。党中央、国务院高度重视小微企业发展中面临的这些问题，相继出台多种举措，积极为小微企业发展创造便利、保驾护航。针对小微企业普遍存在的融资难、融资贵世界性难题，习近平总书记多次强调"要改善金融服务，疏通金融进入实体经济特别是中小企业、小微企业的管道"，要"建设普惠金融体系，加强对小微企业的金融服务"。李克强总理也在多个场合提出"小微活，就业旺，经济兴"，要求加大小微企业金融服务力度，实施小微企业普惠性税收减免政策等。可见，支持小微企业发展、扶持小微企业创新已经成为党和国家的一个重要战略部署。这些支持政策到底怎么样，以及在当下之际是否需要一些新举措，这需要我们对整个中国的小微企业状况有一个总体画像。

目前对于小微企业的划分标准不同国家不一样，不同发展阶段也不一样。对比我国和世界银行对小微企业划分的标准，可以看到我国定义的中型、小型和微型企业规模比世界银行标准高近二倍。这可能产生一定国际比较问题。比如很多机构说支持小微企业的规模很大，但是可能它的支持力度主要集中在小微企业最顶端部分。如果把小微标准适度往下压，这个问题就会出来。如果按世界银行的标准来衡量，我国对小微企业支持力度可能就不像报道中那么大。

按照我国标准，目前小微企业已经成为经济主力。截至2018年末，全国中小企业超过了3900万户，微型企业超过7000万户，这个微型企业实际上包含了个体户和农村合作社。即全国的市场主体到2018年达到了1.1亿，数量巨大。小微企业占全部市场主体的比重达到了99.6%，产出60%以上GDP、80%的就业岗位。习近平总书记和李克强总理反复强调小微活，就业稳，经济就活，很重要的一个佐证在这些数据里面。

同时，小微企业完成了超过总数一半的发明专利和新产品研发。也就是说，它们在新动能的成长中间起到最为微观基础性的作用。小微企业发展取得这些成绩，很重要的原因是这些年的政策扶植，特别是2014年双创政策。类似扶植也可以在去年出台的一系列对民营企业的政策上看到，主要政策落脚点在小微企业身上。这些企业在政策的促进下出现了明显的增长，比如说我国的市场主体同比增速在2013年只有1.7%，但是2014年就达到了25.3%。到2018年同样达到了18%的速度。小微企业发展对稳定经济增速起到了显著作用。2014年相比2013年，实际GDP增速提升了1.2个百分点。小微企业的作用从就业上面体现更明显，从国际金融危机后，GDP增长速度从11.3%一直下滑到目前6.4%，但调查失业率稳定在5%左右，每年新增城镇就业水平稳定在1300万左右这样一个规模。这背后原因在于每天近1.8万户的新企业成长托起了整个就业市场。这两年里，中国经济经受了世界经济放缓、中美贸易冲突以及内部攻坚克难三重压力，但中国经济并没有像很多人想象的那样塌下来，而是依然保持了健康的活力。它的韧劲和弹性，主要不仅体现在新动能、新经济上面，同时还体现在小微企业这一个快速发展上。

虽然小微企业在近年高速成长，对就业、新动能、增长起到支撑作用，展现了以放管服、双创战略为主体的一系列政策的良好效果。但其发展依然存在着较多问题。

第一个问题就是小微企业数量过多。2012—2018年复合增长率12.5%，绝对数量超过1亿。世界银行发布的数据统计中，各国小微企业占企业平均总数91.43%，每千人拥有的小微企业平均数量为35.75家。而我国目前每千人拥有的小微企业数量是76.9家，高出国际水平差不多一倍。我国小微企业密度也超过了99%，超过世界平均水平8%。

我国小微企业数量过多，一个原因可能是统计问题。虽然号称一亿小微企业，但估计其中有相当一部分是处于僵尸企业状态。另一个原因是在大量放管服过程中，各个地方都在进行锦标赛，各个地方都在放。对很多企业一些基本的标准，一些技术标准、环境标准等在局部一些区域都放开了。这导致企业设立没有一个真正的信号显示机制，也导致了数量过多的问题。小微企业竞争激烈，大部分处于完全竞争状态，或者超饱和竞争状态。根据一些调查数据，有30.85%的小微企业与竞争对手在50米之内，有72.43%的小微企业与竞争对手的距离在一千米之内。低门槛高竞争导致我国小企业平均寿命是3年，而美国是8年，日本是12年。

第二个问题是发展质量不高。这体现在几方面：一是盈利能力不高，应对要素成本上升能力和议价能力弱。不同于资本密集型的大企业，小微企业面对劳动力成本、原材料成本、环境成本、税费成本上升时压力更大。一些大型企业赊购欠款，所欠款的对象多是小微型企业，这反映小微企业议价能力较弱。近年一些原材料价格如能源价格一直在降价，但由于上游企业大部分是议价能力很强的大企业，原材料价格下降的红利根本没有传递到小微企业。二是平均创新比较弱，根据阿里巴巴中小企业商学院2017年的调查，有超过三分之一的企业认为自己的企业创新能力不足，同时根据中国家庭金融调查2015年数据，90%小微企业无创新活动。不可否认，目前全国一些高技术园区、产业园区孕育了一些科技型小微企业，受到很多VC、PE青睐，获得大量资金支持，成长也非常快，但大部分小微企业创新能力弱。三是产品附加值低。根据产业链分布，在附加值高的领域小微企业比例偏小。四是管理不规范。根据调查，很多最终出现跑路现象的中小企业有一些共同特点：第一个是主营业务没有坚守，企业家精神没有突出；第二个是企业的管理和治理非常紊乱，基本没有风险控制能力。五是我国中等企业偏少，小微企业发展壮大困难。我国微型企业与小型企业数量比是1.95:1，而小型企业与中型企业数量比为13.75∶1,也就是说13个小企业里面孕育1个中型企业。中国中型企业在企业数量中占比在整个世界范围内偏弱。大量的小微企业没有脱颖而出而成长为中型企业。在发展经济学里面称之为"消失的中等企业现象"。

第三个问题是中小企业融资难融资贵的问题依然存在。近年商业银行在小微企业贷款占比有所下降,很多小微企业认为融资问题仍然困扰企业。小微企业融资难融资贵的世界性问题,可能只能缓解它,很难彻底解决它。

第四个问题是政策落实需要加强。国家目前对小微企业进行了定向的优惠政策和一些普惠的优惠政策,并且从近期开始又发布新一轮优惠政策,特别是从今年4月到5月,税费进行全面减免。但调查发现,63%的小微企业没有听说过上述任何税费优惠政策。对政策了解不够与政策宣传不到位有关系,也与小微企业主基本经营素养有关。

第五个问题是小微企业信息收集困难。小微企业对国家税收优惠政策了解程度很低,其他关于小微企业本身的信息收集也很困难。目前学术界某机构尝试进行一些追踪调查,但一年失联的企业占到40%。另一机构调查发现小微企业死亡率很高,每年有16.7%的小微企业死亡。银行间信息也难以共享,需要更多数据平台支撑。

总之,党的十八大以来国家一系列政策扶持使中国小微企业出现了蓬勃发展之势,取得了稳就业、促转型效果。同时也有一些问题,如小微企业过度拥挤竞争、发展质量不高、附加值低、管理不规范、寿命较短、信息收集困难、风险较大、融资难等问题依然存在。

随着目前经济下滑压力加剧，要想稳经济，很重要就是要稳定小微企业。要使小微企业在目前的状况有稳定的预期，有充足的信心，同时也要在现有的一些政策上面进一步进行拓展支持，全面推动小微企业向高质量发展转变。比如，在营商环境还不是足够好的条件下，政府依然要发挥他在促进公平竞争上的主体性作用，解决不公平竞争和过度竞争，扶持小微企业。另外，除了创造公平竞争环境、保持法律持续性，还应改善供给侧结构。根据笔者对长三角、珠三角一些地区的调研，它们的一些新做法可以借鉴。第一，特别重要的是要为小微企业构建相应的支持平台，包括大数据、金融平台、创新平台、帮扶平台等。如果政府想点对点地对小微企业支持，由于有一亿多小微企业，这基本上是不可能的，管理成本无穷大。因此平台化、体系化支持就非常重要。第二，产业集群化，构建中小企业的产业生态。也就是说必须要梳理出大小微企业生态链，使它们的比重相对合理。很多地方以产业集群打造区域的增长极。在这样一个集群里面，一些小微企业与中型企业、大型企业对接，一种企业生态得到很好的改善。另外，虽然近年在高新和制造业这一块很多小微企业出现了，但还不够，在占比中间并没有很好地提升。对于小企业向高新技术制造业领域进行专门的支持要加大力度。最重要的是，必须从治理体系、管理体系、企业家精神培育上来加大对于小微企业促进、扶持。我们一想到小微企业首先想到的是技术和资金，而没有从它的内在动力和配置能力来进行提升。

对于小企业的孵化、培育过程中，一定要在这上面下功夫。大家看到目前很多风险投资，对于一些小企业的这种手把手的扶持，很重要的就是要建立它良好的股权结构，良好的管理体系和治理体系。经过这样的过程，现代的小微企业才能够出现，并健康壮大。第三，放管服要进一步深化。当前的"放管服"主要体现在"放"上面，"服"和"管"不足。不能放得过度以至于没有门槛，需要加大技术标准、环境标准、知识产权等门槛。我们要去掉的门槛是一种行政管控的不必要的门槛，但是一些技术性的门槛还必须要有。同时针对这些门槛所需能力提高进行平台化服务。

对小微企业进行研究，面临众多困难，但鉴于其重要性，学术界还是要进行尝试。本书的编写即来自多位相关领域研究专家和业界精英的努力。本书由刘元春教授和邵智宝先生联合主编。经济学理论离不开应用，中国邮政储蓄银行股份有限公司在支持小微企业贷款方面是领军者。因此，中国人民大学很荣幸地与邮储银行合作，利用它们的微观数据和金融实践共同研究小微企业话题。本书既有中国人民大学的学者研究，也吸纳了邮储银行多位研究者的研究成果，是理论与实践的结合。鉴于时间仓促，问题难以避免，希望读者在阅读时不吝指出。对小微企业的研究将在未来持续深化，力争做到更好。

中国人民大学校长　刘伟

序 言 二

小微企业是保障经济持续健康发展的动力之源，是推动经济结构转型升级的强大动力，是稳定就业的重要支撑。党中央国务院高度重视小微企业的发展，出台了一系列财政和货币政策，并加大简政放权和"双创"政策扶持力度，我国小微企业实现了快速发展。2019年，在中共中央政治局第十三次集体学习时，习近平总书记强调深化金融供给侧结构性改革必须贯彻落实新发展理念，强化金融服务功能，找准金融服务重点，以服务实体经济、服务人民生活为本，并指出要构建多层次、广覆盖、有差异的银行体系，改进小微企业和"三农"金融服务。李克强总理多次主持召开国务院常务会议，部署强化对小微企业的政策支持和金融服务。

近年来，政府坚定地破解小微企业融资难、融资贵这一难题，持续出台减税、定向降准及再贷款支持等政策，调动金融机构服务小微企业的积极性，大力支持小微企业发展。金融机构也不断探索新的服务和产品模式，通过科技赋能持续改善小微企业融资环境，助力小微企业健康发展。

在服务小微企业方面，邮储银行始终走在前列，义不容辞承担起大行的责任。在服务小微企业工作中，我们深刻感受到，做好小微企业金融服务，战略定位是前提，科技赋能是核心，专业专注是基础，精细管理是保障，资产质量是底线。通过这几年的摸爬滚打，逐步形成了邮储特色的小微企业服务模式。总结起来有三条：

第一，通过机构和服务"两个下沉"，打通金融服务小微企业"最后一公里"。邮储银行有近4万个网点，9.82万台自助设备（县及县以下地区），7.61万个助农金融服务点商户和近3万个客户经理，发挥"地缘、亲缘、人缘"的网络优势，将小微企业"软信息"收集和"硬信息"分析有机结合起来，有效破解信息不对称难题，将资金投入到真正需要帮助的客群，实现普惠金融的精准服务。截至2019年底，邮储银行普惠型小微企业贷款结余6532亿元，同业排名第二，增速19.85%，高于各项贷款增速2.94个百分点；贷款结余在全行各项贷款中占比超过13%，在全国银行业金融机构中排名首位，远超其他五大国有银行；结余户数151.6万户，同业排名第一。

第二，通过创新营销和产品"两大体系"，提供便捷高效的小微金融服务。邮储银行拓展线上线下一体化服务通道，搭建了手机银行、网上银行、微银行等多个线上交易平台，拥有3.18亿电子银行客户，依托14.75万台自助设备，打造全方位的小微服务平台；我们大力拓展场景服务，围绕核心企业、产业链和电商平台，为小微企业提供贷款、收单、支付、代发工资等全方位的金融服务，打造了"标准+个性"、"线上+线下"的小微产品体系。在服务过程中，小微客户的信息、信用得到进一步积累，授信额度进一步提升，实现了银行和小微客户共同成长。

第三，强化数据与科技"两大赋能"，升级小微金融服务模式。邮储银行不断推进与税务信息、政务信息、企业负面信息和用电信息等四类大数据的对接，结合行内交易信息，实现小微企业信用风险评级和客户画像，在此基础上搭建了互联网金融服务平台，开发了线上风控模型，实现自动化授信审批。同时，依托创新实验室，加大对人工智能、物联网等新技术的跟踪研究。为实现科技驱动发展，邮储银行将把每年营业收入的3%左右投入到信息科技领域。2019年，信息科技投入81.80亿元，占营业收入的2.96%，今后，投入还会持续加大，预计保持在3%左右，全面践行科技兴行战略。

为更好地反映我国小微企业运行态势，邮储银行联合经济日报社，利用客户覆盖面广、数据量大、代表性强等禀赋特征，构造了小微企业运行指数。该指数包括总指数、六个区域指数、七个行业指数以及八个分项指标，是全国第一个以月为单位专门反映小型微型企业生存发展状况的指数，全面反映不同行业、不同区域的小微企业在采购、生产、销售、融资等各个方面的运行态势与发展状况，有助于让社会更直观地把握小微企业经济运行"脉搏"，也为国家相关政策制定和产业规划提供积极的参考。

中国邮政开办储金业务已过百年，开办伊始，便提出了"人嫌细微，我宁繁琐；不争大利，但求稳妥"的经营方针，一时有"大众银行"之誉。邮储银行始终坚持服务"三农"、城乡居民和中小企业的定位，以近4万个网点为超6亿客户提供有温度的金融服务。未来，邮储银行将继续发挥优势，以客户为中心，加快构建"用户引流、客户深耕、价值挖掘"三位一体的"新零售"发展模式，努力建设成为客户信赖、特色鲜明、稳健安全、创新驱动、价值卓越的一流大型零售商业银行。

本报告由邮储银行和人民大学联合编写，收集了15篇研究成果，总结了我国小微经济现状，指出当前小微经济发展问题，提出小微企业支持政策及建议，并分别从理论研究和实践应用角度，提出了支持小微经济发展的可行方案。本书既可以作为学者们研究小微企业发展的参考资料，也可以为银行从业人员做好小微企业金融服务工作提供借鉴。

深化小微企业金融服务，既是商业银行的责任担当，也是转型发展的内在要求。下一步，邮储银行将认真落实党中央国务院决策部署和监管部门工作要求，持续加大小微企业贷款投放，在金融服务小微企业工作中展现新作为、作出新贡献。

中国邮政储蓄银行董事长

前　　言

目前，我国小微企业法人占全部市场主体的比重超过90%。小微企业对经济增长和社会发展做出了重要贡献，包括60%以上的GDP、50%以上的税收以及80%的就业岗位，同时完成了65%的发明专利和80%以上的新产品开发。然而，自2008年以来，小微企业就一直在艰难前行，虽然国家出台了大量扶持小微企业发展的政策措施，但是随着国内外环境的变化，小微企业的压力和困难却有增无减。由于统计的缺失，反映小微企业发展状况的资料多以各层面的调研为主，所有这些调研基本都显示小微企业发展遭遇较大困难。全国层面的调研显示小微企业运营压力巨大，这些调研主要有：

第一，全国工商总局自2012年开展了全国小微企业调研摸底，并于2014年发布了《全国小微企业发展报告》。报告指出，仅有12%的小微企业表示在近几年营业额快速或高速增长（增长率30%以上），其余大多数企业经营发展缓慢。且问卷调查显示，46.84%的小微企业反映市场需求不足、产品销售困难，58.08%的小微企业反映市场竞争压力加大，23.74%的小微企业反映订单不足。

第二，2012年国家统计局对全国3.9万户规模以下工业企业抽样数据显示，当年一季度工业小微企业经营状况好或很好的比例仅为21.1%。其中，微型企业经营状况好或很好的比例仅为18.3%。近五成企业反映市场需求不足、存在销售困难，近六成企业反映面临的市场竞争压力大，"订单荒"现象普遍存在。

第三，北京大学中国社会科学调查中心的中国企业创新创业调查项目发现，失联企业增多，根据他们的初步估算，2018年失联企业占到40%左右。

第四，西南财经大学中国家庭金融调查（CHFS）数据表明，近年来，经济环境状况欠佳、市场竞争日趋激烈，小微企业死亡率高，亏损企业比例持续增加。每年有16.7%的小微企业死亡。亏损小微企业比重由2013年的6.2%上升至2017年的17.7%。

第五，经济日报—中国邮政储蓄银行小微企业运行指数持续走低。该指数所有指标均为正向指标，取值范围为0—100，50为临界点，表示一般状态，指数大于50时，表示企业情况向好；指数小于50时，表示企业情况趋差。自2014年12月以来，小微企业运行指数一直处于临界点以下，并不断下行，2016年7月达到统计以来的最低点45.6，直到2019年2月份，小微企业运行指数仅有46.2，说明小微企业运行状况不容乐观。其中建筑业和制造业小微企业运行指数最低，分别为43.5和44.2。

同时，一些局部调研发现地区差异较大。2017年国家统计局上海调查总队对上海小微企业发展情况进行调查发现，被调查企业整体经营状况不乐观。超过半数企业（54.4%）全年营业收入低于200万元，仅三成企业营业收入比2014年增加。从收益情况看，

32.9%企业盈利，35.4%盈亏基本平衡，另有31.7%亏损。创业阶段企业更为困难，仅一成企业盈利，处于亏损的企业高达55.0%。企业对经营状况总体评价较低，认为情况良好的企业不及两成（17.9%），认为一般和不佳分别占62.0%和20.1%。而2017年浙江发布《浙江省新设小微企业活力指数报告》调研摸底了浙江60余万家2014年至2016年三年新设的小微企业。调研显示，2014年至2016年，全省三年累计新增小微企业66.13万家，净增59.03万家；平均每年新设22.04万家，年增长率超过20%。新设小微企业活力指数上涨13.68个百分点，达113.68点，显示2014—2016年浙江新设小微企业富有活力。

综合全国和地方层面相关数据，小微企业整体运营状况不乐观，处于相对萎靡时期，只有浙江小微企业在2014—2016年三年间比较有活力，但由于2018年大量小微企业遭遇更加困难局面，浙江小微企业状况尚不可知。

另一指标可以从侧面显示我国小微企业生存状况，即新设企业活跃度。新设企业基本以小微企业为主，新设企业的活跃程度彰显了大家对未来经济的预期和信心，也直接反映了企业的生存状况。受到党的十八届三中全会通过的《中共中央关于全面深化改革若干重大问题的决定》鼓励，2014年我国企业活力迸发，新登记注册企业增加365.1万户，增速高达45.9%。2015年和2016年得益于商事制度改革，新增企业数量保持了较快增长，分别增加443.9万户和552.8万户，增速均保持在20%以上，分别为21.6%和24.5%。然而，2017年和2018年，新增企业数量增速明显下降，增速仅为

9.9%和10%。与此同时,企业注销数量快速增加,2014—2018年,年度注销企业数分别为50.59万、78.84万、97.46万、124.35万和181.35万,新设企业与注销企业数量比值明显下降,从2014年的7.22∶1下降到2018年的3.69∶1,这意味着,2014年时平均每新增7.22家企业会有1家注销,但到2018年每新增3.69家就有1家注销,比率近乎上升了1倍。可见,小微企业生存面临巨大压力,从而影响了新设企业积极性,注销企业增加。

以上现象引导了本书各章的研究。以下各章中,我们首先描述小微企业现状,包括整体画像、发展中典型问题和技术应用现状。之后,我们对支持小微企业发展进行了理论分析,最后是具体应用分析。在这些基础上我们提出了政策建议。以上几篇共十五章内容构成了本书结构。

目 录

第一篇 小微企业现状及问题 ……………………………（1）

第一章 小微企业发展状况、问题与前景分析 ……………（3）

第二章 小微企业发展运行指标对比分析 …………………（78）

第三章 "消失的中间段"？
　　　　——我国中小企业融资能力分析 …………………（127）

第四章 城市化进程中的农村金融服务 ……………………（156）

第五章 数字金融助力小微企业发展状况分析 ……………（189）

第二篇 小微企业支持（理论分析） ………………………（211）

第六章 小微金融（普惠金融）理论综述 …………………（213）

第七章 中国农村金融七十年的政治经济逻辑
　　　　（1949—2019） ……………………………………（238）

第八章 科技金融促进小微金融发展 ………………………（278）

第九章 农村金融发展问题与基于价值链金融创新的
　　　　解决路径 ………………………………………（314）

第十章 小微企业信用评价 …………………………………（352）

第三篇 小微企业支持（应用分析）……………………（375）

第十一章 中国邮政储蓄银行普惠金融服务的"四三二"模式 …………………………………………（377）

第十二章 中国邮政储蓄银行小微企业运行指数体系建设及融智运用成效 ………………………（406）

第十三章 国内数字化普惠金融服务研究 ……………（429）

第十四章 小微企业信贷客户隐性负债识别与应对方法研究 …………………………………………（451）

第十五章 大数据驱动下商业银行小微信贷营销模式……（470）

支持小微企业的政策建议 ………………………………（483）

主要参考文献 ……………………………………………（497）

第一篇

小微企业现状及问题

第一章

小微企业发展状况、问题与前景分析

◇ 一 我国小微企业发展状况

（一）小微企业概念理解

在本书大部分章节，中型企业也和小微企业一起，简称为小微企业。小型企业是有别于大型企业的另一类企业。对小型企业的界定最早源自世界银行、联合国、世界贸易组织（WTO）、OECD 等国际组织。企业划型标准并不统一，依各个国家和国际组织的特定条件而有所差异。最早的说法是中小企业（small and medium sized enterprises，SMEs），近年来开始出现中小微企业的说法（micro-small and medium sized enterprises，MSMEs），即在中小企业基础上加入微型企业。但无论是中小企业还是中小微企业，均是有别于大型企业、有自己独到特征的一类企业。现代经济中，小型企业与大型企业的区别不仅仅是规模差异，在产业链、管理、融资、创新、发展等方面均有很明显的差异。对中小/中小微企业的划分，不仅代表了人们对小型经济活动主体独特性的认同，更反映了各国政府以及国际组织对其高度关注并给予政策扶植的实践趋势。

如何根据企业规模划分大型企业和小微企业？国际上并没有完全一致的标准，但为多数国家和组织接受的标准是雇员人数、销售额、资产总额、借款额。我国官方对企业划型最早是2003年，由四部委颁发中小企业标准。2011年四部委提出更完善的划型标准，明确增加微型企业的说法；2017年又进行小范围修订[①]。根据《统计上大中小微型企业划分办法（2017）》划分标准，就业人数在300人以下、营业收入在3亿元以下者为小微企业，但不同行业有较大差异。按照世界银行的标准，中小微企业的雇员在300人以下，营业收入在1500万美元（约亿元人民币）以下。显然，我国的企业划型标准略高于世界银行标准。

表1-1　　　　　　　　中小微企业划型标准比较

类型	按雇员数目		按营业收入	
	中国标准	世界银行标准	中国标准（万元人民币）	世界银行标准（万美元）
中型企业	100—300人	50—300人	3000—30000（450万—4500万美元）	300—1500

---

① 相关政策文件：国家工业和信息化部、国家发展计划委员会、财政部、国家统计局《关于印发中小企业标准暂行规定的通知》，国经贸中小企〔2003〕143号；工业和信息化部、国家统计局、国家发展和改革委员会、财政部《关于印发中小企业划型标准规定的通知》，工信部联企业〔2011〕300号；国家统计局关于印发《统计上大中小微型企业划分办法（2017）》的通知，2018年1月。

续表

类型	按雇员数目		按营业收入	
	中国标准	世界银行标准	中国标准（万元人民币）	世界银行标准（万美元）
小型企业	10—100人	10—50人	500—3000（75万—450万美元）	10—300
微型企业	<10人	<10人	<500（<75万美元）	<10

注：中国标准是按照工信部2017年标准，取行业平均数。

表1-2　　　　　　大中小微型企业划分标准（2017年）

行业名称	指标名称	计量单位	大型	中型	小型	微型
农、林、牧、渔业	营业收入（Y）	万元	Y≥20000	500≤Y<20000	50≤Y<500	Y<50
工业	从业人员（X）	人	X≥1000	300≤X<1000	20≤X<300	X<20
	营业收入（Y）	万元	Y≥40000	2000≤Y<40000	300≤Y<2000	Y<300
建筑业	营业收入（Y）	万元	Y≥80000	6000≤Y<80000	300≤Y<6000	Y<300
	资产总额（Z）	万元	Z≥80000	5000≤Z<80000	300≤Z<5000	Z<300
批发业	从业人员（X）	人	X≥200	20≤X<200	5≤X<20	X<5
	营业收入（Y）	万元	Y≥40000	5000≤Y<40000	1000≤Y<5000	Y<1000
零售业	从业人员（X）	人	X≥300	50≤X<300	10≤X<50	X<10
	营业收入（Y）	万元	Y≥20000	500≤Y<20000	100≤Y<500	Y<100
交通运输业	从业人员（X）	人	X≥1000	300≤X<1000	20≤X<300	X<20
	营业收入（Y）	万元	Y≥30000	3000≤Y<30000	200≤Y<3000	Y<200
仓储业	从业人员（X）	人	X≥200	100≤X<200	20≤X<100	X<20
	营业收入（Y）	万元	Y≥30000	1000≤Y<30000	100≤Y<1000	Y<100
邮政业	从业人员（X）	人	X≥1000	300≤X<1000	20≤X<300	X<20
	营业收入（Y）	万元	Y≥30000	2000≤Y<30000	100≤Y<2000	Y<100
住宿业	从业人员（X）	人	X≥300	100≤X<300	10≤X<100	X<10
	营业收入（Y）	万元	Y≥10000	2000≤Y<10000	100≤Y<2000	Y<100
餐饮业	从业人员（X）	人	X≥300	100≤X<300	10≤X<100	X<10
	营业收入（Y）	万元	Y≥10000	2000≤Y<10000	100≤Y<2000	Y<100

续表

行业名称	指标名称	计量单位	大型	中型	小型	微型
信息传输业	从业人员（X）	人	X≥2000	100≤X<2000	10≤X<100	X<10
	营业收入（Y）	万元	Y≥100000	1000≤Y<100000	100≤Y<1000	Y<100
软件和信息技术服务业	从业人员（X）	人	X≥300	100≤X<300	10≤X<100	X<10
	营业收入（Y）	万元	Y≥10000	1000≤Y<10000	50≤Y<1000	Y<50
房地产开发经营	营业收入（Y）	万元	Y≥200000	1000≤Y<200000	100≤Y<1000	Y<100
	资产总额（Z）	万元	Z≥10000	5000≤Z<10000	2000≤Z<5000	Z<2000
物业管理	从业人员（X）	人	X≥1000	300≤X<1000	100≤X<300	X<100
	营业收入（Y）	万元	Y≥5000	1000≤Y<5000	500≤Y<1000	Y<500
租赁和商务服务业	从业人员（X）	人	X≥300	100≤X<300	10≤X<100	X<10
	资产总额（Z）	万元	Z≥120000	8000≤Z<120000	100≤Z<8000	Z<100
其他未列明行业	从业人员（X）	人	X≥300	100≤X<300	10≤X<100	X<10

（二）我国小微企业数量、就业人员情况

1. 小微企业数量

小微企业从是否正式注册来看，分正式注册和非正式注册两种，正式注册的企业形式有股份制企业和合伙人制企业、个体工商户；非正式注册的经营形式主要是个体农户以及部分个体工商户。

由于我国目前尚缺乏按照上述界定对小微企业的完整统计数据，只能根据不同时期的不同数据来源分别分析。目前关于小微企业的政府部门统计数据主要来自国家统计局、国家市场监督管理局和工业信息产业部。

按照我国小微企业划型标准以及全国第三次经济普查数据测

第一章 小微企业发展状况、问题与前景分析

算,以工业为例,大型企业占企业总数的0.4%,中型企业占2.4%,小型企业占33%,微型企业占64.2%,小微企业合计占比99.6%。根据国家工商总局对我国实有企业数的统计,2012—2018年我国小微企业的数量估计见表1-3和图1-1。可以看到,这段

表1-3　　　　　　　　我国小微企业数量　　　　　　（单位:万个）

	2012	2013	2014	2015	2016	2017	2018
市场主体	5436	5527.7	6929.3	7746.9	8705.4	9814.9	11020
大型企业	21.7	22.1	27.7	31.0	34.8	39.3	44.1
非大型企业	5414.3	5505.6	6901.6	7715.9	8670.6	9775.6	10975.9
其中:中型企业	130.5	132.7	166.3	185.9	208.9	235.6	264.5
小型企业	1793.9	1824.1	2286.7	2556.5	2872.8	3238.9	3636.6
微型企业	3489.9	3548.8	4448.6	4973.5	5588.9	6301.1	7074.8

资料来源:国家统计局《2013年全国第三次经济普查》,市场监督管理局、工业和信息化部《中国中小企业年鉴2017》。

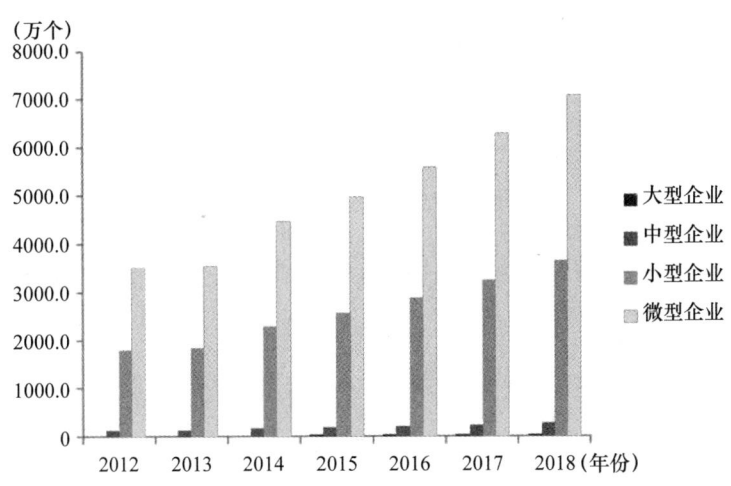

图1-1　我国大中小微企业数量变化趋势（2012—2018年）

时间企业数量年复合增长率达到12.5%，小微企业数量绝对数增长破亿。

从微型企业的典型——个体户的情况看（见图1-2），2005—2018年，中国的个体户户数从2464万增长到7328.6万，增长了205%。

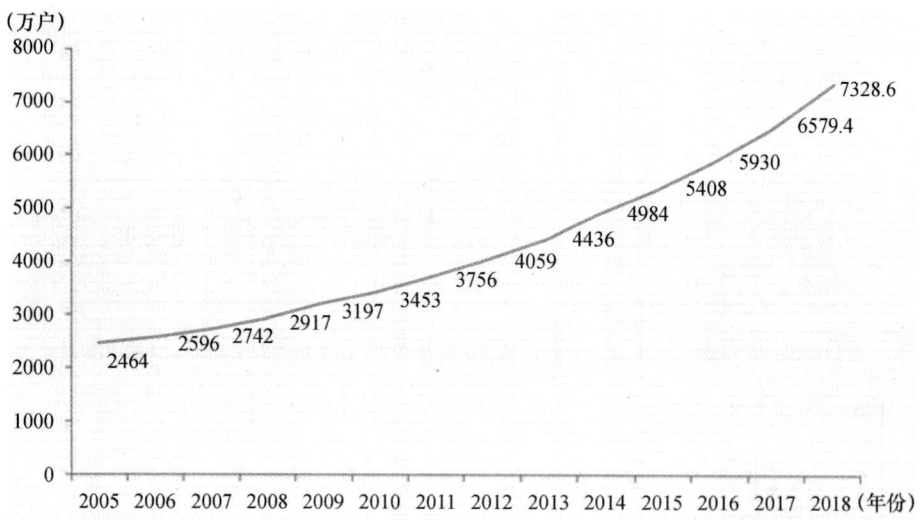

图1-2 中国个体工商户户数（2005—2018年）

资料来源：《中国统计年鉴》。

虽然绝对数量显著增长，并且按照千人企业数超过了世界平均水平，但相比于美国每十人一家企业的标准，我国企业数量上应该还存在一定空间。这个空间从绝对量上看主要应该是由小微企业填充。

2. 小微企业与就业

我国小微企业吸纳了大量就业人群。按照2013年第三次全国经济普查，大型企业就业人数占全部工业企业就业数量的24.5%，中型企业占22.5%，小型企业占41.1%，微型企业占11.9%，小微企业就业占比合计为75.5%。按照这个比率对全国就业人口做测算，可以得到就业人数在各类型企业中的分布（见表1-4）。

表1-4　　我国小微企业吸纳就业的能力（2013—2017年）　（单位：万人）

年度	2013	2014	2015	2016	2017
总就业人口	76977	77253	77451	77603	77640
大型企业	18859.37	18926.99	18975.50	19012.74	19021.80
非大型企业	58117.64	58326.02	58475.51	58590.27	58618.20
其中：中型企业	17319.83	17381.93	17426.48	17460.68	17469.00
小型企业	31637.55	31750.98	31832.36	31894.83	31910.04
微型企业	9160.26	9193.11	9216.67	9234.76	9239.16

资料来源：《中国统计年鉴2017》，《中国中小企业年鉴2017》。

由于工业对劳动力技术水准要求相对服务业、农业要高，按照工业企业就业比率测算的小微企业就业人数可能相对偏低。为此，我们选择个体工商户就业情况做补充分析。

2005—2018年，全国个体工商户就业人数从4900万增长到16037.6万，增长了227%，平均每户从业人数基本稳定在2.08人左右。同期中国大陆总人口仅仅增长了 6.7%①，全社会总就业人口数从 75825 万人增长到 77451 万人，增长 2.1%（见图 1-3）。从就业占比上来看，2005—2018 年个体户就业人数占总的就业人口比重从 6.57% 增长到 20.67%②（见图 1-4）。这些数据说明，近十几年来小微企业创造了大量就业机会，很多人通过创业实现自我就业，并且该趋势还在加快发展。小微企业已经成为并更加成为我国解决就业问题、实现经济增长的重要渠道。

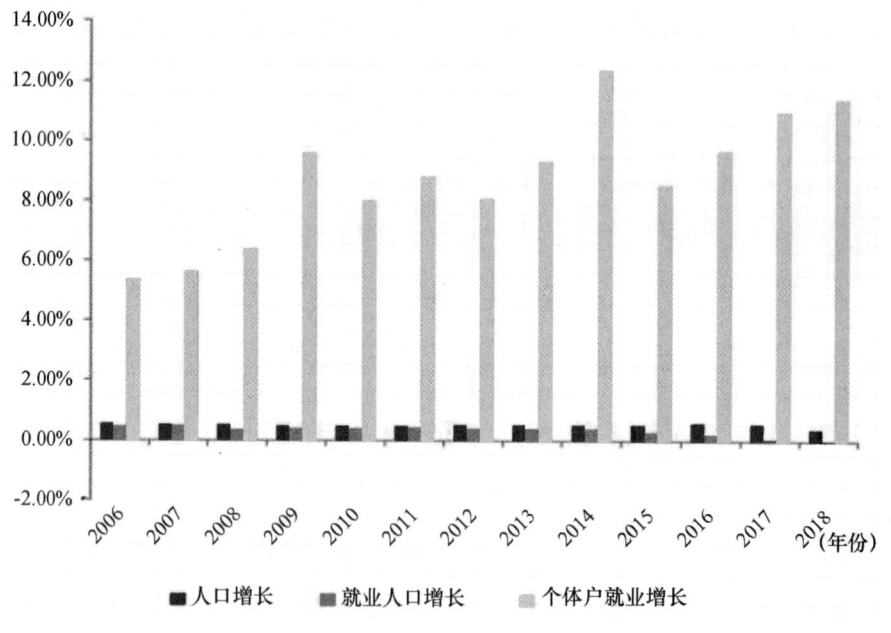

图 1-3　个体户就业增长速度（2006—2018 年）

---

① 同期，中国大陆总人口从 2005 年的 130756 万人增长到 2015 年的 137462 万人，数据来源为《中国统计年鉴》。

② 2015 年底全国就业总人数为 77451 万，数据来源为《中国统计年鉴》。

第一章 小微企业发展状况、问题与前景分析　11

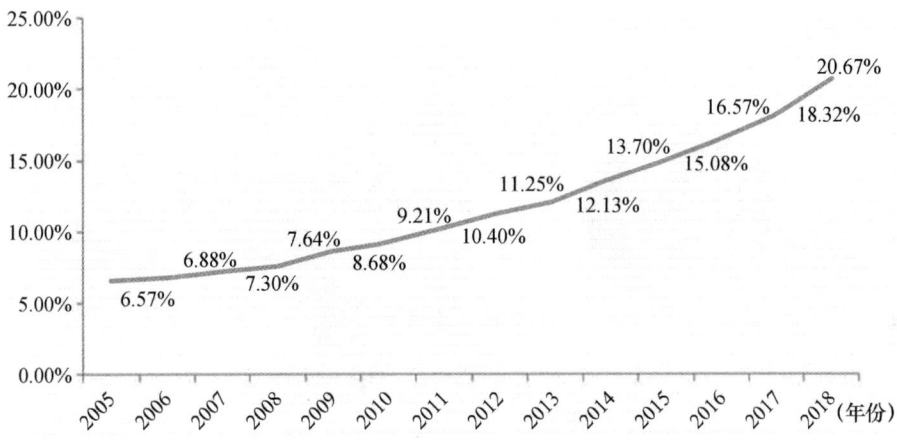

图1-4　个体户就业者占社会总就业者比重（2005—2018年）

3. 小微企业的所有制结构

小微企业涵盖各类企业所有制形式。根据第三次全国经济普查数据，在785万个小微企业法人单位中，私营企业占比69.50%，构成了我国小微企业的主体（见图1-5）。各所有制内部小微企业的占比略有区别：私营企业小微企业的比重最高，80.72%的私营企业均为小微企业；外资企业小微企业的比重最低，这与外资企业规模相对较大有关，仅53.94%的企业符合小微企业标准；国有、集体企业小微企业占61.39%。虽然2018年普查数据尚未公布，但在所有制维度上应该变动不大。可以看到小微企业国企比例很低，是民营经济活力载体。

在第三次经济普查中，在小微企业法人单位就业人数有1.47亿，其中私营企业中从业人员有8918万，占全部法人单位从业人员的25.63%，成为小微企业就业的重要承担者（见图1-6）。

第一篇 小微企业现状及问题

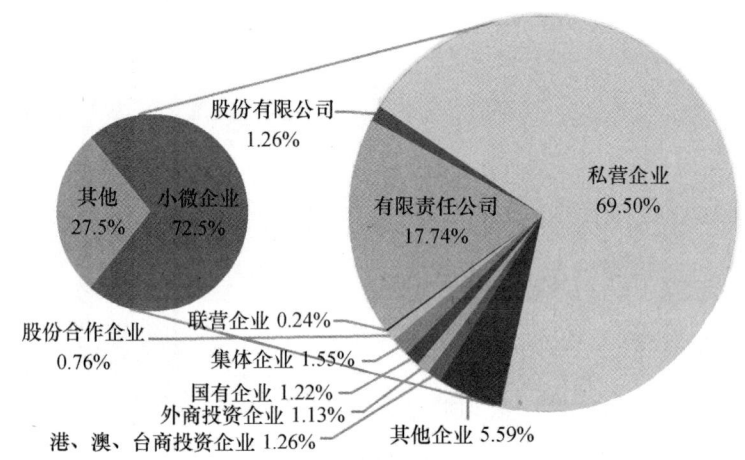

图 1-5 小微企业的所有制结构（2013 年）

资料来源：国家统计局《2013 年全国第三次经济普查》。

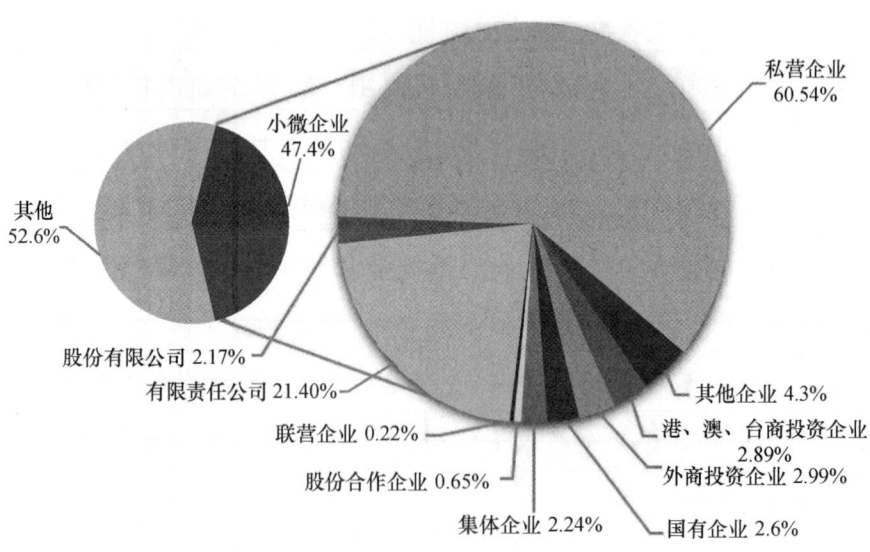

图 1-6 小微企业从业人员的所有制结构分布（2013 年）

资料来源：国家统计局《2013 年全国第三次经济普查》。

(三) 我国小微企业行业分布与产品特征

小微企业行业分布集中在第三产业，第二产业和第一产业所占份额很小。杨曼（2014）根据《中国私营经济年鉴》（2010年6月—2012年6月）以及《2011年市场主体统计分析》估算办法计算得出小微企业在三大产业中的占比分别为1.81%、11.73%和86.45%，第一产业的占比很小，分布严重不均衡。对于具体的行业分布，2011年我国小微企业行业分布排名前七位依次为制造业，批发和零售，建筑业，房地产，租赁、商业服务，农林牧渔以及住宿餐饮。

2012年工商总局开展的《全国小微企业发展报告》的课题也调查了小微企业的行业分布，其中工业（包括采矿业、制造业、电力热力燃气及水生产和供应业）小微企业占比18.49%，批发业和零售业小微企业占比36.44%，租赁和商务服务业小微企业占比9.93%。这几大行业中的小微企业占小微企业总数的近三分之二。科技型小微企业（此处仅指信息传输业、软件和信息技术服务业小微企业）占各类小微企业的比重为4.62%。

根据第三次全国经济普查，我国小微企业行业分布如图1-7所示。在法人单位数与从业人员占比上制造业和批发零售业远超其他行业。根据西南财经大学中国家庭金融调查与研究中心的小微企业调查（以下简称"CMES调查"），2015年调查样本的小微企业行业分布如图1-8所示，我国小微企业行业分布最集中的前三位是制造业、零售业和批发业，分别占比21.74%、14.81%和11.48%。同时也有多个新兴行业，在其他选项中，出现次数最多的是美容美发等服务业，也有教育培训等文化产业。

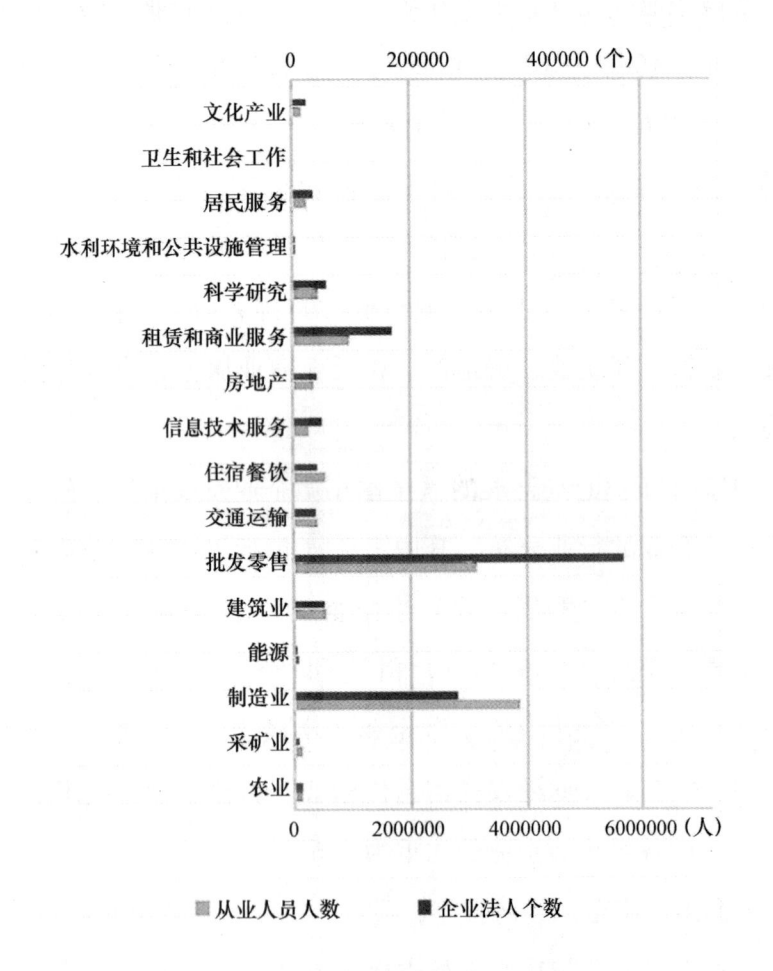

图1-7 我国小微企业行业分布（2013年）

资料来源：国家统计局《2013年全国第三次经济普查》。

一方面，小微企业对低技术、低附加值的传统发展路径的依

第一章 小微企业发展状况、问题与前景分析 | 15

赖,直接制约了其投入产出效益水平的提高。制造、批发和零售等行业显著特点是技术要求低,而且竞争充分,市场趋于饱和,利润微薄。这容易使小微企业转型升级意愿不高、难度较大。但另一方面,小微企业可以凭借其规模小、调整快的优势进入新兴行业,使之成为一个新的经济增长点。

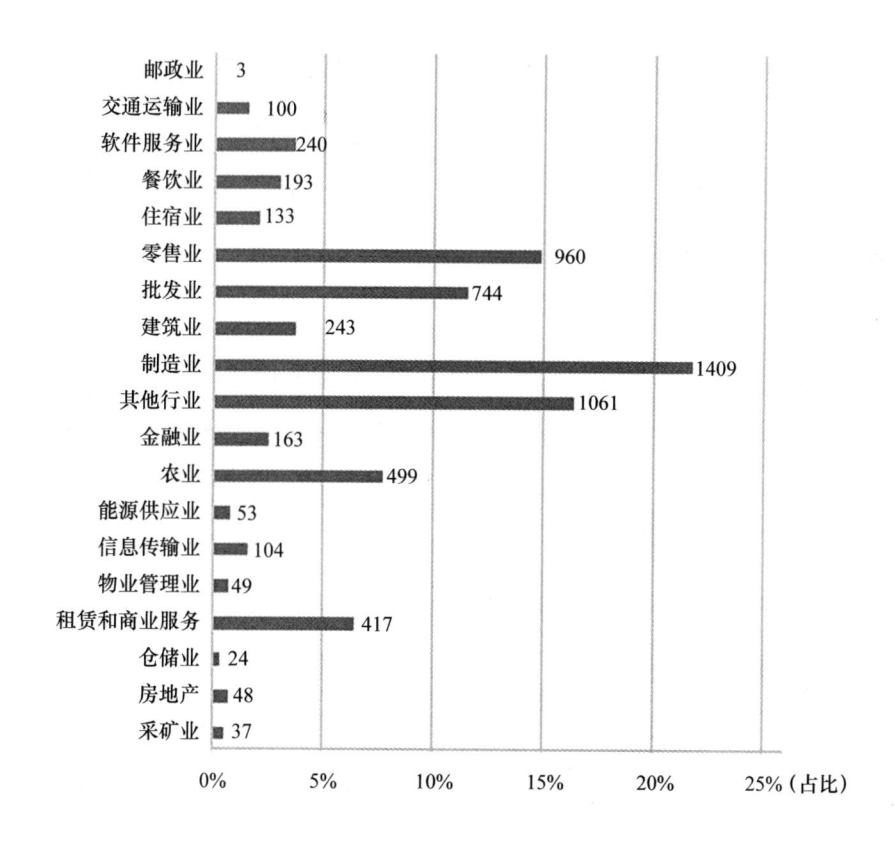

行业	样本数
邮政业	3
交通运输业	100
软件服务业	240
餐饮业	193
住宿业	133
零售业	960
批发业	744
建筑业	243
制造业	1409
其他行业	1061
金融业	163
农业	499
能源供应业	53
信息传输业	104
物业管理业	49
租赁和商业服务	417
仓储业	24
房地产	48
采矿业	37

图 1-8 我国小微企业行业分布(2015 年)

注:样本数 5497,图中数字为样本数。

资料来源:中国家庭金融调查与研究中心 CMES 调查(2015 年)。

（四）我国小微企业产业链位置与议价能力

从行业分布来看，小微企业多处于价值链的末端。另外，小微企业由于规模很小，没有像大企业那样实现规模经济，从而导致其经营成本较高。大多数小微企业都是各自为政，既不能独立地构成完整的经济活动，又缺乏产业链上有效的联合经营，因此通常只能依附于大中企业，承担着产业链上的一个附加值较低的职能。在市场竞争中处于不利地位，议价能力低。以制造业为例，根据CMES调查，在1409家制造业企业中，只有36家涵盖了制造业产业链全部的6个环节。

从其主营业务来看，小微企业也主要是承担着附加值较低的活动。在CMES调查的制造业小微企业中，有一半左右的企业主营业务有零部件生产、组装和销售环节；附加值最高的开发和售后服务环节占比较低（见图1-9）。

另外，小微企业经营中要面临的市场竞争风险较大。根据CMES调查，有30.85%的企业与竞争对手距离在50米以内，有72.43%的企业与竞争对手的距离在1000米以内，有24.78%的企业位于工业园区、科技园区或出口加工区。一方面，这容易给敏感脆弱的小微企业造成同行竞争的压力；另一方面，这也能激发小微企业的进取精神。小微企业可以利用产业集群的优势，通过信息化传播获取市场信息资源，及时调整企业的生产计划，充分发挥自身生产灵活的优越性。

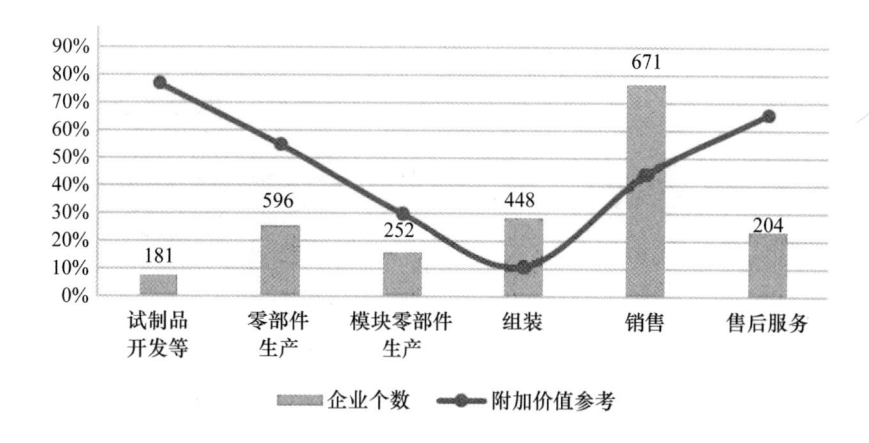

第一章 小微企业发展状况、问题与前景分析 **17**

图1-9 小微企业制造业的主营业务

注：样本数1409，图中数字为样本数。

资料来源：中国家庭金融调查与研究中心CMES调查（2015年）。

小微企业的生存和发展带有明显的自我适应性和自我限制性，它们的发展更多地取决于自身的积累。CMES 2015调查显示，56.91%的企业认为优质的产品和服务是其主要竞争优势（见图1-10）。在调查的所有企业中，有64%的企业认为其产品的竞争力强（见图1-11）。但是，技术和人才仍然是小微企业的劣势，对其技术抱有优势自信的企业只有21.00%，认为其高素质人才是竞争优势的企业也只有21.28%。根据CMES调查，小微企业中有自有品牌的企业有29.48%。尽管品牌的知名度低，但能显示出发展潜力，有利于形成特色经营，掌握更多的自主权而获得竞争优势。

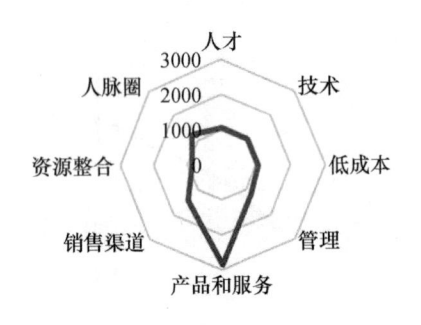

图 1-10　小微企业的主要
竞争优势

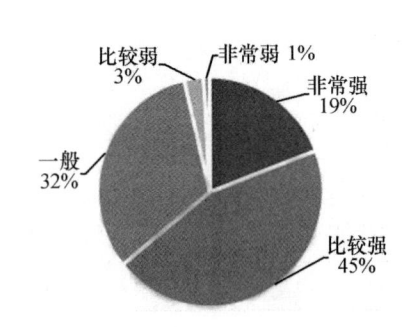

图 1-11　小微企业对其产品
竞争力的自信

注：样本数 5024。

资料来源：中国家庭金融调查与研究中心 CMES 调查（2015 年）。

（五）小微企业税收负担与盈利能力

1. 小微企业盈利能力基本情况

根据工信部提供的数据，2018 年，中小企业实现主营业务收入 57.9 万亿元，其中，中型企业实现主营业务收入 23.3 万亿元，同比增长 8.7%；小型企业主营业务收入 34.7 万亿元，增长 8.1%；而中小企业主营业务成本为 49.3 万亿元，其中，中型企业主营业务成本 19.4 万亿元，小型企业主营业务成本 29.8 万亿元。每百元主营业务收入的成本为 85.06 元，比上年回落 0.99 元。其中，中型、小型企业分别为 83.62 元、86.03 元，比上年分别降低 1.20 元、0.81 元。

2018 年，中小企业实现利润总额 3.4 万亿元，同比增长 11.4%，增速比上年回落 1.5 个百分点；比同期规上企业增速

（10.3%）高1.1个百分点，比同期大型企业增速（9.2%）高2.2个百分点。其中，中型企业利润总额1.6万亿元，同比增长11.0%；小型企业利润总额1.9万亿元，同比增长11.8%。2018年，中小企业亏损5.6万户，亏损企业亏损总额5302.3亿元，同比增长15.2%（上年为同比下降10.7%）；比同期规上企业增速（8.5%）高6.7个百分点，同期大型企业同比下降2.9%。其中，中型企业亏损总额2501.0亿元，同比增长14.5%；小型企业亏损总额2801.3亿元，同比增长15.8%。

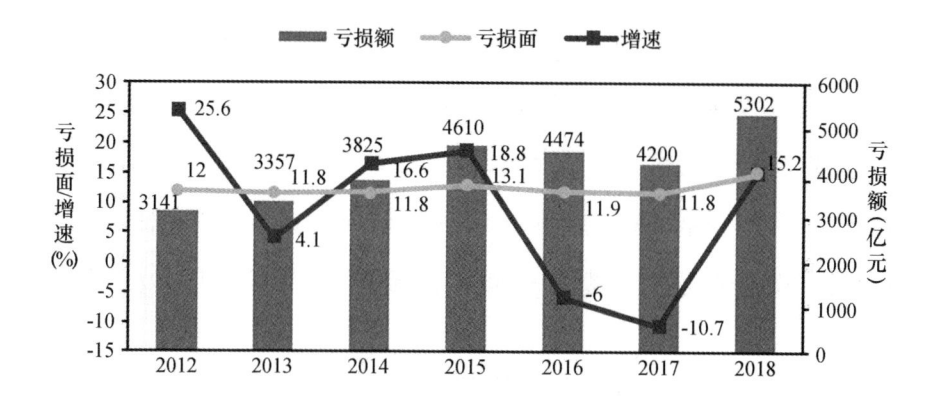

图1-12 小型企业亏损情况

资料来源：国家工信部。

国家统计局数据显示，2018年，中小企业主营业务收入利润率为5.91%，比上年下降0.19个百分点，比同期规上企业主营业务收入利润率（6.49%）低0.58个百分点，比同期大型企业（7.26%）低1.35个百分点。企业的盈利能力下降可能是由于一方面原材料等要素成本上升，原材料、能源、土地等成本上升，企业负担加重。对全国2.5万家中小工业企业问卷调查显示（以下简称"问卷调查显示"），2018年1—12月，中小企业原材料和能源月均购入价格感受指数分别为66.3%和59.9%，比上年均值分别高3.6个和1.4个百分点；另外，社保刚性上升，企业担忧用工成本加重。目前中小企业普遍反映用工招不到、留不住、用不起、社保负担重，中小企业特别是劳动密集型企业对社保征收新政普遍忧虑。问卷调查显示，47.3%的中小企业反映当前制约发展最为突出的困难是用工成本上升，比例比上年提高11.7个百分点；57.4%的企业反映支付给员工的工资薪酬增长，其中35.7%的企业工资薪酬涨幅超过10%；48.7%的企业反映给员工支付的社会保险增长，其中47.0%的企业社保支出涨幅超过5%。另一方面市场处于较低迷状态，竞争激烈。对全国2.5万家中小工业企业问卷调查显示，2016年底前，小型企业PMI连续29个月处于收缩区间。根据邮储银行编制的小微企业运行指数，也可以看到指数大多数时候处于收缩区间。

2. 盈利能力与所有制结构

目前，我国国有企业混合所有制改革需要吸纳大量的社会资本，以私营企业为主的小微企业参与其中正当其时。国资委在2014年就发出此呼吁，预期以小微企业的活力，加上国有企业的实力，以形成更强大的生产力。

小微企业是社会资本的重要来源之一。根据CMES调查，2015年在4910家的小微企业中，有2472家（50.35%）小微企业营业收入超过了200万元，有2562家小微企业（52.18%）的平均税前利润超过了30万元。企业中的利润用于再投资的比例均值为38.1%，且出现了两极分化的情况：利润再投资比例在10%以下的占比38.57%，90%以上的占比17.29%。私营企业的再投资比例平均为28.69%，比国有企业和外资企业高8%。

在被调查的4910家小微企业中，有2442家盈利，有944家亏损，有1524家持平，分别占比49.74%、19.23%和31.04%。盈利情况与不同所有制企业中有所区别：私营企业总体来说盈利情况最好，盈利的企业占总比71%，国有企业中盈利的占53%。外资企业的盈利和亏损呈现出两极化趋势：盈利占比43%，亏损占比20%，均为三类所有制企业中最低。私营企业中，收入持平的比例最低（2%），这也反映了私营企业风险大的特点（见图1-13）。

3. 小微企业税收负担与税收优惠政策

2009年以来，国家各主管部门不断加大部分小微企业税费优惠力度，但符合优惠条件的企业有限，优惠力度较弱，企业的获得感不强。

多数小微企业对税收优惠政策了解程度较低，在CMES调查的4897家企业中（见表1-5），有3075家企业没有听说过针对小微企业的税收优惠政策，占到了总比的62.79%。小微企业了解税收优惠政策的渠道具有多样性（见图1-14），有50.47%的企业是直接通过政府相关部门了解到的。媒体渠道也对宣传税收优惠政策起到了非常重要的作用，有40.68%的企业是借此渠道获知。

第一篇　小微企业现状及问题

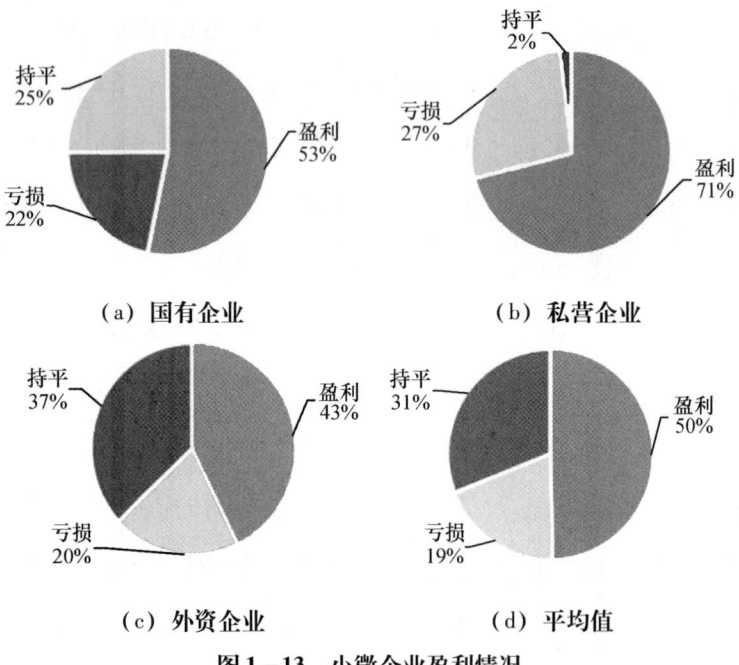

(a) 国有企业　　盈利 53%　持平 25%　亏损 22%

(b) 私营企业　　盈利 71%　持平 2%　亏损 27%

(c) 外资企业　　盈利 43%　持平 37%　亏损 20%

(d) 平均值　　盈利 50%　持平 31%　亏损 19%

图 1-13　小微企业盈利情况

注：样本数 4910。

资料来源：中国家庭金融调查与研究中心 CMES 调查（2015 年）。

表 1-5　　　　　　小微企业对以下税收政策是否了解

小微企业年应纳税所得额在 20 万元以内（含 20 万元）将减半征收企业所得税	1136（23.20%）
月销售额不超过 3 万元的小微企业暂免征收营业税（或增值税）	1415（28.90%）
月销售额 3 万元以下的小微企业免征政府性基金	867（17.70%）
小微企业免征 42 项行政事业性收费	606（12.37%）
没有听说过上述任何税费优惠政策	3075（62.79%）
样本总数	4897

资料来源：中国家庭金融调查与研究中心 CMES 调查（2015 年）。

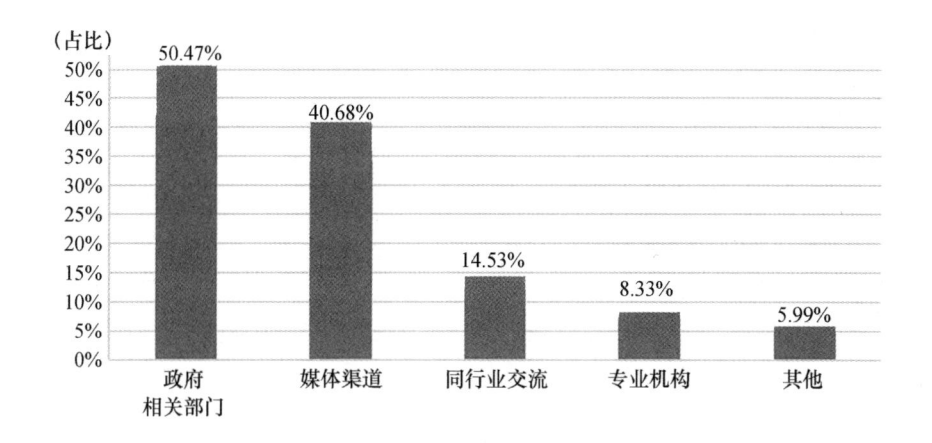

第一章 小微企业发展状况、问题与前景分析 | **23**

图1-14 小微企业了解税收优惠政策的途径

注：样本数1920。

资料来源：中国家庭金融调查与研究中心CMES调查（2015年）。

另外，税收政策的实施效果也令人担忧。根据CMES中税费负担程度的调查，有45%的小微企业认为税收负担适量，但也有37%的企业表示负担过重（见图1-15）。在1872家了解税费优惠政策的小微企业中（见表1-6），51.98%的小微企业没有享受过表中提及的优惠政策，只有899家企业真正享受过税费优惠政策，占全部小微企业的48.02%，且大多数只是享受了其中的一项优惠政策。对于税收优惠政策的效果，只有30%的企业表达了对政策效果的支持和肯定，有39%的企业认为税收效果一般，还有9%的企业表示效果较差（见图1-16）。这表明多数小微企业对税务机关宣传和税收优惠政策认可度有待提高。

表1-6　　　　小微企业是否享受过以下税费优惠政策

小微企业年应纳税所得额在20万元以内（含20万元）将减半征收企业所得税	404（21.58%）
月销售额不超过3万元的小微企业暂免征收营业税（或增值税）	502（26.82%）
月销售额3万元以下的小微企业免征政府性基金	210（11.22%）
小微企业免征42项行政事业性收费	167（8.92%）
没有享受到上述任何税费优惠政策	973（51.98%）
样本总数	1872

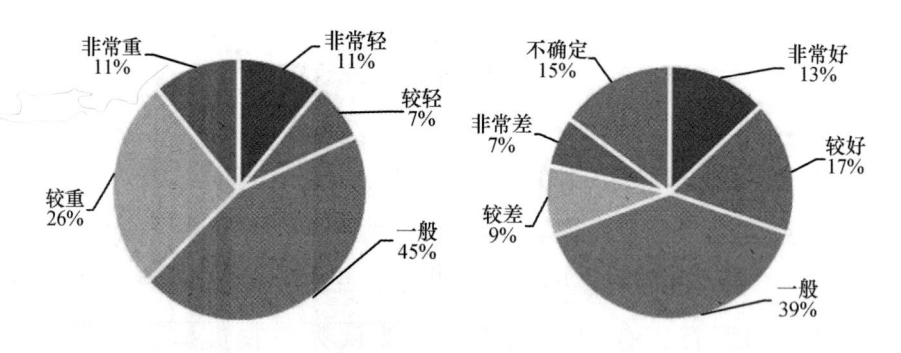

图1-15　小微企业税收负担程度

图1-16　小微企业经营者对税收优惠政策的态度

注：样本数1872。

资料来源：中国家庭金融调查与研究中心CMES调查（2015年）。

（六）小微企业的创新能力

1. 小微企业创新水平概述

企业创新应包含产品创新、技术创新、管理创新、商业模式创新等多个维度。小微企业其实不乏创新愿望，因为有较大一部分创业者正是基于创新的产品或想法或技术或经营模式而成立的。阿里巴巴

第一章　小微企业发展状况、问题与前景分析

2017年初对全国4000家中小企业问卷调查①显示，有近1/3的企业对自己的技术优势很有信心；有48.8%的企业对自己的判断力、创造力很有信心；25.77%的企业对自己员工的勤奋和创造力很有信心。但同时，又有1/3的企业认为自己企业创新能力不足。（图1-17）

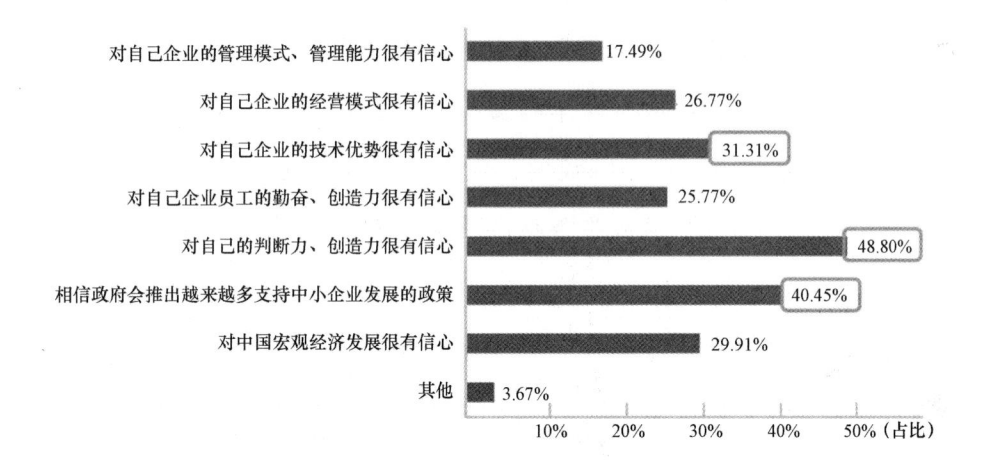

项目	占比
对自己企业的管理模式、管理能力很有信心	17.49%
对自己企业的经营模式很有信心	26.77%
对自己企业的技术优势很有信心	31.31%
对自己企业员工的勤奋、创造力很有信心	25.77%
对自己的判断力、创造力很有信心	48.80%
相信政府会推出越来越多支持中小企业发展的政策	40.45%
对中国宏观经济发展很有信心	29.91%
其他	3.67%

图1-17　企业对自身优势的信心

资料来源：阿里巴巴中小企业商学院《2017年中小企业生存现状与发展策略报告》。

中国家庭金融调查与研究中心2015年调查的4208个个体工商户中，最近一年内有创新活动②的经营实体比率只有10%。90%的个体户属于生存型创业，具有自食其力的自由职业者性质（见图1-18）。总体上看，对于个体工商户者类微型企业来说，创新能力

---

① 该问卷调查面向全国30万家中小企业（年销售额小于3亿元），收回有效问卷4000份。调查时间为2016年12月至2017年1月。
② 这里的创新活动是指产品、技术、组织、文化、营销、服务等方面的研发活动、新点子、新做法等。

低，创新不活跃。尽管如此，有创新活动的企业大多非常认同创新。调查数据显示，有78%的企业通过创新活动实现营业收入的增长（见图1-19）。

小微企业的创新研发以自主研发为主，同时显示出形式和成果的多样性。根据CMES调查，从有创新活动企业的研发形式来看，有超过66.18%的企业主要是用自主研发，有专职研发人员的企业占63.13%；引进技术与合作研发的比例也较高，分别有22.1%和23.22%；委托研发的比例较少，仅有10.1%（见图1-20）。从研发成果来看，有23.34%的企业申请过专利，70.52%的企业的专利申请费用在50000元以内。创新活动主要体现在新技术和新产品两个方面，分别有46.12%和22.1%。另外有多家企业在营销和服务等方面进行了创新，体现了创新活动形式的多样性（见图1-21）。

2. 小微企业创新能力的制约因素

大型企业有雄厚的研发资本，综合创新能力优势明显。小微企业凭借其灵活性创新发展潜力也很大，但创新阻力较多，制约创新活动的因素来自多个方面。大部分的小微企业业主一旦创业形成一定的基业后，创新的激情开始慢慢退却。这有的是因为创业者本身素质不高，创业者骨子里的"小富即安"思想牵绊，有的是因为企业各方面条件限制，无法创新。

创新能力制约最重要的是创新意识不足，根据CMES调查，有39.13%的企业认为自己没必要创新，17.56%的企业认为自己创新意识不够强；市场因素、研发人员和研发经费也限制了小微企业的

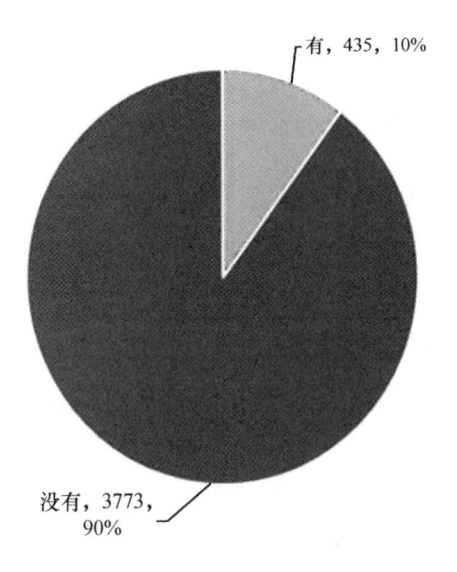

图1-18 个体工商户是否有创新活动

注：样本数4208。

资料来源：中国家庭金融调查与研究中心CMES调查（2015年）。

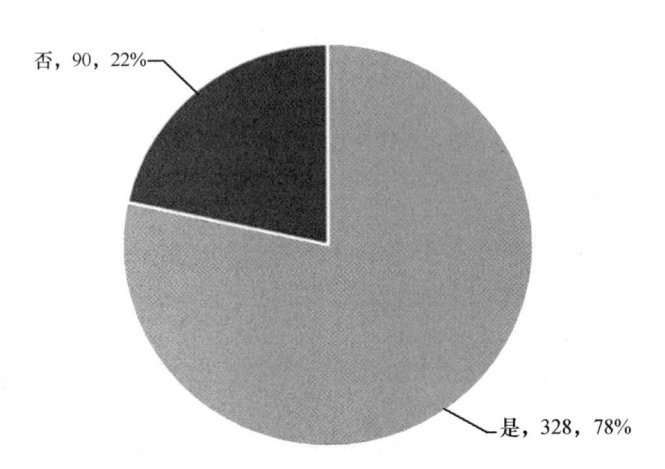

图1-19 创新活动是否增加了营业收入

注：样本数418。

资料来源：中国家庭金融调查与研究中心CMES调查（2015年）。

第一篇　小微企业现状及问题

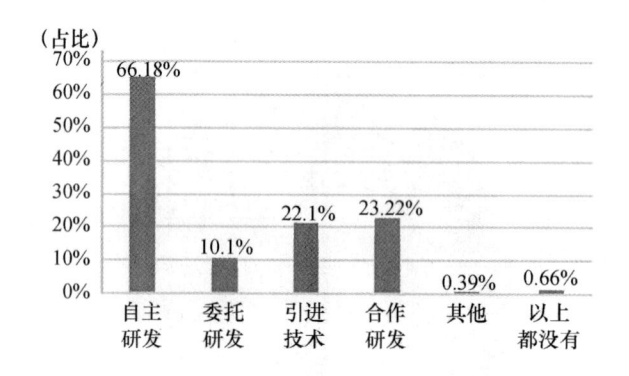

图1-20　小微企业研发创新活动的形式

注：样本数1783。

资料来源：中国家庭金融调查与研究中心CMES调查（2015年）。

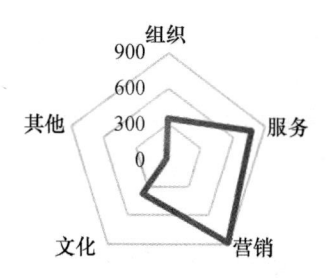

图1-21　小微企业其他创新活动体现

注：样本数1420。

资料来源：中国家庭金融调查与研究中心CMES调查（2015年）。

创新，分别占比29.36%、23.59%和20.69%；另外，政策限制、知识产权保护体系不健全等因素也会制约企业创新（见图1-22）。

另外，小微企业，尤其微型企业"产品"单一，高新技术型企业所占比例少，大部分为劳动密集型、服务型企业，市场难以拓展，是阻碍创新的另一重要因素。根据中国家庭金融调查与研究中

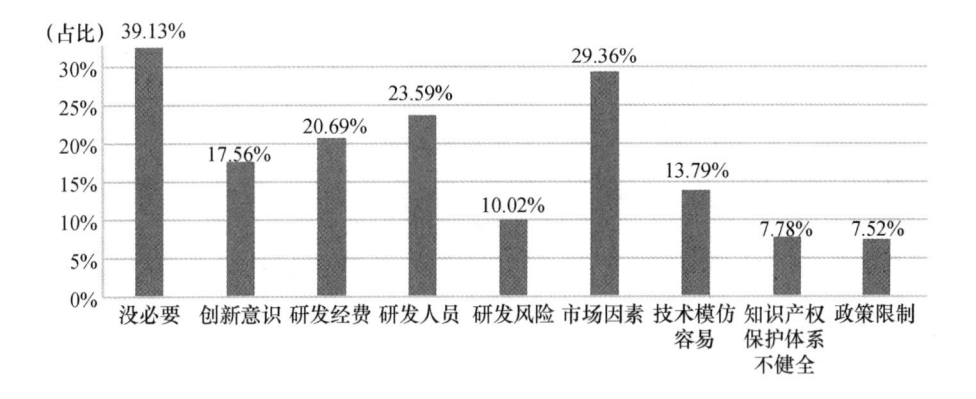

第一章 小微企业发展状况、问题与前景分析 | 29

```
(占比)  39.13%
30%  ┤■
25%  ┤■      23.59%    29.36%
20%  ┤■  17.56% 20.69% ■    ■
15%  ┤■   ■   ■   ■    ■  13.79%
10%  ┤■   ■   ■   ■ 10.02%■  ■   7.78% 7.52%
 5%  ┤■   ■   ■   ■   ■  ■  ■   ■    ■
 0%  ┴─────────────────────────────────
     没必要 创新意识 研发经费 研发人员 研发风险 市场因素 技术模仿 知识产权 政策限制
                                     容易  保护体系
                                          不健全
```

图 1-22 制约企业研发创新的因素

注：样本数 4989。

资料来源：中国家庭金融调查与研究中心 CMES 调查（2015 年）。

心 2015 年家庭问卷①中个体工商户数据分析，有 56.8% 的个体户从事传统的零售业和餐饮业，具有较低的技术含量和产品创新含量。

3. 小微企业对创新成果的保护

小微企业对自身创新成果的保护需求很大。根据 CMES 的调查，从企业自身对创新成果的态度来看，仅有 4% 的企业认为自己的创新成果非常不容易被模仿，还有 18% 的企业认为不太容易，两项共占总比的 22%，认为容易被模仿的占比 61%（见图 1-23）。

---

① 中国家庭金融调研中心数据库（2015）共有 37289 个受访家庭，来自全国 29 个省（市、区），363 个县，1439 个村（居）委会，具有一定的全国代表性。对该数据库按照个体工商户定义筛选，共有 4296 户家庭从事个体工商经营。

第一篇　小微企业现状及问题

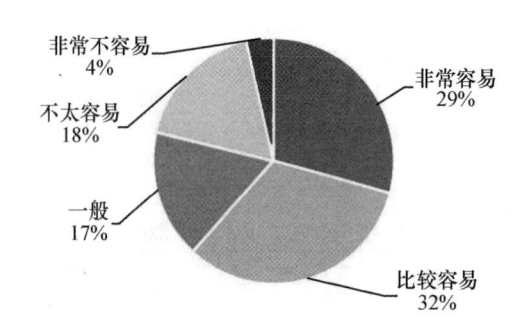

图 1-23　小微企业创新成果是否容易被对手模仿

注：样本数 856。

资料来源：中国家庭金融调查与研究中心 CMES 调查（2015 年）。

小微企业目前保护成果的创新方式主要是申请专利和技术保密。根据 CMES 调查，从企业自身来看，寻求法律手段的帮助仅占 9.42%。但是，只有很少企业采取消极悲观的态度，97% 的企业不会因为自身成果易于被模仿而从一开始就不投入研发（见表 1-7）。

表 1-7　企业保护自己创新成果的手段

申请专利	325（37.79%）
诉诸法律手段	81（9.42%）
保守技术秘密，不申请专利保护	176（20.47%）
不断创新，使竞争对手无法赶超	304（35.35%）
寻求当地政府保护	25（2.91%）
对那些易于被模仿的创新，从一开始就不投入	27（3.14%）
没有采取措施	245（28.49%）
其他	18（2.09%）
样本总数	860

资料来源：中国家庭金融调查与研究中心 CMES 调查（2015 年）。

由于小微企业资金来源较不稳定,致使创新活动很难得到有力支持。从政策的实施效果来看,有21.1%的企业表示自己了解创新的税收优惠,有18.79%的人享受过创新的税收优惠,不了解相关政策是企业没有得到税收优惠的主要原因。CMES调查显示,企业最希望政府保护创新成果的支持是资金支持。企业希望得到税收优惠和专项贷款支持分别占比58.55%和36.65%;也有12.3%的企业表达不需要政府帮助(见图1-24)。

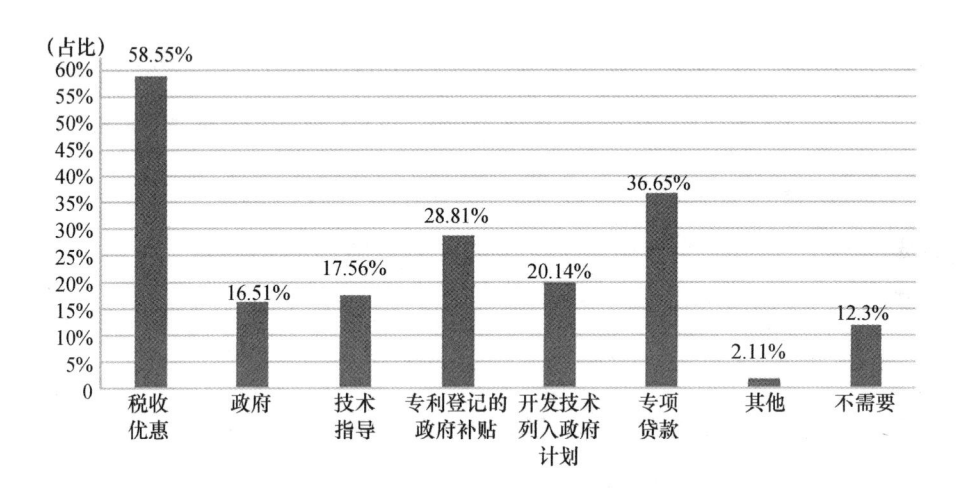

图1-24 企业希望政府对创新成果的保护措施

注:样本数854。

资料来源:中国家庭金融调查与研究中心CMES调查(2015年)。

(七) 小微企业的管理能力

1. 小微企业管理能力情况概述

小微企业适应性强、经营灵活,但是由于规模小、资金短缺、竞争实力弱等原因,仍面临较大的生存与发展压力。美国的中小企业的平均寿命为 8 年左右，日本中小企业的平均寿命为 12 年，我国中小企业的平均寿命为 3 年左右。毫无疑问，无论处于创业阶段还是处于高速增长阶段的小微企业，在管理能力上远弱于大型企业。

企业管理能力主要体现在战略定位、生产运营管理、市场营销管理、人力资源与组织管理、成本管理、财务管理等六个方面。小微企业的创业者一般不可能在管理能力方面全能，但限于资金有限，往往管理层一人兼多职，管理粗放是常态。

小微企业的管理能力究竟怎样？我们选择其中的微型企业——个体工商户进行分析。根据中国家庭金融调查与研究中心 2015 年数据，我们对个体户财务管理中的记账能力、应收应付账款管理能力的数据做整理分析，发现在 2244 个调查样本中，有 36% 的个体户从不记账；在 1395 个样本中，最大一笔应收账账龄超过 6 个月的占 67%。如果以 6 个月作为应收账管理的安全期，这个比例就较高；在 4195 个样本中，有 86% 的个体户没有应付账款。

记账是企业了解整体经营情况，降低成本、提高盈利的基本手段。没有或者不会记账，说明这些微型企业的财务管理以及整体管理能力非常低。应付账款是我国企业的一项重要资金来源。根据统计，我国上市公司应付账款占负债来源平均接近 20%。但在本统计样本中，近 90% 的个体户没有应付账款，这或者说明企业理财能力低，或者说明微型企业本小利微，势单力薄，没有足够的议价能力实现合理赊欠。应收账款占用企业资金，上述统计样本中有 2/3 的个体户对客户赊账期超过 180 天，说明个体户要么缺乏应收账款能力，要么出于与应付账款同样的原因，因弱小而被占用资金。

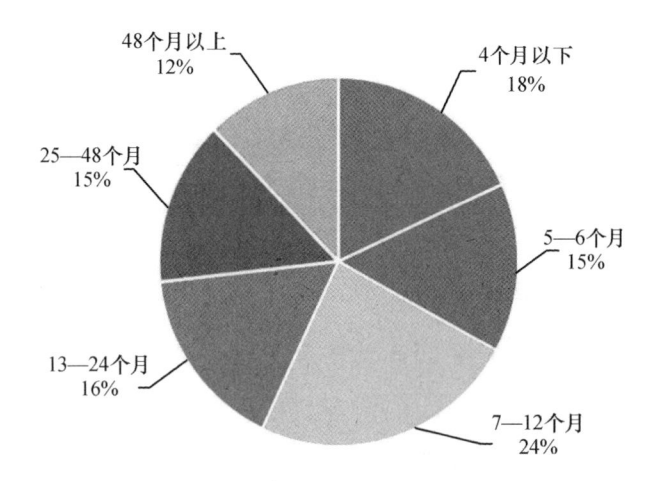

第一章 小微企业发展状况、问题与前景分析 **33**

图 1-25 个体工商户的最大一笔应收账款账龄

注：样本数 1395。

资料来源：中国家庭金融调查与研究中心 CMES 调查（2015 年）。

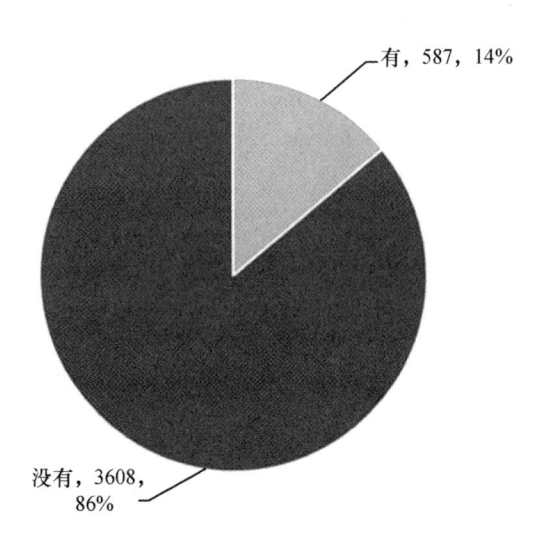

图 1-26 个体工商户应付账款管理

注：样本数 4195。

资料来源：中国家庭金融调查与研究中心 CMES 调查（2015 年）。

2. 小微企业人力资源与组织管理

小微企业的组织结构一般比较简单，创业者个人品质对企业的生存发展有着至关重要的作用。根据 CMES 调查，小微企业在创立时，创业者主要是本着对赚钱或者自由的追求，只有 13.74% 是因为失业的被动创业，显示出了小微企业主创业的积极性（见图 1-27）。在最初成立营业的团队普遍规模较小，有 59.90% 的企业员工数不超过 10 个人，91.88% 的企业不超过 50 个人。小微企业中最主要的企业所有者持股比例平均值为 57.66%，有 77.35% 的企业最主要持股者比例在 50% 以上。这说明小微企业的权力主要集中在一人

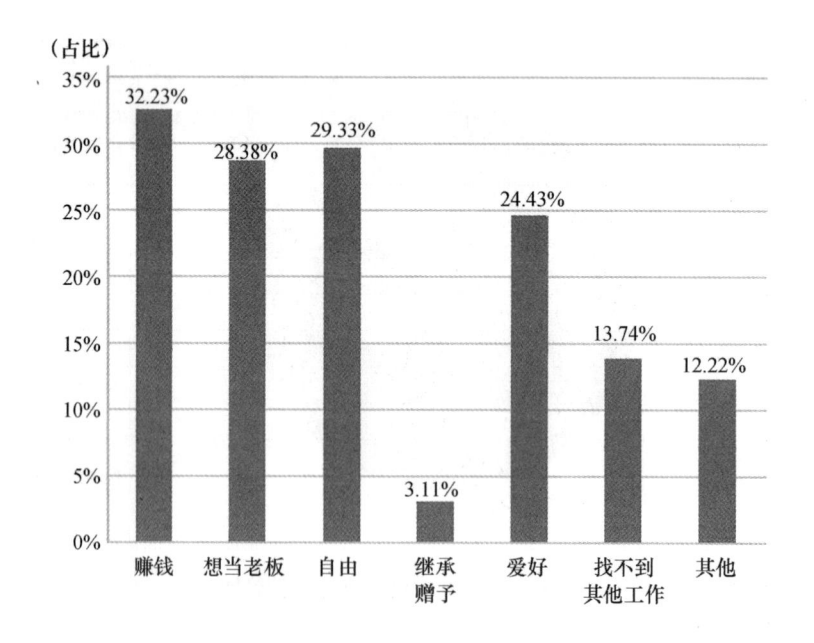

图 1-27 企业经营者的创业动机

注：样本数 1899。

资料来源：中国家庭金融调查与研究中心 CMES 调查（2015 年）。

第一章　小微企业发展状况、问题与前景分析 | **35**

之手，决策效率较高，容易实现灵活化管理。

从企业文化来看，虽然小微企业发展面临种种困难，但小微企业经营者普遍对未来的发展前景抱以积极乐观的态度。根据 CMES 调查，54%的企业经营者认为其所在行业会向更好的方向发展（见图 1-29）。在企业的整体管理制度方面，大部分企业都非常自信，认为企业管理制度不够健全的企业只有 9%（见图 1-28）。

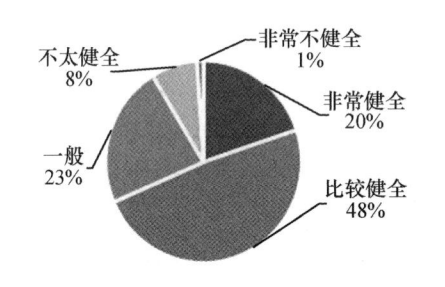

图 1-28　基本管理制度

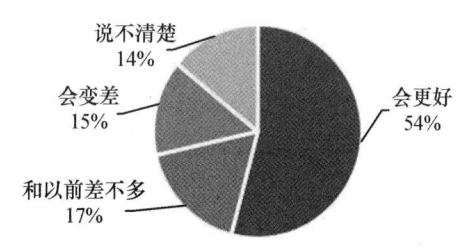

图 1-29　所在行业的未来前景

注：样本数 1899。

资料来源：中国家庭金融调查与研究中心 CMES 调查（2015 年）。

小微企业的员工文化水平整体偏低，但也不乏高学历人才的存在。从员工的文化程度来看，普通员工的文化程度以初中和高中为主，技术人员主要是以高中和本科为主，管理人员主要是以大专和本科为主，显示出员工层级越高文化水平越高的规律。在各个层级中，也均有以硕士和博士研究生为主的企业，技术人员中以硕士和博士研究生为主的占比共计 17%（见图 1-30）。

从小微企业员工的个人发展分析，小微企业普遍重视对员工的培训。根据 CMES 调查，有 88.28%的企业进行过员工培训，有 53.81%

第一篇　小微企业现状及问题

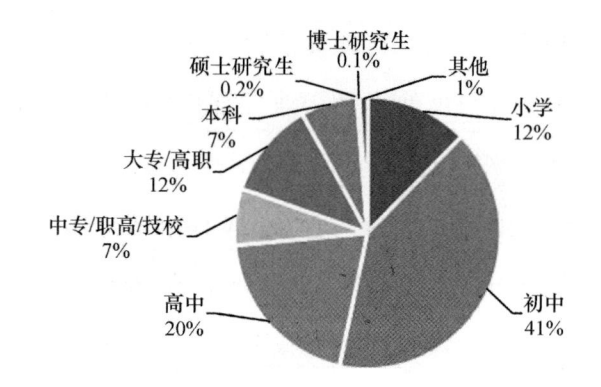

(a) 普通员工

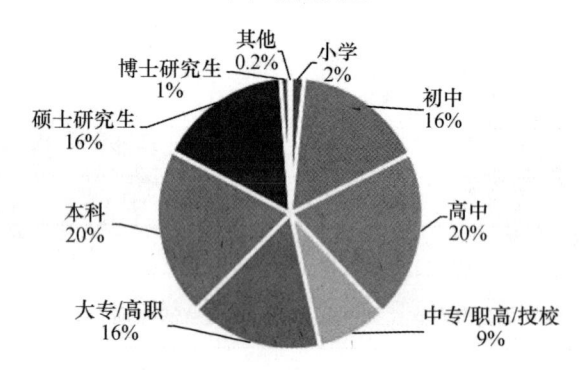

(b) 技术人员

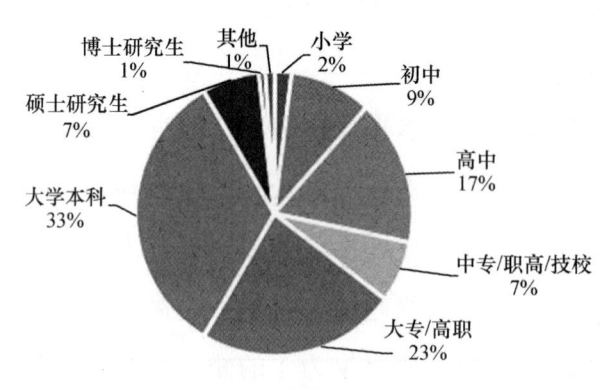

(c) 管理人员

图 1-30　企业员工的文化水平

注：样本数 1945。

资料来源：中国家庭金融调查与研究中心 CMES 调查（2015 年）。

的企业做到了全员参与培训。有 81.75% 的企业经营者认为培训效果明显，培训效果较好。从激励普通员工和高层管理人员的方式来看，财务方面的激励占比最高，发放年终奖、季度奖等奖金作为激励措施的企业占比均超过 40%（见图 1-31）。有 72.08% 的企业经营者认为财务激励可以有效促进企业员工劳动关系和谐（见图 1-32）。另外，84.12% 的企业对困难家庭的员工进行过帮扶，但只有 30.09% 的企业主动进行过公益捐赠，显示出小微企业内部的人文关怀，但对社会的公益参与度不高。

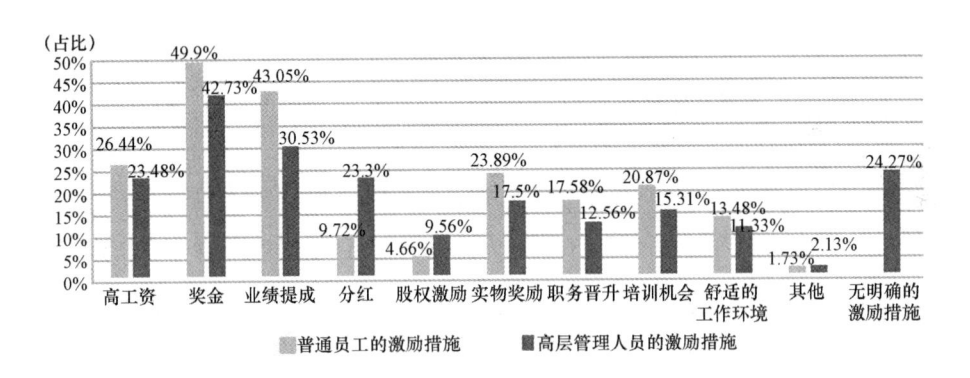

图 1-31 员工的激励措施

注：样本数 5022。

资料来源：中国家庭金融调查与研究中心 CMES 调查（2015 年）。

3. 小微企业风险管理能力

小微企业面临的风险多样化，以市场同行之间的竞争风险为主。根据 CMES 调查，小微企业自身认为主要风险排名前三位的是所在行业的竞争风险、资金风险和政策风险，分别占比 48.66%、29.40% 和 25.85%（见图 1-33）。小微企业的经营者有着风险偏

第一篇 小微企业现状及问题

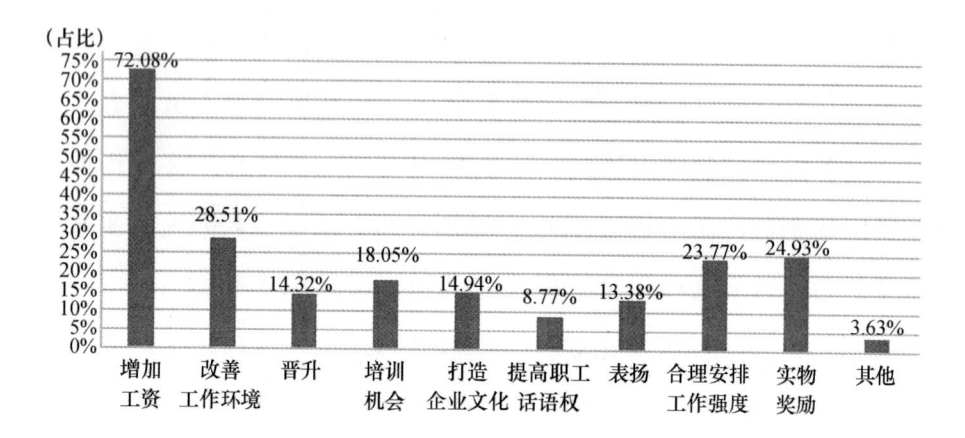

图1-32 促进企业与员工劳动关系和谐的措施

注：样本数5015。

资料来源：中国家庭金融调查与研究中心CMES调查（2015年）。

好的态度，调查显示，倾向于选择高风险高回报项目的比选择低风险低回报项目的人占比超过30.97%。同时，企业的风险管理水平有待加强，以建筑业为例，只有30%的企业表示建立了完善的风险管理机制（见图1-34）。

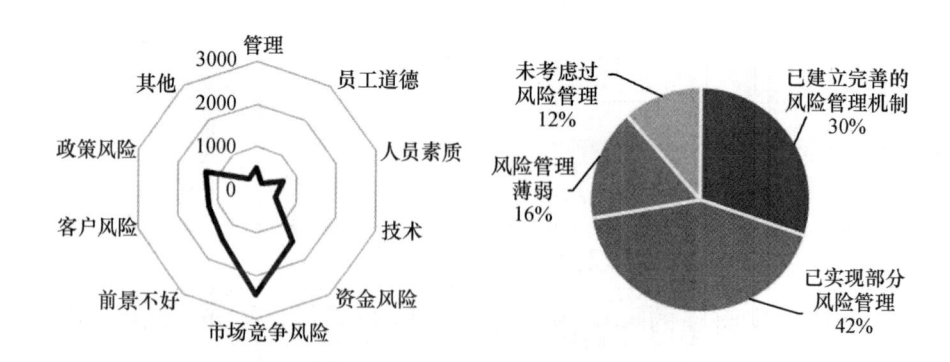

图1-33 企业面临的风险

注：样本数5014。

图1-34 建筑业风险管理水平

注：样本数180。

资料来源：中国家庭金融调查与研究中心CMES调查（2015年）。

(八) 小微企业融资现状

1. 小微企业融资整体情况

按照工业和信息化部等四部委《关于印发中小企业划型标准规定的通知》（工信部联企业〔2011〕300号）有关小微企业划型标准，截至2018年6月末，全国小微企业贷款余额32.35万亿元，较年初增加1.55万亿元，较上年同期增速13.06%，比各项贷款平均增速高0.95个百分点；小微企业贷款余额户数1699.05万户，较上年同期增加281.82万户。其中，单户授信总额1000万元以下（含）小微企业贷款余额8.46万亿元，较上年同期增长16.03%，较各项贷款同比增速高3.92个百分点；有贷款余额户数为1481.99万户，较去年同期增加317.88万户。阶段性完成了"两增"目标（即单户授信总额1000万元以下小微企业贷款增速不低于各项贷款增速，贷款户数不低于上年同期）。从2015年底到2018年底，全部金融机构贷款余额从99.35万亿元增加到141.75万亿元，用于小微企业贷款余额从23.5万亿元增长到33.5万亿元，二者增速大致相当。

从表1-8可见，在针对小微企业贷款中，商业银行是主体力量，占比在2018年底达到75%以上。商业银行中，国有商业银行贷款余额占商业银行小微企业全部贷款余额的28.2%，其次是农村商业银行（27.8%）和城市商业银行（25%）。其中，农村商业银行小微企业新增贷款保持快速增长，2018年末贷款余额同比增长

16.7%，与2015年相比增长79.4%。从表1-8也可以看到两个特点：第一是商业银行在小微企业贷款中占比稍有下降，从2015年的80%下降到2018年的75.2%；第二是国有商业银行在商业银行中给小微企业贷款余额在下降，从2015年底的31.9%下降到2018年底的28.2%，甚至即将被农村商业银行超越。总体上小型商业银行支持小微企业力度增长更快。

表1-8 银行业金融机构用于小微企业的贷款情况表 （单位：万亿元）

项目	2015	2016	2017	2018
银行业金融机构合计	23.5	26.7	30.7	33.5
其中：商业银行合计	18.8	20.3	23.3	25.2
国有商业银行	6.0	6.6	7.4	7.1
股份制商业银行	3.8	3.9	4.3	4.6
城市商业银行	3.7	4.6	5.4	6.3
农村商业银行	3.9	5.0	6.0	7.0
外资银行	0.18	0.2	0.22	0.26

资料来源：银保监会公布。

在银行与政府等多方合力下，当前小微企业融资情况逐渐好转，但是中小企业融资难问题依然突出。工信部问卷调查显示，2017年有融资需求的中小企业中，38.8%的企业反映融资需求不能满足，银行惜贷、压贷、抽贷、断贷现象时有发生。银行对中小企业的贷款利率普遍上浮30%以上。其中，6%—8%的占56.1%，8%—10%的占26.8%，超过10%的占17.1%，超过20%的占1.9%。据民生银行测算，2020年前我国将新增小微企业近1500万户,小微企业融资覆盖率有望从 2017 年末的 20.75% 上升至 2020 年末的 30%—40%;按单户贷款余额 200 万元估算,未来三年全国小微企业的新增融资需求总额将接近 9 万亿元,小微金融市场呈快速、稳步增长态势。如何应对广大小微企业的金融服务需求需要社会各方面协同发力。

2. 小微企业的融资偏好与贷款需求

小微企业除了自有资金,融资渠道集中偏好于银行等正规渠道。根据 CMES 调查,从融资渠道的主观偏好来看,57% 的企业选择支持银行、信用社等正规渠道,有 13% 的人偏好民间借款(见图 1-35)。从实际操作来看,企业的主要借款途径是银行,91.58% 的企业表示不需要从民间贷款中获得资金。

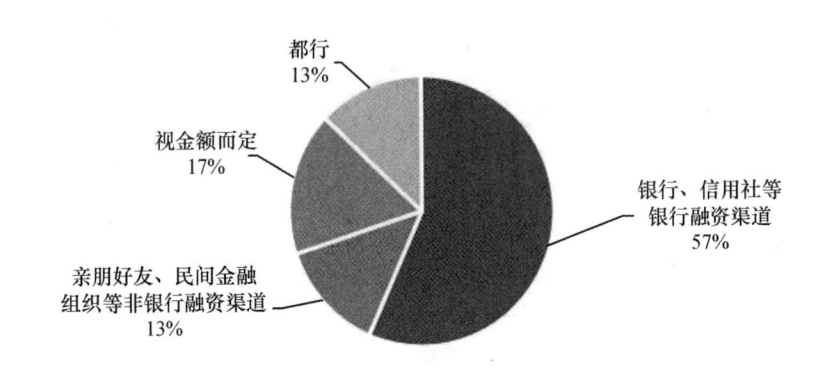

图 1-35 小微企业融资渠道偏好

注:样本数 3276。

资料来源:中国家庭金融调查与研究中心 CMES 调查(2015 年)。

第一篇 小微企业现状及问题

从贷款的需求来看，小微企业的贷款比例不高。根据 CMES 调查，申请过贷款的企业比例共计 11%。在没有贷款经历的企业中，74% 的企业表示自己不需要贷款，也有 15% 的企业表示需要但没有申请过，不申请的主要原因是申请过程麻烦和估计贷款不会被批准。不同所有制企业的贷款需求无明显差别（见图 1-36）。

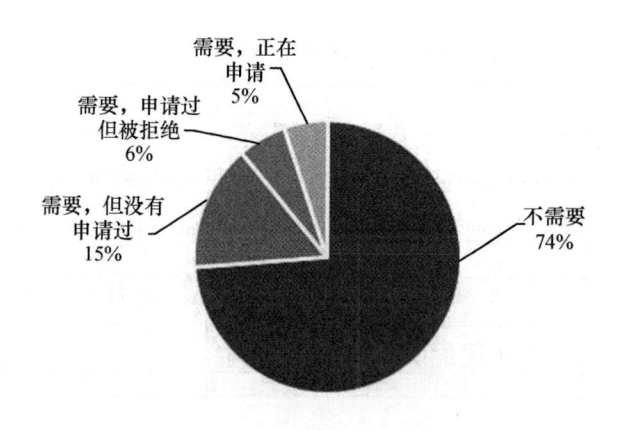

图 1-36 小微企业贷款需求

注：样本数 3870。

资料来源：中国家庭金融调查与研究中心 CMES 调查（2015 年）。

小微企业从银行的贷款额相较于民间贷款的额度更大，时间更长。根据 CMES 调查，在有贷款经历的企业中，所有企业的贷款平均为 799 万元，50.42% 的企业贷款在 200 万元以下，82.54% 的企业贷款在 1000 万元以下，但贷款额最高值达 2.3 亿元。67.47% 的企业贷款时间在一年以内，95.44% 的企业贷款时间在 10 年以内。相比于银行贷款，民间借款的金额普遍较小，时间较短，有 73.84% 的借款均在 100 万元以下，72.25% 的借款时间在一年以

第一章 小微企业发展状况、问题与前景分析 | **43**

内,最长不超过6年。

3. 小微企业的还款能力

根据CMES调查,小微企业偿还贷款的经济能力一般,只有54%的企业表示自己还款完全没有问题,38%的企业表示基本没有问题,还有7%和1%的企业分别表示很难偿还和完全没有能力偿还(见图1-37)。

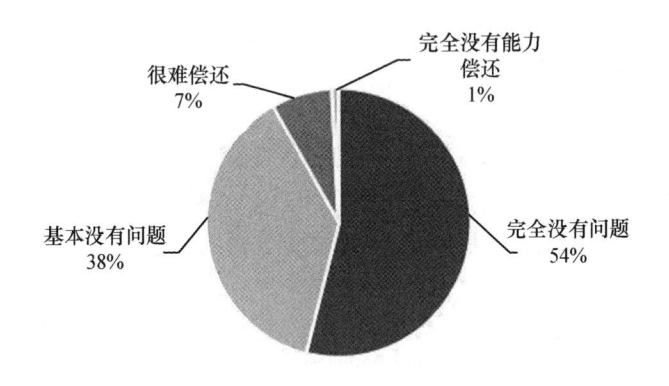

图1-37 小微企业偿还欠款能力

注:样本数1450。

资料来源:中国家庭金融调查与研究中心CMES调查(2015年)。

小微企业贷款类型以抵押贷款为主,抵押物主要是房产。从贷款的担保类型来看,55.46%的贷款是抵押贷款,无抵押的保证贷款和信用贷款占比均在20%以上(见图1-38)。担保物主要是房产,占到了总比的83.69%(见图1-39)。从贷款的还款方式来看,最主要的是采用一次还清和每期只还利息,分别占比30.64%

和32%，这种还款方式的特点是利率较高，小微企业的资金周转空间变小，倒账的风险也较高。

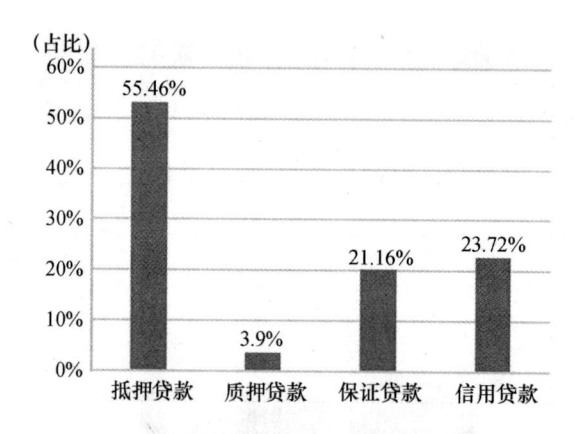

图1-38 小微企业贷款类型

注：样本数898。

资料来源：中国家庭金融调查与研究中心CMES调查（2015年）。

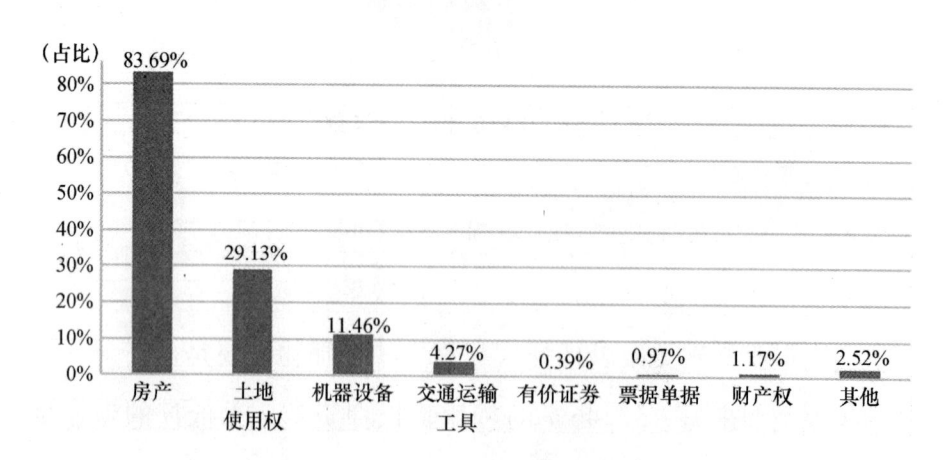

图1-39 小微企业贷款担保物

注：样本数515。

资料来源：中国家庭金融调查与研究中心CMES调查（2015年）。

（九）农村小微企业发展

1. 农村小微企业发展情况

根据 CMES 问卷结果统计，农村小微企业主要有两种形式：农业企业（41.49%）和农民合作社（58.51%）。我国农村小微企业近十年有快速增长趋势。从乡村个体户数量看，2018 年底，个体户 5597 万户，常住人口 56401 万人，平均乡村每百人拥有个体户 9.92 户。这个数字比 1990 年提高了 4.6 倍（见图 1-40）。从个体就业人数占乡村人口比重看，同样有快速上升趋势：2018 年为 9.92%，比 2005 年的 2.85% 增长了 1.48 倍（见图 1-41）。

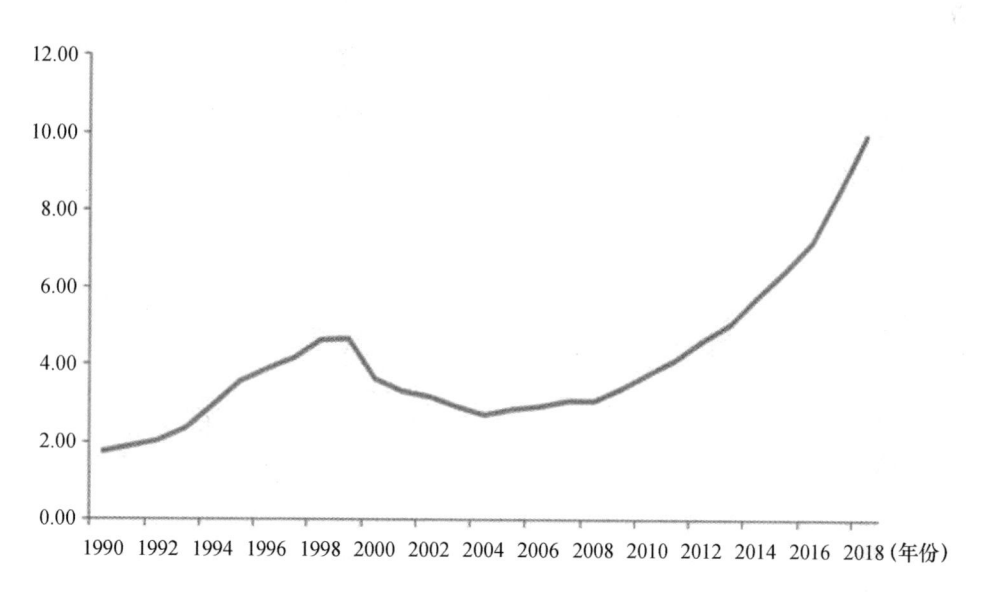

图 1-40 乡村常住人口每百人拥有个体户数量（1990—2018 年）

资料来源：Wind 数据库。

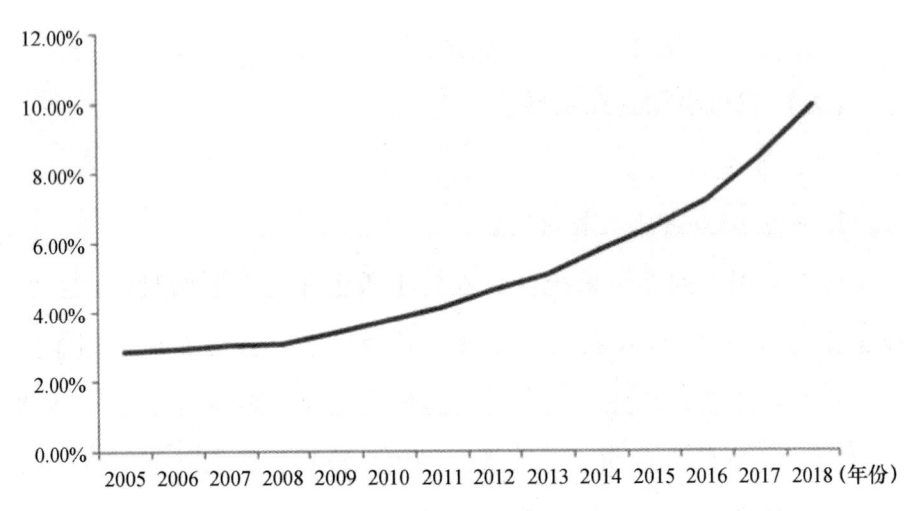

图 1-41 乡村个体就业人口/乡村常住人口（2005—2018 年）

资料来源：Wind 数据库。

2. 农业小微企业的发展问题

由于农产品是一个完全竞争市场，因此销售成为农村小微企业经营的重要一环。农产品的主要销售渠道是批发市场，根据 CMES 调查，有 49.05% 的企业会选择此途径（见图 1-42）。农业企业在

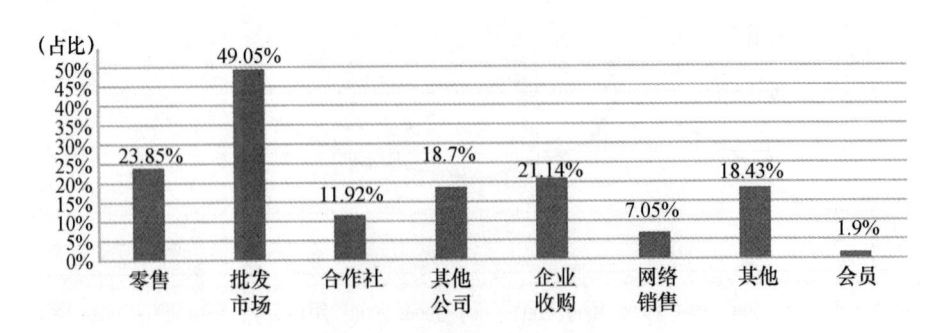

图 1-42 农产品的销售渠道

注：样本数 369。

资料来源：中国家庭金融调查与研究中心 CMES 调查（2015 年）。

销售方面的主要问题是农产品保存困难、物流成本高和农产品缺乏标准化,分别占比39.3%、28.73%和15.18%。但也有31.71%的农业企业无销售问题(见表1-9)。

表1-9　　　　　销售过程中遇到的问题　　　(单位:企业个数)

农产品缺乏标准化	56 (15.18%)
农产品保存困难	145 (39.3%)
物流成本高	106 (28.73%)
网络基础设施落后	19 (5.15%)
网络交易安全性差	11 (2.98%)
网站平台专业性实用性差	9 (2.44%)
其他	39 (10.57%)
未遇到任何问题	117 (31.71%)
样本总数	369

资料来源:暨南大学"广东千村调查"(2018年)。

农村小额贷款体现出风险高、无担保、时间长、发展慢的特点,农村小微企业融资也成为重要难题。根据暨南大学2018年"广东千村调查",农村企业在贷款时,77.38%贷款过的企业表示其贷款无抵押品,60.71%表示无担保;贷款均值109619.2元,平均期限65年,平均利率0.04。调查还显示农村82%的人没有考虑过要办企业,也很少关注金融信息,关注金融信息的人的比重仅占5%(见图1-43)。农民大多是风险规避者,59.50%的人在损失本金达30%时不能接受,大部分人选择稳定的投资。

农村小微企业的建立对外部资金的需求较高。根据暨南大学"广东千村调查",农村办企业需要借款的比例高达71.63%。农村创办企业时首先倾向于民间借款，仅有22%的人倾向于选择银行借款，4%的人选择农村信用合作社（见图1-44）。

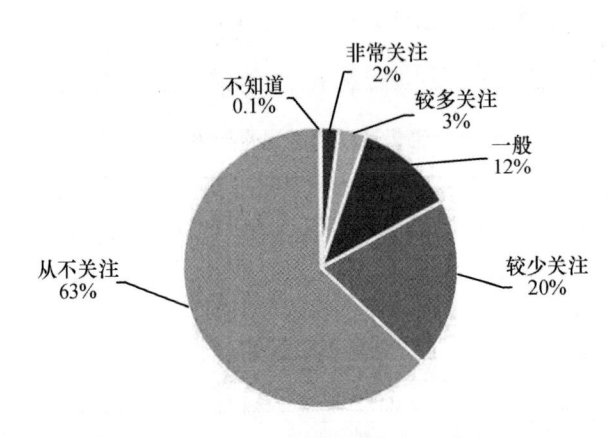

图1-43 农村对金融信息的关注

注：样本数3012。

资料来源：暨南大学"广东千村调查"（2018年）。

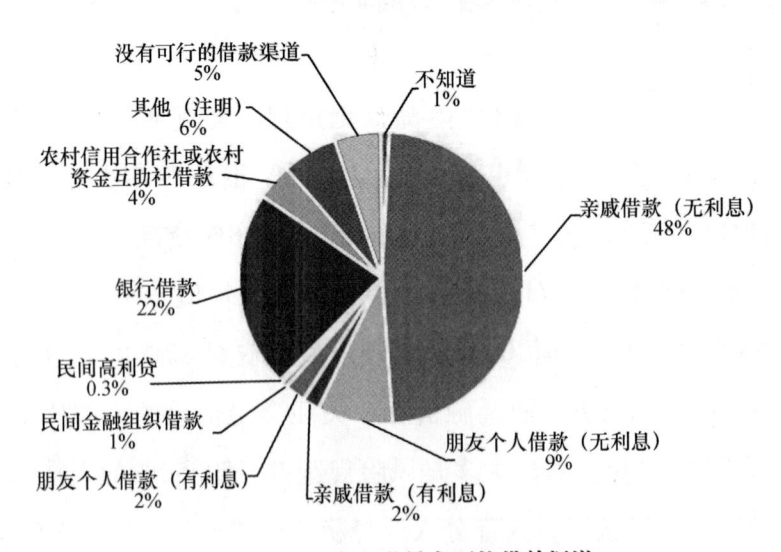

图1-44 开办企业最有可能借款渠道

注：样本数304。

资料来源：暨南大学"广东千村调查"（2018年）。

农民对正规贷款的接受能力差。根据 CMES 调查，在 2018 年仅有 2.56% 的农村家庭尝试过金融机构贷款的申请。不够资格、利息太高、手续繁琐、无法借款的担心、不了解申请程序等都成为阻碍农民选择银行贷款的原因（见表 1-10）。在实际操作中，有过赊销或者借款的经历的企业占比 41.91%，但是有过贷款经历的企业仅占 3.12%。

表 1-10　　　　　　　没有选择银行贷款的原因　　　　（单位：企业个数）

申请也得不到	679（23.13%）
不需要贷款	1680（57.24%）
利息太高	570（19.42%）
贷款手续太麻烦，批准慢	589（20.07%）
担心借款还不了	971（33.08%）
不知道如何申请	626（21.33%）
已从其他渠道得到贷款	487（16.59%）
其他	148（5.04%）
样本总数	2935

资料来源：中国家庭金融调查与研究中心 CMES 调查（2015 年）。

尽管农村金融发展较落后，但农村人口由于对金融信息不敏感等原因对农村金融并无太多反对意见。根据 CMES 调查，在对金融服务的评价方面，有 22% 和 37% 的农业企业表示满意，只有 5% 和 3% 的人表达出了一些反对意见（见图 1-45）。在不满意的 28 个人中，有 10 个人表达了对服务的不满，还有人反映了手续费高、营业网点少等问题。

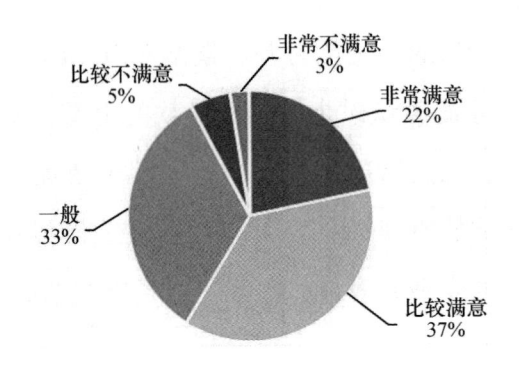

图1-45 农村对金融服务的评价

注：样本数353。

资料来源：中国家庭金融调查与研究中心CMES调查（2015年）。

（十）国外小微企业状况

根据世界银行2019年发布的统计数据，在2006—2017年间，各国小微企业占总企业数量的比重平均为91.43%。每千人平均拥有的小微企业数为35.75家。

近年来，在OECD国家小微企业数量占企业总数比重均在90%以上。分行业看，服务业和建筑业小微企业数量占本行业企业总数的比例要高于制造业。2014年，OECD国家服务业和建筑业小微企业占比平均分别为98.89%和98.76%，制造业小微企业占比为94.61%（见图1-46）。

中国2018年小微企业数量占总企业数量的99.6%，每千人拥有中小企业数为76.92家。这说明小微企业对于中国经济和社会发展的重要性已经高出国际平均水平（见表1-11）。

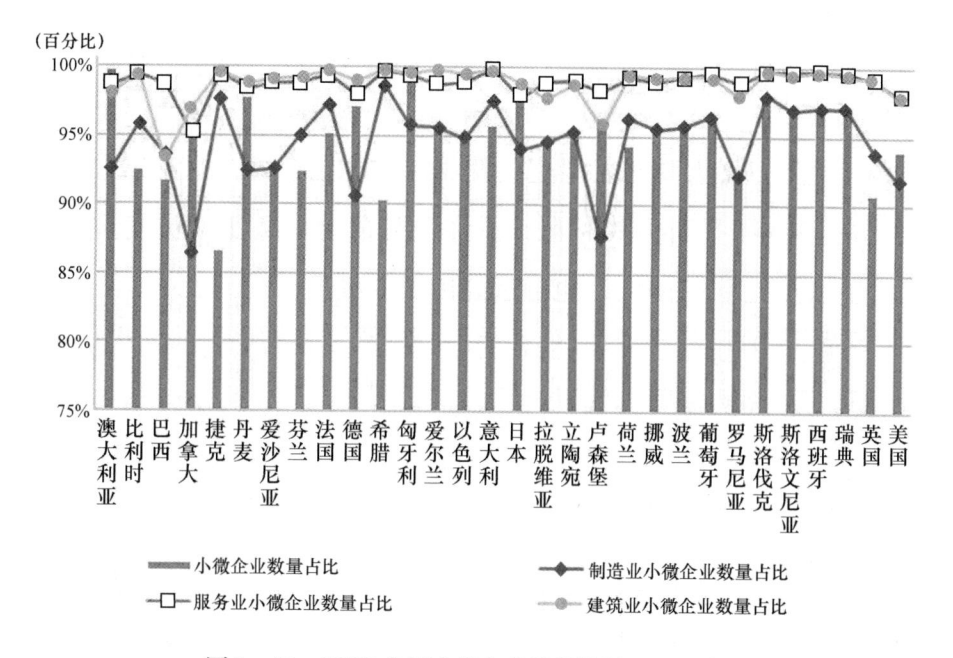

第一章 小微企业发展状况、问题与前景分析

图 1-46　OECD 各国小微企业总体情况（2014 年）

资料来源：OECD data。

表 1-11　世界各国小微企业数量结构（2017 年）

国家种类	国家个数	小微企业数量占企业总数	每千人拥有小微企业数（家）
低收入国家	10 个	99.43%	22.09
中等偏低收入国家	19 个	99.37%	39.52
中等偏高收入国家	11 个	67.88%	28.60
高收入国家	56 个	99.05%	52.77
合计/平均	96 个	91.43%	35.75

资料来源：世界银行 2019 MSME Economic Indicators Database。

从就业人数方面分析，2014 年 OECD 成员国小微企业就业人数占就业总人数的比重平均为 29.46%，大中型企业占比为 70.54%。

第一篇 小微企业现状及问题

在不同国家，小微企业对就业的贡献大小差异较大。希腊、意大利、葡萄牙、西班牙占比在40%以上，卢森堡等却在20%以下。在美国、德国、澳大利亚大型企业就业人数占比较大，就业集中度较高。在2013年我国小微企业（不含中型企业）从业人员就占社会总从业人员比重47.4%，也远远高出国际水平。

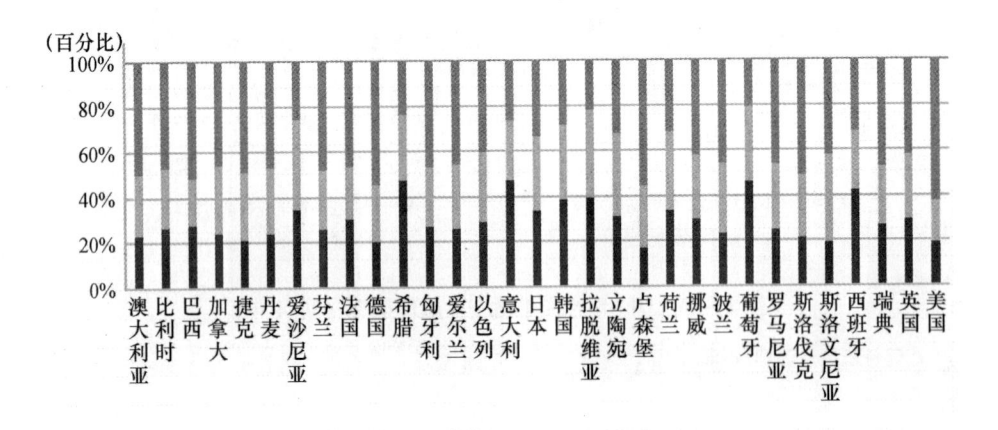

图1-47 不同规模的企业就业人数占比（2014年）

资料来源：OECD data。

从新企业创办率分析，据OECD调查，受金融危机影响，2007—2010年几乎所有国家新企业的创办率都有下降。自2010年以来，一些国家企业创办率出现企稳回升的积极趋势。如图1-48所示，在2015年企业创办率为正值和负值的占比接近，在统计的28个样本中，新企业创办率平均值为0.7%。据2015年的统计来看，新企业创办率与企业规模有直接的关系，企业规模越小，其新

第一章 小微企业发展状况、问题与前景分析

创办率在不同国家之间的情况差异越大；企业规模越大，其新创办率情况差异越小。1—9人微型企业和10—19人的小型企业新创办率正负占比接近，90%的国家20—49人的小型企业新创办率为正值。我国近年来各规模企业的增长率平均都稳定在12%左右，也高于世界平均水平。

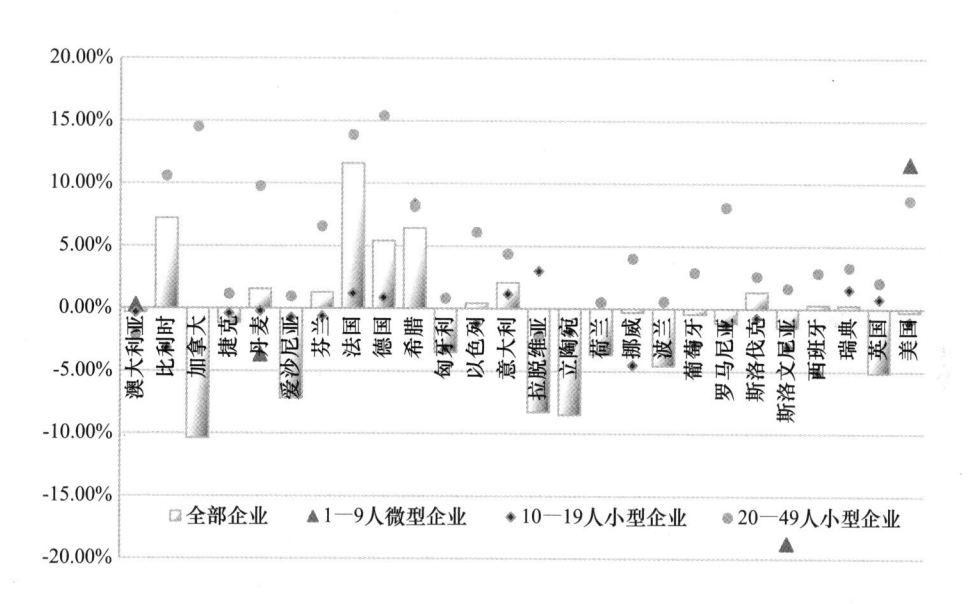

图1-48 新企业创办率（2015年）

资料来源：OECD data。

无论发达国家还是发展中国家，小微企业均对经济发展和社会稳定发挥重要作用。首先，大量存在的小微企业提高了市场的活跃度，使得大企业不能任意操纵市场，有利于公平竞争和增强市场活力。例如，澳大利亚中小企业占企业总数的98%，英国和韩国小微企业占比高达99.9%，智利的小微企业占比达98.5%。其次，小微

企业提供了大量就业岗位。大多数国家（地区）中小企业都提供了近50%的就业岗位，澳大利亚小微企业创造了470万个就业机会，突尼斯62%的就业机会来自小微企业，美国53%、德国78%、韩国87.7%的就业岗位来自于中小企业。再次，小微企业创造了巨大的社会财富。澳大利亚小微企业产出占GDP的1/3，德国75%的国内生产总值（GDP），美国39%的GDP、53.5%的销售额是由中小企业实现的。最后，小微企业有力推动经济增长。如中小企业成就了"意大利制造"的美誉，支撑其进入世界经济强国行列，德国中小企业完成了全国总投资的46%，贡献了70%的税收和2/3的专利技术，约有1/3的开发项目在商业上得到应用，为德国形成强大的国际竞争力奠定了坚实基础。

◇◇ 二 小微企业发展存在的问题

（一）近年小微企业面临困境和宏观环境相关

小微企业从来都是经济的重要组成部分和活力来源，也由于其规模小、实力弱、内部管理不规范等特点极易遇到来自各方面的冲击，与大企业相比，小微企业生存更为困难，倒闭和死亡也更为普遍。近年来小微企业生存尤为困难，注销企业数量快速增加，显示了小微企业遭遇巨大困境。小微企业之所以遭遇前所未有之大困局，根本原因在于我国经济发展阶段的转变，即正由过去的高速增长阶段转向高质量发展，正处于转变发展方式、优化经济结构、转换增长动力的攻关期。具体表现在：

1. 劳动力成本、原材料成本、环境成本、税费成本等快速上升，大幅提高了大量身处传统行业的小微企业成本，挤压了企业利润和生存空间

小微企业大量分布在传统制造业领域，相当一部分小微企业分布于高投入、高排放的微利领域。以浙江2014—2016年小微企业调研数据为例，三年全省累计新设小微企业66.13万家，净增59.03万家，平均每年新设22.04万家小微企业。其中，新兴产业领域企业不断增加，2016年，信息传输、软件和信息技术服务业新增小微企业2.01万家，比2013年增长8.88倍，但此类企业在每年新增企业中占比仍然不足10%。大量处于传统行业的小微企业，对劳动力成本、原材料成本等上升更为敏感，面对近年来劳动力成本、原材料成本、环境成本和税费成本等各项成本的普遍上升，小微企业的压力可想而知，极大压缩了小微企业的生存空间。

（1）劳动力成本上升迅速

随着人口结构变化、新《劳动合同法》实施，以及扩大内需的需要等原因，我国劳动力成本进入快速上升时期，尤其是2008年以来，我国工资进入快速增长通道。根据国际劳工组织发布的《全球工资报告2018/19》，在过去的十年中，中国工资水平经历了突飞猛进的增长，2017年比2008年工资几乎上涨了1倍，远远快于发达国家工资增长水平，也远远快于新兴发展中国家（见图1-49）。

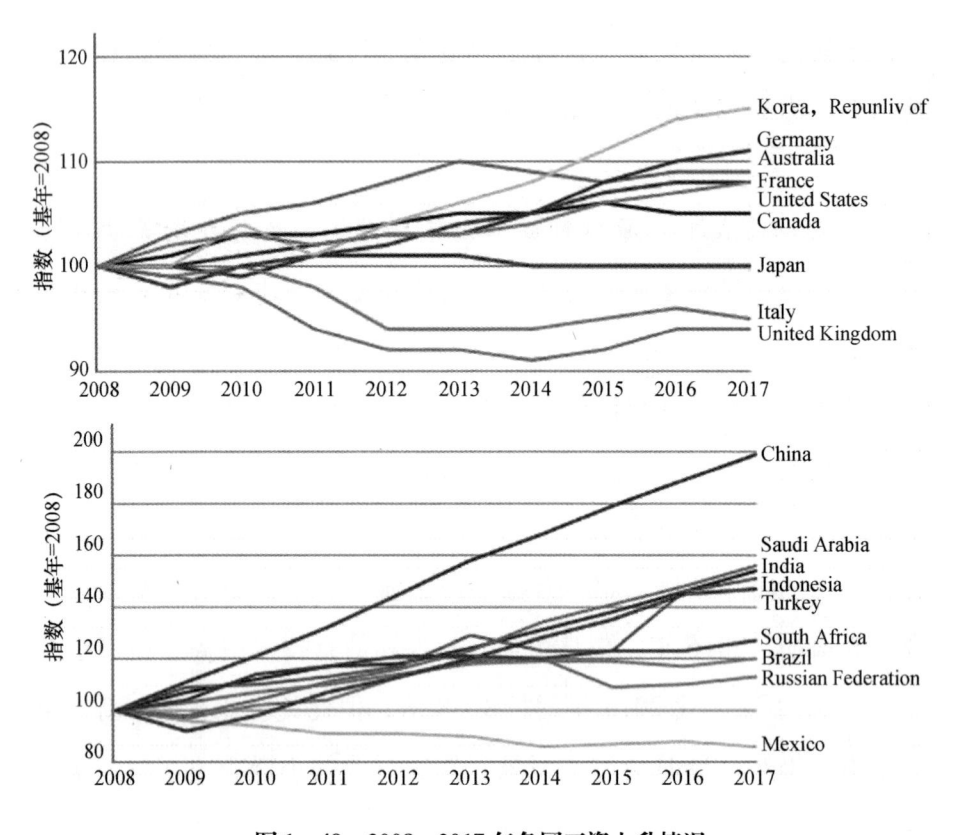

图 1-49　2008—2017 年各国工资上升情况

注：2008 年基年为 100。

资料来源：全球劳工组织：《全球工资报告 2018/19》，第 11—12 页。

国家统计局数据显示，2018 年我国工资水平依然快速上升。2018 年，中国城镇非私营单位就业人员年平均工资为 82461 元（人民币，下同），比上年增长 11.0%，增速比上年加快 1 个百分点，扣除价格因素，实际增长 8.7%，城镇私营单位就业人员年平均工资为 49575 元，比上年增长 8.3%，增速比上年加快 1.5 个百分点，扣除价格因素，实际增长 6.1%。小微企业广泛存在的私营部门单位工资加速情况更为显著。

(2) 原材料成本快速上升

美国波士顿咨询报告指出,中国资源成本上升迅速,2013年前三季度相对2008年前三季度,土地平均成交价上升了165.2%。用电成本从2004年每千瓦时7美元,涨至11美元,天然气从2004年每单位5.8美元涨至13.7美元。[①] 2016—2017年各种原材料成本更是大幅度上涨。《经济参考报》记者调研发现,企业普遍反映价格上涨对企业带来巨大压力,且国内部分原材料价格比如石油、塑料等甚至高于国际平均水平,多家企业反映原材料价格上涨幅度在30%左右。[②] 能源和原材料成本的快速上涨,使得原本利润就非常微薄的小微企业难以为继。

(3) 税费成本上涨明显

我国宏观税负增长非常明显,根据世界银行《2019年营商环境报告》,我国整体营商环境大幅提升,达到第46位,而税收指标虽然提升较快,但是总体税负占企业税前利润的比例依然高达64.9%,排在第114位[③],远远高于发达国家,也高于大量发展中国家。中国企业研究所发布的《2017中国民营企业税负报告》甚至指出,2012—2016年制造业上市公司平均实际利润税负由2009—

[①] 《美国波士顿咨询集团报告:中国制造成本已接近美国》,2015年8月9日,《北京日报》,http://world.people.com.cn/n/2015/0809/c157278-27432127.html。

[②] 《涨声一片 制造企业感受"多重压力"》,《经济参考报》2018年7月5日第A05版。

[③] 中国整体税负近年来持续下降,排名有所提升,2017年为68%,税收指数排名第131位,2018年为67.3%,排名第130位,2019年为64.9%,排名第114位。

2011年的61.6%上升至74.2%。

企业税费日益成为困扰企业发展的主要难题,在对企业调研的结果中也有明显体现。2009年我们对安徽、吉林、天津、新疆、浙江、广东等10个省份中小企业进行的问卷调查显示,融资问题是企业面临的最大难题(55.51%),然后依次是征地问题(41.77%)、品牌问题(36.58%)、人才问题(31.63%)、技术问题(30.91%)、成本问题(22.52%)、市场问题(21.24%)等(见图1-50)。成本问题不是企业发展面临的主要难题,然而自2012年以来,劳动力成本上升和税费负担重就超越融资跻身为企业面临的最主要问题。比如,全国工商联调研显示,2016年,用工成本上升、税费负担重、融资难融资贵是制约民营经济发展的前三大影响因素,分别占67.6%、57.6%、49.6%,国内市场需求不足和市场秩序不够规范则分列第4位和第5位,分别占47%和44%。中国企

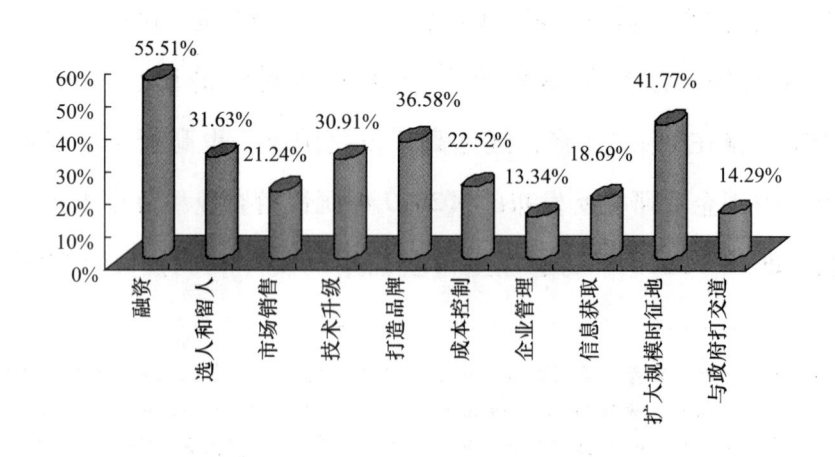

图1-50 2009年关于中小企业调查的结果

资料来源:2009年承担《中小企业发展十二五规划》前期研究时进行的调查结果。

业家调查系统自 2012—2017 年的调查也显示，人工成本上升和社保、税费负担过重是企业面临的首要困难①。企业家调查中，大家对于社保、税费负担过重看法的这种改变，显示了税负成本近年来的快速上升。

（4）环境成本大幅上升

随着我国经济增长过程中环境承载力达到极限，空气污染、水污染和土壤污染日益严重，我国对环保的要求越来越严格，相关政策法规也不断完善，企业的污染治理和污染排放费用不断提高。

2014 年 9 月 1 日，国家发改委、财政部和环境保护部联合下发《关于调整排污费征收标准等有关问题的通知》，要求 2015 年 6 月底前，各省（区、市）要将废气中的二氧化硫和氮氧化物排污费征收标准调整至不低于每污染当量 1.2 元，将污水中的化学需氧量、氨氮和 5 项主要重金属污染物排污费征收标准调整至不低于每污染当量 1.4 元。新的排污费标准比原标准上升了一倍，对于大量高污染、高排放的小微企业来说，成本大大提升。

2016 年正式开始的中央生态环保督察，已经开展了 4 批，覆盖了全国 31 个省（区、市），今年将继续启动第二轮督察，环保风暴日益剧烈。同时，环保相关法律法规日益完善，仅 2018 年 1 月 1 日开始实施的就有《中华人民共和国环境保护税法》《生态环境损害

---

① 中国企业家调查显示，2012—2017 年企业经济发展中遇到的最主要困难选项中，将人工成本上升作为最主要困难的比例分别为 75.3%、79.2%、76%、71.9%、68.4% 和 71.8%；认为社保、税费负担过重的比例分别为 51.8%、51.3%、54.5%、54.7%、50.2% 和 49.7%。

赔偿制度改革方案》和《中华人民共和国水污染防治法》修正案等多项重要环保法律法规。对企业存在的污染排放问题的强力治理和严肃惩处成为常态，环境成本成为小微企业无法规避的显性成本。

2. 消费升级带来的商品供需错配，周边国家替代以及中美贸易战为代表的外部市场萎缩等，压缩了小微企业的市场空间

小微企业普遍分布于竞争性领域，这些领域企业数量巨大，竞争异常激烈，大量企业为了生存不惜大打价格战。在小微企业激烈竞争的日常形态下，由于经济发展阶段变化居民收入增长带来的消费升级和外部市场萎缩都极大压缩了小微企业的市场空间。

（1）产品市场的供需错配

根据国际经验，随着经济发展水平和居民收入水平提高，居民消费会出现从基本生活需求向更高品质商品的需求转变。2017年，我国恩格尔系数达到29.3%，接近富足国家水平，消费者对商品的需求从满足基本生活需求转向对产品品牌、品质、安全等更高诉求。麦肯锡针对中国消费者的报告调查发现，中国50%的消费者表明自己追求优质产品。国内企业生产的产品长期以来给消费者以低价、低质的传统印象，小微企业产品形象更是被认为是低端和山寨，这与消费者的消费升级形成了巨大的落差。因此，国内消费者为满足对消费升级的需要，不惜花费更多的时间代价通过跨境电商和境外消费大量购买国外产品。根据iiMedia Research（艾媒咨询）数据，2014—2017年，中国跨境电商的交易规模呈现不断增长的趋势，交易规模分别为3.9万亿元、5.1万亿元、6.3万亿元以及7.6万亿元，

并预计2018年，将达9万亿元。中国旅游研究院、携程旅游大数据联合实验室联合发布了《2018年中国游客出境游大数据报告》，预计2018年我国境外消费将达1200亿美元，人均单次境外旅游消费将达到约800美元（约5400元人民币）。国内的消费能力大量外流。

商务部2018年5月发布《主要消费品供需状况统计调查分析报告》指出，超过90%的消费者认为安全是购买进口食品和母婴用品的主要关注点。超过70%的消费者认为品质是购买进口文教体育休闲用品、化妆品、家居和家装用品的主要考虑因素。[①] 进一步印证了小微企业产品结构与消费者需求结构之间的不匹配。

（2）周边国家替代

2008年以来受到国际金融危机影响，我国出口迅速下降，2009年出口增速出现12.2%的负增长，2010年和2011年有所上升，但2012年以来再次迅速下滑至7.9%，2014年降至6%的新低，2015年再次出现负增长，下降1.8%，2016年出口增速进一步下降至-2%。与此同时，印度、菲律宾和越南等出口却迅速增长，2014年1—11月，其出口增速分别达到11.2%、19.4%和29.4%，远远超过同期我国出口的增长速度。2016年前8个月，中国劳动密集型产品在美国和日本进口市场份额比2015年同期分别下降1.4个和2.6个百分点，而同期越南产品在美、日进口市场份额分别上升0.7个和1.2个百分点。2018年前三季度，服装、玩具等七大类劳动密集型产品合计出口2.29万亿元，虽然在出口总

---

① 资料来源：环球网，2018-05-29，http://baijiahao.baidu.com/s? id =1601774700274367481&wfr = spider&for = pc。

值中占比仍然较高（19.3%），但同比下降0.8%。可见，小微企业分布较多的劳动密集型产品受到周边国家替代，外部市场萎缩的情况比较明显。

（3）贸易争端加剧小微企业出口难度

中国外贸的传统竞争优势正在减弱，新的竞争优势尚未形成，正处于"青黄不接"的时期，一方面受到周边低成本国家的挤出，另一方面也受到发达国家和新兴经济体的贸易保护主义的冲击和竞争。根据商务部数据，2018年1月到11月，中国产品共遭遇来自28个国家和地区发起的101起贸易救济调查。其中反倾销57起，反补贴29起，涉案金额总计324亿元。与上年同期相比，案件的数量和金额分别增长了38%和108%。钢铁、化工、建材是立案数量较多、涉案金额较大的行业。

自去年开始，美国发起的中美贸易战不断升级，美国从2018年4月宣布对中国输美产品加征关税。9月开始对价值2000亿美元的中国产品加征10%的关税，并在今年5月份宣布对价值2000亿美元的中国产品加征25%的关税。美国贸易战不断加码，必然削弱中国产品在美国市场的竞争力，影响中国产品出口。这对大量外贸型小微企业将造成巨大影响。

3. 防范化解金融风险攻坚战进一步加剧了小微企业长期存在的融资难和融资贵，污染防治攻坚战加速了部分高污染小微企业退出市场

除了小微企业面临的成本和市场方面的压力外，政府加速中国

经济转向高质量发展的相关重大任务,加剧了小微企业的生存难度。

(1) 防范化解金融风险攻坚战进一步加剧小微企业融资难、融资贵

小微企业规模小、实力弱的基本特征决定了小微企业的融资难、融资贵。据中国银行保险监督管理委员会2018年9月28日首次发布的《中国普惠金融发展情况报告》显示,截至2017年末,银行业小微企业贷款余额30.74万亿元,共为1521万户小微企业提供贷款服务,贷款覆盖率仅为20.8%。世界银行2018年发布的《中小微企业融资缺口:对新兴市场微型、小型和中型企业融资不足与机遇的评估》报告认为,中国小微企业潜在融资需求达4.4万亿美元,融资供给仅2.5万亿美元(16.5万亿人民币),潜在融资缺口高达1.9万亿美元,缺口比重高达43.18%。

融资成本高也是小微企业融资过程中遭遇的典型问题。中国财政科学研究院2017年发布的《降成本:2017年的调查与分析》指出,2014—2016年国有企业的银行贷款加权平均利率明显低于民营企业,分别为6.13%、5.91%和5.26%,而民营企业则为7.65%、7.41%和6.79%。由于小微企业基本都是民营企业,因此可以看出小微企业的融资成本远远高于大中型企业。而且,当正规金融机构无法满足小微企业融资需求时,小微企业将不得不以承受更高融资成本的代价通过网络借贷、民间借贷、小额贷款公司等渠道获取资金,很多时候融资成本甚至高达

20%。

小微企业融资难、融资贵不仅是我国小微企业的特点，也是全世界中小企业的特点。世界银行2008年对45个国家进行调查发现，大、中、小企业获得银行信贷资金的占比分别为3.0∶1.2∶1.0，大企业获得的银行信贷资金总量达到了小企业的3倍。从信贷成本来看，大、中、小企业的相对比例分别为1.0∶1.3∶1.4，小企业信贷成本明显高于大型企业。

小微企业的特征就决定了面临信贷收缩和降杠杆时，小微企业将成为金融机构抽贷和提高融资成本的首选对象。因此，这两年我国小微企业融资难问题更为突出，且融资成本也较之前有所提高。全国工商联中国中小企业融资状况调查显示，2010年，中国银行信贷覆盖率小型企业不足20%，规模或限额以下企业不到5%，2017年覆盖率仍然维持在20%左右，没有明显改进。从融资成本来看，根据银保监会数据，我国普惠型小微企业贷款利率为7.39%，高于2014—2016年时的民营企业贷款利率。

(2) 污染防治攻坚战加速了部分高污染小微企业退出市场

中央防治污染的决心和力度不断加大，党的十九大报告明确将污染防治列为三大攻坚战之一，并加大了环保督查和整治力度。大量小微企业由于生产方式比较传统，机器设备和工艺流程相对落后，相当一部分属于"散、乱、污"企业，恰好是环保督查和整治的重点，因此相当多的小微企业在环保风暴中关停或整改。

很多地方都进行了环保督查，并关停了大量企业。环境保护部

2017年4月7日开始的第一轮京津冀及周边地区大气污染防治强化督查，前三个月共检查企业（单位）32004家，其中20482家存在问题，约占64%。截止到6月底，京津冀及周边28个城市已经核查出"散乱污"企业17.6万家，并提出对无法升级改造达标排放的企业，于2017年9月底前一律关闭，环保督查对小微企业的影响可见一斑。全国各地纷纷都开展不同形式、不同频次的环境督查和整治工作，都不同程度地关停整治了大量企业。比如东莞市大气办2018年初发布通告指出，2018年底前全市完成5000家"散乱污"企业淘汰整治，力度相当大。

（二）小微企业面临问题总结

根据工信部《中国中小企业年鉴》可以提炼出我国小微企业的主体——小微企业面临的问题很多。阻碍小微企业发展的最主要问题是政府服务，其次是融资，然后依次是创新能力、产业结构、人才素质、企业成本、法律监管、企业管理、经济环境，最后是政策不确定。

表1-12　　我国小微企业发展面临的主要问题——政府的视角

问题及未来工作重点	问题描述	报告地区（共31个地区）	问题排序
政府服务问题	行政干扰多，企业办证多、服务平台有待完善、信息化程度不高	天津、山西、辽宁、吉林、上海、浙江、安徽、江西、山东、湖北、湖南、广西、海南、四川、云南、陕西、甘肃、宁夏、大连、厦门、青岛、新疆	1

续表

问题及未来工作重点	问题描述	报告地区（共31个地区）	问题排序
融资问题	融资难，缺乏股权投资市场	山西、辽宁、上海、江苏、福建、湖北、广东、广西、海南、四川、云南、西藏、陕西、甘肃、青海、宁夏、厦门、青岛、深圳、新疆、黑龙江	2
创新能力低问题		山西、吉林、上海、江苏、浙江、福建、江西、山东、湖北、广西、海南、四川、云南、陕西、青岛、新疆	3
产业结构问题	产业结构不合理；污染问题；有待升级	天津、山西、江苏、湖北、湖南、四川、陕西、青海、厦门、青岛、黑龙江	4
企业人才素质问题	企业人才素质低、缺乏高端技术人才	山西、辽宁、吉林、湖北、海南、西藏、青海、宁夏、大连、厦门	5
企业成本问题	经营成本高、税负高、人力成本高、运输成本高、土地成本高	江苏、吉林、福建、海南、四川、西藏、青岛、深圳	6
法律、监管问题	法律不完善、监管不完善	吉林、上海、湖南、云南、甘肃、青海	7
企业管理问题	企业管理不规范	浙江、安徽、湖北、广东、四川	8
经济环境问题	经济下行压力大、国际环境	福建、西藏、深圳	9
政策不确定问题	环保政策	天津、海南	10

资料来源：《中国中小企业年鉴2017》，第四篇《各地中小企业改革与发展》。

根据阿里巴巴对4000家小微企业的调查，对企业未来发展持悲观态度的主要原因，是政府对支持中小企业发展的态度不坚决（占63.50%），其次是未来宏观经济发展趋势不明朗（占50.61%）。

关于哪些问题是企业发展的瓶颈，大多数企业认为金融、税收优惠等政策支持不足（56.50%）及宏观经济下滑造成发展压力

（45.33%）；有35.72%的企业认为是人才不足；29.81%的企业认为是创新能力不足；22.23%的企业认为是企业管理体系粗放。

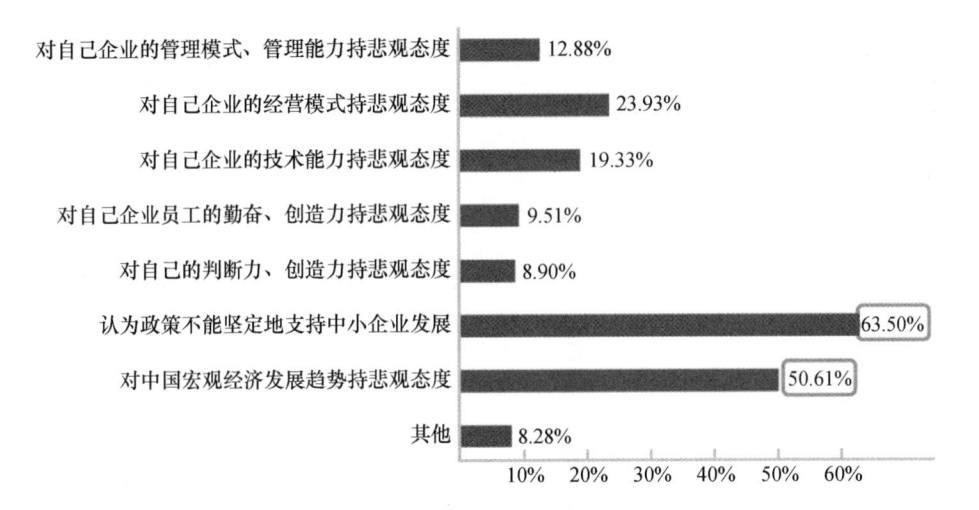

对未来持悲观态度的原因	比例
对自己企业的管理模式、管理能力持悲观态度	12.88%
对自己企业的经营模式持悲观态度	23.93%
对自己企业的技术能力持悲观态度	19.33%
对自己企业员工的勤奋、创造力持悲观态度	9.51%
对自己的判断力、创造力持悲观态度	8.90%
认为政策不能坚定地支持中小企业发展	63.50%
对中国宏观经济发展趋势持悲观态度	50.61%
其他	8.28%

图1－51　企业对未来持悲观态度的原因

资料来源：阿里巴巴中小企业商学院：《2017年中小企业生存现状与发展策略报告》。

企业发展的瓶颈问题	比例
自己企业创新能力不足	29.81%
新技术、新模式冲击，无法适应	15.82%
人才难求、匮乏，企业发展受到制约	35.72%
企业管理体系粗放，管理能力不足	22.23%
个人的眼界、理念狭隘，制约企业发展	18.38%
缺乏支持中小企业发展的政策，如金融、税收等	56.50%
宏观经济下滑造成的发展压力	45.33%
其他	7.09%

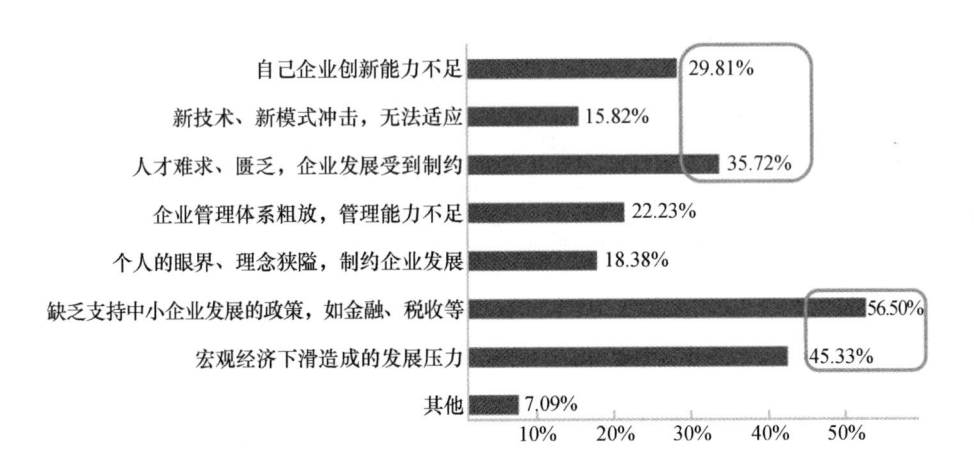

图1－52　中小企业认为企业发展的瓶颈问题

资料来源：阿里巴巴中小企业商学院：《2017年中小企业生存现状与发展策略报告》。

第一篇 小微企业现状及问题

根据邮政储蓄银行小微企业发展指数调查问卷（2015—2019年，全国范围内35013个有效样本）数据①，针对"企业经营中遇到的主要问题"的问题答复，可以发现小微企业认为的最主要问题首先是竞争加剧，其次是用工成本上升，再次是宏观政策影响。产品创新被排到倒数第四个问题。

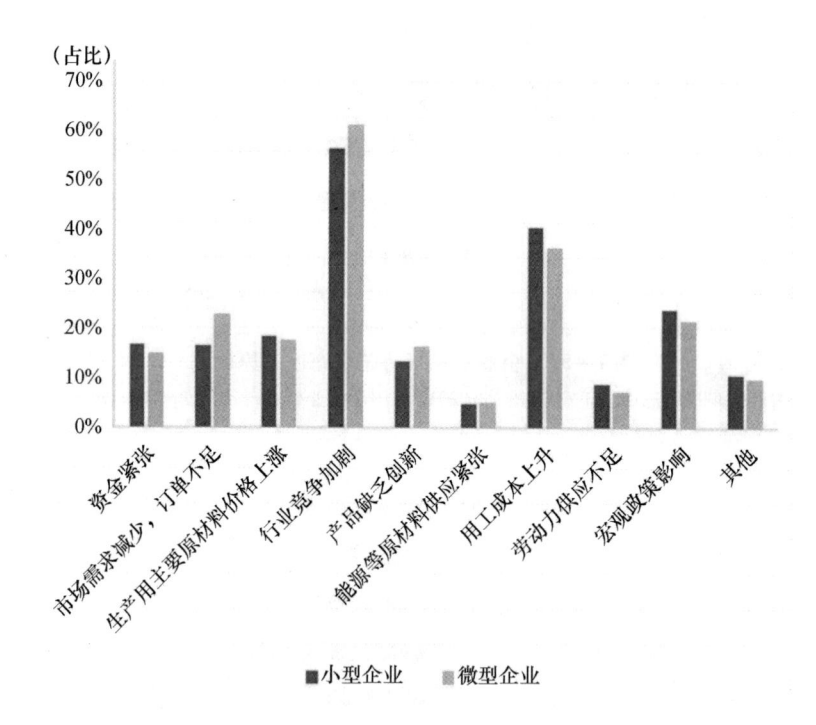

图1-53 小微企业经营中面临的主要问题

资料来源：邮政储蓄银行小微企业指数调查数据（2015—2019）。

---

① 本章参考中国邮政储蓄银行小微企业指数对2015年第二季度至2019年第一季度，共15个季末调查问卷数据。该问卷覆盖全国29个省市自治区，共35013个有效企业样本。

总体来看,小微企业家对影响企业发展的因素按重要性排序前6位是:

表1-13　　　影响小微企业发展的问题——小微企业的视角

对象:全国范围抽样,4000个中小企业 时间:2017年 调查者:阿里巴巴中小企业商学院			对象:全国范围30000个小微企业 时间:2015—2019年 调查者:中国邮政储蓄银行		
序号	影响因素		序号	影响因素	
1	外部因素	政府政策不确定	1	外部因素	行业竞争加剧
2		宏观经济下滑	2		用工成本上升
3		融资难、税负高	3		宏观经济、政策问题
4	内部因素	人才匮乏	4		市场需求减少
5		创新能力不足	5		资金紧张
6		管理粗放	6	内部因素	产品缺乏创新

可以发现,政府和企业对影响小微企业发展因素的认识是有差异的。政府将政府服务不到位、融资难、创新力低排在问题的前三位,企业则将政府政策不稳定、宏观经济不景气、行业竞争加剧,成本高,融资难排在前三位。

近年随着政府加大对小微企业扶植力度,企业发展面临的主要问题有所改变。从邮政储蓄最新数据可以看出,融资难问题已经明显缓解,在问题排序中位于第5位,但市场不景气和成本上升为阻碍小微企业发展的主要问题。

我国小微企业中科技类占比较低,创新能力不足,在竞争激烈的领域聚集,生产附加值低,存在做大做强的"消失的中间段"现象。

表 1–14　　影响小微企业发展的问题——合并视角

政府视角			企业视角		
序号	影响因素		序号	影响因素	
1	外部因素	政府服务不到位	1	外部因素	政府政策不稳定、宏观经济不景气、行业竞争加剧
2		融资难	2		成本高
3	内部因素	创新力低	3	内部因素	融资难
4		产业结构不合理	4		人才匮乏
5		人才匮乏	5		缺乏创新能力
6	外部因素	成本偏高	6		管理粗放

（三）融资难问题突出

融资难是一个突出的问题。相对于大型企业，小微企业融资难是一个普遍的问题。融资难问题产生的本质原因，是这类企业的风险与收益不均衡。相对于大型企业，小微企业有较高的风险，但是并没有相对高的收益。如果无法获得足够覆盖风险的收益，金融机构不会愿意提供信贷资金。除非有足够的风险对冲手段，如抵押、担保。但小微企业的抵押资产不如大型企业多，在担保不足的情况下，金融机构没有对小微企业贷款的积极性。

但是，这个结论并非对小微企业普遍适用。微型企业，特别是非正式注册的微型企业，由于人力成本低、税费低（无）、借款额度和借款频率低、盈利水平相对高，往往可以承受相对高的借款利率（参见本篇第一部分）。金融机构对微型企业贷款，可以收取较高的利率以覆盖风险，例如我国以及国际上很多金融机构对微型企业和个体户的贷款利率在20%以上，同时实现了借贷双方的可持续发展。但是对于中小企业来说，这个利率就太高了。相对小微企业，中小企业有较高的人力成本和管理成本，盈利水平低，并且借款频率和借款额度较高，基本无力承受与小微企业同样的利率；由于风险高，也没有资格享受大型企业的利率。融资问题可能是中等企业消失的一大原因。

中小企业的高风险，主要体现在更快的增长速度和收益波动，以及更大的经济周期风险两方面。一般来说，企业增长速度越快，风险越高。本书发现中小企业的增长速度远远快于微型企业和大型企业；此外从经济周期风险看，中小企业也要高于大型企业和微型企业。根据邮储数据（2015—2019）对小微企业的统计，从事制造业的小型企业比重远远高于微型企业，从事零售业的微型企业比重远远高于小型企业（见图1-54）。属于加工制造业的中小企业比重远远大于微型企业，并且中小企业往往处于产业链的中下端，相对于中上游的大型企业和主要处于产业链外的微型企业，有较低议价能力的中小企业在经济衰退来临时，更容易陷入经营困境。

中小企业有更高的风险，有不够高的收益，有不够多的可抵押资产，这些特征使得金融机构没有满足中小企业借贷需求的积极性。除非政府补贴或其他方式的资金投入，否则商业性金融机构不会主动介入。如果靠行政命令强制金融机构对中小企业低息贷款，会导致金融机构经营的不可持续性，也破坏了信贷市场的游戏规则，扭曲市场秩序。

对中小企业融资难这一难题，要么放任不管，让中小企业自行

第一篇 小微企业现状及问题

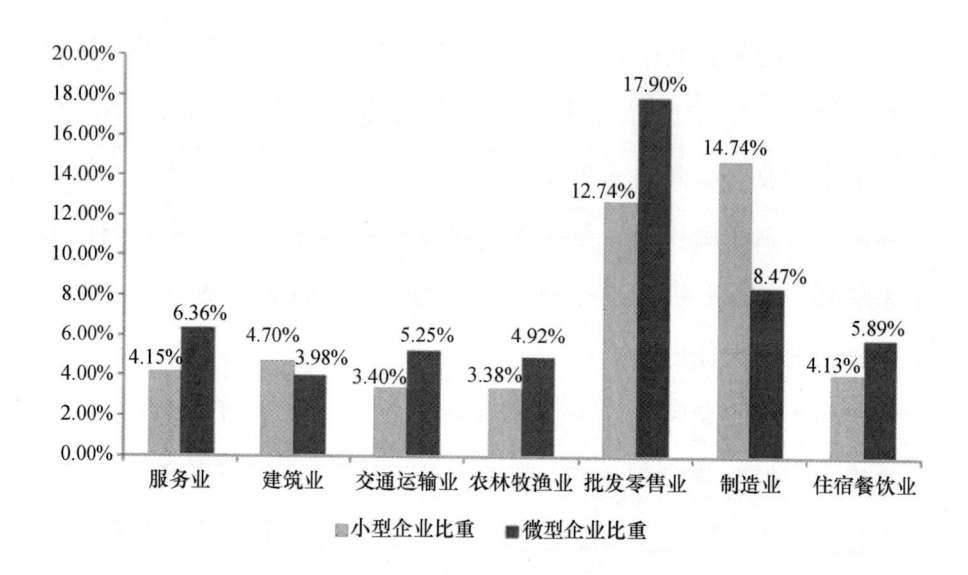

图 1-54 小微企业行业比较（2015—2019 年）

注：样本数 35013。

资料来源：邮政储蓄银行小微企业发展指数数据库。

解决，并任其在经济周期和市场竞争中沉浮，要么采取扶植措施。但无论信贷扶植还是减税扶植，均需要政府直接拿出资金资助这种特殊类型的企业。

◇◇ 三 小微企业发展的未来前景

面对多方面的挤压，小微企业生存压力巨大不难理解，有大量小微企业淘汰退出市场也属正常。然而，如果完全依靠小微企业自身应对经济转型，将会付出巨大的经济发展代价和社会稳定损失。

为减少小微企业大规模倒闭带来的负面影响，政府有必要帮助民营企业平稳转型。为此，我国陆续制定出台了大量支持促进小微企业发展的政策措施，小微企业的未来发展既受到当前遇到的各种问题的影响，也会受到政策的影响，未来我国的小微企业发展将呈现出以下特点：

（一）小微企业的多重压力会伴随整个中国经济转型期

中国经济发展进入高质量发展的新时代，过去那种低成本的时代已经一去不复返，企业所面对的劳动力成本、原材料成本和环境成本上涨将成为未来经济发展的常态。而利润率低、供需不匹配等很多与经济转型相关的问题，也将长期伴随小微企业的成长，直到我国完成经济发展方式转变，构建起现代化经济体系，实现小微企业生产方式和经营方式的现代化，才有可能摆脱目前小微企业面临的困境。从我国经济转型的进程来看，根据我国经济发展目标的阶段安排，到2035年我国才能够跻身创新型国家前列，基本实现现代化，为此，小微企业运营将会面临较长时期的巨大压力。

（二）小微企业分化发展趋势日益明显

面对巨大的生存压力，在经济转型过程中，小微企业淘汰竞争更为激烈，小微企业内部将出现明显分化。第一，一批小微企业将会退出市场。对于那些不能够及时转型以适应不断提高的成本，日益严厉的环保标准，以及快速变化市场的企业，必然在竞争或者在政府督查和整治中被关停和淘汰出市场。第二，一批小微企业将会加快改造升级。对于那些能够及时改进升级生产设备，改造工艺流程，加快产品结构调整的企业，就可以在政府扶持小微企业发展的政策背景下存活下来并不断发展壮大。第三，一批小微企业将会加快发展。对于那些能够在自主创新方面取得进展，拥有较高技术水平，生产技术含量高的产品和服务的企业，就可以借助政府加快创新驱动的总体战略，获得快速发展。

（三）小微企业整体状况取决于政策落实

为扶持小微企业发展，政府从各方面出台政策措施帮扶小微企业，这些政策主要包括：

第一，定向降准。2014年以来对服务小微企业的商业银行实行定向降准，此后继续多次降准支持小微企业融资。2019年5月，更是直接针对中小银行实施精准降准，增加小微金融供给，据预测，约有1000家县域农商行可以享受该项优惠政策，释放长期资金约2800亿元，这将全部用于发放民营和小微企业贷款。

第二，降低金融机构向小微企业发放贷款税费。2018年9月，财政部、税务总局发布《关于金融机构小微企业贷款利息收入免征增值税政策的通知》，将对金融机构向农户、小型企业、微型企业及个体工商户发放小额贷款取得的利息收入，免征增值税，对金融机构与小型企业、微型企业签订的借款合同免征印花税。

第三，减轻小微企业税费负担。一是不断扩大税收优惠范围和力度。2018年财政部和税务总局发布的《关于进一步扩大小型微利企业所得税优惠政策范围的通知》，将适用该优惠的小型微利企业确定为工业企业年度应纳税所得额不超过100万元，从业人数不超过100人，资产总额不超过3000万元；其他企业年度应纳税所得额不超过100万元，从业人数不超过80人，资产总额不超过1000万元。2019年出台的《关于实施小微企业普惠性税收减免政策的通知》不再区分行业，将小型微利企业标准调整为年度应纳税所得额不超过300万元、从业人数不超过300人，资产总额不超过5000万元，大大拓宽了小微企业标准，使更多小微企业能够享受税收优惠。二是降低社保费用。2019年4月，国务院办公厅印发《降低社会保险费率综合方案》提出，目前单位缴费比例高于16%的省份可降至16%，并继续阶段性地降低事业保险和工商保险费率，以减轻企业的社保负担。

第四，优化营商环境。去年习近平总书记召开民营企业家座谈会以后，很多部门纷纷出台支持民营企业发展的政策措施，通过加快推进政府放管服改革，进一步放宽市场准入等不断为小微企业发展营造良好的环境。

虽然截至目前已经出台了大量的政策措施，但是很多措施缺乏实施细则，这些政策的实施和落实效果还有待时间检验。因此，当前的这些政策能否顺利实施并达到预期政策效果，助力小微企业健康发展，将取决于这些政策措施的落实情况。

（四）巨大的市场空间和新技术的发展将为小微企业带来新机遇

我国拥有全球最多的人口，且人均国民收入已经超过9000美元，进入消费加速增长时期，将会形成巨大的消费市场。据波士顿咨询集团的数据预测，到2020年，中国的中上阶层和富裕家庭数量将增长1倍，达1亿，占城市家庭的比重从2015年的17%快速上升到30%[1]。中上层家庭每年的可支配收入在2.4万—4.6万美元之间，庞大的中产阶级将会成为中国巨大购买力的坚实基础，也为小微企业发展提供巨大的市场空间。同时，随着居民收入水平不断提高，消费将从物质性消费转向服务性消费。2018年，服务性消费在人均消费支出中的比重达到44.2%，比上一年度提高1.6个百分点。消费结构的改变将会带来旅游行业、文化产业、体育产业、环保产业、养老产业等服务行业的蓬勃发展，为小微企业发展提供重要的机遇。

另外，随着互联网的逐步普及，人们的消费方式和消费习惯也发生了根本性变化，比如购买方式和支付方式的改变。国家统计局资料显示，2018年全年实物商品网上零售额达70198亿元，比上年增长25.4%，占社会消费品零售总额的18.4%。人们消费方式和消

---

[1] 《港媒称中国进入新时代：中上层及富裕家庭2020年过亿》，《参考消息》，2015年12月22日，http://www.cankaoxiaoxi.com/china/20151222/1033678.shtml。

费习惯的改变，就要求企业适应互联网的发展加快升级改造，也由此催生出了一些新行业，并孕育了一批优秀的企业，比如小米科技、拼多多、字节跳动等，这为小微企业发展提供了更多具有活力的新模式和新业态选择。

第 二 章

小微企业发展运行指标对比分析

◇ 一 反映小微企业运行整体情况的指标

（一）各个指标简要介绍

近些年，随着国家政策对小微企业的重视，以及相应部门业务发展需要，有一些单位发起设计了自己的小微企业发展指标。本章对这些小微企业相关指标进行总结对比分析，并基于这些指标分析小微企业走势。

第一个指标是邮储银行小微企业运行指数，它是经济日报社和中国邮政储蓄银行按月采集信息联合发布，反映我国小型、微型企业及个体工商户月度综合运行态势与发展状况的指数。

第二个指标是建行普惠小微指数，它以小微企业服务主体为切入点，以大数据分析为手段，对知名电商平台小微商家、建设银行小微客户进行问卷调查，并采集了新三板、银行、具有较高资质的小贷公司、新兴科技渠道的金融服务商积累的相关数据，统筹客观数据分析和主观问卷调查信息，综合考量普惠金融的供给方和需求方，构建了小微融资指数、服务指数、发展指数和营商指数四大体系。

第三个指标是中国工商总局小微企业发展指数，它包括小微企业参与指数、小微企业活跃指数、小微企业质量指数和小微企业营商环境指数四个主要方面，但尚未发布。

第四个指标是汇丰PMI，是由汇丰与英国研究公司Markit Group Ltd.共同编制，是对中国总体制造业状况、就业及物价调查的一项衡量制造业状况的指标，现已更名为财新中国PMI。

第五个指标是渣打银行中小企业信心指数，它旨在通过企业经营现状、对未来的预期以及企业信用三个维度，对中国中小企业的生存和发展现状做出即时有效的综合评估和动态连续的观察研究，是迄今为止彭博商业终端上唯一一个由外资银行发布的、专门衡量中国中小企业现状和趋势的研究报告。

第六个指标是中国民生银行与华夏新供给经济学研究院联合推出民生新供给宏观经济指数，它是由微观信息综合而成的宏观经济系列指数与动态信息汇编，简称民新指数。该指数已经停止发布。

第七个指标是中国中小企业发展指数（SMEDI：Small and Medium Enterprises Development Index），它由中小企业协会通过对国民经济八大行业的中小企业进行调查，利用中小企业对本行业运行和企业生产经营状况的判断和预期数据编制而成，是反映中国中小企业（不含个体工商户）经济运行状况的综合指数。

第八个指标是中国采购经理人指数，它是由国家统计局和中国物流与采购联合会共同合作完成,是快速及时反映市场动态的先行指标,它包括制造业和非制造业采购经理指数,与GDP一同构成中国宏观经济的指标体系。

第九个指标是交通银行—复旦中小企业成长指数,它是交通银行和复旦大学联合发布,调研覆盖七大经济区域的21个城市,指数体系包括成长指数和绩效、风险和信心3个分类指数、7个地区指数以及相关行业指数。

(二) 指数对比(见表2-1)

(三) 各个指数指标体系

已有各个指标的关注点不同,因此编制的分项指标有一定差异,具体说明如下:

(1) 交通银行—复旦中小企业成长指数:包括成长指数和绩效、风险和信心3个分类指数、7个地区指数以及相关行业指数。

(2) 渣打银行中小企业信心指数:包括经营现状指数、预期指数和信用指数三项指标。

(3) 汇丰PMI:产品订货(简称订单)、生产量(简称生产)、生产经营人员(简称雇员)、供应商配送时间(简称配送)、主要原材料库存(简称存货)。

(4) 中小企业发展指数分项指数为宏观经济感受指数、综合经营指数、市场指数、成本指数、资金指数、劳动力指数、投入指

第二章 小微企业发展运行指标对比分析

表 2-1 各个指数基本信息对比

	小微指数	普惠小微指数	中国工商总局小微企业发展指数	汇丰PMI	渣打银行中小企业信心指数	民生新供给宏观经济指数	中国中小企业发展指数	中国采购经理人指数	交通银行——复旦中小企业成长指数
发布机构	经济日报社和中国邮政储蓄银行	中国建设银行	中国工商总局	汇丰与英国研究公司Markit Group Ltd.	渣打银行	中国民生银行与华夏新供给经济学研究院	中小企业协会	国家统计局和中国物流与采购联合会	交通银行和复旦大学
发布频率	月	季度	报告形式	月	月	月	季度	月	半年
发布时间	2015年5月至今	—	—	2009年7月至今	2011年10月至今	2014年12月—2016年6月	2010年第一季度至今	2005年至今	2009年6月至2014年
分项指标	市场指标、绩效指标、扩张指标、采购指标、风险指标、融资指标、信心指标、成本指标	融资指数、服务指数、发展指数和营商指数	参与指数、活跃指数、发展指数和营商环境指数	无	经营现状指数、预期指数和信用指数	—	宏观经济感受、企业综合经营、市场、成本、资金、投入、效益和劳动力	—	绩效指数、风险指数和信心指数
行业	制造业、批发零售业、建筑业、交通运输业、住宿餐饮业、农林牧渔业	—	—	制造业和服务员	—	制造业和非制造业	工业、建筑业、交通运输邮政仓储业、房地产业、批发零售业、信息传输计算机服务软件业、住宿餐饮业和社会服务业	制造业和非制造业	食品饮料业、造纸印刷业、批发零售业和农林牧渔业
样本数量	2500	—	—	400	1000	4000	2500	3000	708
覆盖地区	东北、华北、华东、西北、中南、西南	全国	全国	不分地区	东部、中部、西部	全国	全国	东部、中部、西部	华南、西南、东北、西北、华中、华东
研究对象	小微企业	小微企业	全国	中国中小企业	全国中小企业	民营企业，小微占70%	全国中小企业	全国企业	全国中小企业
临界点	50	100	—	50	50	50	100	50	100

资料来源：作者整理。

数、效益指数。

（5）中国PMI中，制造业PMI由5个扩散指数（分类指数）加权计算而成。5个分类指数及其权数是依据其对经济的先行影响程度确定的。具体包括：新订单指数，权数为30%；生产指数，权数为25%；从业人员指数，权数为20%；供应商配送时间指数，权数为15%；原材料库存指数，权数为10%。其中，供应商配送时间指数为逆指数，在合成PMI综合指数时进行反向运算。非制造业PMI调查指标体系的设置主要参考了美国做法，共由10项指数构成：商务活动、新订单、新出口订单、积压订单、存货、中间投入价格、收费价格、从业人员、供应商配送时间、业务活动预期。但同美国不同的是，我国没有进口指数，因为在前期的调研中，绝大多数企业反映没有进口活动。另外，我国参考国际上相关研究机构的做法，增加了业务活动预期指数和收费价格指数。

（6）国家工商总局小微企业发展指数包括小微企业参与指数、小微企业活跃指数、小微企业质量指数和小微企业营商环境指数四个主要方面。小微企业参与指数包括的指标有全员创业活动参与率、新增市场主体密度、青年创业比例、大学生创业比例；小微企业活跃指数包含的指标有全员小微企业比例、小微企业存活率、小微企业开业率、小微企业盈利率、小微企业纳税率；小微企业质量指数包含小微企业平均营收增长率、小微企业平均规模增长率、规模微转小比例、规模小转中比例、营收微转小比例、营收小转中比例；小微企业营商环境指数包含政策宣传度、政策支持度、群众关注度、税收扶持环境、融资扶持环境、场地扶持环境、用工扶持环境。

以上这些指标中,普惠小微指数和中国中小企业发展指数以100为临界点,而其他指数均以50为临界点。当指数高于临界点时,反映调查对象代表的经济扩张;低于临界点时,则反映经济收缩。

◇◇ 二 各个指标关联性分析

本节以邮储小微指数为主体,观察各个指数间数量上的关联。

(一)邮储小微企业运行指数描述性统计

邮储小微指数原始数据以初始月为基准进行计算,但是为方便与其他同为环比的指数比较,我们对定基的小微指数进行调整(本期环比=本期定基/上期定基×50)。我们计算了从2014年上半年至2017年底的小微指数数据。可以发现,环比波动性远小于定基数据,且总指数均值小于临界点50,即小微指数表明我国小微企业相较2014年来说整体呈收缩态势。在分项指标中,融资、风险和成本指数扩张,而市场、采购、绩效、扩张和信心指数却呈相对收缩态势。

分行业来看,各行业都在收缩,相对而言,批发零售业和住宿餐饮业相对2014年基准月收缩幅度较小,而制造业和农林牧渔业相对基准月收缩幅度较大，说明制造业和农林牧渔业领域的小微企业发展状态不够良好。分项指数中，农林牧渔、住宿餐饮和建筑业融资指数均值较低，方差较大，表明这几个行业各企业融资状况相差较大，其整体融资状况一般。而风险指数各行业相差较小，其中服务业和交通运输业的风险指数相对较低。

小微指数环比总指数低于50，但与临界点差距不大，表明小微企业发展有一些问题，但是整体来看发展基本稳定。从风险和成本指标角度来看，小微企业发展向好。从行业来看，农林牧渔业发展状况较差，批发零售与住宿餐饮业发展相对稳定，与定基中的结论一致。从融资指数来看，只有制造业和建筑业在融资方面整体向好，而其他行业整体融资状况收缩；风险指数表明交通运输业发展一般。不过这两个指数整体在50上下波动，且幅度较小，整体还是呈稳定趋势。

分区域来看，小微指数（定基）中南区域相对其他区域平均收缩幅度较小，而东北和西北区域小微企业发展收缩态势明显，这也与我国各区域经济发展趋势相同。从风险因素方面看，各区域发展状况都较为平稳。

小微指数环比中，环比看平均变动不大，华北区域相对较好。

（二）汇丰PMI——现更名为财新中国PMI

汇丰PMI是由汇丰与英国研究公司Markit Group Ltd.共同编制，是对中国总体制造业状况、就业及物价调查的一项衡量制造业状况的指标,现已更名为财新中国 PMI。它通常于每月第一个工作日发布,如果 PMI 高于 50 表示制造业活动处于总体扩张趋势,低于 50 则反映制造业出现萎缩。

财新中国 PMI 的问卷包含以下四类经济变量:a. 制造业——产出、新订单、新出口订单、积压订单量、产出价格、原材料价格、供应商配送时间、产品库存、购买量、原材料库存和从业人员;b. 服务业——商务活动、新订单、积压订单量、服务价格、原材料价格、从业人员和业务活动预期;c. 建筑业——工程量、住宅业务、金融业务、土木工程业务、新签工程合同、从业人员、购买量、供应商配送时间、原材料价格、分包商使用率、分包商可得性、分包商利率、分包商质量和工程量预期;d. 总体经济水平——产出、新订单、新出口订单、积压订单量、产出价格、总体原材料价格、购买价格、雇佣成本、供应商配送时间、购买量、购买存量和从业人员。

1. 邮储总指数与财新中国 PMI 的相关性

小微指数与财新中国 PMI 相关系数为 0.05 且不显著,财新服务业指数与小微指数(定基)相关性较高,而分项指标中的信心指数、风险指数和成本指标相关性较高,但均不统计显著。只有信心指数与财新中国服务业 PMI 显著统计相关,相关系数为 0.31,表明财新中国服务业 PMI 与具有先行意义的信心指数在某些维度上所衡量的趋势一致。财新中国 PMI 中制造业和服务业之间并不显著相关,而综合指数和制造业相关系数更大,表明在综合 PMI 中制造业

第一篇 小微企业现状及问题

表2-2 邮储小微指数（定基）分行业描述性统计

定基	总指数 均值	总指数 sd.	市场指数 均值	市场指数 sd.	采购指数 均值	采购指数 sd.	绩效指数 均值	绩效指数 sd.	扩张指数 均值	扩张指数 sd.	信心指数 均值	信心指数 sd.	融资指数 均值	融资指数 sd.	风险指数 均值	风险指数 sd.	成本指标 均值	成本指标 sd.	频数
行业																			
总指数	47.1	1.5	44.7	2.0	46.6	2.1	46.3	1.2	46.4	1.7	48.5	1.2	50.2	1.1	51.7	1.0	60.6	3.6	45
农林牧渔	45.9	1.5	43.3	1.9	45.6	2.1	43.5	1.5	46.6	1.7	49.6	1.8	49.6	1.6	51.6	1.6	60.1	4.0	45
制造业	45.6	2.2	41.6	3.3	42.2	3.9	45.3	1.4	45.9	2.5	49.4	1.1	50.6	1.4	51.3	1.0	62.7	3.9	45
建筑业	46.1	2.0	44.6	2.2	42.0	3.1	48.1	1.2	43.6	3.4	44.0	2.1	48.4	2.6	51.8	1.4	58.0	4.5	45
交通运输	47.5	1.2	46.2	2.0	45.4	1.2	46.0	1.4	47.2	1.7	49.1	1.5	50.7	1.4	50.1	1.3	64.3	4.2	45
批发零售	49.0	0.9	47.6	0.8	53.9	1.3	46.9	1.5	47.5	0.9	49.1	1.3	50.4	1.3	52.6	1.4	58.7	3.6	45
住宿餐饮	48.8	0.9	49.6	1.3	49.0	1.6	48.7	1.2	47.5	0.9	50.4	2.1	45.8	2.0	53.0	1.4	55.1	2.5	45
服务业	47.8	1.3	46.0	2.1	46.8	1.9	46.4	1.6	47.6	1.3	45.7	2.7	52.4	2.0	50.9	1.3	61.2	4.5	45

资料来源：邮储指数数据库。

表2-3 邮储小微指数（环比）分行业描述性统计

环比	总指数 均值	总指数 sd.	市场指数 均值	市场指数 sd.	采购指数 均值	采购指数 sd.	绩效指数 均值	绩效指数 sd.	扩张指数 均值	扩张指数 sd.	信心指数 均值	信心指数 sd.	融资指数 均值	融资指数 sd.	风险指数 均值	风险指数 sd.	成本指标 均值	成本指标 sd.	频数
行业																			
总指数	49.9	0.4	49.9	0.5	49.9	0.7	49.8	0.5	49.9	0.4	50.0	0.7	50.0	0.4	50.1	0.5	50.3	0.8	45
农林牧渔	49.8	0.8	49.8	1.2	49.8	1.6	49.8	1.0	49.9	1.3	50.0	1.4	49.9	0.8	50.1	1.0	50.4	2.4	45
制造业	49.9	0.5	49.8	0.7	49.8	1.0	49.9	0.5	49.9	0.8	50.1	0.8	50.1	0.9	50.1	0.8	50.3	1.2	45

续表

环比

行业	总指数 均值	总指数 sd.	市场指数 均值	市场指数 sd.	采购指数 均值	采购指数 sd.	绩效指数 均值	绩效指数 sd.	扩张指数 均值	扩张指数 sd.	信心指数 均值	信心指数 sd.	融资指数 均值	融资指数 sd.	风险指数 均值	风险指数 sd.	成本指标 均值	成本指标 sd.	频数
建筑业	49.9	0.5	49.8	0.8	49.8	1.0	50.0	0.7	49.8	1.0	49.8	1.5	50.0	1.2	50.0	1.1	50.2	2.0	45
交通运输	49.9	0.5	49.9	0.8	49.9	1.0	49.9	0.8	50.0	0.8	50.0	0.8	49.9	1.1	50.0	1.0	50.4	1.5	45
批发零售	50.0	0.5	49.9	0.7	50.2	1.1	49.9	0.9	49.9	0.5	50.0	1.0	50.0	0.6	50.1	0.7	50.2	1.3	45
住宿餐饮	50.0	0.7	50.0	1.1	50.0	1.0	50.0	0.8	49.9	0.6	50.1	1.2	49.8	1.1	50.1	1.0	50.2	1.5	45
服务业	50.0	0.5	49.9	0.7	49.9	1.0	49.9	0.7	50.0	0.9	49.9	1.0	50.0	1.1	50.1	0.9	50.3	1.3	45

资料来源：邮储指数数据库。

表2-4　邮储小微指数（定基）区域统计

定基

区域	总指数 均值	总指数 sd.	市场指数 均值	市场指数 sd.	采购指数 均值	采购指数 sd.	绩效指数 均值	绩效指数 sd.	扩张指数 均值	扩张指数 sd.	信心指数 均值	信心指数 sd.	融资指数 均值	融资指数 sd.	风险指数 均值	风险指数 sd.	成本指标 均值	成本指标 sd.	频数
总指数	47.1	1.5	44.7	2.0	46.6	2.1	46.3	1.2	46.4	1.7	48.5	1.2	50.2	1.1	51.7	1.0	60.6	3.6	45
东北	45.1	2.4	41.7	3.5	43.8	3.4	44.2	2.4	45.3	2.7	50.5	2.6	47.4	2.0	53.1	1.0	63.6	5.1	45
华北	46.6	1.8	43.4	2.8	44.9	3.5	45.4	1.7	44.7	3.3	48.2	2.1	50.4	1.8	51.3	1.5	62.8	4.5	45
华东	47.6	1.1	46.2	1.4	47.4	1.5	46.7	1.1	47.1	1.3	47.5	1.5	49.3	1.7	51.5	1.0	59.2	2.7	45
西北	45.4	3.0	43.9	3.0	44.3	3.0	46.7	2.2	44.3	4.0	42.0	3.3	50.0	3.0	51.0	2.8	61.5	6.2	45
西南	47.5	1.6	46.0	2.0	47.5	2.5	47.1	1.4	46.7	1.8	46.7	2.8	49.9	2.4	50.2	1.5	59.8	4.5	45

续表

区域	总指数 均值	总指数 sd.	市场指数 均值	市场指数 sd.	采购指数 均值	采购指数 sd.	绩效指数 均值	绩效指数 sd.	扩张指数 均值	扩张指数 sd.	信心指数 均值	信心指数 sd.	融资指数 均值	融资指数 sd.	风险指数 均值	风险指数 sd.	成本指标 均值	成本指标 sd.	频数
中南	49.0	1.2	47.4	1.7	49.6	2.4	47.8	1.1	48.1	1.2	49.2	1.8	51.9	1.1	52.4	1.1	58.4	4.2	45

资料来源：邮储指数数据库。

表2-5　　邮储小微指数（环比）分区域统计

环比 区域	总指数 均值	总指数 sd.	市场指数 均值	市场指数 sd.	采购指数 均值	采购指数 sd.	绩效指数 均值	绩效指数 sd.	扩张指数 均值	扩张指数 sd.	信心指数 均值	信心指数 sd.	融资指数 均值	融资指数 sd.	风险指数 均值	风险指数 sd.	成本指标 均值	成本指标 sd.	频数
总指数	49.9	0.9	49.7	1.0	49.8	1.3	49.8	1.0	49.9	1.2	50.1	1.7	50.0	2.4	50.1	1.1	50.3	2.2	45
东北	49.9	0.7	49.8	1.1	49.8	1.5	49.9	1.1	49.9	1.1	49.9	1.3	50.0	1.5	50.1	1.2	50.3	1.6	45
华北	50.0	0.6	50.0	0.8	50.0	0.9	50.0	0.8	49.9	0.6	50.0	1.2	50.0	1.6	50.1	0.6	50.3	1.5	45
华东	49.9	0.4	49.9	0.5	49.9	0.7	49.9	0.5	49.9	0.4	50.0	0.7	50.0	0.4	50.1	0.5	50.3	0.8	45
西北	49.9	0.8	49.8	1.1	49.8	1.7	49.9	1.4	49.9	1.6	49.7	2.2	50.0	2.2	50.0	1.6	50.4	2.7	45
西南	49.9	0.7	49.9	1.0	50.0	1.1	49.9	1.0	49.9	1.1	49.9	1.5	50.0	2.1	50.0	1.3	50.4	1.8	45
中南	50.0	0.8	50.0	1.1	50.0	1.6	50.0	0.9	50.0	1.2	50.0	1.4	50.1	1.2	50.0	0.9	50.1	1.9	45

资料来源：邮储指数数据库。

表2-6　总指数（定基）财新中国PMI的相关性

定基	总指数	市场指数	采购指数	绩效指数	扩张指数	信心指数	融资指数	风险指数	成本指标	财新综合	制造业	服务业
财新综合	0.0522	0.0778	0.0795	0.0456	0.0314	0.1542	-0.0865	0.1457	-0.1333	1		
p值	0.7365	0.6155	0.608	0.7689	0.8398	0.3177	0.5766	0.3452	0.3884			
制造业	0.0322	0.0698	0.0668	0.095	0.0089	0.1307	-0.2167	0.1631	-0.1028	0.878*	1	
p值	0.8355	0.6527	0.6665	0.5397	0.9542	0.3979	0.1576	0.2902	0.5068	0		
服务业	0.1675	0.1317	0.1859	0.0929	0.1	0.3119*	0.2154	0.2334	-0.1469	0.552*	0.1858	1
p值	0.2771	0.3943	0.227	0.5486	0.5186	0.0393	0.1603	0.1273	0.3413	0.0001	0.2273	

注：*代表在10%显著性水平下相关系数不为0。

资料来源：邮储指数数据库；财新网。

表2-7　总指数（环比）财新中国PMI的相关性

环比	总指数	市场指数	采购指数	绩效指数	扩张指数	信心指数	融资指数	风险指数	成本指标
财新综合	0.1437	0.1	0.1096	0.0168	0.081	0.1642	0.2364	0.0623	-0.0333
p值	0.3519	0.5185	0.4789	0.9137	0.6013	0.287	0.1224	0.6878	0.83
财新制造业	0.1298	0.1241	0.0525	0.0299	0.1314	0.1446	0.1897	0.0661	0.013
p值	0.401	0.4223	0.7349	0.8471	0.3953	0.349	0.2174	0.6701	0.9333
财新服务业	0.0718	-0.0242	0.095	0.0279	-0.0255	0.0409	0.1156	0.0521	-0.021
p值	0.6432	0.876	0.5396	0.8573	0.8695	0.7921	0.4548	0.737	0.8925

资料来源：邮储指数数据库；财新网。

所占比重更大。

小微指数（环比）与财新中国 PMI 相关系数高于定基的相关系数为 0.1437，且不显著。而在各个分项指数中，信心指数和融资指数这两个带有先行意义的指标与财新中国 PMI 相关性相对高，但也不是很高，这意味着财新中国 PMI 相对小微指数在一定程度上具有一定先行意义。从制造业和服务业方面看，小微指数与财新制造业 PMI 相关性强于服务业。

2. 邮储小微指数（环比）各行业指数的相关性

财新制造与小微企业在制造业方面相关性并不显著而且相关系数仅为 0.14。其中，市场指数、扩张指数和信心指数相对来说相关性较强，制造业指数也印证了财新指数相对小微指数具有一定先行意义的看法。

表 2-8　　制造业指数（环比）财新中国 PMI 的相关性

	总指数	市场指数	采购指数	绩效指数	扩张指数	信心指数	融资指数	风险指数	成本指标
财新制造业	0.1373	0.1633	0.1006	0.0411	0.1248	0.1493	0.0603	0.0228	-0.0195
p 值	0.374	0.2896	0.5158	0.791	0.4195	0.3334	0.6974	0.883	0.9

资料来源：邮储指数数据库；财新网。

财新服务业 PMI 与服务业的小微指数为负相关且相关系数很小，表明二者对于服务业的衡量有一方偏误较大。并且，可能由于行业分类标准不同，综合指数与服务业小微指数相关系数反而更高。

表 2-9 服务业指数（环比）财新中国 PMI 的相关性

	总指数	市场指数	采购指数	绩效指数	扩张指数	信心指数	融资指数	风险指数	成本指标
财新综合	0.1573	0.2312	0.0546	0.1334	-0.0609	0.0749	0.0733	-0.0689	-0.0406
p 值	0.3079	0.131	0.7248	0.3881	0.6946	0.6289	0.6363	0.6568	0.7934
财新服务业	-0.0316	-0.1604	-0.162	0.1104	-0.2561*	-0.1302	0.2999*	-0.1855	0.1232
p 值	0.8385	0.2984	0.2934	0.4756	0.0933	0.3996	0.048	0.2279	0.4254

注：*代表在 10% 显著性水平下相关系数不为 0。

资料来源：邮储指数数据库；财新网。

3. 趋势对比

从图 2-1 和图 2-2 可以看出，总体数值上小微企业运行指数低于财新综合 PMI，而且这种数值上的差距在 2016 年时较小，在 2017 年拉大，小微指数波动很小，而财新综合 PMI 数值波动幅度很大。两者之间数值从 2014 年初的相差无几到现如今的大有不同。在两者都是 50 为临界点的条件下，可以发现从经济意义上来说两者对于经济形势的反映也截然不同，财新中国 PMI 总体对中小企业发展看好，除了 2015 年下半年和 2016 年初 2 月份以外，其他时间均表明经济在发展。财新中国的服务业指数从未低于 50，即该指数认为中国服务业一直发展良好，而财新中国制造业 PMI 从 2016 年下半年开始持续高于 50，即认为中国制造业这一年半来也是在持续发展。与之相反的是，邮储小微企业运行指数一直在 50 上下波动，从 2015 年年中开始，一直略高或略低于 50，波动幅度很小。

第一篇 小微企业现状及问题

图 2–1a 小微指数（环比）与财新中国综合 PMI 趋势图

图 2–1b 小微指数（环比）与财新中国 PMI 趋势图

图 2–2a 小微指数（定基）与财新中国综合 PMI 趋势图

图 2–2b 小微指数（定基）与财新中国分行业 PMI 趋势图

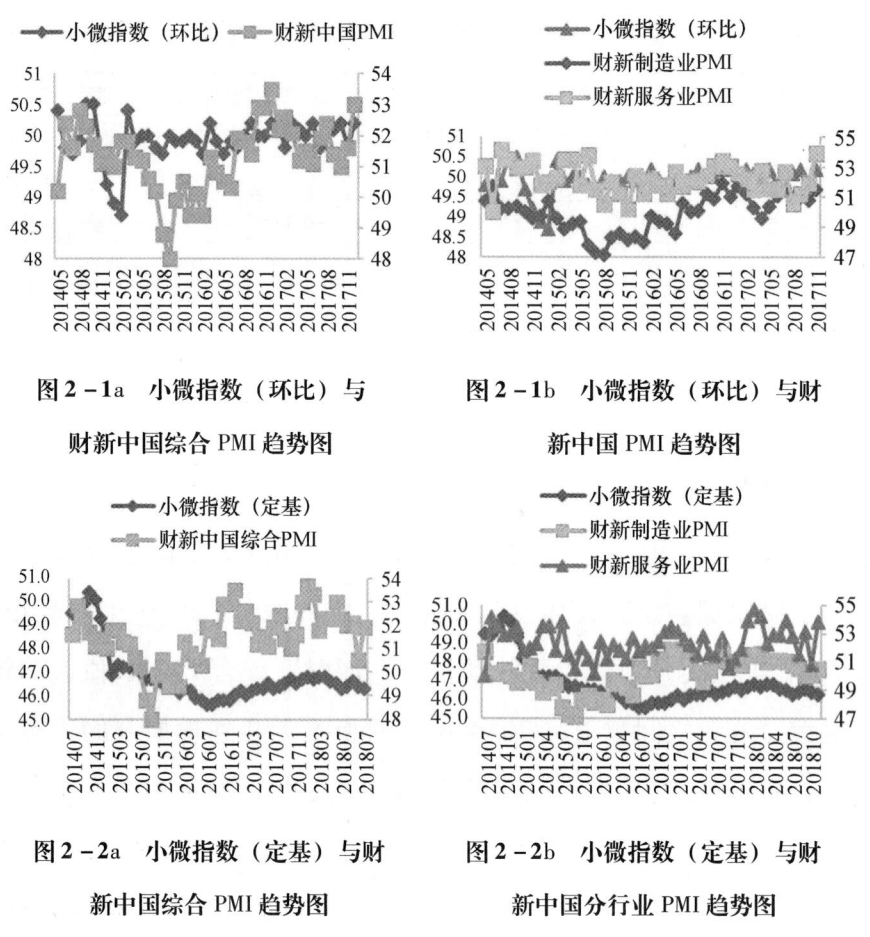

注：指数趋势图小微指数在左侧主坐标轴，其他指数在次坐标轴。

资料来源：邮储指数数据库；财新网。

小微企业运行指数与财新中国 PMI 的相关性无论从分项指数还是从行业分类来看都不超过 0.4 且相关系数均不显著，这一结果也与趋势上的不同相呼应。从相关系数的绝对值来说，财新中国 PMI 与邮储小微企业中的信心指数和融资指数相关性更高，对其滞后项与小微企业运行指数的相关性进行检验，结果也不显著。总体看，二者只是在部分时间段和少数子指标间存在明显相关关系。

（三）渣打银行中小企业信心指数对比

渣打银行中小企业信心指数（SMEI）旨在通过企业经营现状、对未来的预期以及企业信用三个维度，对中国中小企业的生存和发展现状做出即时有效的综合评估和动态连续的观察研究，迄今为止是彭博商业终端上唯一由外资银行发布的、专门衡量中国中小企业现状和趋势的研究报告。发布的报告中其分项指数为经营现状指数、预期指数和信用指数。其中，经营现状指数分项指标包括新订单、新出口订单、生产、投资、用工、原材料库存、产成品库存、盈利、投入价格和产成品价格；预期指数即为对经营现状中的分项指标的预期；信用指数包括融资、银行对中小企业放贷意愿和现金盈余。

1. 总指数与渣打银行中小企业信心指数相关性

渣打银行中小企业信心指数与小微指数（定基）显著相关（$p<0.01$），相关系数高达 0.57，而且与市场、采购、扩张、信心、融资和成本这几项分项指标显著相关，相较而言可以发现小微指数与渣打银行中小企业信心指数相关性远远强于与汇丰 PMI 的相关性。其信用指数也与小微指数显著相关，相关系数约为 0.57，而信用指数包括融资、银行对中小企业放贷意愿和现金盈余，因此表明小微指数（定基）在中小企业资金和融资方面与渣打银行的 SMEI

所指趋势趋同。而分项指标中，只有采购、信心和成本指标与 SMEI 的现状指数显著相关。

表 2-10　小微指数（定基）与渣打银行中小企业信心指数相关系数矩阵

定基	总指数	市场指数	采购指数	绩效指数	扩张指数	信心指数	融资指数	风险指数	成本指标
SMEI	0.4448 *	0.4885 *	0.4041 *	0.1804	0.4299 *	0.4539 *	0.3363 *	0.0658	-0.5013 *
p 值	0.0074	0.0029	0.016	0.2997	0.01	0.0062	0.0483	0.7074	0.0022
现状指数	0.21	0.274	0.2906 *	0.2609	0.126	0.4501 *	-0.071	0.0928	-0.3565 *
p 值	0.2261	0.1112	0.0903	0.1301	0.4708	0.0067	0.6854	0.5959	0.0356
预期指数	0.2761	0.3223 *	0.1892	-0.0447	0.2585	0.3098 *	0.2942 *	0.0781	-0.236
p 值	0.1083	0.059	0.2763	0.7989	0.1338	0.0701	0.0863	0.6557	0.1724
信用指数	0.5697 *	0.5387 *	0.4674 *	0.2208	0.6643 *	0.2259	0.6206 *	-0.0623	-0.5879 *
p 值	0.0004	0.0008	0.0046	0.2024	0	0.192	0.0001	0.7223	0.0002

注：* 代表在 10% 显著性水平下相关系数不为 0。

资料来源：邮储指数数据库；渣打中国官网（https://www.sc.com/cn/business-sme/smei-report/）。

渣打银行中小企业信心指数的现状指数与小微指数（环比）相关性较强，高达 0.455，与扩张指数相关性为 0.5 以上且显著相关。而扩张指数在一定程度上反映的是企业对未来的预期，即 SMEI 的现状指数与小微指数具有一定先行意义的指数相关性较强，意味着小微指数反映的趋势滞后于渣打中国。渣打中国总指数与小微指数中的风险指数和成本指标这两项分项指数为强负相关，渣打的预期指数和信用指数与小微指数相关性不是很强，一定程度上表明小微指数更多地反映了小微企业的发展现状。

表2-11　　小微指数（环比）与渣打银行中小企业信心指数
相关系数矩阵

	总指数	市场指数	采购指数	绩效指数	扩张指数	信心指数	融资指数	风险指数	成本指标
SMEI	0.224	0.2776	0.3510*	0.189	0.2907*	0.1028	-0.0325	-0.4305*	-0.3633*
p值	0.1958	0.1064	0.0387	0.2769	0.0902	0.5569	0.8531	0.0098	0.032
现状指数	0.4550*	0.4960*	0.4348*	0.4075*	0.5226*	0.0982	0.0796	-0.2457	-0.4478*
p值	0.006	0.0024	0.0091	0.0151	0.0013	0.5746	0.6494	0.1549	0.007
预期指数	0.007	0.0386	0.1658	-0.0391	0.0207	0.2063	-0.0411	-0.3951*	-0.1493
p值	0.9681	0.8259	0.3411	0.8236	0.9062	0.2344	0.8148	0.0188	0.3918
信用指数	0.0171	0.0677	0.165	0.0463	0.0904	-0.1303	-0.1309	-0.3121*	-0.2123
p值	0.9223	0.6992	0.3436	0.7919	0.6055	0.4556	0.4535	0.068	0.2208

注：*代表在10%显著性水平下相关系数不为0。

资料来源：邮储指数数据库；渣打中国官网（https://www.sc.com/cn/business-sme/smei-report/）。

2. 指数滞后相关性

渣打银行中小企业信心指数的一期滞后与小微企业总指数显著相关，与上述小微指数滞后于其反映现状的猜想一致。而现状指数一期滞后与小微指数显著强相关，直接验证了小微指数滞后于渣打银行中小企业信心指数，而且各分项指标均与其显著相关，因此小微指数设计需进行一些前瞻性问题的改进。

表2-12　　小微指数与渣打银行中小企业信心指数的一期滞后
相关系数矩阵

	SMEI滞后	现状指数滞后	预期指数滞后	信用指数滞后
总指数	0.3475*	0.5011*	-0.0756	0.2913
p值	0.0514	0.0035	0.6808	0.1057

续表

	SMEI 滞后	现状指数滞后	预期指数滞后	信用指数滞后
市场指数	0.4304*	0.5470*	0.009	0.3469*
p 值	0.0139	0.0012	0.9609	0.0517
采购指数	0.3035*	0.3721*	-0.0147	0.2832
p 值	0.0913	0.036	0.9365	0.1162
绩效指数	0.1652	0.3782*	-0.26	0.2052
p 值	0.3663	0.0328	0.1507	0.26
扩张指数	0.2965*	0.4104*	-0.1108	0.3316*
p 值	0.0994	0.0197	0.5459	0.0638
信心指数	0.4764*	0.3898*	0.2826	0.3878*
p 值	0.0058	0.0274	0.117	0.0283
融资指数	0.0744	0.0927	0.0404	0.0226
p 值	0.6856	0.6137	0.8264	0.9023
风险指数	-0.1399	-0.1647	-0.0661	-0.0573
p 值	0.4451	0.3678	0.7194	0.7556
成本指标	-0.2762	-0.3422*	0.0465	-0.3006*
p 值	0.1259	0.0552	0.8006	0.0946

注：*代表在10%显著性水平下相关系数不为0。

资料来源：邮储指数数据库；渣打中国官网（https：//www.sc.com/cn/business-sme/smei-report/）。

3. 趋势对比

从图2-3和图2-4可以发现，与汇丰PMI类似，渣打中国SMEI与邮储银行的整体变动趋势不同的是，2016年上扬再下跌，变动很平滑。从经济学的意义来看也是大相径庭。渣打银行SMEI综合指数从2015年起一直在50以上，这意味着即使经济波动，但仍然向好扩展。而小微企业运行指数环比却一直在50左右波动，定

图2-3a 小微指数（环比）与渣打银行中小企业信心指数趋势图

图2-3b 小微指数（环比）与渣打银行中小企业信心指数分项指数趋势图

图2-4a 小微指数（定基）与渣打银行中小企业信心指数趋势图

图2-4b 小微指数（定基）与渣打银行中小企业信心指数分项指数趋势图

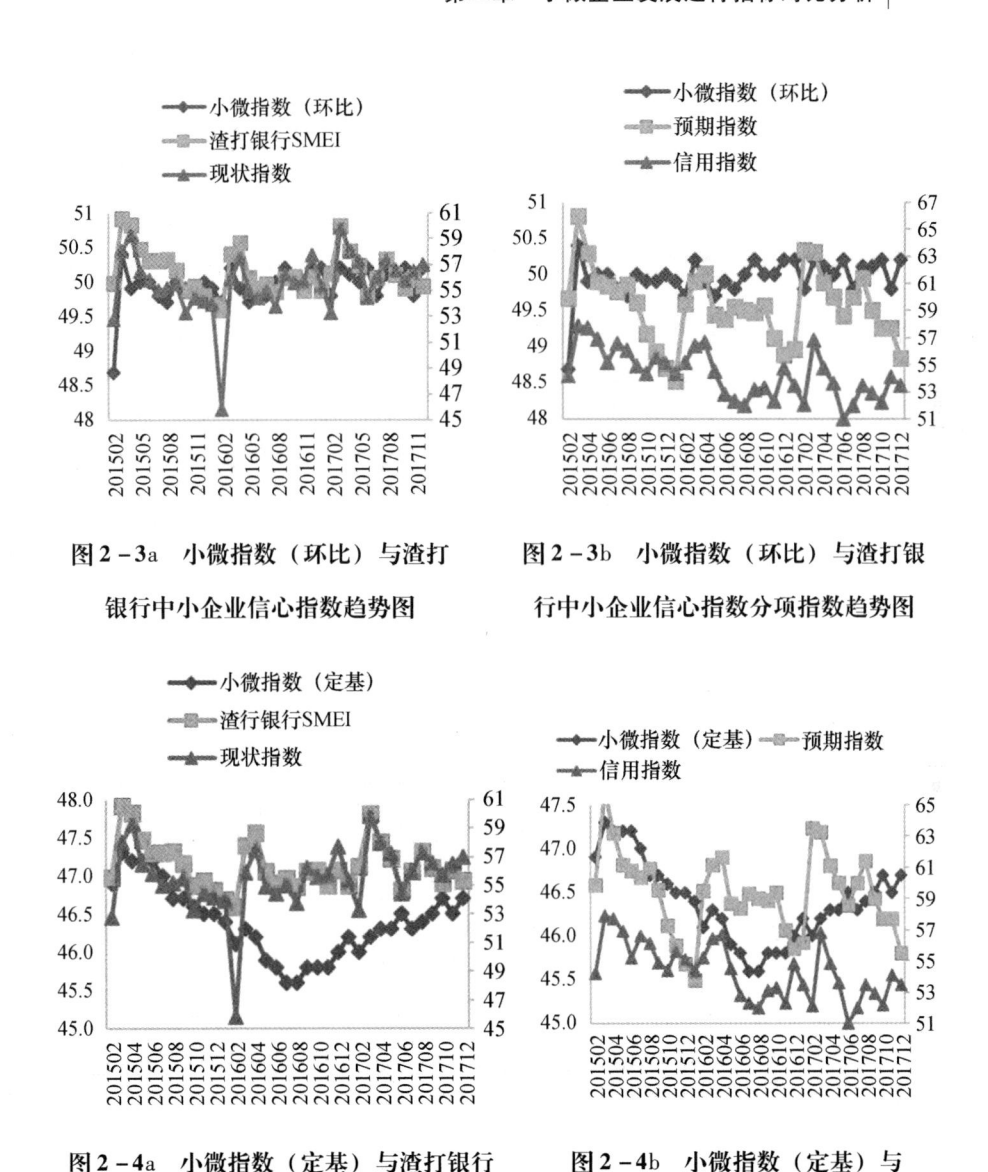

注：指数趋势图小微指数在主坐标轴，其他指数在次坐标轴。

资料来源：邮储指数数据库；渣打中国官网（https://www.sc.com/cn/business-sme/smei-report/）。

基则在 50 以下波动。虽然 SMEI 也有波动，也有下跌的时候，但是依然保持在 50 以上，即经济即使暂时波动收缩，但整体仍然在扩张。

汇丰 PMI 与小微指数相关性不显著，但是与渣打中国 SMEI 相关显著且为正相关。而且 SMEI 与市场、采购、扩张、信心、融资和成本这几项分项指标显著相关。除市场指标外，这几项指标均具有先行意义，这意味着 SMEI 与小微企业的先行性指数相关性更强，从数据上也印证了这一点，SMEI 现状指数的一期滞后与小微指数显著相关，相关系数高达 0.5。

（四）民生新供给经济运行指数

中国民生银行与华夏新供给经济学研究院联合推出民生新供给宏观经济指数，是由微观信息综合而成的宏观经济系列指数与动态信息汇编，简称民新指数。该指数已经于 2016 年 7 月起无限期中止发布。该指数分为制造业和非制造业两部分，没有综合指数，非制造业指数通常由商务活动这一分项指标代表，而制造业具有计算的综合指数。

小微指数（定基）与民新指数的商务活动和制造业指数均显著正相关，且 $p<0.01$，相关系数大于 0.6，这表明小微指数与民新指数之间所代表的趋势以及所衡量的小微企业发展状况高度相关，趋势一致。而且小微指数各分项指数均与民新指数显著相关，这说明二者的度量标准高度一致。

小微指数与民新指数负相关,其中与商务活动负相关系数绝对值高达-0.5215（p<0.05）,与定基和民新指数之间的相关性完全相反。环比数值在50左右波动,认为小微企业发展稳定,而定基和民新指数均小于50,认为小微企业发展状况一般,因此相关系数随之变化。信心指数、风险指数和采购指数与商务活动都是强负相关。制造业方面,小微指数中的信心指数和风险指数相关性更强。

小微指数总指数（定基）与民新指数各分项衡量指标只有制造业中供应商配送不显著相关,其他指标均显著且高度相关（p<0.1）,这表明小微指数一定程度上已经涵盖了民新指数合成所用指标,供应商配送方面可能略有不一致的地方,但是其他指标衡量标准应相差不多。

在小微指数与民新指数的分项指数相关性检测中,同样的与非制造业方面的指数相关性更强,而且与非制造业商务活动、经营状况、存货显著相关,这进一步肯定了小微指数在非制造业方面与民新指数衡量标准的一致性。相比而言,环比的小微指数与民新指数相关性不符合预期。

民新指数的值总体低于小微指数。小微指数定基与民新指数都是整体趋势为下降。而民新指数2016年上半年大幅上升,不同月份之间数值波动较大,小微指数定基则在2016年1月大幅下降后在2月略有回升又开始下降,二者都是在2016年2月降到波谷。

表2-13　小微指数（定基）分项指标与民新指数相关性

定基	总指数	市场指数	采购指数	绩效指数	扩张指数	信心指数	融资指数	风险指数	成本指标
制造业	0.6369*	0.6649*	0.5949*	0.5533*	0.6492*	0.6730*	0.5701*	0.5563*	-0.7083*
p值	0.0025	0.0014	0.0057	0.0114	0.002	0.0011	0.0087	0.0109	0.0005
商务活动	0.6871*	0.7056*	0.6609*	0.6407*	0.6783*	0.6906*	0.5899*	0.6289*	-0.7241*
p值	0.0008	0.0005	0.0015	0.0023	0.001	0.0007	0.0062	0.003	0.0003

注：* 代表在10%显著性水平下相关系数不为0。

资料来源：邮储指数数据库；华夏新供给经济学研究院（http://www.newsupplyecon.org/zxgg/mxzs/）。

表2-14　小微指数（环比）分项指标与民新指数相关性

环比	总指数	市场指数	采购指数	绩效指数	扩张指数	信心指数	融资指数	风险指数	成本指标
制造业	-0.2346	-0.0937	-0.1973	-0.1917	0.0491	-0.4107*	-0.297	-0.5628*	0.0497
p值	0.3194	0.6945	0.4045	0.4181	0.8373	0.072	0.2035	0.0098	0.8352
商务活动	-0.5215*	-0.3737	-0.4689*	-0.4516*	-0.2323	-0.5708*	-0.3553	-0.4887*	0.3306
p值	0.0184	0.1046	0.037	0.0457	0.3244	0.0086	0.1242	0.0288	0.1546

注：* 代表在10%显著性水平下相关系数不为0。

资料来源：邮储指数数据库；华夏新供给经济学研究院（http://www.newsupplyecon.org/zxgg/mxzs/）。

第二章 小微企业发展运行指标对比分析

表2-15　小微指数（定基）与民新指数分项指标相关性

定基	制造业新订单	制造业生产	制造业从业人员	制造业供应商配送	制造业存货	制造业综合	非制造业商务活动	非制造业经营状况	非制造业新订单	非制造业存货	非制造业从业人员	非制造业供应商配送
相关系数	0.603*	0.575*	0.604*	0.241	0.752*	0.637*	0.687*	0.808*	0.755*	0.737*	0.805*	-0.453*
p值	0.005	0.008	0.005	0.306	0.000	0.003	0.001	0.000	0.000	0.000	0.000	0.045

注：*代表在10%显著性水平下相关系数不为0。

资料来源：邮储指数数据库；华夏新供给经济学研究院（http://www.newsupplyecon.org/zxgg/mxzs/）。

表2-16　小微指数（环比）与民新指数分项指标相关性

环比	制造业新订单	制造业生产	制造业从业人员	制造业供应商配送	制造业存货	制造业综合	非制造业商务活动	非制造业经营状况	非制造业新订单	非制造业存货	非制造业从业人员	非制造业供应商配送
相关系数	-0.2335	-0.298	-0.088	-0.018	-0.182	-0.235	-0.522*	-0.518*	-0.333	-0.474*	-0.165	0.0206
p值	0.3217	0.2023	0.7112	0.9403	0.4426	0.3194	0.0184	0.0194	0.1508	0.0348	0.4878	0.9313

注：*代表在10%显著性水平下相关系数不为0。

资料来源：邮储指数数据库；华夏新供给经济学研究院（http://www.newsupplyecon.org/zxgg/mxzs/）。

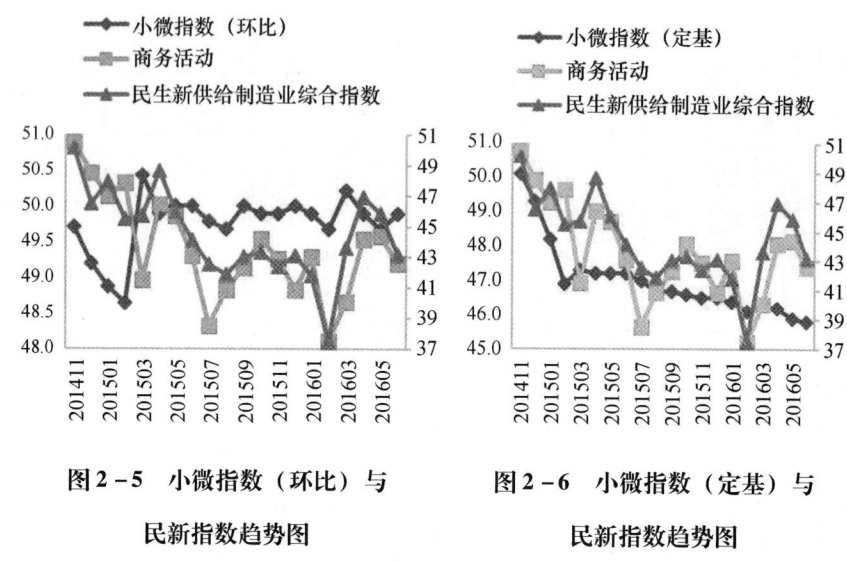

图2-5 小微指数（环比）与民新指数趋势图

图2-6 小微指数（定基）与民新指数趋势图

注：指数趋势图小微指数在主坐标轴，其他指数在次坐标轴。

资料来源：邮储指数数据库；华夏新供给经济学研究院（http://www.newsupplyecon.org/zxgg/mxzs/）。

民新指数与小微指数（定基）相关性较高。而当小微指数转化为环比时，民新指数中的非制造业指数与制造业指数都和小微指数不显著相关。分行业检验时，小微指数与民新指数相关度较高，并且相关系数均显著。在分项指数方面，小微指数不分行业的各分项指标均与民新指数显著相关，而分行业时则随着各行业特质变换不同分项指数不显著相关。总体来看，小微指数与民新指数相关度较高，度量指标以及小微企业发展态势都高度一致。

（五）中小企业发展指数

中国中小企业发展指数（SMEDI：Small and Medium Enterprises

Development Index）通过对国民经济八大行业的中小企业进行调查，利用中小企业对本行业运行和企业生产经营状况的判断和预期数据编制而成，是反映中国中小企业（不含个体工商户）经济运行状况的综合指数。在行业选取的过程中，依据国民经济各行业对GDP的贡献度，共选取了工业，建筑业，交通运输邮政仓储业，房地产业，批发零售业，信息传输、计算机服务和软件业，住宿餐饮业，社会服务业等八大行业。每个行业的调查内容，具体包括八个方面，即宏观经济感受、企业综合经营、市场、成本、资金、投入、效益、劳动力。在具体调查过程中，考虑到不同行业的特点，八个分项里面的细项调查有所区别。八个分项指数解释如表2-17所示。

表2-17　　　　　中小企业发展指数各分项指数含义

八个分项指数	解　释
宏观经济感受指数	通过企业家对宏观经济的感受程度，以及对行业总体运行的看法来反映。
企业综合经营指数	通过企业家对本企业综合经营的感受情况来反映。
市场指数	从市场的各个环节如订单、生产、销售以及库存等方面来反映。
成本指数	通过企业家对生产成本的感受来反映，具体方面还涉及原材料和能源的购进价格、劳动力成本等方面。
资金指数	从企业的流动资金、应收账款以及融资等方面的情况来反映企业的资金状况。
投入指数	从企业的固定资产投资、科技投入等方面来反映企业的投入状况。
效益指数	从企业的盈利状况（增盈或减亏）来反映企业的效益。
劳动力指数	从劳动力的供应、需求方面来反映劳动力的综合情况，具体还涉及普通劳动力、技术工人以及大专以上毕业生的供需状况。

资料来源：作者整理。

与小微指数不同的是，SMEDI的取值范围为0—200之间：

（1）100为指数的景气临界值，表明经济状况变化不大；（2）100—200为景气区间，表明经济状况趋于上升或改善，越接近200景气度越高；（3）0—100为不景气区间，表明经济状况趋于下降或恶化，越接近0景气度越低。

由于中小企业发展指数以季度为单位，因此将小微指数在同一季度内各月取平均数得各季度小微指数。

小微指数（定基）与中小企业发展指数不显著相关，但与其分项指标中的宏观指数、经营指数、市场指数、成本指数显著负相关。而小微指数的扩张指数、信心指数、融资指数与SMEDI显著负相关，只有风险指数与SMEDI显著正相关。这表明小微指数与SMEDI在宏观指数、经营指数、市场指数和成本指数衡量指标有所交叉，但得出的趋势却有所区别。只有风险指数与SMEDI各分项指标显著正相关，因此小微指数风险指数与SMEDI衡量指标和所得结论高度一致。

表2-18　小微指数（定基）与中小企业发展指数相关系数矩阵

	总指数	市场指数	采购指数	绩效指数	扩张指数	信心指数	融资指数	风险指数	成本指标
SMEDI	-0.208	-0.1406	-0.0677	0.2488	-0.377*	0.4176*	-0.824*	0.7060*	0.2445
p值	0.2454	0.4352	0.708	0.1627	0.0305	0.0156	0	0	0.1702
宏观指数	-0.572*	-0.509*	-0.439*	-0.0888	-0.687*	0.0399	-0.942*	0.5238*	0.5649*
p值	0.0005	0.0025	0.0106	0.623	0	0.8255	0	0.0018	0.0006
经营指数	-0.382*	-0.328*	-0.2361	0.1132	-0.516*	0.1996	-0.889*	0.6908*	0.438*
p值	0.0284	0.062	0.186	0.5304	0.0021	0.2654	0	0	0.0109
市场指数	-0.337*	-0.2821	-0.1927	0.1313	-0.489*	0.2748	-0.854*	0.6223*	0.403*
p值	0.0551	0.1117	0.2827	0.4663	0.0038	0.1217	0	0.0001	0.0201

续表

	总指数	市场指数	采购指数	绩效指数	扩张指数	信心指数	融资指数	风险指数	成本指标
成本指数	-0.502*	-0.539*	-0.484*	-0.315	-0.447*	-0.508*	-0.2385	-0.1485	0.658*
p值	0.0029	0.0012	0.0043	0.0743	0.0091	0.0026	0.1813	0.4096	0
资金指数	-0.0995	-0.1242	-0.071	0.2067	-0.2561	0.2572	-0.419*	0.3176*	0.2953*
p值	0.5817	0.4909	0.6946	0.2484	0.1502	0.1485	0.0152	0.0717	0.0952
劳动指数	0.5473*	0.5764*	0.5136*	0.2808	0.5103*	0.4067*	0.4379*	-0.1348	-0.536*
p值	0.001	0.0004	0.0022	0.1134	0.0024	0.0188	0.0108	0.4546	0.0013
投入指数	0.2626	0.3223*	0.3005*	0.3254*	0.155	0.5537*	-0.2189	0.4980*	-0.439*
p值	0.1399	0.0674	0.0892	0.0647	0.3892	0.0008	0.2209	0.0032	0.0104
效益指数	0.2758	0.3420*	0.3600*	0.5080*	0.1148	0.7158*	-0.399*	0.6713*	-0.332
p值	0.1203	0.0514	0.0396	0.0025	0.5246	0	0.0213	0	0.0588

注：*代表在10%显著性水平下相关系数不为0。

资料来源：邮储指数数据库；中国中小企业协会（http://www.ca-sme.org/category/Category/list/cid/261）。

小微指数环比与SMEDI显著正相关，这与定基的小微指数有所区别，而且宏观指数、经营指数和市场指数呈显著正相关，也与定基不同。这可能是由于环比是上月相比，而中小企业发展指数是以季度为单位的，因此将小微指数通过各月平均处理为季度数据后使数据与定基有所差别。

表2-19　小微指数（环比）与中小企业发展指数相关系数矩阵

	总指数	市场指数	采购指数	绩效指数	扩张指数	信心指数	融资指数	风险指数	成本指标
SMEDI	0.4199*	0.3828*	0.2143	0.2844	0.3591*	0.4846*	0.1704	0.2431	-0.1525
p值	0.015	0.0279	0.2311	0.1087	0.0402	0.0043	0.3432	0.1728	0.3969

续表

	总指数	市场指数	采购指数	绩效指数	扩张指数	信心指数	融资指数	风险指数	成本指标
宏观指数	0.3473*	0.3480*	0.0658	0.1273	0.2744	0.4945*	0.2366	0.2922*	-0.1476
p值	0.0477	0.0472	0.7158	0.4801	0.1223	0.0034	0.1849	0.0989	0.4123
经营指数	0.3654*	0.3565*	0.1098	0.1592	0.3050*	0.5002*	0.2222	0.3462*	-0.1356
p值	0.0365	0.0417	0.5431	0.3762	0.0843	0.003	0.214	0.0484	0.4518
市场指数	0.3592*	0.3355*	0.1601	0.1887	0.3110*	0.5644*	0.176	0.2886	-0.1383
p值	0.0401	0.0563	0.3733	0.2929	0.0782	0.0006	0.3273	0.1034	0.4427
成本指数	-0.1316	-0.0509	0.3106*	-0.3399*	-0.1224	0.2052	0.1315	0.3432*	0.005
p值	0.4654	0.7786	0.0786	0.053	0.4975	0.252	0.4659	0.0505	0.9781
资金指数	0.3458*	0.3036*	0.2268	0.3149*	0.246	0.4924*	0.0355	0.5253*	-0.1119
p值	0.0487	0.0859	0.2043	0.0743	0.1676	0.0036	0.8445	0.0017	0.5353
劳动指数	-0.0452	-0.0979	0.2445	0.1775	-0.0186	-0.1545	-0.1842	-0.3503*	0.0717
p值	0.8027	0.5877	0.1703	0.3232	0.9183	0.3907	0.3049	0.0457	0.6918
投入指数	0.3514*	0.2665	0.3680*	0.4509*	0.2907	-0.002	-0.0136	-0.1401	-0.0822
p值	0.0449	0.1339	0.0351	0.0084	0.1008	0.9912	0.94	0.4367	0.6491
效益指数	0.4088*	0.3338*	0.3176*	0.4438*	0.3610*	0.1489	0.0512	-0.006	-0.1343
p值	0.0182	0.0576	0.0717	0.0097	0.039	0.4082	0.7771	0.9735	0.456

注：*代表在10%显著性水平下相关系数不为0。

资料来源：邮储指数数据库；中国中小企业协会（http://www.ca-sme.org/category/Category/list/cid/261）。

二者大致有一致趋势。但绝对值所代表的含义有所区别，小微指数认为在2017年第四季度中小企业发展在扩张，而中小企业发展指数虽然有所上升，但仍认为处于收缩状态。

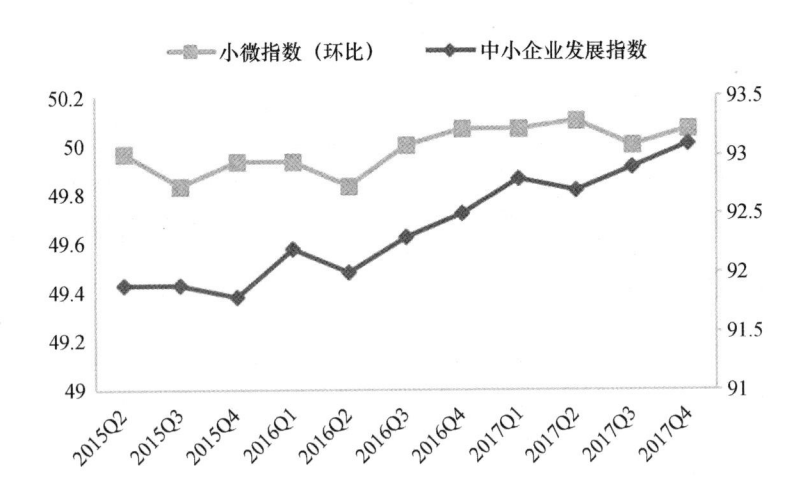

第二章 小微企业发展运行指标对比分析 | **107**

图 2-7 中小企业发展指数趋势（环比）与小微指数趋势图

注：指数趋势图小微指数在主坐标轴，其他指数在次坐标轴。

资料来源：邮储指数数据库；中国中小企业协会（http://www.ca-sme.org/category/Category/list/cid/261）。

（六）中国 PMI

中国采购经理人指数是由国家统计局和中国物流与采购联合会共同合作完成，是快速及时反映市场动态的先行指标，它包括制造业和非制造业采购经理指数，与 GDP 一同构成中国宏观经济的指标体系。中国制造业采购经理指数体系共包括 11 个指数：新订单、生产、就业、供应商配送、存货、新出口订单、采购、产成品库存、购进价格、进口、积压订单。非制造业采购经理指数体系包括：供应商配送时间、积压订单、新出口订单、存货、新订单、从业人员、商务活动、投入品价格、销售价格、业务活动预期，非制造业综合指数用商务活动替代。

1. 中国 PMI 与小微指数总指数相关性检验

中国制造业 PMI 与小微指数（定基）的融资系数显著负相关，而与总指数以及其他分项指数均不显著相关。分项指数中，信心指数、融资指数、风险指数与中国 PMI 商务活动和制造业 PMI 显著相关，表明小微指数中这几项分项指标与中国 PMI 共同的衡量指标较多。

表 2-20　　　　小微指数（定基）与中国 PMI 相关系数矩阵

定基	总指数	市场指数	采购指数	绩效指数	扩张指数	信心指数	融资指数	风险指数	成本指标
商务活动	-0.1087	-0.0649	-0.0542	0.2014	-0.2547	0.3428*	-0.4295*	0.3355*	0.1411
p 值	0.5279	0.7069	0.7536	0.2389	0.1339	0.0407	0.0089	0.0455	0.4118
制造业 PMI	-0.2214	-0.165	-0.0387	0.16	-0.3692*	0.3901*	-0.6234*	0.3075*	0.1289
p 值	0.1944	0.3362	0.8226	0.3511	0.0267	0.0187	0	0.0681	0.4538

注：*代表在 10% 显著性水平下相关系数不为 0。

资料来源：邮储指数数据库；国家统计局。

小微指数（环比）与制造业 PMI 显著正相关，而且市场指数、采购指数、绩效指数、扩张指数和信心指数均与制造业 PMI 显著相关，表明在制造业方面小微指数与中国 PMI 度量标准和度量结果有较大的一致性。而商务活动方面只有市场指数显著相关，因此在非制造业方面小微指数与 PMI 有较大的差别。

表2-21　　　小微指数（环比）与中国PMI相关系数矩阵

	总指数	市场指数	采购指数	绩效指数	扩张指数	信心指数	融资指数	风险指数	成本指标
商务活动	0.2754	0.3140*	0.1068	0.1945	0.2658	0.2584	0.1615	0.2439	-0.1391
p值	0.104	0.0622	0.5353	0.2556	0.1172	0.1281	0.3468	0.1516	0.4184
制造业PMI	0.3974*	0.3889*	0.2906*	0.3495*	0.4026*	0.3439*	0.2188	0.2095	-0.2566
p值	0.0164	0.0191	0.0856	0.0367	0.0149	0.04	0.1998	0.2201	0.1308

注：*代表在10%显著性水平下相关系数不为0。

资料来源：邮储指数数据库；国家统计局。

2. 中国PMI与小微指数（环比）分行业相关性检验

在服务业方面小微指数与中国PMI商务活动显著正相关，而且采购指数和绩效指数与商务活动显著正相关，成本指标显著负相关，这表明小微指数在服务业的度量指标中，采购、绩效和成本与中国PMI商务活动的度量有一致的地方。而中国PMI商务活动是根据企业完成的业务活动总量（如客户数、销售量、工程量等实物量）月度环比变化情况编制的扩散指数，因此这几项分项指标与商务活动显著正相关。

表2-22　　　服务业小微指数（环比）与中国PMI相关系数矩阵

	总指数	市场指数	采购指数	绩效指数	扩张指数	信心指数	融资指数	风险指数	成本指标
商务活动	0.3085*	0.2784	0.3299*	0.3239*	0.2337	0.1627	-0.0666	-0.0078	-0.3442*
p值	0.0671	0.1001	0.0494	0.0539	0.1702	0.3432	0.6996	0.9641	0.0398

注：*代表在10%显著性水平下相关系数不为0。

资料来源：邮储指数数据库；国家统计局。

制造业小微指数与中国 PMI 中制造业 PMI 显著正相关（$p <0.05$），而且市场指数、采购指数、绩效指数和扩张指数均显著正相关。因为制造业 PMI 包括新订单指数、生产指数、从业人员指数、供应商配送时间指数与原材料库存指数，这正与这几项分项指标所度量的内容一致，因此显著正相关。

表2-23　制造业小微指数（环比）与中国 PMI 相关系数矩阵

	总指数	市场指数	采购指数	绩效指数	扩张指数	信心指数	融资指数	风险指数	成本指标
制造业 PMI	0.3754*	0.4164*	0.3574*	0.2749	0.3533*	0.198	0.0534	0.2131	-0.1797
p 值	0.0241	0.0115	0.0323	0.1046	0.0345	0.247	0.757	0.2122	0.2944

注：*代表在10%显著性水平下相关系数不为0。

资料来源：邮储指数数据库；国家统计局。

3. 趋势走向对比

与上面几个指数情形类似，中国 PMI 在 2016 年开始有上扬趋势，而小微指数环比持稳在 50 左右，小微指数定基则持续走低。数值上仍是中国 PMI 总体高于 50，认为企业在扩张发展。

从数值上来说，小微指数总体表现为小微企业发展状态一般，目前收集到的其他五个指数中只有民新指数和中小企业发展指数低于临界点。这与小微指数目前报告数据形式有关。目前的定基比报告不利于展示小微指数原始数据的乐观态势。渣打银行中小企业信心指数的现状指数一期滞后与小微指数显著强相关，渣打银行中小企业信心指数相对小微指数在某种程度上具有先行意义。小微企业定基与民新指数相关系数均显著，且高度相关，可以认为二者衡量指标及计算体系具有高度一致性。与中国PMI一致性较低，一方面是由于衡量体系的差异，另一方面则是由于中国PMI包含各种类型企业，其中大型企业所占比例不低，因此衡量对象有一定差异，从而导致相关系数不显著。

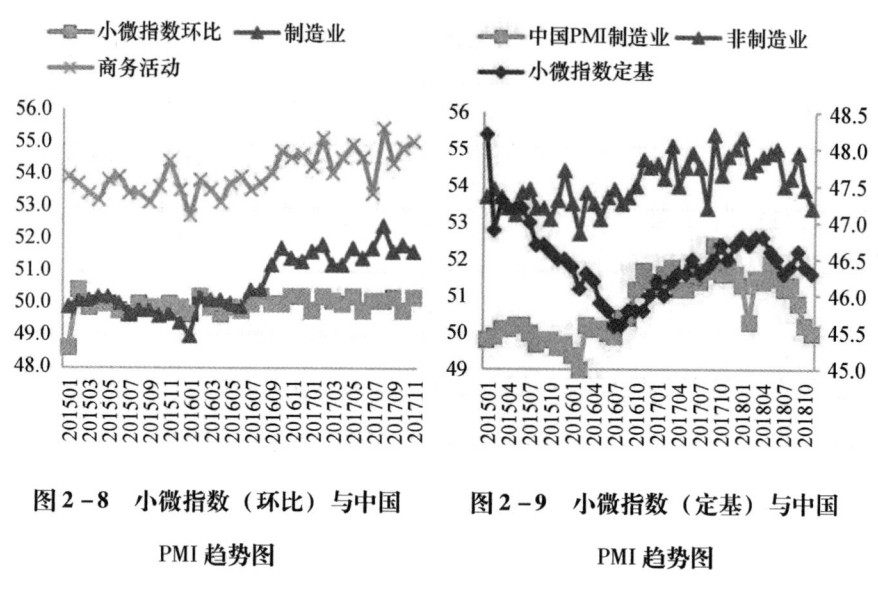

图2-8 小微指数（环比）与中国 PMI 趋势图

图2-9 小微指数（定基）与中国 PMI 趋势图

注：右图右轴为小微指数，左轴为其他指数。

资料来源：邮储指数数据库；国家统计局。

◇ 三　各指标反映宏观经济优劣

本部分首先分析邮储总指数和GDP增速的关系，从而检验邮储指数能否合理地反映宏观经济的发展状况，在总体上检视邮储指数的客观性；之后再分析邮储分项指数和季度宏观数据的关系，及总指数和分项指数和月度宏观数据的关系。通过结合作图分析，相关性分析，回归分析等手段研究邮储指数与各宏观经济指标的关联性强弱，从而揭示邮储指数与宏观经济运行情况是否吻合，以期进一步优化邮储指数。

（一）邮储指数和 GDP 增速之间的关系

GDP 同比增速最小单元只有季度数据没有月度数据，故将每个季度的月度邮储总指数求平均数得到每个季度的总指数，得到 T = 14 期的时间序列数据。

从 GDP 同比季度增速和同比季度总指数的趋势图，可看出二者的相关性很高，二者曲线趋势高度一致，同步变动，其 peasrson 相关系数为 0.919，且在 1% 的显著性水平上显著。这充分说明了邮储

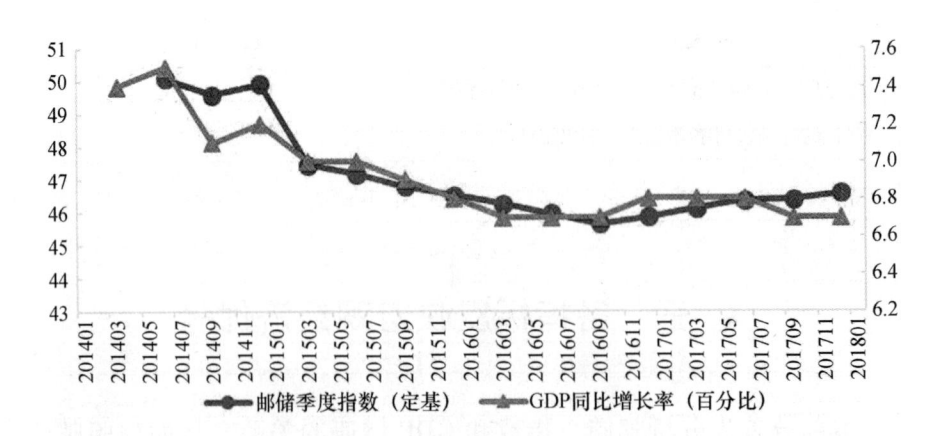

图 2 - 10　GDP 当期同比实际增速与邮储季度指数的关系（左轴为邮储季度指数）

资料来源：邮储指数数据库；国家统计局。

指数反映总体宏观经济状况的客观性与准确性。值得注意的是，在宏观经济增速下行的 2017 年至 2018 年，邮储小微指数仍有小幅度的上升，这代表着新常态下我国经济的新旧动能转换，民营经济健康发展的积极信号，也说明了小微指数可以作为宏观经济数据的重要补充，有利于政府、企业及科研机构更加全面地分析我国经济形势：

我们也使用 OLS 回归分析 GDP 增速变化对邮储指数的影响，设 GDP_t 为 t 时期的 GDP 同比实际增速，$Index_t^{total}$ 为邮储总指数，回归得到如下结果：

$$Index_t^{total} = 5.964 \times GDP_t + 6.012$$

回归结果中 GDP_t 的系数在 1% 的显著性水平上显著，这说明 GDP 同比增速上升 1% 平均会伴随着邮储小微指数上升 5.964，即小微指数的变化波动受到宏观经济运行状况的紧密影响。毋庸置疑，小微企业的经营状况与宏观经济运行状况密不可分，作图分析和回归分析的结果都符合这一经验事实。因此以上的分析说明了邮储小微指数编制的合理性以及邮储小微指数反映国民经济总体运行状况的客观性。

GDP 同比季度增速和季度总指数的 pearson 相关系数高达 0.919，回归系数达到 5.964，且都在 1% 的显著性水平上显著，符合对 GDP 同比增速和邮储指数正相关的理论预期，充分说明了邮储指数变动与宏观经济形势变化的吻合性以及邮储指数与整体国民经济运行态势的一致性，这一定程度体现了邮储指数编制的科学性。

邮储指数的地区指数也与地区 GDP 有较好关联，但由于分地区样本量相比于总体少，因此分地区小微指数与GDP增速正相关关系不如总体那样明显。不过，从上述分析仍然可以看出，不同地区的小微指数和经济增长仍然有一定关联。可以通过适当增加地区样本量，使得地区层面二者关系更明显更准确。

（二）其他常见月度指标与邮储指数之间的关系

一些月度宏观经济指标与邮储小微指数联系紧密。因为月度指标的数据点较多，小微指数的一些分项指数也与月度宏观经济指标紧密挂钩。研究月度宏观经济指标与邮储小微指数的联系可以更好地判断邮储小微指数的合理性，从而为邮储指数的进一步优化提供参考。

1. 邮储小微企业成本指数与工业生产者出厂价格指数的关系

工业生产者出厂价格指数（也被称为PPI）是反映某一时期生产领域价格变动情况的重要经济指标，工业生产者出厂价格指数的上涨反映了生产者价格的提高，相应地，一定程度反映生产者的生产成本增加。邮储小微企业成本指数反映小微企业的生产经营成本负担，成本指数越高代表小微企业的生产经营成本负担越轻。由图2-11知总指数和工业生产者出厂价格指数有较强的负相关性，两条曲线的形态近似于镜像对称。计算可知二者的相关系数为-0.42，显示统计高度负相关，在1%的显著性水平上显著。

进一步可以通过回归分析来阐释邮储成本指数和PPI之间的紧

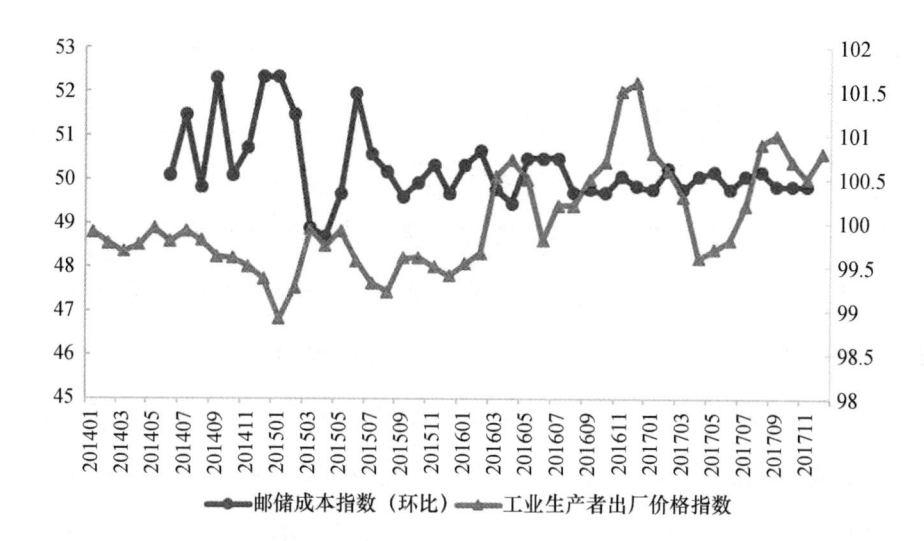

图 2-11　邮储成本指数和工业生产者出厂价格指数的关系

注：主坐标轴轴为邮储成本指数，相关系数：-0.420，P 值：0.0056。

资料来源：国家统计局；邮储数据库。

密联系，可以通过包含外生解释变量的自回归移动平均过程（AR-MAX）来研究 PPI 对邮储成本指数的影响。这种分析方法的优点在于考虑到可能存在的上一期的邮储成本指数对本期成本指数的滞后影响（AR 过程）以及扰动项的持续冲击，从而更好地反映 PPI 对邮储成本指数的真实影响。设 t 时期邮储成本指数（环比）为 $Index_t^{cost}$，t 时期 PPI 为 PPI_t，回归可得（括号中为 P 值）：

$Index_t^{cost} = 106.079 - 0.558 PPI_t + u_t$；其中扰动项 $u_t = 0.64 u_{t-1} + 0.13 \xi_t$，$\xi_t$ 为白噪声

　　　　（0.000）　（0.067）

由回归结果可知工业生产者出厂价格指数对邮储小微成本指数有显著（显著性水平为 10%）的负向影响，PPI 每上升 1%，邮储

成本指数平均下降0.56，说明了邮储成本指数反映小微企业生产经营成本情况的准确性与合理性。

2. 邮储小微企业扩张指数与固定资产投资增速的关系

固定资产投资增速反映以货币形式的建造和购置固定资产的工作量以及与此有关的费用的增速，固定资产投资环比增速与宏观经济政策，宏观经济周期，各产业的发展密不可分。小微企业加大固定资产投资往往代表小微企业市场的快速扩张。画图可以明显看出二者的高度正相关性，两条曲线的变化趋势基本一致。计算可得二者的相关系数为0.6781，在1%的显著性水平上显著正相关。

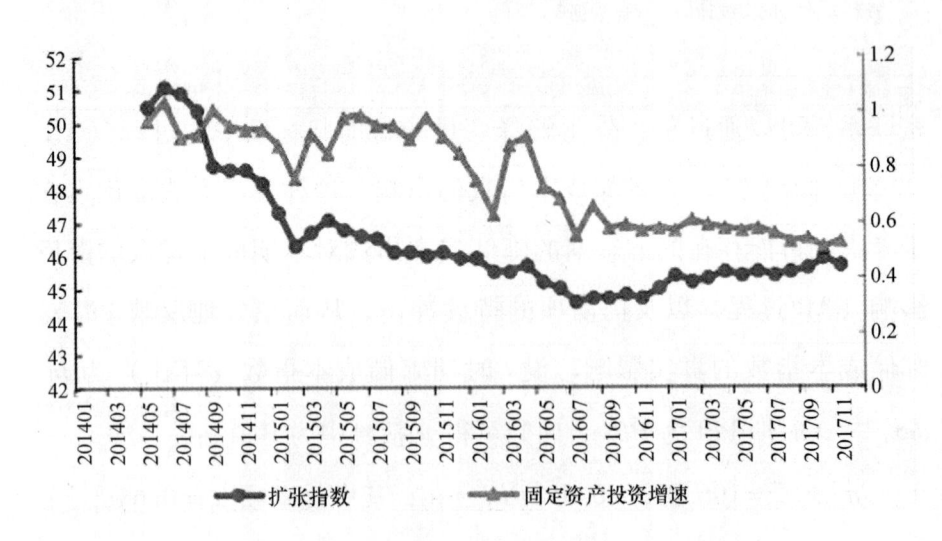

图2-12 邮储扩张指数与固定资产投资增速的关系

注：左轴为扩张指数，相关系数：0.678，P值：0.0000。

资料来源：国家统计局；邮储数据库。

设 $Index_t^{expansion}$ 为 t 时期邮储小微企业扩张指数，$investment_t$ 为 t 时期固定资产投资环比增速，u_t 为扰动项，进一步通过与上文类似的回归分析并采用稳健标准误可得（括号中为 P 值）：

$$Index_t^{expansion} = 41.3 + 6.69 \times investment_t + u_t$$
$$(0.000)(0.000)$$

由回归结果可知，固定资产投资环比增速上升 1%，邮储扩张指数平均上升 6.69，这符合投资推动产业扩张的经济学理论，说明了邮储指数编制的合理性。

3. 邮储市场指数与出口增速的关系

外贸小微企业是小微企业的重要组成部分，小微企业对海外市场的不断开拓与小微企业的发展壮大密不可分，邮储小微企业市场指数与出口增速在理论上应该有较强的相关性。通过作图分析，可以发现两条曲线的变化趋势基本一致，在 2015 年之前邮储市场指数的变化幅度更大，在 2015 年之后出口环比增速的变化幅度更大。计算可得二者的相关系数为 0.312，在 5% 的显著性水平上显著相关。

设 $Index_t^{market}$ 为 t 时期邮储小微企业市场指数，$export_t$ 为 t 时期出口当期环比增速，u_t 为扰动项，进一步通过与上文类似的回归分析并采用稳健标准误可得（括号中为 P 值）：

$$Index_t^{market} = 49.83 + 0.11 \times export_t + u_t$$
$$(0.000)(0.038)$$

由回归结果可知，固定资产投资环比增速上升 10%，邮储扩张指数平均上升 1.1，这符合出口扩张推动小微企业市场扩大的经济

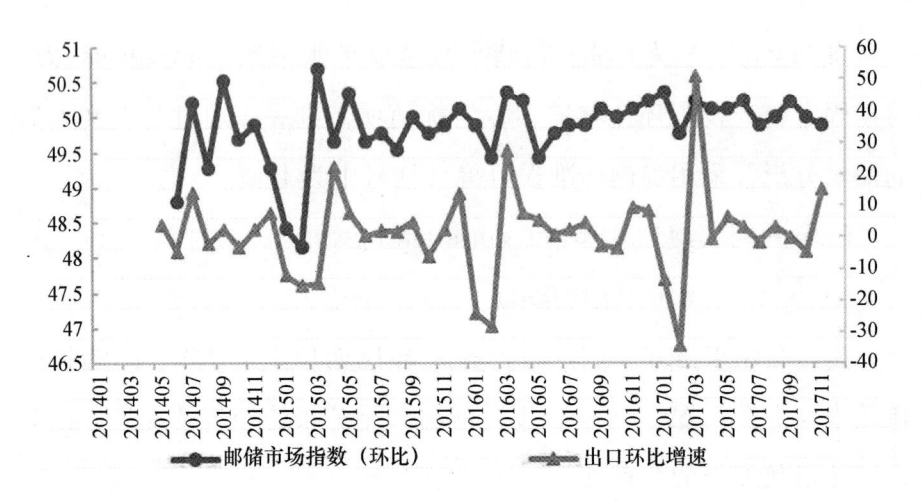

图 2-13 邮储市场指数和出口环比增速的关系

注：左轴为小微指数市场指数，相关系数为 0.312，P 值：0.044。

资料来源：国家统计局；邮储数据库。

直觉，说明了邮储指数编制的准确性。

4. 邮储指数和宏观经济景气指数的关系

宏观经济景气指数是宏观经济的晴雨表，中国的宏观经济景气指数由中国经济景气监测中心编制。中国经济景气监测中心是国家统计局（NBS）的直属机构，1999年6月经中央编制委员会办公室批准成立，其主要职能是为公众提供经济和社会景气监测研究报告及信息咨询服务。理论上小微企业的经营发展状况受到宏观经济大气候的深刻影响，研究邮储指数与宏观经济景气指数的关系对于研判邮储指数的合理性以及对邮储指数的进一步优化修正都具有重要意义。宏观经济景气指数包括：预警指数、一致指数（1996年=100）、先行指数（1996年=100）、滞后指数（1996年=100）；其中一致指数是反映当前经济的基本走势，由工业生产、就业、社会需求（投资、消费、外贸）、社会收入（国家税收、企业利润、居民收入）等4个方面合成；先行指数是由一组领先于一致指数的先行指标合成，用于对经济未来的走势进行预测。宏观经济景气指数中的先行指标包括先行6指标合成指数（包括恒生股指，产品销售率，广义货币供应，新开工项目，物流指数，房地产投资开发投资先行指数，国债利率差等）；滞后指数是由落后于一致指数的滞后指标合成得到，它主要用于对经济循环的峰与谷的一种确认，因为使用较少所以在此不做比较；预警指数则是用来反映经济过热或紧缩的指标，用于合成预警指数的指标包括消费品零售总额、企业利润、各项贷款、居民消费价格、固定资产投资、财政收入、城镇居民可支配收入、货币供应M2、工业增加值、海关进出口总额等。根据同类指数具有可比性的原则，考虑用邮储分项指数中属于先行指标的采购指数，信心指数与宏观景气先行指数相比较；用邮储分项指数中属于同步指标的市场指数，绩效指数与宏观景气一致指数相比较。

注意到宏观经济景气指数是定基指数，所以用定基的邮储指数与之进行比较。宏观经济景气先行指数和邮储采购指数，邮储风险指数的关系如图2-14所示，由图可知宏观先行指数与邮储采购指数具有较强的相关性，2015年之前二者的变化幅度基本一致，2016年之后宏观景气先行指数的增幅高于邮储先行指数（P值较高的主要原因），但二者的变化方向仍是一致的：

使用上文介绍的包含外生解释变量的自回归移动平均过程

(ARMAX)可以对上述相关性分析,进一步理解宏观经济景气度对邮储小微指数的影响,由表2-24可知宏观景气指数宏观一致指数对邮储同步指标(市场指数,绩效指数)的影响系数均在0.7左右,宏观先行指数对邮储采购指数,信心指数也有一定程度的正向影响。

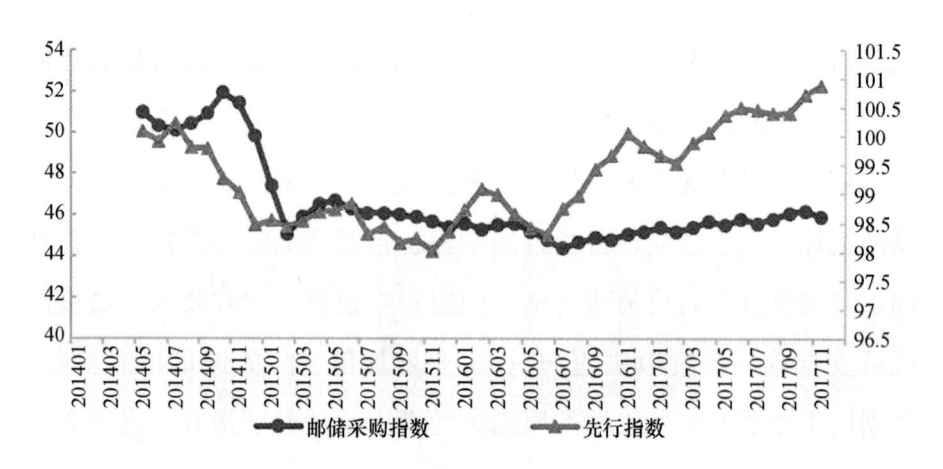

图2-14 宏观先行指数与邮储先行指数的关系

注:左轴为邮储采购指数,相关系数:0.1417,P值:0.3648。

资料来源:中经网统计数据库;邮储数据库。

表2-24   邮储指数与宏观景气指数的关系

解释变量	(1) 市场指数	(2) 绩效指数	(3) 采购指数	(4) 信心指数
宏观一致指数	0.757**	0.758***		
	(2.93)	(5.06)		
宏观先行指数			0.0416	0.0416
			(0.17)	(0.17)

续表

	（1）市场指数	（2）绩效指数	（3）采购指数	（4）信心指数
截距项	-25.82	-24.74	44.57	44.57
	(-1.00)	(-1.73)	(1.84)	(1.84)
扰动项				
一阶自回归	0.966***	0.697***	0.692***	0.692***
	(13.23)	(4.53)	(5.40)	(5.40)
一阶移动平均	-0.0645	0.198	0.714***	0.714***
	(-0.30)	(0.79)	(4.59)	(4.59)
常数项	0.428***	0.465***	0.593***	0.593***
	(11.76)	(11.45)	(11.85)	(11.85)
N	43	43	43	43

Note：t statistics in parentheses；** $p<0.01$，*** $p<0.001$.

资料来源：中经网统计数据库；邮储数据库。

由相关性分析和回归分析可知宏观景气一致指数和邮储指数中反映当期小微企业经营状况的指标联系紧密，邮储市场指数和绩效指数对于理解当期的经济基本面都极具参考价值。而一些反映未来经济走势的邮储指标如邮储信心指数，采购指数虽然与宏观经济先行指数具有正相关性，但相关性并不显著。这说明邮储指数的编制有进一步优化的空间，可以参考宏观景气指数的编制方法做进一步优化。

（三）其他银行指数和宏观经济指标的关系

通过比较其他银行指数和宏观经济指标的关系，可以发现邮储小微指数与宏观经济指标的相关性在很多方面都比其他银行指数显著,这说明邮储小微指数相较于其他同类指数有一定优越性。这也从侧面说明了邮储指数编制方法的合理性。

1. 其他银行指数和 GDP 增速的关系

表 2-25 是 GDP 环比增长率和财新综合 PMI、民生指数(总体经营状况)、渣打银行 SMEI、中国 PMI 和中小企业发展指数间的相关系数矩阵(均已换算成季度数据),可以看到 GDP 环比增长率和所有的指数都没有显著的相关关系。

表 2-25　　　　　其他银行指数和 GDP 增速的关系

	GDP 环比增长率	中小企业发展指数	财新综合 PMI	民生指数(总体经营状况)	渣打银行 SMEI	中国 PMI	邮储指数(季度总指数)
GDP 增长率	1						
中小企业发展指数	-0.0980	1					
P 值	0.787						
财新综合 PMI	0.150	0.734**	1				
P 值	0.594	0.0157					
民生指数(总体经营状况)	0.611	-0.401	0.816**	1			
P 值	0.145	0.503	0.0252				
渣打银行 SMEI	0.471	-0.00600	0.0540	0.810*	1		
P 值	0.144	0.987	0.874	0.0508			
中国 PMI	-0.0190	0.907***	0.745***	0.651	0.0790	1	
P 值	0.955	0.000300	0.00850	0.162	0.816		
邮储指数(季度总指数,定基)	0.370	-0.396	0.00200	0.900***	0.707**	-0.329	1
P 值	0.193	0.257	0.995	0.00570	0.0150	0.323	

注:* P<0.10,** P<0.05,*** P<0.01。

资料来源:邮储指数数据库;国家统计局。

2. 其他银行指数和常见月度指标的关系

财新综合 PMI，民生指数（总体经营状况），渣打银行 SMEI（渣打银行中小企业信心指数）和中国 PMI（均使用月度指标）与 CPI，PMI，固定资产投资，出口额月度增速的相关系数矩阵如表 2-26 所示。由表可知财新综合 PMI 和中国 PMI 指数与固定资产投资环比增速都呈现显著的负相关关系，这与经济繁荣，企业加速扩张时投资量显著增加的经济规律相矛盾；财新综合 PMI，渣打银行 SEM，中国 PMI 均与居民消费价格指数没有显著的相关性。渣打银行中小企业信心指数即渣打银行 SMEI 指数在其他同类指数中似乎表现更好，渣打银行 SMEI 指数除了和居民消费价格指数和固定资产投资增速显著相关外，还与出口额当期环比增速显著相关。但渣打银行与工业生产者价格购进指数没有显著的相关性，这对于反映制造业发展状况的指标是一个重大的缺陷，而邮储小微指数与 PPI 有显著的相关性，这体现出了邮储小微指数相对于渣打银行 SMEI 指数的优越性。综上所述，邮储指数在与月度宏观指标的联系方面比大多数同类指数更有相关性。

相关系数如表 2-26 所示：

表 2-26　　　其他银行指数和常见月度指标的关系

	财新综合 PMI	民生指数（总体经营状况）	渣打银行 SMEI	中国 PMI
居民消费价格指数	-0.130	-0.139	-0.515***	-0.175
P 值	0.408	0.558	0.00180	0.315

续表

	财新综合PMI	民生指数（总体经营状况）	渣打银行SMEI	中国PMI
工业生产者价格指数	0.558***	-0.318	-0.00900	0.691***
P值	0.000100	0.171	0.961	0
固定资产投资环比增速	-0.348**	0.271	0.326*	-0.711***
P值	0.0220	0.247	0.0602	0
出口额_当期环比增速	0.0610	0.0220	0.471***	0.232
P值	0.700	0.926	0.00490	0.179

注：* $P<0.10$，** $P<0.05$，*** $P<0.01$。

资料来源：邮储指数数据库；国家统计局。

3. 其他银行指数与宏观经济景气指数的对比

最后以其他同类指数与宏观经济景气指数的相关性同邮储指数做对比为例，说明邮储指数相对于其他同类指数的合理性。

对于宏观经济景气的三个分项指数，财新PMI与中国PMI只与两个宏观经济景气指数的分项指数有显著的相关性，民生指数与宏观经济景气指数相关性相对较好。但反映中小企业信心的渣打银行SMEI与三项宏观景气指数皆没有显著的相关关系。

表2-27　　其他银行指数与宏观经济景气指数的关系

宏观景气指数	财新PMI	中国PMI	民生指数	渣打银行SMEI
滞后指数	-0.009	0.091	0.550**	0.247
P值	0.956	0.604	0.012	0.158
预警指数	0.336**	0.677***	0.432*	0.097
P值	0.028	0.000	0.057	0.587
一致指数	0.388**	0.720***	0.829***	0.274

续表

宏观景气指数	财新PMI	中国PMI	民生指数	渣打银行SMEI
P值	0.010	0.000	0.000	0.117

注：* P＜0.10，** P＜0.05，*** P＜0.01。

资料来源：邮储指数数据库；国家统计局。

从图2－15看到，渣打银行SMEI和汇丰PMI与宏观经济景气的相关性较弱，波动趋势差别较大。

通过相关性分析，邮储指数相较于其他同类指数能更好地反映宏观经济运行状况，特别是在与同样针对中小型企业运行状况编制的渣打银行SMEI指数的比较中，邮储小微指数与宏观经济景气指数的相关性更紧密。综合看，邮储指数与各个宏观指标相关性总体要好。这说明了邮储小微指数编制的合理性与科学性。

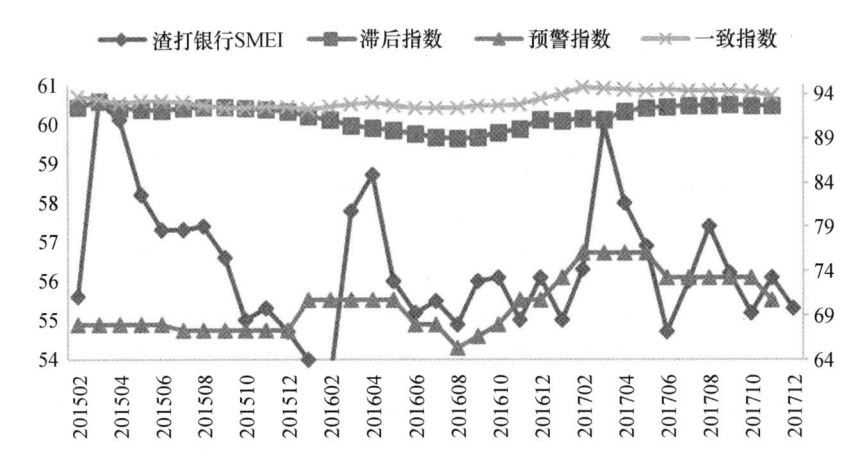

图2－15 渣打银行SMEI与宏观经济景气指数趋势图

注：渣打银行SMEI在主坐标轴，其他指数在次坐标轴。

资料来源：邮储指数数据库；国家统计局。

四 总结

综合以上分析，可以看出邮储指数和 GDP 增速基本上呈强烈的正相关关系，邮储指数（包含总指数和各分项指数）和常见的宏观经济月度指数（PPI，投资增速，出口增速等）也呈正相关关系，符合理论预期。通过分析，可以发现邮储指数相较于其他同类指数能更好地综合反映宏观经济运行状况，邮储小微指数与宏观经济景气指数的相关性比其他同类指数更加紧密，这说明了邮储小微指数编制的合理性与科学性。

通过各类指数分析也可以看到，在 2016 年小微企业经历了低谷，之后开始上扬。整体上，小微企业发展有一定周期性波动，且周期较短。小微指数和宏观经济密切关联，也和短期政策支持有较大关联。

第三章

"消失的中间段"?
——我国中小企业融资能力分析

◇ 一 引子

自 2015 年起,中国政府将发展普惠金融提高到国家战略的角度,并在 2016 年杭州 G20 峰会上提出数字普惠金融的高级原则,从全球角度对普惠金融发展提出指导性意见。这些举措意味着中国政府对普惠金融发展的高度关注。按照一般理解,普惠金融是帮助被传统金融忽略的群体按可承受价格获取金融服务的事业,因此,人们讨论普惠金融服务对象时,不仅包括低收入者、自就业群体(微型企业),还应该包括中小企业,因为从国内外实践看,这是一个存在普遍融资约束的企业群体。尤其对于中国这个处于经济体制转型中的国家来说,为大型国有经济服务的传统银行体系面对大量涌现的中小型民营企业,无论在态度上,还是在信贷管理模式上都存在不同程度的信贷"歧视"。尽管改革开放 30 年逐渐降低了"歧视"程度,有越来越多的银行开始主动进入中小企业信贷领域,但是中小企业融资难问题依然存在。

如果排除掉我国银行对中小企业信贷的主观"歧视",是否意味着可以解决中小企业融资难的问题?到目前为止,有大量研究从宏观环境的角度,从银行规模的角度对这个问题进行研究,提出金融体系制度依赖、信息不对称、信用体系落后等是阻碍大银行对中小企业提供信贷服务的重要因素(林毅夫等,2001;张杰,2000;周业安,1993),也有不多的研究从中小企业自身特征角度展开。这些研究在一定程度上说明中小企业具有特殊的管理和经营特征,大银行无法按照服务于大企业的经营模式服务于中小企业,需要改变模式,或者改变银行规模,通过建立地域性小金融机构提供相匹配的信贷服务(林毅夫,2001)。

但是,是否缩小银行规模,建立地域性银行就能解决问题?未必如此。我们发现在小微金融领域中存在一个有趣的现象,即许多金融机构愿意发放微型贷款,如5万元以下,或者再多一些,即小微贷款,金额在5万—50万元的贷款。一旦企业借贷需求达到中小规模,即100万—500万元之间,金融机构就止步不前了。当经济进入下行期时,这个现象尤为明显。一些以前从事中小企业贷款的银行坏账率明显上升,不得不暂时回避这个领域(如2016年、2017年民生银行、平安银行的做法)。在2016—2018年上半年这段时间,随着我国经济下行程度加深,以及政府加大推进普惠金融的力度同时,出现了服务于微型借贷的金融业务蓬勃发展(包括数字金融),但服务于中小企业的金融业务却开始萎缩的现象。为什么会出现这个现象?是否中小企业获得信贷服务不仅比大型企业难,而且比微型企业更难?

◇ 二 "消失的中间段"及中小企业更大的融资约束?

毋庸置疑,改革开放以来中小企业(SME)已经成为推动我国经济发展的重要力量,大量数据证明小微企业在创造就业机会、GDP增长、国家税收方面已经撑起大半边天。按照统计,2017年初在全国工商注册的中小企业总量超过4200万家,占全国企业总数的99%以上。吸纳就业人数占城镇就业人口的80%以上,工业产值占总量的60%以上,贡献税收50%以上[1]。

但是,中小企业融资难始终是伴随其成长的一个问题,而且是一个世界难题。在对发展中国家小微企业的研究中,一些人提出中小企业融资难问题可能比微型企业更大,并提出"消失的中间段"(missing middle)的说法(Anne O. Krueger,2007)。一些研究发现,中小企业的数量结构比发达国家更低,融资难度比微型企业[2]和大型企业更大。呈现出双峰的图形。

Ayyagari、Beck、Kunt(2003)对130个国家数据研究后发现,发展中国家中小企业数量占比低于发达国家,这个现象:(1)与政府高消费(财政支出/GDP)、教育水平、金融发达程度等宏观政策

---

[1] 数字来源:工信部、全国工商总局网站。
[2] 一般是未经工商局注册的非正规小型企业,如小作坊、路边小摊、小夫妻店。

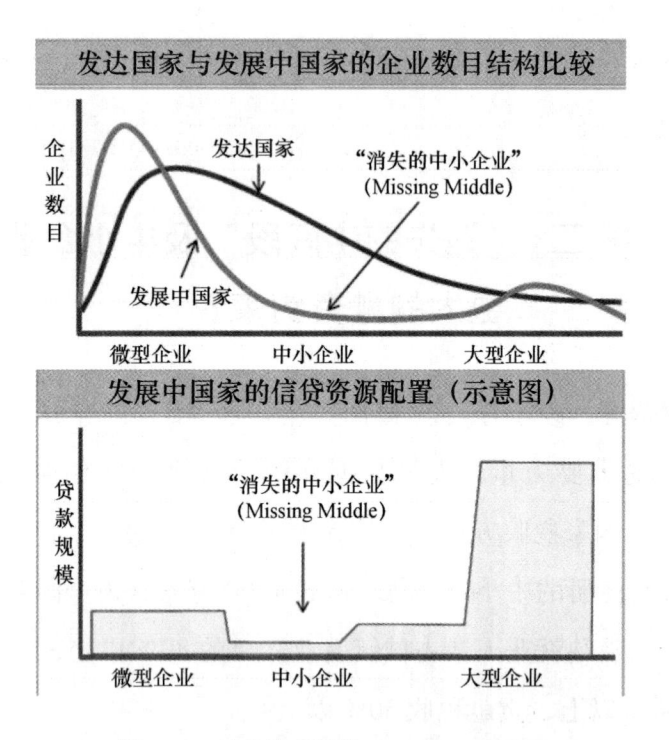

图 3-1 消失的中间段（missing middle）

因素有关，政府支出高、教育水平低、金融不发达的国家中小企业占比越低。相反，微型企业在经济中的重要程度提高。（2）与偏高的税率、较高的注册成本和破产成本、较高的合约执行成本（争议诉讼解决成本）、政府对人力资源较严格的监管等商业环境成本有关。这些因素下有中小企业在经济中的重要性下降，相反大企业和处于非正规经济的自雇微型企业更易于生存，在经济中的重要性提高。

至于发展中国家中小企业在信贷资源配置中的双峰（消失的中间段）现象，一些观点认为，首先，大型企业可以通过银行获得足够的信贷支持，微型企业则在过去20—30年的微型信贷运动中得到相关金融机构（microfinance institutions）很好的关照，唯有中小企业被忽略①，并且，专门针对微型企业和低收入群体的小额贷款运作模式（如小组贷款）不适合中小企业；其次，与微型企业相比，中小企业的利润水平和边际资本回报不高，难以承受较高的融资成本（郑自强，2015）。

为了观察是否存在这个中间段现象，我们使用世界银行"世界商业环境调查"（world business environment survey，WBES）2005—2014年调查数据②，发现中国信贷资源配置中存在更加不利于中小企业的现象。为方便分析，我们将上述数据库中的微型（micro）和很小（very small）企业合并为微型企业，将小型（small）和中型企业（medium）合并为中小型企业③。按照新的划分标准对数据库中中国企业数据做描述性统计后发现，在融资障碍（融资约束）方面，中小型企业比微型企业更严重。进一步分析，发现微型企业中不需要借款的企业数要多于中小型企业，得到，在借款量不足以满足需求的企业中，中小企业数量远大于微型企业（见表3-1和图3-2）。这个结果初步说明我国中小企业比微型企业有更严重的信

---

① The Missing Middle, http://www.trilincglobal.com/trilinc-blog/missing-middle/; SME: missing middle, http://creationinvestments.com/impact-investing/smes-missing-middle/.

② http://smefinanceforum.org/. 该数据涵盖全球177个国家。其中数据统计时间根据数据内容而变化。

③ 该数据库将企业类型按照雇员人数划分为微型（micro）、很小（very small）、小（small）、中（medium）四类。微型企业雇员人数为1—4人，很小型企业人数5—9人，小型企业人数10—49人，中型企业人数50—250人（IFC Enterprise Finance Gap Database, https://www.smefinanceforum.org/data-sites/msme-finance-gap）。

贷约束，信贷领域中"消失的中间段"现象在一定程度上是存在的。这意味着在普惠金融领域中，相比较微型信贷，对中小企业的信贷服务可能有更大的难度和挑战。

表3-1　　　　　　中国小微企业融资约束比较（2003年）

	企业数量	存在严重金融障碍	不需要贷款	没有信贷服务	信贷服务不足	信贷服务很好
微型企业（Very Small）	1879138	18%	50%	44%	6%	0%
中小企业（Small & Medium）	1896208	19%	41%	37%	17%	6%

资料来源：IFC Enterprise Finance Gap Database。

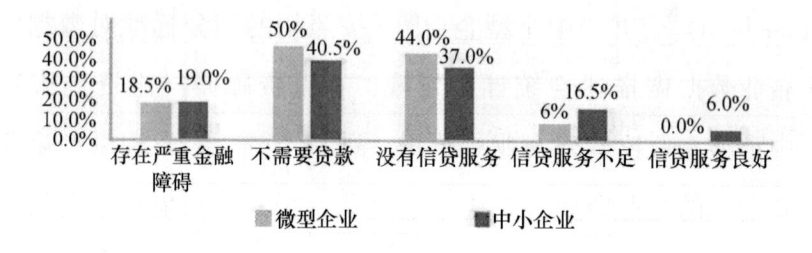

图3-2　微型和中小企业融资来源比较（WB数据，2003年）

我们使用西南财经大学2015年小微企业调查数据，也得出大致一致的结果。该数据库基于2015年对全国2851家小微企业的调查。从统计结果看，比较微型企业，中小企业对贷款的需求程度更高，但被满足程度更低。表3-2显示，微型企业中有77%不需要贷款，比中小企业高5.1个百分点，在需要借款但申请被银行拒绝的问题回答中，中小企业比微型企业高1.2个百分点。

表 3-2　　　　　　　中国小微企业信贷需求以及被满足程度

	不需要	需要，但没有申请过	需要，申请过但被拒绝	需要，正在申请
微型企业	77.0%	15.4%	5.2%	2.4%
中小型企业	71.9%	14.8%	6.4%	6.9%

资料来源：西南财大《中国中小微企业调查》（2015）。

进一步，使用世界银行对中国816万个小微企业2012年的调查数据，也得到相同的观察结果①。该数据库只划分了小型、中型和大型企业。但由于世行数据对企业划型标准低于我国2011年标准②（见表3-3），故可以将其小型企业类比小微型企业，中型企业近似于我国的中小型企业。按照这个表达，可以看到相比小微企业和大型企业，中国的中小企业存在更加明显的融资约束（见图3-3）。

认为存在严重融资约束的企业百分比（%）

小型（5—19）	中型（20—99）	大型（100+）
2.2	4.0	2.8

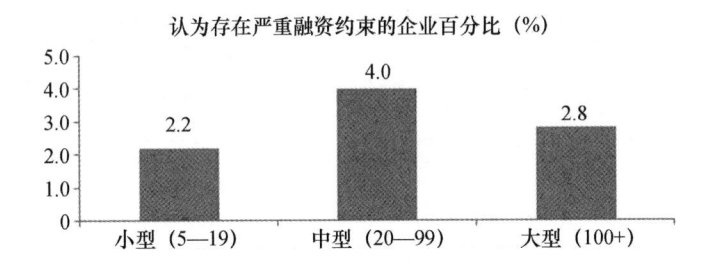

图 3-3　中国不同规模企业融资约束的程度比较（2012年）

资料来源：世界银行"世界商业环境调查"（WBES），https://www.enterprisesurveys.org/data。

---

① 该数据来自"世界商业环境调查"（World Business Environment Survey, WBES），是世界银行2005—2014年对29个经济体、139个国家的12万家企业做问卷调查的结果。见https://www.enterprisesurveys.org/data。

② 指2011年国家统计局、国家发展改革委员会、财政部和工业和信息化部四个部门联合颁布的《我国中小企业微型企业划型标准规定》。

如果将信贷可得性看作融资约束的反向表达，则我国中小型企业的信贷可得性相对小微企业和大型企业最低，存在"missing middle"现象。

表 3-3 按雇员数对企业划型

企业划型	世界银行（2012年）	中国（按行业算数平均值）
微型	4人以下	少于10人
小型	5—19人	10—100人
中型	20—99人	100—300人
大型	100人以上	300人以上

注：按照世界银行2012年对中国调查的企业划型标准和中国2011年企业划型标准。

根据中国邮政储蓄银行开发的中国小微企业发展指数2015—2019年的季度数据①，将小型企业与微型企业进行比较，同样可以发现上述现象，即小型企业比微型企业有更高的融资约束程度。具体表现为：（1）小型企业比微型企业的融资易度低，二者均值分别为1.90和1.91；（2）小型企业比微型企业的未来融资需求高，二者均值分别为1.25和1.20（见图3-4、图3-5）。从图3-3中也可以看出，2017年第二季度开始，随政府普惠金融战略实施力度加大，小企业的融资易度有所提高。

---

① 该统计数据的样本企业共35013家，分布于全国29个省市县，覆盖服务业、交通运输业、农林牧副渔业、批发零售业、制造业、住宿餐饮业6个行业。

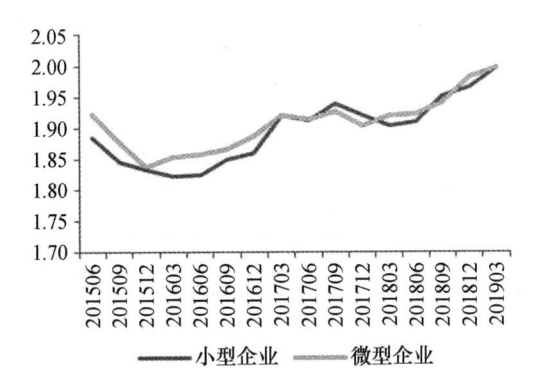

图 3-4 小型、微型企业融资易度比较

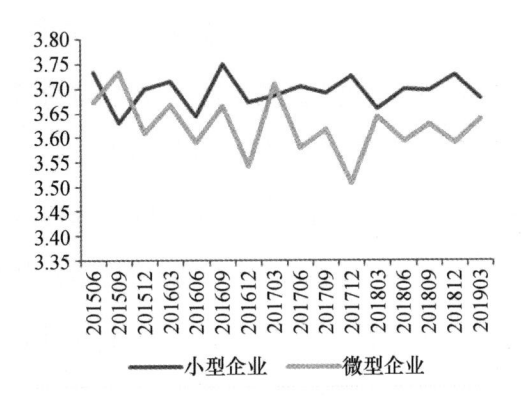

图 3-5 小型、微型企业未来融资需求比较

中小企业一般比微型企业有更大的经营规模，企业主也相对更成熟和有经验，尤其在获取资金来源的经验方面，如表 3-1 数据显示，如果需要资金，中小企业比微型企业有更多家得到了信贷资金。然而，其获得信贷资金能够满足需求的程度远远低于微型企业。为什么会出现这种情况？本章试图通过对比大型和微型企业的相关统计指标，从边际收益、融资成本、企业风险的角度探讨中小

企业融资难问题,以帮助深入了解中小企业融资困境的原因,寻找有效的解决方案。

◇ 三 研究设计

(一)理论分析

可贷资金理论认为价格(利率)会影响可贷资金供求。按此说法推论,如若在既定利率下资金供给不能满足资金需求,需求方就会出现"融资难"问题。影响资金价格的因素很多,在货币供求既定以及在市场充分竞争下,借款人自身的风险程度会通过风险溢价影响资金的价格——利率。风险越大的企业,其借款利率中所含风险溢价越高,利率水平越高,这是金融的基本原理。但是,是否高风险企业都能够承受高利率呢?如果利率超过企业承受能力的临界值——边际利润率(也即销售毛利),理智的企业就会放弃借款,转而寻求其他资金来源,或者在遍寻无果的情况下,降低企业发展速度,承受资金不足带来的发展约束。除非有其他力量介入帮助降低投资人的风险,或者帮助企业降低融资成本,否则,企业融资困境不可避免。

用资金供求曲线解释,则是资金供给按照正常利率(风险溢价)对提供资金供给时,资金需求方因缺乏对利率的承受力,减少资金需求,形成所谓"融资难",或者"资金缺口"。资金价格与资金供求关系如图3-6所示。其中R_0表示均衡利率,在本章中也相当于保证风险收益均衡的风险利率,假定在该利率下资金供给可以满足资金需求Q_0。如果中小企业无法承受均衡点利率R_0,需求曲线Ld向左移动至Ld',形成程度为Q_0-Q_1的"融资难"问题或者"资金不足"问题。

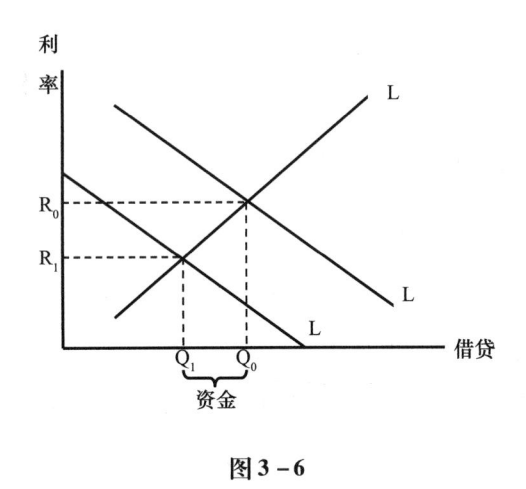

图3-6

本章希望通过对中小企业贷款利率承受能力及其因风险程度而资金供给方要求的风险利率的分析,探讨中小企业融资难的深层原因。基本分析逻辑是,比较中小企业与微型、大型企业的边际利润率和风险,看是否存在利润率相对更低,风险相对更高的情况,若如此,中小企业在借贷能力上就存在内在脆弱性。中小企业借贷能力的脆弱性有三个特点:(1)中小企业盈利能力相对低;(2)中小企业风险相对高;(3)中小企业资产抵押能力相对大企业低,无法通过提供足够多的抵押物对冲银行风险并帮助降低利率。在这种情况下，作为商业化运作的银行等金融机构对其提供贷款时，会因为承担较高违约风险，但难以获得与风险匹配的收益而却步，形成资金供给不足。

用公式表达企业对利率承受能力，从而企业的融资能力，就是：

若：销售毛利 – 风险利率 ≥ 0 → 企业有较强的债务融资能力；

若：销售毛利 – 风险利率 ≤ 0 → 企业有很弱的债务融资能力，存在天然脆弱性。

（二）企业规模界定

2011年9月2日，国家统计局、国家发展改革委员会、财政部和工业和信息化部四个部门联合颁布《我国中小企业微型企业划型标准规定》[①]，根据行业类型、企业雇员数量、企业资产规模、企业营业收入总额等指标，将企业划分为大型、中型、小型、微型四种类型。与国际标准比较，我国的小微企业划型略高一些，如果不分行业，按照世界银行的企业划型标准，就业人数在10—300人（或者500人）之间、销售额在10万—1500万美元之间的企业为中小企业，就业人数低于10人者为微型企业。按照四部委文件标准，大致雇员人数10—300人，年销售额80万—5000万美元的企业属于中小企业。

本章对小微企业划型时，除非特别说明，否则均严格按照国家

---

① 《我国中小企业微型企业划型标准规定》，http://www.miit.gov.cn/newweb/n1146285/n1146352/n3054355/n3057278/n3057286/c3592332/content.html。

确定的标准做样本筛选。在销售额和雇员人数两个衡量指标中，以销售额为准，对有数据缺失者按照雇员人数筛选。

(三) 指标选取与数据来源

1. 指标选取

按照研究设计，本章需要选择盈利能力、风险利率、风险程度等指标辨识中小企业是否存在融资的内部脆弱性。考虑到数据库信息含量，本章对相关指标选取做以下规定：

关于盈利能力，本章选择销售毛利指标。但是由于现有数据库信息缺乏息前税前利润，只有税前利润指标，故使用税前利润做销售毛利的近似替代。

关于风险程度，这是一个最难度量的指标，按照企业生命周期的理论，企业度过初创期以后的高速增长期风险是最大的，度过高速成长期后，企业进入稳定发展时期，此时增长速度下降。故本章选择企业销售增长速度作为一个大致衡量企业风险的办法。尽管无法对风险做具体量化表达，但可以进行不同规模企业的横向比较，有近似的效果。

关于风险利率，尽管有许多评价包含风险溢价收益率的方法，但是由于无法量化风险，因而无法直接计算风险利率。考虑到市场利率包含了投资人对借款人风险的理性评价，故假定市场利率即为包含风险溢价的风险利率。本章使用银行的企业贷款利率作为风险利率①。

2. 数据来源

由于小微型的企业数据较难获取，而且根据研究设计，数据内容需要包含企业营业收入、盈利、增长的指标，现有的单一数据库难以满足需要，故本章选择多数据库样本。涉及的数据库有：西南财经大学"中国家庭金融调查与研究中心"《中国中小微企业调查》(2015)和《中国家庭金融调查》数据库（2011、2015）；山东大学管理学院《我国小微企业成长数据库》；Wind数据库的非上市公司数据和上市公司数据库；邮政储蓄银行小微企业指数数据库。

（1）西南财经大学"中国家庭金融调查与研究中心"《中国中小微企业调查》(2015)共得到有效样本5570个，其中预调查样本75个。按照工业和信息化部与国家统计局的划型标准，该样本有微型企业1822个，小型企业3469个，中型企业204个。这是我国到目前为止关于小微企业信息量相对大的数据库。但是，由于a)这套数据只有一年期，无法进行动态观测；b)缺少大型企业信息，故选择其他数据库作为补充。该数据库信息主要用来反映小微企业的信贷可得性。

（2）西南财经大学"中国家庭金融调查与研究中心"《中国家庭金融调查》中包含个体工商户的信息，可以补充微型企业信息，

---

① 自2013年7月，中国人民银行全面放开金融机构贷款利率管制，允许金融机构根据资金状况和金融市场动向自主调节利率水平以来，商业银行已经可以根据贷款对象风险程度调整风险溢价。

故本章选择该数据库2015年信息用于分析相关内容。

（3）山东大学管理学院《我国小微企业成长数据库》[①]是山东大学张玉明教授及其团队研究开发的数据库。该数据库有效样本企业近1000家，信息采集统计期间为2010—2013年，可获得小微企业发展的信息。本章对该数据库按照500万元的营收界限进行筛选，得到微型企业及中小企业的信息。剔除空值及数据缺失样本后得到有效数据样本314个，其中中小企业180家，微型企业140家，用于衡量本章微型企业和中小企业的盈利水平和发展速度。

（4）Wind数据库。该数据库的中国企业库部分有2014—2016年不同规模非上市公司数据，拥有约79万家企业的基本信息，选择其中中小企业部分并剔除房地产、金融企业，共得到有效样本企业7747个。大型企业数据则选自该数据库提供的A股市场数据，剔除其中金融和房地产上市公司，共得到有效样本3101个。企业划型标准同上。

（5）中国邮政储蓄银行小微企业指数数据库。该数据库数据期间为2015年第二季度至2019年第一季度。有35013家小微企业样本，其中小型企业16538家，微型企业18475家。企业划分标准同国家统计局和工信部标准。按照数据内容，可以获得样本期内反映企业利润能力、增长和融资难度的信息。

[①] 国家社会科学基金重大项目《科技型中小企业融资征信平台和数据库建设研究》（15ZDB157）、重点项目《我国小微企业动态发展数据库建设研究》（12AZD098）、山东大学文科专题数据库《山东大学小微企业成长数据库》（HSSDB1503）的子数据库。

对各数据库说明及本章选取数据内容见表3-4。

表3-4　　　　　大中小微企业数据信息来源

	数据库名称	数据来源	数据期间	有效样本*	用途	其他说明
1	中国中小微企业调查	西南财经大学	2015年	5570个	盈利能力 融资难度	用于分析中小微企业
2	中国家庭金融调查		2015年		盈利能力 融资难度	其中个体工商户信息用来分析微型企业
3	我国小微企业成长数据库	山东大学管理学院	2010—2013年	320个	盈利能力 企业增长	用于分析中小微企业
4	Wind中国企业数据库	Wind咨询	2014—2016年	7747个	盈利能力 企业增长	用于分析中小企业
5	Wind上市公司数据库		2014—2016年	3101个	盈利能力 企业增长	用于分析大型企业
6	小微企业指数数据库	中国邮政储蓄银行	2015年2月—2019年1月	35013个	盈利能力 企业增长 融资难度	用于分析小型、微型企业

注：*表示有效样本是针对本章研究而言。

◇ 四　数据检验

（一）中国中小企业与微型、大型企业的盈利能力对比分析

我们选择边际利润率作为企业的盈利能力指标。考虑到数据来源的局限，我们用税前利润替代息税前利润，近似表示销售毛利。关于2014—2015年的分析，分别使用西南财大2015年中小微企业调查数据和Wind数据（2015年）中的大型企业数据；关于2015年

2 季末—2019 年 1 季末小微企业分析，使用邮政储蓄银行的调查数据。对数据做描述性统计分析后得到结果（见表 3-5）：

表 3-5　　　　　大中小微企业盈利能力分析（2015 年）

企业类型 一级分类	二级分类	财务指标	样本量（个）	均值（%）	中值（%）	最大值（%）	最小值（%）	标准差（%）	数据来源[d]
微型企业	正规企业[a]	销售毛利率	886	0.538	0.3	5	0.001	0.778	西南财大
	非正规企业[b]		4149	418.81	0.714	10000	0	1838.021	西南财大
		总资产毛利率	18475	0.28	0.27	0.32	0.26	0.029	邮政储蓄[e]
				0.34	0.32	0.38	0.30	0.033	
小型企业		销售毛利率	1916	0.375	0.167	5	0.001	0.629	西南财大
		总资产毛利率	16538	0.22	0.21	0.27	0.19	0.022	邮政储蓄
				0.26	0.23	0.33	0.22	0.039	
中型企业		毛利率	123	0.297	0.1	5	0.001	0.576	西南财大
大型企业	全行业[c]	毛利率	3104	0.091	0.095	15.14	-14.360	0.568	Wind
	制造业	毛利率	2104	0.087	0.093	15.14	-14.360	0.601	

注：a：正规微型企业（formal）是指在工商局正式注册的企业，数据来自西南财大《中国中小微企业调查》（2015）数据库。

b：非正规微型企业（informal）是指没有工商正式注册，承担税费限度比较低的微型企业。数据来自西南财大《中国家庭金融调查》（2015）数据库中的个体工商户数据。

c．全行业中不含房地产和金融业。

d．西南财大数据期间为 2014—2015 年；邮政储蓄数据期间为 2015—2019 年；Wind 数据期间为 2015 年。

e．邮政储蓄银行数据是 2015—2019 年 15 个季度季末数据平均值。由于该数据库数据来自对每月问卷调查的统计，根据调查问卷相关问题，用本月利润额×12/上年末销售总额估计总资产毛利率，用本月利润额×12/上年末资产总额估计销售毛利率。

（1）微型企业边际利润率均值最高，为53.8%（不考虑邮政储蓄数据），依次往下为小型企业、中型企业和大型企业，分别为37.5%、29.7%和9.1%。如果选择中值指标，微、小、中、大型企业的边际利润率分别为30%、16.7%、10%、9.5%。中小企业的盈利能力低于微型企业，但高于大型企业。使用邮政储蓄小微企业数据，同样得到微型企业盈利能力好于小型企业的结果，无论从销售毛利率还是总资产毛利率的观察角度。

（2）微型企业中的非正规企业（个体工商户）边际利润率最高，达到418.18%，这个统计结果与样本标准差太大有关。如果选择中值替代，依然显示最高的边际利润率，达到71%。这在一定程度上说明该类型企业相对其他不同规模的正规企业，存在很高的盈利水平。这个现象在一定程度上印证了 Beck 和 Kunt（2003）关于发展国家微型企业，尤其非正规微型企业因为没有注册成本、没有（或少有）纳税、用工不受劳动法约束，因而比其他企业有更低的成本和更好获利的观点。

图3-7清晰展示了我国微型、小型、中型和大型企业边际利润率的对比关系（不包括邮政储蓄数据）。其中均值显示依次递减的关系；中值则显示中型和大型企业差异不大，只有0.05个百分点之差。说明中小型企业盈利能力相对微型企业低，意味着在其他条件相同情况下，其对利率的承受能力较微型企业低。尽管大型企业的毛利率低于中小型企业，但是大型企业充沛的抵押担保能力使其实际负担的利率水平可能要远低于中小型企业。

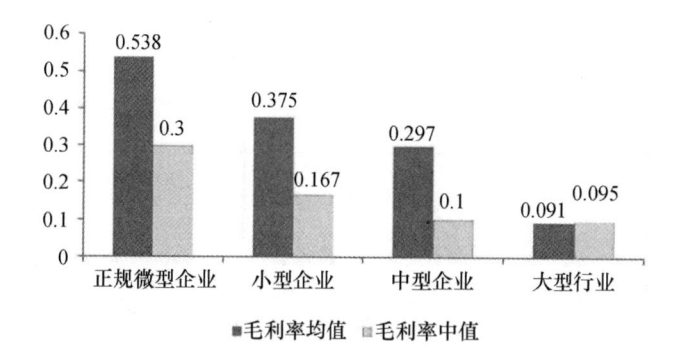

图 3-7 我国不同规模企业的毛利率比较（2015 年）

邮政储蓄银行数据提供了 2015 年至 2019 年共 15 个季末数据统计结果。从变化趋势看，无论盈利能力怎样波动，按照同样统计指标，微型企业的盈利能力始终高于小型企业（见图 3-8、图 3-9）。说明自 2015 年以来，微型企业和小型企业在盈利能力上的差异依然明显存在。

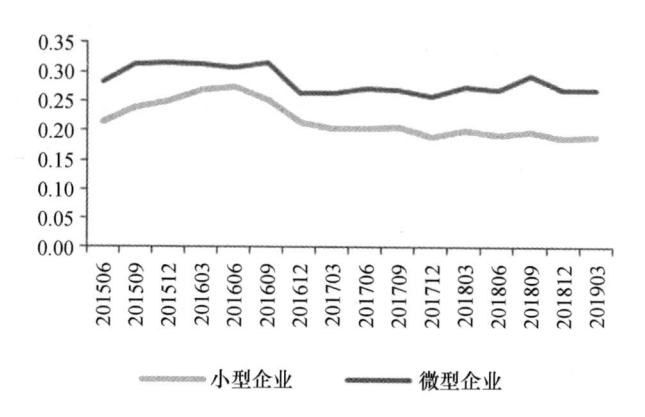

图 3-8 小型、微型企业总资产盈利率变化趋势

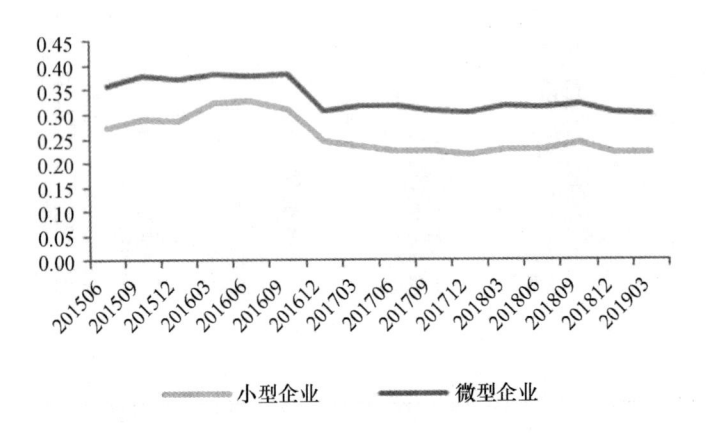

图 3-9　小型、微型企业总资产盈利率变化趋势

（二）中国中小企业与微型、大型企业的风险对比分析

因数据局限，本章用企业销售增长速度评价其风险。并假设增长速度越高，企业的风险就越大。本章选择有多年连续企业信息的山东大学数据库、Wind 数据库、邮储银行数据库作为数据源。从统计结果可以看出，2010—2016 年期间，中小型企业的销售收入平均增长速度远远大于微型企业和大型企业，说明与微型企业和大型企业比较，中小型企业的风险相对最高（见表 3-6）。

表 3-6　我国不同规模企业增长速度的描述性统计（2010—2016 年）

企业类型	统计时间	平均值	最大值	最小值	标准差	样本数量	数据来源
微型	2010—2012 年平均	39.62%	1614.78%	-84.54%	1.34	182	山大数据
	2015—2019 年平均	3.16%	3.23%	3.05%	0.05	18475	邮储数据*
小型	2015—2019 年平均	3.24%	3.33%	3.17%	0.06	16538	

续表

企业类型	统计时间	平均值	最大值	最小值	标准差	样本数量	数据来源
中小	2010—2012年平均	124.76%	6166.40%	-95.74%	5.90	132	山大数据
	2014—2016年平均	64.35%	16046.79%	-73.56%	3.65	6809	Wind数据
大型	2010—2012年平均	28.09%	6443.56%	-100.00%	1.58	3102	Wind数据
	2014—2016年平均	18.91%	5496.45%	-94.44%	1.44	3102	Wind数据

注：*山大、Wind数据中企业增长速度用企业销售收入增长速度表示；邮储数据的增长根据质性问题答案做量化处理得出，故不可以与其他数据库内容做比较。

由于山东大学数据期间是2009—2012年，并缺少大型企业数据，故选择Wind数据库对应期间的数据做补充。可以看到，2010—2012年期间，中小企业增长速度是微型企业的3倍，是大型企业的4倍（见图3-10）。考虑到山东大学中小企业增长速度的数据有较大标准差，为进一步印证，我们选择标准差较小的Wind非上市公司数据作为补充，但非常遗憾该数据库数据期间是2014—2016年，所得结果只能做近似印证（见图3-11）。2013年起我国经济进入较快下行期，各类企业增速明显放缓，尽管如此，该期间中小型企业依然保持64.35%的增长速度，远远高于同期大型企业。邮储数据只含有微型、小型企业数据，并且统计标准不同，但由于该套数据反映最新企业信息，故对其进行分析。可以看出，在2015—2019年我国经济下行速度加快、小微企业生存环境变差的期间，依然有小型企业平均销售增长依然快于微型企业。以上数据说明，中小企业增长速度从而风险大于微型企业和大型企业的结论是成立的。

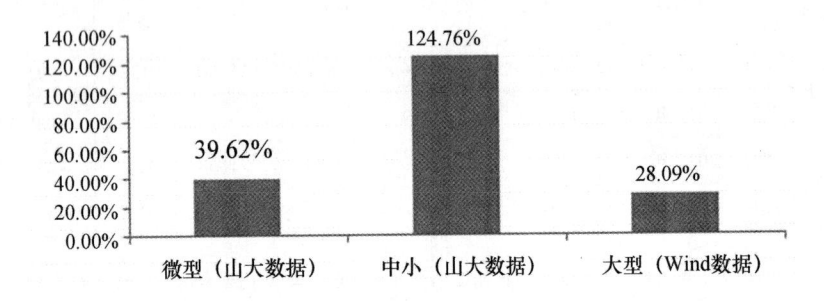

图 3–10　我国不同规模企业增长速度比较（2010—2012 年）

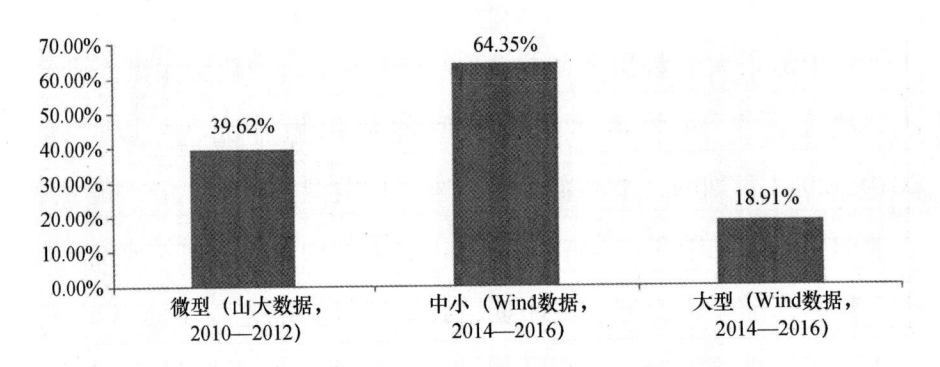

图 3–11　我国不同规模企业增长速度比较（2010—2016 年）

此外，在山东大学数据库关于"中小微企业难以获得贷款"的问题统计中，可以发现中小企业回答"财务状况不佳"和"贷款项目风险大"两个原因的占比均明显高于微型企业，说明风险高于微型企业的确是中小企业的一个特征（见图 3–12）。

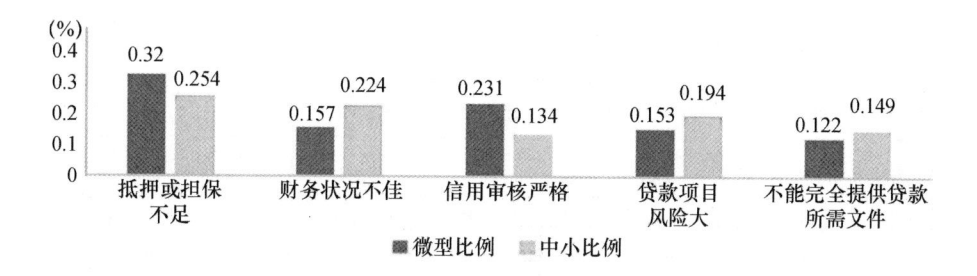

图 3-12 小微企业难以获得贷款的原因比较

资料来源：山东大学数据库，2013 年。

（三）中小企业与微型、大型企业的债务融资能力比较

按照理论部分讨论，是否有销售毛利率－风险利率≥0 决定了企业债务融资的能力。其中销售毛利是指息税前利润。由于本章数据源缺乏小微企业的此项数据，只有税前利润，故用税前利润近似替代销售毛利。但这样一来就不能严格按照是否销售毛利－风险利率≥0 评价企业债务融资能力。只能通过横向比较，近似分析大中小微各类企业毛利率相对其风险利率的覆盖程度。为此，我们使用利息负担能力指标进行衡量。本章设定利息负担能力 = $\frac{profit\ margins}{i}$。该比率越大，企业销售毛利－风险利率≥0 就越多，企业债务融资能力越强。

使用西南财大中小微企业数据库和 Wind 数据库 A 股上市公司数据库对我国不同规模企业的利息负担能力做描述性统计后发现，按照均值表示的企业利息负担能力中，中小企业明显低于微型企业，其中小企业则略高于大型企业。考虑到微型企业数据的标准差

太大,选择中值表示利息负担能力,则有中小企业利息负担能力低于微型企业和大型企业(见表3-7)。如果画图表示,则可以看到利息负担能力在微型、小型、中型、大型企业之间呈现明显的U形分布,说明中小企业相对微型和大型企业,在融资能力上有明显的"内部脆弱性"(见图3-13)。

表3-7　　　　大中小微企业利息负担能力比较(2015年)

企业类型	财务指标[a]	样本数	均值	中值	最大值	最小值	标准差	数据来源[b]
微型企业	利息负担能力	58	3540.74	1.89	200000.00	0.01	26000.00	西南财大
小型企业	利息负担能力	236	4.01	0.64	124.50	0.00	11.40	西南财大
中型企业	利息负担能力	21	0.91	0.29	8.30	0.01	1.81	西南财大
大型企业	利息负担能力	3104	1.47	1.53	243.38	-230.87	9.13	Wind

注:a:利息负担能力=销售毛利率/利息率。其中销售毛利是息税前利润。

b:Wind数据选自A股上市公司2015年数据,上市公司中不包含金融和房地产行业。

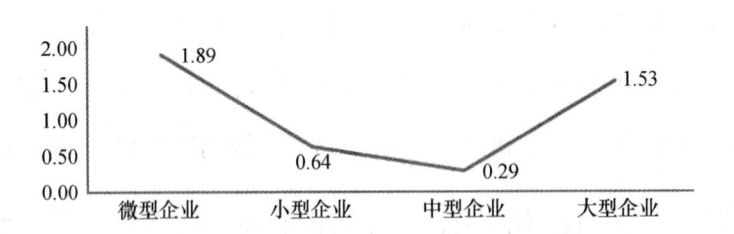

图3-13　我国大中小微企业利息负担能力比较

除描述性统计外,西南财大(2015)对305户、512户微型和中小型企业的问卷调查中关于"不申请贷款的原因"问题的统计,也显示"贷款利率偏高"是阻碍中小企业债务融资的一个重要原因,该比率明显高于微型企业(见图3-14)。

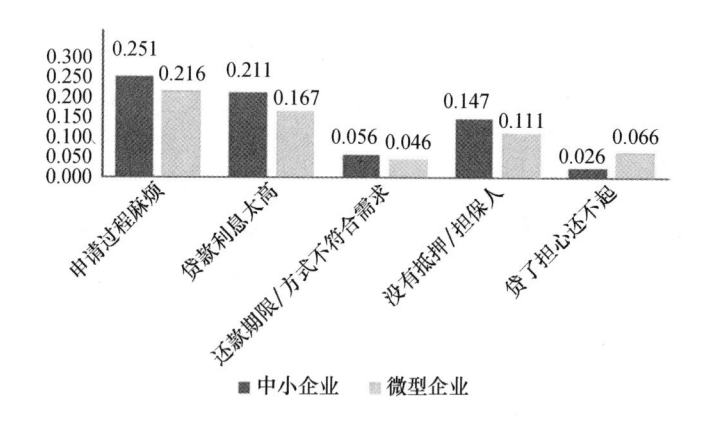

图 3-14 中小微企业不申请贷款的原因分析

资料来源：西南财大，2015 年。

需要特别指出的是，如果在风险相同的情况下企业能提供很好的抵押/担保以对冲投资人风险，贷款利率可以降低。如同大型企业，其平均贷款利率普遍低于中小企业的一个重要原因是前者有很好的抵押担保资质。小微企业的一个显著特征是缺乏抵押物，在担保能力有限下，融资必然有相对更高的利率成本。

违约风险、抵押/担保与贷款利率三者之间的关系可以公式 $r = f(D, -C)$ 表示，其中 D 表示违约风险水平，C 表示抵押/担保程度。C 作为违约风险的对冲项，与违约风险一起作用于最终贷款利率。

图 3-14 显示中小企业贷款缺乏抵押/担保的问题比微型企业还要严重。在风险相对高于微型企业和大型企业，同时抵押担保不足的情况下，中小企业不得不承受较高的利率。但问题是，中小企业的盈利能力低于微型企业，无法承受高利率，于是，形成一个无法破解的局。

（四）中小企业与微型企业对于借贷资金需求的比较

一方面，中小企业的高风险以及其低抵押和质押能力导致其要承受较高的利率水平，但其相对低的盈利能力使其无法承受较高的利率水平；另一方面，我国中小企业的融资需求相对微型企业更高，详见表3-2、图3-5。

山东大学数据库数据显示，从企业发展的资金缺口看，中小企业比微型企业感受到更大的资金缺口。调查问卷中认为"企业发展资金缺口很大"者中，中小企业比微型企业高出1.57倍。说明资金不足进而影响企业发展的问题，中小企业比微型企业更严重（见图3-15）。

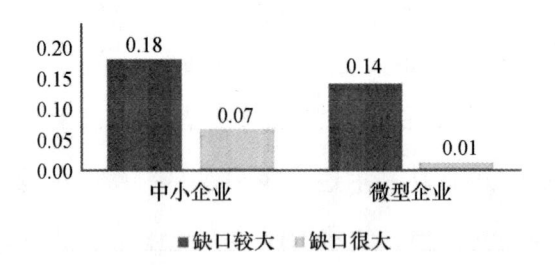

图3-15 我国小微企业发展的资金缺口比较（2013年）

资料来源：山东大学数据库。

但2015年以来，尤其2018年下半年开始，政府加大对小微企业的支持力度，以行政手段强力推进对小微企业的金融支持。金融机构对小微企业贷款规模明显增加了，此举一定程度上改善了小微企业"融资难"问题（见图3-4）。但是，以行政手段实施的金融支持，如果无法获得金融机构按照商业规则运作的主动配合，依然无法持久。因为此举并没有改变中小企业融资方面先天的"内在脆弱性"。

◇ 五 结论

（一）研究发现

本书发现，在不同规模企业信贷约束领域中，国际上所谓"消失的中间段"说法在中国的确存在，说明我国中小企业比微型和大型企业有更大的融资障碍。对于我国普惠金融来说，对 SME 的金融服务应该引起更高的重视。

本书发现，导致中小企业融资困难的主要原因是：首先，相对微型企业和大型企业，中小企业有更高的经营风险，这意味着要承受含更高风险溢价的利率成本；其次，相对微型企业，中小企业有更低的盈利能力，这意味着中小企业承受高利率的能力较微型企业低；最后，相对大型企业，中小企业有更弱的抵押/担保能力。这意味着中小企业不能像大型企业那样充分利用抵押担保手段对冲风险溢价带来的高融资成本。尽管后者的盈利水平甚至低于中小企业，但其充沛的抵押能力能够帮助其获得更低利率的借款。这三个因素相互纠结，形成导致中小企业融资困境的深层障碍。从这个意义上说，我国中小企业融资能力具有内在脆弱性，使其无论和微型企业比较，还是和大型企业比较，都具有天然弱势。

（二）政策建议

既然中小企业是国家经济发展的重要支柱，是解决社会就业问题的重要途径，设法克服中小企业融资能力的天然弱势就是一个不容忽视的问题。一个重要的方式就是帮助中小企业提高担保能力，以降低其融资成本。

提高担保能力的实践探索很多，目前主要有三个担保模式：来自政府的担保支持；来自商业的担保支持；来自企业界自我互助的担保支持。从我国今年的实践经验看，商业界的担保支持并不成功，在经济上行期商业担保盛行，助推了中小企业贷款的金融泡沫，经济下行期中小企业业绩下降，商业担保实力不足，形成连锁倒闭风潮，这不仅形成局域性的金融不稳定，而且加深中小企业的债务困境。这个状况说明商业担保的非理性。政府担保可以避免商业担保的非理性，并具有足够的担保实力避免出现连锁问题，其实质上是用公共资源支持中小企业发展。但是，在政府加大对中小企业担保力度，替代商业性担保作用的同时，需要避免由于官僚、腐败带来的效率低下问题。如何形成有效的政府担保机制，目前还在经验探索之中。企业间联合担保是一直以来银行对中小企业贷款时使用的办法，特别是目前商业担保基本失灵，政府担保替代作用尚未跟上的时期。但是，企业联保同样存在集体失败的风险。是否可以探索一种新的担保模式，同时融合商业担保、政府担保、企业联保的优势并克服其各自的弊病，是值得我们深入研究的话题。

第四章

城市化进程中的农村金融服务

◇ 一 城市

（一）城市的起源

公元前10000—8000年，中东地区诞生了世界上最早的城市，它们位于现今的伊拉克境内，驻扎在底格里斯河与幼发拉底河之间的冲积平原上，虽然它们规模较小并不具备现代城市的全部功能，但城市的雏形业已形成（Childe，1957）。如今，10000多年过去了，代表着繁荣与文明的城市已经矗立在世界各地，成为社会发展的中心。

城市是与现代文明相对应的概念，在城市还未出现之前，人们因生存的需要聚集在一起形成了早期文明，这一形态称之为聚落，聚落通常以靠近河流为标志。农业作为人类的生存之本，必须依靠定期的灌溉才能得到持续，当没有现代化工具时，临近河流生活便是人们的最佳选择。此外，靠近水源的土壤通常更加肥沃，也为农作物的生长提供了有利的条件。

人们也会因军事抵御或宗教凝聚等功能聚集在一起，意大利中部的 San Gimignano 是一个典型的以防御性目的进行选址的城市，长期的战争将人们聚集到具有战争优势的山顶上，并修建了一系列防御工事。

防御性城市的共同特征是围绕城堡建设，并在城堡外围铸造厚重的城墙，宗教信仰是将人们聚集到一起的又一巨大力量。公元前1400年的埃及首都城市 Akhetaten 是一个典型的宗教城市，城中心就是一个有围墙的寺庙和宫殿；古希腊的市民生活完全是围绕宗教活动展开的，宗教的领袖成为城市区域的领袖；一些罗马城市直接以宗教传播作为其兴建和发展的目的，城市内的主体就是天主教堂。

上述原因形成的聚集地区尚不能成为真正意义上的城市，"城市"一词由"城"与"市"两个字构成，"城"代表着人口的聚集，农业生产、军事防御、军事信仰仅仅能形成具有一定地理区域的"城"，并不具备"市"的性质。"市"代表着城市的经济特征，表示城市具有提高生产效率的基本功能。

伴随着人类文明的进一步发展，技术水平的进一步提高，在聚落中逐渐出现了劳动分工、剩余产品和交换，使聚落具备了一定的经济功能，使人们聚集在一定区域内从事经济活动，从而最终产生真正意义上的城市。

马克思和恩格斯将生产力的发展和社会分工的产生视为城市形成的决定性因素。在《德意志意识形态》中，他们写道："一个民族内部的分工，首先引起工商业劳动同农业劳动的分离，从而也引起城乡的分离和城乡利益的对立。"（中共中央马克思恩格斯列宁斯大林著作编译局，1995）

Knox 和 Pinch（2006）认为，农产品的剩余是城市产生的重要因素。当农民生产的食物除去供给家庭成员外还有剩余的话，将会拿到市场上进行交换，生产不同种类产品的家庭聚集到市场周围进行交易，并长期居住在交易场所的附近，因此以交易场所为中心形成了城市。

三次社会分工促进了城市的形成：第一次社会分工，农业与畜牧业分离，商品交换成为常态，人类的居住地固定在以农地为中心或以牧地为中心的区域，城市已经有了模糊的形态；第二次社会分工，手工业与农业分离，劳动生产率和生产规模有了大幅度的提高，直接以商品交换为目的的生产成为常态，随着贸易活动的不断增多，人们聚集在一定区域内便形成了初始的城市；第三次社会分工，专门从事商品交易的商人阶级出现，商人们进行着频繁的、定期的交换活动，由此产生了市场，以市场为中心的人类定居区域便是真正意义上的城市。

（二）城市的界定

马克思强调早期的城市是"以土地财产和农业劳动为基础的城市"，本质上是"城市乡村化"，在生产方式上仍然以农业为主。在经济意义上，这时的城市与农村区别并不十分显著，只能看作"王工的营垒和经济结构上的赘疣",而我们研究的城市化概念中的"城市"是伴随着工业化而产生的,以从事第二、三产业为主要特征,马克思将其称为"乡村的城市化"(中共中央马克思恩格斯列宁斯大林著作编译局,2003)。

1. 城市的定义

城市的定义多种多样,不同学科的学者有着不同角度的理解,其中最为典型的是 Sjoberg(1965)做出的阐述,他从物质形态和经济特征的角度定义城市,"城市是指达到一定规模和人口密度的、聚集了各种非农产业从业者的聚集地"。

城市是一个内涵丰富、外延广阔的概念。城市里聚集着大量的人口,这些人口按照一定的规则而生活在相应的区域内,并且由于他们生活、生产的需要,城市内包含了大量的街道、桥梁、公寓、厂房等设施。城市是多种作用力综合催发的十分复杂的产物,对于城市的研究需要多个学科共同讨论,因此也衍生了对于城市的不同角度的定义:

表 4-1　　　　　　　　　城市定义汇总

学科	来源	定义
综合	现代汉语常用词词典	人口密集、工商业发达、建筑物很集中的地方(张清源,1992)

续表

学科	来源	定义
经济学	西方经济学词典	以一定的地域为界限的，以非农业人口和第二、第三产业为主体的，聚集着高度的社会财富，创造着巨大的经济、社会效益，享受着较高的物质文明和精神文明的地域综合体（胡代光、高鸿业，2000）
	马克思主义百科要览	高密度人口聚居、主要从事非农业产业活动，社会功能复杂的人们生活共同体（廖盖隆等，1993）
法学	中华法学大辞典	"农村"的对称，有一定规模的工业、商业、交通运输业和教育文化事业的以非农业人口为主的居民区（许崇德，1995）
社会学	社会保障辞典	具有一定地域界限的、大量以非农职业为主的异质性居民聚居的社会组织形式（张海鹰，1993）
建筑学	建筑经济大辞典	指以人为主体，以空间利用为特点，以集聚效益为目的集约人口、集约经济、集约科学文化的空间地域系统，是一定区域范围内政治、经济、文化的中心（黄汉江，1990）
地理学	人文地理学词典	人类的基本生活根据地——聚落的一个类型，与村落对称（张文奎，1990）

从表 4-1 可以看出，由于不同学科的侧重点不同，城市被赋予了不同角度的阐述：

经济学强调城市在产业结构与经济社会效益上的特征；法学着眼于城市与农村的相对关系，强调城市在社会公共服务功能上的优越性；社会学从职业性质上进行解释，突出人口的组织形式；建筑学看重城市在空间利用上的高效率，强调城市的集约功能；地理学将空间位置作为城市的主要特点，将城市看作聚落的特殊形式。

虽然以上五个学科分别选取了本学科专有的角度来分析城市的内涵，但是它们都提到了一个构成城市的必要条件：非农人口。

产业划分、空间利用、职业特征等都是由于人口聚集而自然引发的结果，以人口聚集为基本前提。城市与农村相对，农村从事第一产业，城市从事非农产业，人口聚集在城市中，他们从事职业的变更自然带来了地理的、建筑的、社会的等一系列区别于农村的变化。因此人口是理解城市的根源，产业划分是区别农村与城市的根本特征。

人口是城市存在的必要基础，城市是人口聚集的表现形式，城市的变化是伴随着人口的变化而产生的。本章在理解城市时，从城市的本质入手，认为城市是人类生存的载体，是相对于农村的地域，它意味着现代化的生产和生活方式。

因此本章将城市定义为"高密度非农人口聚集形成的地域"。这样的定义简明、清晰，便于理解与统计，城市的主体是非农人口，特征是高密度人口的聚集，本质是一种地域空间。

2. 城市的划分标准

城市是社会发展过程中自然形成的产物，但为了行政管理和相关统计的需要，各国对于城市存在的条件和区域的划分都做出了相应的规定，主要有三种标准：一是人口规模或密度；二是人口规模为主、城市特征为辅；三是行政规定。

（1）以人口规模或密度划分城市

大多数国家对于城市区域的界定基于人口维度的定义，即用人口规模的多少或人口密度的大小作为划分城市区域的主要依据，但会因各自国情不同对人口下限作以不同的规定，最低的为乌干达只要求人口达到 100 人便可成为城市，而最高的是日本，规定人口要达到 50000 人才可列为城市。

美国是以人口作为城市划分的典型国家。美国人口普查局（The U. S. Census Bureau）将城市定义为"在相对较小的面积里居住了大量人口的地理区域"，并以人口密度为主要指标对城市地区进行了规模上的区分，人口密度从小至大依次为城市、城市集群、城市化地区和大都市区。

城市（Urban）是指人口不少于 2500 人，且每平方英里的人口密度不低于 500 人的固定地理区域；城市集群（Urban Cluster，UC）是以单一城市为核心的辐射区域，核心区平均人口密度超过每平方英里 1000 人，非核心区域平均人口密度达到每平方英里 500 人，并且对于人口规模的上下限做出了规定，即人口数量在 2500—50000 之间；城市化区域（Urban area，UA）不再受行政边界的限制（无论土地是否被合法划为城市），其对于人口密度的要求与城市集群相同，但人口规模大于城市集群，要求总人口不少于 50000 人；大都市区（Metropolitan Area，MA）是伴随城市区域不断扩大而产生的新的统计口径，指由多个城市组成的在空间、经济、社会方面具有较强联系的地区（保罗·诺克斯和琳达·迈克卡西，2009）。

除美国外，其他以人口作为城市划分口径的国家有：

表 4-2　　　　　　　以人口作为城市划分标准的国家

国家	城市划分标准
伊朗	人口规模超过 5000 人的地域
肯尼亚	人口规模超过 2000 人的地域
墨西哥	人口规模超过 2500 人的地域
爱尔兰	人口规模超过 1500 人的地域

续表

国家	城市划分标准
加拿大	人口规模超过1000人，人口密度大于390人/平方千米的地域

资料来源：许学强、周一星、宁越敏：《城市地理学》，高等教育出版社2009年版。

城市以人口聚集为基本特征，多数国家对于城市的设定都打破了行政地域的界限，以城市的社会属性为依据，并且随着城市的发展对人口规模和密度的限制不断地进行调整。美国人口普查局在1950年、1960年、1990年以及2000年多次对于城市的划分标准进行了修改，截至2004年3月，美国共有276个都市统计区，超过国土面积的一半（Lang and Dhavale，2004）。

（2）以人口规模为主、城市特征为辅进行城市的划分

人口规模是城市区别于农村的根本特征，但有些国家在人口规模的基础上，还纳入包括居住密度、基础设施、从事职业等条件作为城市划分的辅助性条件。

表4-3　　以人口规模为主、城镇特征为辅进行城市划分的国家

国家	城市划分标准
瑞典	人口规模超过200人，房屋距离不大于200米的地域
巴拿马	人口规模超过1500人，且具有街道、上下水系统和电力系统等特征的地域
荷兰	人口规模超过2000人或小于2000人但男子从业人口中从事农业活动的人口小于20%的地域
印度	人口规模超过1500人、人口密度大于390人/平方千米、成年男子人口中从事农业活动的人口不小于75%的地域

资料来源：许学强、周一星、宁越敏：《城市地理学》，高等教育出版社2009年版。

以这种方式进行城市划分的国家通常人口总量比较小，2011年荷兰总人口只有1669万人，仅为同期我国的1.24%；或经济发展水平较低，印度仍以第一产业为主，2010年，51.1%的人口就业于第一产业。上述特征导致类似国家简单以人口规模无法真正区分城市与农村，因此将城市的基础设施水平和产业结构作为补充性条件，从城市功能角度进行辅助划定。

（3）以行政规定划分城市

除大部分以人口作为划分城市标准国家外，还有小部分国家以行政规定作为城市界定的标准，例如埃及、蒙古以及智利，我国也是采用此方式。

我国的城市建立在行政审批的基础之上，只有经国家批准设有市建制的区域才能成为城市，不具备设立城市条件的区域为建制镇，城市与镇的总和为"城镇"。

2008年，国家统计局发布《统计上划分城乡的规定》，根据政府驻地的实际建设与周边区域的连接状况进行城市区域的划分，成为沿用至今的城市划分标准。其中规定："城乡划分采用城乡属性判断法进行划分，即先根据实际建设判断村级单位的城乡属性，再根据村级单位所在统计区域和城乡属性，综合判断出村级单位的城乡类别。"

由于我国建制层级较多，导致我国城市涵盖的范围较广，我国的城市由"市"与"镇"共同组成："市"包括主城区和城乡接合区;"镇"包括镇中心区、镇乡接合区以及某些特殊区域①。

鉴于我国对于城市划分的特殊性,也有学者将"城市化"问题称为"城镇化",本章将采用国际通用概念,沿用"城市化"(Urbanization)一词。

(三) 城市的功能

城市之所以存在,是因为它可以通过集中交换和集中生产获得更高的收益及效率,集聚(Agglomeration)作为城市的固有特征,可以促进专业化的提高、交通成本的降低、生产要素的集中,是经济发展的必要条件。

城市可以产生聚集经济(Agglomeration Economies),冯云廷(2001)将其定义为"一种通过规模经济和范围经济的获得来提高效率和降低成本的系统力量"。

苗丽静(2013)认为聚集经济带来经济要素和经济主体在地理空间的聚集,产生专业化分工协作、资源高效配置、生产成本降低导致经济效益的提高。

聚集经济在世界各地都普遍地存在着,东京都市群占据日本国土面积的5.2%,人口却高达全国人口的33%,并创造了全国GDP

---

① 特殊区域是指常住人口超过3000人,且不属于乡级政府驻地、完全连接的村级地域、部分连接的村级地域的下列区域:(1)独立的工矿区;(2)经各级人民政府批准的经济技术开发区、高新技术开发区、工业园区、科技园区等区域;(3)科研单位、大专院校等区域;(4)从事非农产业人员达到70%的类似村委会。

的40%；首尔的土地面积仅占韩国的11.8%，其GDP占据了全国的46.2%，居住着全国45.3%的人口；巴黎面积为法国的2.2%，人口达全国的18.9%，生产了全国GDP的三分之一（藤田昌久、雅克－弗朗科斯·蒂斯，2004）。

城市的聚集经济主要分为三个层次：规模经济、范围经济、城市化经济。

1. 规模经济

规模经济（Scale Economy）是城市最基本的功能，它是指随着生产规模的不断扩大，单位产品的成本不断下降，与之同时收益不断提高的现象。

Chandler（1994）将其定义为："当生产或经销单一产品的单一经营单位所增加的规模减少了生产或经销的单位成本时而导致的经济。"

规模经济分为内部规模经济和外部规模经济。

（1）内部规模经济

内部规模经济是指单个企业的规模报酬递增现象，新古典经济学通常用生产函数来描述这个概念：

假设某企业的生产函数为 $Q = F(L,K)$，当全部生产要素等比例增加时，如果 $F(\lambda L, \lambda K) > \lambda F(L,K)$，即产量增加的比例大于要素增加的比例，则称之为规模报酬递增；如果 $F(\lambda L, \lambda K) = \lambda F(L,K)$，即产量增加的比例与要素增加的比例相等，称之为规模报酬不变；如果 $F(\lambda L, \lambda K) < \lambda F(L,K)$，即产量增加的比例小于

要素增加的比例，则称之为规模报酬递减。

规模经济并非一种常态，新古典经济学认为企业的平均成本曲线呈"U"形分布，当企业成立之初，固定成本投入较大，随着企业规模的扩大使得固定成本得到快速分摊，降低平均成本。更重要的是，大规模生产带来了专业分工。亚当·斯密在《国富论》中曾论述专业分工的作用，"专业分工提高了劳动生产率，首先，劳动者技巧因业专而日进；其次，专业分工免除了工种转换浪费的时间；最后，工业机械的发明缩减了劳动时间，降低了劳动难度，使一个人能够完成多个人的工作"。

（2）外部规模经济

外部规模经济是指存在于某一产业内部或社会组织内部的规模经济，各企业通过共享生产资源、信息、知识等降低组织成本，提高经济效益。当产生外部规模经济时，由于企业间的专业化协作和技术的不断创新导致整个行业的平均成本降低，进一步提高收益。外部规模经济依托于地理上或空间上的集聚，即城市。

规模经济是城市最基础的特点与功能，Mill（1967）指出，"城市的规模是由规模报酬递增和运输成本之间的相互替代所决定的，当生产中的规模经济不存在时，城市也就无从产生了"。

Scott（1988）论述了外部规模经济的生成机制，"劳动过程的相互依赖大大加强了企业间的横向联系，企业以减少联系的空间成本为目的向中心企业汇集，产生规模经济"。

外部规模经济最早由马歇尔（1920）提出，因此也将外部规模经济称为"马歇尔外部性"（Marshall Externalities），他认为，外部规模经济的产生基于三个因素,"首先是专业化的投入和服务的发展;其次是为专业技术工人提供集中的劳动市场;最后是企业在技术溢出中获益"。

外部规模经济可以分为横向外部规模经济和纵向外部规模经济。纵向外部规模经济是指同一产业的企业为了获得信息优势而集聚,典型例子是美国硅谷,众多科技公司相互交流信息,促进研发与创新;横向外部规模经济是指以少数龙头企业为核心,众多零部件供应商向其聚集,由于可以减少运输成本,使这种集聚的规模效应不断扩大。

由于生产的平均成本曲线为U形分布,规模与经济呈现倒U形关系。在企业或产业发展初期,生产规模的扩大带来生产的专业化,生产成本的降低,效益的提高,在规模不断扩大的进程中靠近最优规模,当企业达到最优生产规模时,生产的边际效益达到最高,但规模进一步扩大时,过多的生产要素产生劳动力冗余,管理成本上升,边际效益降低,形成规模不经济。

规模经济是聚集经济的最低层级,是聚集经济存在的必要基础,当企业或产业组织的规模不断扩大,超越最优规模转化为规模不经济时,聚集经济也就不复存在了。

2. 范围经济

当企业从生产单一商品扩展为多种商品时出现范围经济(Economies of Scope),David Teece(1980)将其定义为"多样化生产或联合生产使企业成本降低,效益提高而导致的经济"。

同样，范围经济也分为内部范围经济和外部范围经济。

内部范围经济存在于单一企业中，当某一企业从事多种业务或进行多产品生产时产生生产成本下降、经济效益上升的现象。内部范围经济通常为单一企业以核心业务为考量进行相关原材料或半成品的配套生产，从而降低生产成本。

外部范围经济存在于某一产业区域内部，当整个产业扩大，业务种类扩展而产生的成本降低，收益提高的现象，此时的产业转变为产业集群。外部范围经济通常以某一核心企业为中心，围绕其主营产业聚集大量零部件供应商，减少运输成本，提高匹配度。

Jacobs（1961，1969）系统性地论证了城市内产业多样化对经济增长的促进作用，因此，有学者（傅十和、洪俊杰，2008；石灵云、刘修岩，2008）将外部范围经济称为"雅各布斯外部性"（Jacobs Externalities）。

Glaeser（1992）用美国1956年至1987年的数据验证了产业多样化对于生产率提高的显著作用。

范围经济的产生来源于结构关联效应，即多种相互联系的生产，因协作而互生裨益，导致成本降低或商品品质提高的现象（周一夔，1977）。

企业集团是应用范围经济的典型案例，它是指通过资产、资本、技术、管理等的紧密联系形成的由多个从事不同产业的企业组成的团体。各企业之间通过共享先进技术设备、高端科技人才，分摊专业化的金融法律服务成本及产品研发费用，最终提升整体市场竞争力，提高企业经济效益。

3. 城市化经济

城市化经济是聚集经济中最重要的组成部分，是指城市中存在多个产业，由于它们共享城市基础设施及城市公共服务而获得的利益。

Nakamura（1985）对城市化经济对生产率的贡献作出了相关的研究，结果表明"当产业规模扩大一倍可使生产率提升4.5%，当城市人口扩大一倍可使生产规模提高3.4%"。

城市化经济建立在范围经济的基础之上，当产业集聚产生时，聚集区域内部根据人口生存以及生产发展的需要，萌发出医疗、金融、法律、教育等公共服务行业以及道路、桥梁、车站、排水等公共基础设施。

城市的上述三个功能，规模经济、范围经济以及城市化经济虽含义不同，却相互联系、环环相扣：单一产品生产的单位成本与收益的反向关系构成规模经济；当经营范围从单一产品扩大至多种关联产品时，出现范围经济；而当区域内共享公共设施与公共服务时最终形成了城市化经济。

Lucas（1988）认为公共基础设施对于生产效率的提高有着非常重要的作用，"它是信息和知识溢出得以实现的基础"。

城市化经济与城市公共设施与公共服务的水平正相关，当城市能够提供高水平的设施与服务时，城市的聚集效应将更显著地被释放出来。

◇◇ 二 城市化

Lewis（1954）认为传统农业中存在着经常性的劳动力过剩，这些劳动力从农业中转移出来后，投身于第二或第三产业，而城市作为二、三产业的聚集地，自然就产生了农村人口向城市的移动。众多学者探讨了城市化的必然存在与重要意义，但对于城市化究竟是什么却没有一个统一的、清晰的理解。要客观、准确地研究城市化问题必须首先赋予城市化一个客观、准确的内涵。

（一）城市化的界定

城市化的准确定义是城市化研究的起点和基础，城市化的定义纷繁多样，不同学科分别从自己的研究角度入手，作以不同的分析。分析与研究问题应该透过现象看本质，因此界定城市化的内涵应从其本质入手。

与城市的定义类似，不同学科对于城市化的研究都只侧重于本学科的研究方向：

人口学从城市化的起源入手，将城市化理解为人口迁移的过程和表现，即农村人口向城市的流动和集中。这个论述的角度是准确的，城市化是人口的城市化，是人为了追求更优质的生活方式和更高的收入水平而产生的城乡人口比重的变化。但人口学的定义并没有提及城市化的本质，人口流动只是起源，流动后的多重转变才是城市化的本质。人口学对于城市化定义的理解流于表面而未触及精髓，应从更深入的角度探寻城市化所代表的意义。

社会学重点关注城市化带来的社会效应，即人类文化教育、价值观念、生活方式、宗教信仰等多方面的改变，这些改变是事实存在的，但并不全是城市化本身，这些种种转变是农村人口转移到城市后的衍生效应。社会学对于城市化的理解正好与人口学相反，关注到了城市化的本质却忽略了它的起点。生活方式的转变必须建立在人口迁移的基础上，否则就是空中楼阁、纸上谈兵。并且社会学对于转变的描述力求全面却忽略了重点，其列举的转变有直接转变也有间接转变，生活水平的提高是直接转变，而其他转变都是由于生活水平提高带来的间接转变。价值观念以及宗教信仰是在人们满足了基本的物质生活需要之后才能产生的精神需求，是以生活水平的提高为前提的，不应将其包含在城市化的定义之中。

地理学将城市化理解为城市地域的变化，"原有城市、街道、地区的再组织、再开发以及城市地域扩大"这都是城市人口规模扩大后的必然需求。城市化是建立在人口迁移基础之上的，起初的城市可以容纳少量的外来人口，但是随着人口迁移数量的不断提高，导致人口密度持续上升，使原有街道和楼房的承载能力受到挑战，人口的拥挤带来城市地域的扩大和设施的再开发。城市地域的变化是城市化的结果而非其本身。城市化隐含着城市与农村的对立，而地理学的城市化定义却没有突出人口性质的转变，只是对城市化中后期的表现加以描述。但是，单纯城市人口的大规模增长同样能带来城市样貌的改变和地域的扩大，城市地域的扩大和设施的再开发无法识别人口增长的来源，以此作为城市化的定义过于片面。

经济学将城市化定义为产业结构的变更，即城市二、三产业比重的增大，这个定义与地理学的定义方式犯了同样的错误——混淆了城市化的表象与本质，产业比重的变动是伴随农村人口在城市就业而产生的自然现象。从事产业的不同是城市区别于农村的本质特征，农村以农业种植为主，而城市以工业和服务业为支柱，农村人口离开了农村就意味着其离开了土地，脱离了农业生产，当其迁移到城市后，就要在城市居住和就业，产生了农业劳动力向工业和服务业的转移，产业比重的变化就自然发生了。产业的变化只是形式，而人口的转移才是根源，是产业结构变更的本质原因，因此经济学对于城市化的定义同样是流于表面而未触及精髓。

城市化的综合定义是对各学科理解的加总，为追求全面而忽略了自身的独特理解，只是对各个单一学科观点的机械汇总。综合城市化论通常把城市化分为多个角度，逐一阐释，毫无重点，这样的定义反而使城市化的概念更加混乱、不清晰。

在2012年《政府工作报告》中，时任总理温家宝曾指出，"我国未来的城市化方向是推进农民工市民化，逐步将城镇基本公共服务覆盖到农民工"。以及"新型城镇化，是以人为核心的城镇化"。再次突出了城市化的人口属性——人口转移才是城市化的本源与核心。

城市化的定义应以人口为重点，人是城市的主体，是城市存在的一切意义，无论是城市的地域、设施还是产业都是为了人的存在而存在，正如爱德华·格莱泽（2012）所指出的："城市实际上是一个彼此相互关联的人类群体，城市不等于建筑，城市等于人。"

将城市化过程绘图表示：见图4-1。

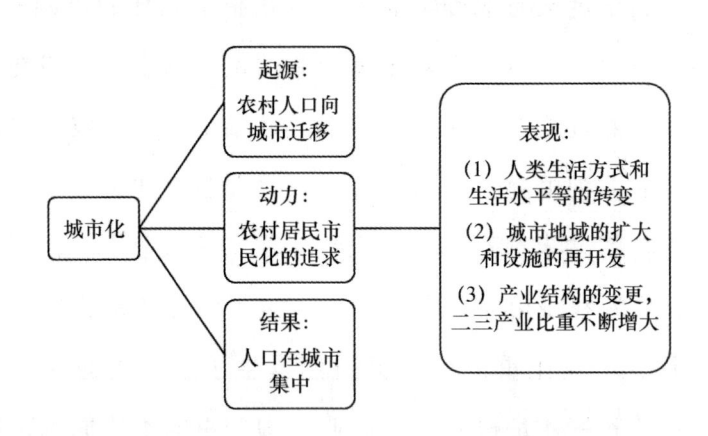

图4-1 城市化过程

城市化是社会发展进程中的必经阶段，随着社会经济的发展以及劳动生产率的不断提高，农村产生了大量剩余劳动力。与此同时，城市二、三产业崛起，提供了大量的就业岗位，使农村人口开始向城市迁移，由此产生了城市化现象。

城市拥有着先进的公共设施，包括便利的交通、整洁的环境、高水平的医疗和教育条件等，对于城市居民生活品质和收入水平的追求，使得人口迁移数量不断升高。

随着农村人口迁移规模的不断扩大，人口结构产生了巨大的变化，农村人口比重不断缩小，城市人口比重不断升高，最终导致了人口在城市的集中。

综合所述，城市化的起源是农村人口向城市迁移，动力是农村人口对于城市居民生活品质和收入水平的追求，即农村居民市民化的追求，最终的结果则是人口在城市的集中。因此，城市化的定义必须包含其起源、动力及结果，缺一不可。

因此，我们在本章中将城市化定义为："农村人口向城市不断迁移和集中的过程，即农村居民的市民化。"

（二）城市化的一般规律

美国城市地理学家 Nartham（1975）认为，城市化的发展过程如同一条平滑的 S 形曲线。经济发展初期，城市化水平随着人均收入的增加而缓慢增长，随后有一段快速增长时期，而当人均收入达到高位时，城市化率的增长将再次放缓。

Nartham 的 S 形城市化发展理论可以用经典的 Logistic 方程进行证明。Logistic 方程通常用于资源有限条件下的种群增长模型，生态学家 May 发现这个简单的确定性数学模型可以有效地用于描述复杂动态行为，后被理论地理学家大规模推广，用以模拟复杂空间系统动力学。1980 年联合国首次采用基于 Logistic 模型的城乡人口比（urban-rural ratio，URR）来预测世界城市化水平，此后 Logistic 模型便成为分析世界城市化进程的基础模型。

假设用 U_t 表示城市人口的数量，用 R_t 表示农村人口的数量，$\alpha_t = \dfrac{U_t}{R_t}$ 表示城市人口与农村人口的比例，假设 s_t 的增长率是一个常数，即 $s_t = k$，可得：

$$\hat{\alpha}_t = k = \frac{\dot{\alpha}_t}{\alpha_t} = \frac{1}{\alpha_t} \times (\frac{\dot{U}_t}{R_t} - U_t \times \frac{\dot{R}_t}{R_t^2})$$

$$= \frac{R_t}{U_t} \times \frac{\dot{U}_t}{R_t} - \frac{R_t}{U_t} \times U_t \times \frac{\dot{R}_t}{R_t^2}$$

$$= \frac{\dot{U}_t}{U_t} - \frac{\dot{R}_t}{R_t}$$

$$= \hat{U}_t - \hat{R}_t$$

(1)

即,

$$k = \frac{\mathrm{d}\ln\frac{U_t}{R_t}}{\mathrm{d}t}$$

(2)

对(2)式两边求不定积分得:

$$k \times t + C = \ln\frac{U_t}{R_t}$$

(3)

由此可得:

$$\frac{R_t}{U_t} + 1 = e^{-k \times t - C} + 1$$

(4)

城市化率用 UR_t 表示,即 $UR_t = \frac{U_t}{U_t + R_t}$,所以,求得:

$$UR_t = \frac{1}{e^{-k \times t - C} + 1}$$

(5)

等式的右边是逻辑曲线的表达形式,随着 t 的不断增加,城市化率将趋近于 1,即 $\lim_{t \to \infty} UR_t = 1$。

谢文蕙和邓卫(1996)对 S 形曲线进行验证,他们选取 1800 年至 1982 年的数据,对世界多个国家的历史数据进行回归分析,并将计算结果绘图表示。他们发现发达国家的城市化进程起步相对较早,其 S 形曲线也更加完整,美国和法国等国家的历史数据均验证了城市化 S 形曲线的存在。

根据城市化的 S 形曲线,城市化进程共分为三个阶段:

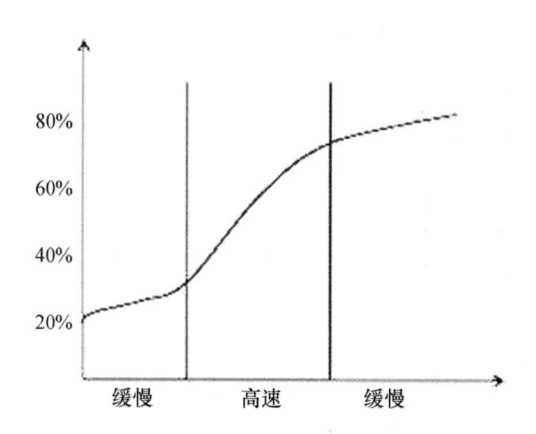

图 4-2 城市化进程的三个阶段

当城市人口超过 20% 时,城市化进入初期,缓慢增长阶段,S 形曲线平缓增长,基本呈现水平状态。

当城市人口处于 30% 至 70% 的区间内时,城市化进入中期,高速增长阶段，S 形曲线向右上方倾斜。

当城市人口达到 70% 以上时，城市化步入末期，增长速度再次趋缓，S 形曲线回归趋近水平状态。

钱纳里（1988）重点针对发展中国家研究其城市化的基本规律。他选取 101 个国家在 1950 年至 1970 年的相关数据进行回归分析。

表 4-4　　　　　　　　　　钱纳里模型

人均 GNP（美元）	工业化率（%）	城市化率（%）
<100	12.5	12.8
200	14.9	22
300	25.1	43.9
400	27.6	49
500	29.4	52.7
800	33.1	60.1
1000	34.7	63.4
>1000	37.9	65.8

资料来源：钱纳里：《发展的形式：1950—1970》，经济科学出版社 1988 年版。

钱纳里发现，只有当一个国家的人均国民生产总值超过 300 美元时，制造业的附加价值份额才会超越初级产业；随着经济的进一步发展，当人均国民生产总值超过 800 美元时，工业产业就业份额开始超过初级产业就业份额。这些现象说明，不同的经济水平与不同的就业结构、生产结构以及城市化水平相适应。

同时，城市化不是生来就有的，它有一定的"经济发展门槛"，当人均收入达到500美元时,城市人口才成为总人口的主要组成部分;当人均收入超过700美元时,工业就业人口超过初级生产部门,城市化进程加速发展;当人均收入达到2000美元时,这个变化过程得以结束。

钱纳里的研究表明,产业结构的变化是城市化的基础条件,同时城市化发展进一步加速了产业结构的更替,在经济结构中,工业化是诱发城市化的根本原因,工业化带来专业化,使生产资源集中,导致人口转移。

◇◇ 三 我国城市化进程中的农村金融服务

中国城市化进程即中国农村转化成城市的过程,中国农村人口转为城市人口的进程。根据国家统计局统计数据,2018年我国大陆总人口为139538万人,从城乡结构方面来看,城镇常住人口为83137万人,比上年末增加1790万人;乡村常住人口为56401万人,比上年末减少1260万人;2018年城镇人口占总人口比重(常住人口城镇化率)为59.58%,比上年末提高1.06个百分点。我们以75%的城市化水平作为发达国家城市化的及格线,那么目前我国大约还有15.42%的差距,也就是还有2.15亿左右的人将会进入城市,此后我国的城市化水平将达到发达国家的水平。我国的城市化起步很晚,在1978年时,我国的城市化水平仅为17.9%,改革开放以后,我国才开始了真正意义上的城市化,到2018年为止,我们用了40年时间使中国的城市化水平提高了41.68%，也就是每年提高1个百分点，这是世界少有的城市化奇迹。预计2030年，中国城镇化水平将要提高到70%，未来将有3亿人进入城市和城镇。

（一）基于要素城乡流动的金融服务演变

1. 产业融通连接城乡发展

在城市化进程中，城乡统筹发展不再是城镇为主、乡村为辅的模式，而是城乡之间的经济、政治、文化、社会、生态环境协同进步，其中最重要的是城乡经济统筹发展。为推动新型城镇化的发展，需要增加劳动力数量，增加资本投入和提升生产技术。统筹城乡发展，促进乡村经济增长，需要寻找产业依托。具体来讲，产业推动城乡统筹发展的途径分为农业产业化和工业产业化。

农业产业化是集合更多的农业资源进行优化配置，应用成功的经营管理技术和方法，实现农业产值提高、农民增收的目的。农业产业化需要农民综合素质的提高和农村基础设施的配套。农业产业化是新型城镇化的一个突破口。为加速农业产业化的实现，"三农"金融可从几个方面进行：一是拓宽农村金融服务领域，支持农业载体与平台建设，设立专项投资基金，投资于流通载体（农贸市场）、加工载体（龙头企业）和生产载体（生产基地）的建设，加速农业产业化的体系性成长。二是加强与农业产业组织的合作关系，重视与农村合作社的业务往来，做好各合作社的产能评估、资产评估和信用评级工作，做好信贷服务和金融咨询，有效满足合作社的资金需求。三是提升农村金融的服务质量，注重信贷支农资金的效益性，集中资金发展农业产业化示范点。

工业产业化促进城市化新发展。城市化涵盖农村，着眼农民，尤其注重农村剩余劳动力的转移和安置。解决好农业产业化所释放的部分农村劳动力，是新型城镇化工作的一个重要方面，发展工业产业就是一个有效的途径。农村金融服务要根据服务业企业不同的生产周期、市场特征和资金需求，创新信贷业务产品。一是对信誉度高、资产质量良好的成长型服务业企业，可采取公开统一授信的方式，适度扩大授信额度，积极推行特定资产项下信贷业务品种。二是对中小型服务业企业和业主，适应其短、少、频的资金需求特点，可在适当增加动产、不动产抵质押及财产权利质押等信贷业务的同时，积极发展中小企业或联户联保贷款业务。

2. 调整优化城乡信贷政策

应根据城市化建设中产业化发展的信贷需求，调整优化现有相关信贷政策，主动向城镇化建设方向倾斜。

一是重点支持现代农业、新型工业化、现代物流和服务业、城市基础设施建设等领域，尤其要加大对城乡一体化中产业融合的金融支持力度，逐步出台差异化的区域信贷政策。

二是支持创新型企业发展。充分考虑低碳和环保因素，促进资金从高污染、高能耗产业转移到低碳产业，引导信贷资源投向符合国家政策的新兴、先进、绿色产业，推动产业结构调整和升级，支持生态化城镇建设和发展。

三是创新服务产品，提升服务层次。从信贷、结算、理财等方面开展"一站式"服务，满足企业多样化、个性化的金融需求。积极开展中小企业股权质押贷款、应收账款质押、仓单质押等品种。针对新型农业经营主体，创新满足农业产业化发展的信贷产品，大力运用林权抵押贷款、订单农业贷款等信贷新模式促进农业规模经济效益的提升。支持城镇居民就业创业，灵活运用促进再就业小额担保贷款、农民工创业贷款、扶贫贴息贷款、联保贷款等模式，扶持城镇失业和就业困难人员创业就业，有效提高小城镇建设的金融服务覆盖面和满足率。

3. 满足新增人口金融需求

一是在风险可控的前提下加大对城镇保障房建设的金融支持力度。对保障房建设的信贷投入在规模、利率优惠、审批等方面予以倾斜。

二是支持新增城镇人口的住房需求。降低住房信贷门槛，严格执行差别化住房信贷政策，努力满足新增城镇人口的首套住房刚性需求。

三是加大城镇转移人口在教育、职业技能培训等方面的金融支持力度。顺应信息化与城镇化协同发展的新趋势，加快电子渠道建设，重视网络金融、移动金融、自助金融等新型服务渠道，扩大有效服务覆盖，改善客户体验，逐步推进农村金融结算服务现代化。

4. 创新拓展城乡融资模式

一是根据城市化建设的特点，开发出适合的金融产品。由于各地的经济发展水平、资源特色等具有很大差别,对金融产品的需求也各不相同。因此,可以根据所在地的经济发展特点,利用当地的资源优势,探索"三农"金融支持新型城镇化建设的新模式,因地制宜地开发新产品。如,在旅游资源比较丰富的地区,根据当地旅游市场特点统筹规划融资方案,采取银团贷款、流动资金贷款、抵押贷款、票据融资等方式支持旅游市场主体的发展。

二是对于农村地区,提供与城市不同的金融产品和服务。农村地区的农业生产受生产周期、天气等各方面的影响,具有很大的不确定性和极高的风险性。因此,在提供金融产品时要考虑到这些特定因素,根据农业生产周期等来制定贷款的期限、利率等,并积极探索新的贷款抵押担保方式,提供创新的贷款模式。此外,还要把一些新的金融产品和服务引入到农村,为农村金融需求主体提供综合的金融服务,为统筹城乡发展提供优质服务。如,可以发展互联网金融,以解决农村地区金融服务受限的问题。

三是为居民提供多样化的金融服务。随着新型城镇化建设的深入,居民对金融的需求不再仅仅限于存贷款等传统银行业务,他们也开始注重投资理财、注重资金的风险管理、注重及时金融信息的获得,金融机构要抓住这一发展趋势,积极开拓新的"三农"金融产品和服务,为居民提供资产管理、财务咨询等服务,以扩大自己的业务范围,提高盈利能力和竞争力。

(二）基于农业产业升级的金融服务演变

农业产业升级对农村金融的需求呈现出三个特点：一是由小额金融需求向规模金融需求转变；二是由单点金融需求向产业链金融需求转变；三是由个人金融需求向多元化金融需求转变。

1. 构建多层次农村投融资体系

加大农村金融产品创新和农业重点领域信贷投入力度，加强服务农业融资模式创新，推动开展普惠金融和精准扶贫，切实提高农业信贷可及性，全力打造专业化为农服务体系。完善农村多层次资本市场体系，发展新兴产业、培育新供给，灵活运用股票、债券、基金等多种金融工具，支持符合产业转型升级方向的上市公司和优质企业再融资及并购重组，有效解决农村企业的融资问题。

2. 创新农村链式金融服务模式

创新农村金融服务门类，完善农村金融中介服务体系，大力发展农村地区证券、信托、期货、财务以及股权产权投资类企业等现代金融服务企业。发展农业供应链金融，鼓励金融机构创新特色贷款模式试点，加大对农业技术转让和成果转化的信贷支持，紧密围绕农业支柱产业、特色产业及其龙头企业、产业集群，开发产业链信贷产品，并以现代农业的供应链核心企业为中心，对产业链上、中、下游关联环节进行捆绑，满足供应链各环节的融资需求，将整个链条的物流、信息流、资金流打通，形成长期化、制度化的农业供应链金融政策扶持体系。

3. 支持特色产业绿色生态发展

要创新信贷支持理念，通过信贷资金有效配置，支持农业产业结构调整，增加绿色、有机、生态农产品的供给。优先支持农户发展绿色生猪、肉羊养殖等绿色种养产业发展，积极扶持蚯蚓、林蛙、柴鸡等生态养殖与林果产业相结合的有机农业产业示范基地。重点支持绿色食品和粮食加工产业发展，积极发展绿色"三农"债券、PPP融资、保险等新型金融工具，加大对绿色食品科技、粮食精深加工、标准化基地和仓储物流建设等方面的金融支持力度，实现农业附加值的增加和农民增收。

4. 打造农村金融协同发展机制

要适应农村经济规模化的发展要求，改变片面提供小额分散融资供给的惯性思维，结合农村经济实际，创新金融产品、扩大单户融资金额，满足农村经济规划经营对金融的新需求。

一是不断完善激励机制和增信机制，通过政策性担保公司、风险补偿基金、保险产品和财政直补资金担保等方式，为农业规模经营贷款提供担保或风险补偿。建立健全政府、行业协会、社会资金管理机构三方合作机制，通过落实金融政策、产业政策、财税政策，引导保险基金、社会闲置资本等投向农村规模发展产业领域。

二是拓宽抵质押担保物范围，发展农机具抵押、涉农直补资金担保、存货质押、订单质押及生产经营主体营销贷款等多种创新业务，为不同类型的新型农业经营主体提供差异化服务，着力满足新型农业经营主体的基础信贷需求。

三是要适应农村经济周期多样化特点，创新长、中、短相结合的金融供给产品，克服目前金融产品供给短期化的缺陷，针对不同的农村经济主体和金融需求，为农村经济发展提供灵活多样的金融产品供给期限结构。

四是要适应农村机械化水平的逐步提高以及新形势下对金融供给的新需求，除了贷款以外，能提供更加综合的金融服务。比如顺应农民富裕程度逐步提高的大趋势，不断创造出广大农民容易理解、接受的理财产品，满足广大农民除了基本金融服务以外的投资理财需求，增加农民资本化收入。

（三）基于土地制度改革的金融服务演变

土地流转是农村产权制度改革的核心内容，土地流转中心的建立，不仅为农民提供了额外的融资方式，而且实现了农村土地的合理配置，推动了农业的产业化发展。

1. 土地制度改革带来的金融需求变化

农村土地制度改革为金融机构提供了更多合格的金融消费主体。通过土地流转，传统分散的农业生产可以通过专业大户、家庭农场、农民专业合作社等法人主体进行产业化经营，提高经济组织模式的集约化程度，从而解决小农经济与现代金融业规模化经营之间的冲突。

农村集体建设用地和宅基地流转要完成确权工作，这就明确了农民及农村集体组织对于土地所具有的财产权，经营权的流转则将农民的种养殖收入转化为了稳定的租金收入、分红收入或者转让权收益，为农民享受资产管理、信贷融资等金融服务提供了空间。

农民缺乏抵押物，贷款金额少、期限短，无法满足创业投资和规模化生产的现状将得到改观。赋予土地承包经营权以抵押、担保权能，为农村金融产品创新提供了机遇。

2. 土地制度改革后的金融服务创新

在金融产品方面，大力推行"两权抵押贷款"，即农村承包土地的经营权抵押贷款和农民住房财产权抵押贷款。该模式的优点主要体现在：一是赋予了"两权"抵押融资功能，创新了"两权"抵押贷款产品和服务，有利于盘活农村存量资产、提高农村土地资源利用效率、促进农村经济和农村金融发展。二是试点地区政府承担主体责任，有效推进农村承包土地经营权的确权登记颁证、农村产权流转交易平台搭建、集体建设用地基准地价制定、抵押物价值评估、抵押物处置等工作。三是注重保障农民合法权益，坚持不改变公有制性质、不突破耕地红线、不层层下达规模指标，用于抵押的承包土地没有权属争议，且不能超过农民承包土地的剩余年限。

要通过业务产品创新，更好地满足农业经营主体的资金需求。当前，金融机构对农户提供的信贷品种主要是农户小额信用贷款、农户联保贷款和担保贷款等，普遍存在额度低、期限短的特点。土地流转后，农业龙头企业、农业生产合作社、家庭农场、农业大户成为农业生产的主体，资金需求额度将相应增大。同时，农业经营的范围会延伸到工业、商业、乡村旅游等产业，贷款需求呈现多样化的特征。可以通过贷款期限、利率、额度、还款方式、抵押担保方式和业务流程的创新，充分把握农村土地制度改革带来的新机遇。

第五章

数字金融助力小微企业发展状况分析

◇◇ 一 小微企业发展现状

小微企业是我国社会主义市场经济的重要组成部分，近年来国家也高度重视小微企业在国民经济中所发挥的重要作用，出台了一系列支持小微企业发展的政策，以鼓励小微企业的发展。相关数据显示，在工商登记注册的小微企业占全国企业总数的 90% 以上，[1]对国家经济和税收等方面做出了卓越贡献。但小微企业的发展无论在发达国家还是发展中国家都受到一定阻碍，首当其冲的是融资难的问题，小微企业能从银行获取资金的总体比例偏低，同时也由于自身实力不足而难以进入资本市场融资，是它发展过程中面临的主要困难。

---

[1] 李建军、张雨晨：《众筹与小微经济体融资的匹配性——基于信息搜寻的视角》，《河北经贸大学学报》2014 年第 6 期，第 113—119 页。

第一篇 小微企业现状及问题

在这方面，中国邮政储蓄银行坚持服务于实体经济，把广大小微企业作为服务的重要对象，在保障小微企业的信贷额度方面不断做出努力，保持小微企业的信贷利率处于市场较低水平，降低企业的运营成本，并且不断研发新的适合小微企业体的新产品和担保模式，在适应市场需求的同时尽力解决小微企业目前面临的融资难、融资贵等问题。

（一）小微企业目前的融资环境

在大数据经济的背景下，目前国内数字金融快速发展，针对目前国内征信体制仍不完善的局面，能够对小微企业的信用、资金情况、运营状况等方面做出快速高效的评测。在银监会、国家税务总局等相关机构的推动下，金融机构推出了一系列针对小微企业体的优惠措施，放宽部分融资的条件限制，提供网络化的借贷模式，优化其信贷环境。[1]

但是目前小微企业体和市场上的资金供给方仍然存在信息不对称的问题，所以相应地会增大小微企业的融资成本。对于中国的小微企业体来说，无论是通过股权融资还是债券融资都存在不同程度的阻碍，绝大部分小微企业无法满足股权融资所设定的准入门槛，

---

[1] 邱钰芬、翁彬瑜：《小微民营企业数字金融融资风险的防范》，《长沙理工大学学报》2018年第5期，第95—101页。

资本市场不健全阻碍了私募股权融资的发展;[①] 本身的"硬资产"不足,即难以在债券融资中提供合格的抵押品,所以它们的融资需求很难通过传统的融资渠道得到满足。

(二) 小微企业融资的主要障碍

对于大型企业来说,自身的信息披露相对比较充分,意味着能够向银行提供贷款所需的相关证明,而小微企业的信息透明度比较低,法律法规也没有对其有审计方面的要求,所以缺乏相关的信息记录,是其难以从商业银行获取贷款的原因之一。并且对于银行这类传统金融机构来说,它们的贷款业务主要在区域内开展,银行的位置会影响贷款业务的规模,[②] 银行网点的数量不足可能也是小微企业体融资障碍之一。

在当前的金融系统之中,不可避免地存在着一些金融排斥的问题,在融资可获得性方面受到一定的歧视,因此银行以外的其他金融机构等渠道的市场融资路径是小微企业获取贷款的最主要选择,其他市场融资路径也在快速发展之中并不断多样化。但对于小微企业体来说,如何选择融资渠道是将面临的第一个困难,特别是近年来多次出现的 P2P 平台跑路等事件,也反映出市场融资渠道多元化

[①] 谢绚丽、沈艳、张皓星、郭峰:《数字金融能创业吗?——来自中国的证据》,《经济学》2018 年第 4 期,第 1557—1580 页。

[②] 李建军、王德:《搜索成本、网络效应与普惠金融的渠道价值》,《国际金融研究》2015 年 12 月,第 56—64 页。

所导致的良莠不齐的问题。其次，市场利率定价的不透明和不稳定也是阻碍小微企业体寻求融资的因素之一，缺乏公开透明的交易平台让其在融资选择方面存在一定顾虑。

◇◇ 二 数字金融应用于小微企业

（一）数字金融发展现状

金融科技时代，数字金融的发展和科学技术的发展密切相关，以大数据技术、云计算等为依托，在传统金融业态的基础上创造出一系列新的金融服务业态，推动着整体金融行业的发展。金融稳定理事会对数字金融的定义是：通过技术手段推动金融创新，形成对金融市场、机构及金融服务产生重大影响的商业模式、技术应用、业务流程和创新产品。但和其他形式的金融创新一样，数字金融的发展给消费者带来便利的同时也面临着不少挑战，在利用其优势的同时也要注意加强对金融消费者隐私等方面的保护。

从2003年支付宝的诞生开始，中国的数字金融开始向金融业的各个领域蔓延，并开始在世界范围内占据先机，在多个具有影响力的业务领域方面，甚至可以说引领着全球的发展。例如在第三方支付方面，支付宝和微信支付在中国的覆盖率和普及率是其他国家的第三方支付企业所望尘莫及的，新技术的出现和监管部门的相对容忍也无疑有力地支持了数字金融行业的创新和发展。但发展过程中相对宽松的环境同时也造成一些混乱现象的出现，如一些领域平台跑路、无证上岗、庞氏骗局等事件接连发生，严重威胁金融消费者的资金和隐私安全，因此在监管方面呈现出加强管制的趋势。

数字金融所利用的技术核心在于移动终端和大数据分析，移动终端可以有效降低获客成本，利用互联网平台来提高用户黏性而不是传统通过建立线下网点的方式，可以有效提高普惠金融发展的可行性，在项目搜索方面表现出边际效益递增性的特点，反映互联网所具备的累积增值性的特点，为小微企业的发展做出贡献。而大数据分析可以降低风控成本，提高尽职调查的效率，同时提高对小微企业体信用评估的准确度，所以数字金融可以成为小微企业发展的载体。但目前的数字金融融资平台大多聚焦于具有高新技术的科技类新创企业，此类的融资项目具有高成长性，对于其他行业如零售业等的小微企业来说，需要数字金融发展更多的服务模式以满足其融资需求。

（二）数字金融推动小微企业发展

目前，人类在向"移动化、网络化、数据化、智能化时代发展"[①]，社会正在进入"公平、开放、联动、共享的数字化时代"。数字金融的技术特征决定了其天然优势，成为推动小微企业发展的重要力量。具体来说，数字金融应用于小微企业，有以下优势：

---

① 李东荣：《金融科技发展要稳中求进》，《中国金融》2017年第14期，第36—37页。

1. 扩大服务范围

长期以来，传统金融活动一般集中于人口密集、商业集中的发达地区，对于人口稀少、经济落后地区关注相对较少，即我国金融领域一直存在资源错配的问题。金融机构资金优先流入大中型企业，小微企业和农户难以获得资金。为此，国家早早开始支持发展普惠金融，想要使得金融成果惠及更多群体，数字技术的发展使金融活动渗透到社会各个领域，成为发展小微企业的重要力量。数字金融在坚持商业可持续原则基础上，让被服务者承担可负担的成本，为社会所有阶层和群体，特别是中小企业和低收入者提供优质的金融服务。数字金融突破时空限制，具有更强的地理穿透性，有效扩大了金融服务的覆盖度。[1] 简单来说，数字技术使得当前金融出现"去中介化"的趋势。借助互联网，资金供给者和资金需求者可以直接在金融交易平台获取对方的信息，并配对完成金融交易。这使得小微企业和农户获得价格合理、方便快捷的资金支持成为可能[2]。因此，数字技术的发展扩大了金融服务覆盖面，让更多小微企业参与享受金融服务。

2. 降低服务成本

技术的飞速发展，使金融基础设施也在不断变化，金融模式随

---

[1] 何宏庆：《数字金融的发展困境与创新进路》，《甘肃社会科学》2019 年第 1 期，第 166—171 页。

[2] 江新奎、赵玉荣：《数字技术推进普惠金融发展研究》，《经济动态与评论》2018 年第 2 期，第 43—58 页。

之深刻改变，降低成本、提高效率，进而改变金融的服务边界。交易成本过高，是阻碍金融服务于弱势人群和小微企业的主要障碍，数字化技术的应用，则可大大降低各类交易成本。[①] 数字金融的推广应用，使得资金供需双方能够利用网络平台进行信息互换、定价、商讨与交易。与传统金融服务网点相比，一方面，简化了供需双方交易流程，降低了客户获取金融服务的成本，促进了市场流通速度，继而促进经济的发展。另一方面，数字技术使得征信、财富管理、信贷审批等工作的很大一部分将由人工智能完成，缩减了对工作人员的需求，从而降低了人力资源成本，继而可以降低金融机构的经营成本。并且，对于处理单笔数额小、总体服务笔数大的农户和小微企业贷款，人工智能将更有优势。由此，数字金融的推广应用使得传统金融的很多业务通过网络即可完成，其有效降低了商业银行的经营成本，也减少了客户在金融活动中的付出，提高了金融企业的经济效益。

3. 提高服务效率

数字金融服务于小微金融有着传统小微金融无法比拟的优越性。传统小微金融之所以不能更好地满足小微企业的融资需求，是因为传统小微金融服务单位成本偏高、手续烦冗费时，其收益无法覆盖金融机构的成本。而数字金融则可以通过金融科技手段解决小微企业金融服务中的成本和效率问题。数字金融对小微企业客户群

[①] CF40 数字普惠金融研究课题组：《数字金融的普惠机制及可持续发展》，《新金融》2019 年第 1 期，第 122—148 页。

体的获客、营销、授信、放款、贷后均借助大数据平台自动实现，使得金融服务的整体流程实现数字化，节省了金融机构时间成本与人力成本，一方面极大提高了金融机构的运行效率，另一方面使得小微企业的边际成本不断降低，边际收益不断增长。实践中，建设银行"惠懂你"、交通银行"POS 贷"、江苏银行"税 e 融"等小微金融产品和服务均实现了全线上、无抵押、一站式、纯信用、秒放款，对小微企业用户的服务效率得以极大提升。[1] 总的来说，数字技术应用于小微企业，极大提高了金融活动效率。

4. 降低风控难度

风险甄别的基础是信息，而大数据技术深刻改变了收集数据、处理数据的效率。人工智能进一步提高了处理大数据的能力，云计算又大大提高了大数据和人工智能的效率，并极大地降低了数据处理成本。[2] 数字技术通过大数据分析，判断一个企业或者个人的行为、信用，分析其财务状况、现金流，为小微企业的发展提供了一种前所未有的解决方案，数字金融可以作为小微企业发展的重要载体。[3] 通过网络借贷平台，借助互联网收集并发布信息，采集在其上进行交易的小微企业体的信用信息，可以建立起网络信用体系，

---

[1] 陆岷峰、汪祖刚：《数字小微金融的优越性与发展策略研究》，《天津商务职业学院学报》2019 年第 1 期，第 3—10 页。

[2] CF40 数字普惠金融研究课题组：《数字金融的普惠机制及可持续发展》，《新金融》2019 年第 1 期，第 122—148 页。

[3] 黄益平：《数字普惠金融的机会与风险》，《金融发展评论》2017 年第 8 期，第 14—19 页。

为小微企业体建立网上信用档案，翔实记载小微企业体历史交易情况，形成一个信用体系和数据库，构建网络信用展示平台。

传统金融服务中，小微企业与低收入群体无法提供有效的抵押物、质押物，致使金融机构难以辨别还款源，进而形成高风险，增加了风控难度。但在高风险下，亦存在着发展机会，数字金融的发展为风险控制提供了另一种可能。运用信息技术与云计算技术，分析客户日常交易信息与数据，判断客户信用水平，掌握客户还款能力，同时增加了审批效率，可以促进金融机构提供面向小微企业与低收入人群的有效服务。[1] 数字金融能够弥补传统金融的不足，这种基于大数据的风险评估为降低风险评估和难度成本提供可能，也可以缓解小微企业硬信息不足的劣势，因此有助于小微企业获得融资，帮助小微企业跨越资金约束的创业门槛。[2]

◇◇ 三 数字金融新模式——开放银行的应用

小微企业体所面临的融资难、融资贵的最主要原因源于市场上的信息不对称，金融机构难以收集到企业的真实情况和数据，而开放银行模式所提出的金融数据共享的理念为我们解决市场信息不对

---

[1] 林艺娜：《数字普惠金融的机会与风险》，《现代营销（下旬刊）》2018年第12期，第30—31页。

[2] 谢绚丽、沈艳、张皓星、郭峰：《数字金融能创业吗？——来自中国的证据》，《经济学》2018年第4期，第1557—1580页。

称问题带来了一定启示。

(一) 开放银行开创金融服务新模式

1. 开放银行模式

近年来，互联网、大数据、人工智能、区块链等科技驱动的金融创新，产生了大量本质上区别于商业银行、保险公司、证券交易所等传统金融机构的各类新模式，具备根本上的颠覆性。[1] 随着金融科技的发展，金融和科技的融合趋势已经得到普遍认可并且逐渐成为一种常态，商业银行和互联网金融科技公司的合作关系在近几年内也发生了一些变化。[2] 将二者各自的优势结合起来为客户提供更好的服务是未来二者融合的主要趋势，所以彼此之间应当认识到更加开放才能够实现更好的合作。在大数据时代，数据也成为企业发展必不可缺的资源，成为经济生活中的生产要素之一，自美国2009年颁布《开放政府指令》后，各国普遍意识到政府数据所具有的战略价值及其对社会各领域产生的外部效应。而开放银行的本质就是要更好地利用大数据这一生产要素，创造金融服务的新业态。2019年开放银行的概念很火，但它更多应该是一种理念、一种思维、一种赋能，更是一种场景构建、一种生态。

---

[1] 杨东：《论金融领域的颠覆式创新与监管重构》，《人民论坛·学术前沿》2016年第11期，第30—37页。

[2] 陈翀：《第三方开放银行平台模式》，《中国金融》2017年第20期，第78—79页。

银行近年来也面临着数字化转型的紧迫现实，面对数字金融对金融领域的强势入侵，面对众多新兴产业的诞生所导致的客户群流失的压力，银行需要不断增强自身运用金融科技手段的能力，利用大数据分析、云计算等手段更精确地满足客户需求，利用移动互联等技术提升用户使用服务的便利程度。在银行与金融科技技术越来越深度融合的过程中，开放银行的概念应运而生。开放银行可以被定义为运用互联网理念和技术，建立服务开放平台，既将金融服务封装成 API 接口对外开放，无缝融合到更多领域的业务场景中，又通过开放自身的数据端口，吸引外部机构加入其中，应用到更多的消费场景中，最终为客户带来简洁、便捷、安全、智慧的金融服务。[1] 开放银行的出现无疑是数字化银行建设的全新发展方向，不再只是仅仅将传统银行服务搬上互联网或者搬到手机 APP 中，而是要将整个金融行业内外的数据整合起来，达到金融数据共享的目的，这将会对金融业产生颠覆性的影响。

开放银行产生的原因主要在于，当前社会中的数据孤岛现象比较严重，数据的割裂不管对用户还是银行来说都是一种伤害，对用户而言既无法准确而快速地了解不同金融机构所提供的产品，没有明确的对比导致难以做出抉择，再加上个人信用记录、交易记录等在银行间迁移的困难性，用户也难以在不同金融机构之间灵活转化，变相提高用户黏性，同时也阻碍了新兴银行的成长。

在开放银行的模式中，用户无须提供自己的密匙，就可以与银

---

[1] 张汝成：《API 开放银行：金融云领域的新实践》，《中国金融电脑》2018 年 12 月，第 34—37 页。

行以外的第三方机构分享自身的金融数据,也就意味着用户可以在一个界面上管理自己的多个账户,更好地比较多种类别的产品,根据自身需求选择产品或服务来更好地管理资产。从技术层面上说,开放银行本身的概念不大,表面上只是解决技术开放,但是通过API 接口把银行的数据开放给其他相关机构,使得相关机构能够帮助银行面向消费者等开展更好的服务;从内容层面上说,通过开放实现数据的共享,更好地利用银行的数据资产、数据价值;从组织层面上说,通过网络搭建平台,构建银行网络生态,在这个生态圈中为消费者、企业等提供更加高效、增值的服务。目前世界范围内的开放银行建设模式大致有四种:自建、投资、合作、参与,不同银行所适合的模式不同,应根据自身实际情况进行选择。

2. 开放银行发展现状

目前,开放银行在世界各地均有不同程度的发展,逐步从理念走向实践,尤其是在欧洲和美国的发展速度较快,并且呈现出两种不同组织形态的发展趋势。其中一类是大型银行依托自身雄厚的经济实力,自己建造开放 API,打造开放银行平台,另一类则是众多的中小银行由于自身实力有限,寻求并依托于第三方平台的开放API 以达到信息共享的目的。英国是首个落地实施开放银行理念的国家,九家金融机构在 2018 年初开始共享彼此的数据,率先推行开放银行战略,欧盟也在 2018 年实施的第二代支付服务法令之中明确要求银行向第三方机构开放支付接口。一般认为,在达成数据共享的目标后,未来的金融机构业务模式将分为三种,一是基于自身原有数据库服务客户；二是通过 API 与其他机构共享后利用其他数据服务新客户；三是通过 API 获取其他数据后和自身数据结合起来吸引新客户、服务老用户。

当前 API 的模式主要有公共、合作伙伴、内部三种：第一是公共层面，供外部合作伙伴和开发创新 APP 及新产品的开发人员适用的 API 接口，其特点是通过融入开发者社区来开展创新并实现广阔的市场覆盖；第二是供合作伙伴的 B2B 接口，包括供应商、分销商以及其他的合作伙伴以实现更为密切的合作，帮助合作伙伴降低成本、提高安全性；第三是内部接口，就是开发人员在企业内部实现的 API 接口，以降低成本、提升运营效率、提升银行内部的安全性。

在发展开放银行，规范相关机构的同时，各国在审慎监管、防范金融风险方面也基本达成共识。英国要求所有使用开放银行所提供的服务的主体，均要由金融行为监管局（FCA）等监管机构进行授权；美国则早在 2017 年由消费者金融保护局（CFPB）发布金融数据共享九条指导意见，保障数据共享时用户的个人隐私安全；欧盟则基于已有的《支付服务指令》（Payment Service Directive，PSD）与《通用数据保护条例》（General Data Protection Regulation，GDPR）颁布新的支付服务指令（Payment Service Directive 2，PSD2）。澳大利亚、中国香港、新加坡等国家和地区也纷纷效仿前述国家制定并落实监管框架，规范开放银行的发展。

对于中国来说，开放银行发展所面临的状况和欧美国家有所不同，环境也日渐成熟。中国移动支付等技术对金融服务的渗透，某种程度上对 Open API 已经有所应用，甚至可以说这些互联网平台是开放银行的早期探索者。中国第三方支付机构发达，巨大的用户数量导致它们掌握了丰富的数据资源，政府机构也掌握着不少数据，[①]因此开放银行的建设不能仅仅局限于银行等金融机构，还应当覆盖其他掌握丰富数据的主体，才能真正实现数据共享的目的，更好地服务于客户，实现用户利益的最大化。部分传统银行已经开始积极探索并付诸实践，如兴业银行在 2018 年上半年通过 Open API 引入了 16.75 万个场景端客户，各类创新产品实现交易 5570 万笔；浦发银行正式于 2018 年推出 API Bank 无界开放银行，截至目前已与中国银联、京东金融等 46 家企业建立合作，为超过 500 万 B 端和 C 端用户提供服务等。

而在监管方面，国内的相关监管机构已经以金融控股集团的形式开始监管试点，虽然还未出台相关的监管政策或者监管框架，但随着开放银行在全球范围内热度的不断上升，国内的监管政策、框架等将逐步到位，监督金融行业在合规的基础上去迎接金融数据共享这一全球性的浪潮。

可以预见的是，以 API Bank 为代表的开放银行 4.0 时代即将到来。未来，银行的商业模式将从 B2C 变为 B2B2C，服务标准也将从标准 NPS 升级为整合型 NPS。随着金融服务嵌入生活与生产的方方面面，"场景在前，金融在后"的跨界生态圈将成为主流。虽然目前开放银行应用仍处于早期阶段，但未来，银行的账户功能、支付

---

① 周科：《开放银行理念的缘由、实施和挑战》，《清华金融评论》2018 年第 6 期，第 74—76 页。

功能、理财产品、贷款产品等将势必形成标准化的 API/SDK 集中输出，成为打通跨界生态的接口。

（二）发展开放银行对小微企业的影响

对于小微企业体来说，开放银行的存在拉近了银行和用户之间的距离，银行能够利用更多数据进行精准且有效率的风控，因此能更有效率地将资金贷给需要资金并且符合要求的小微企业，有望解决其融资难、融资贵的问题。开放银行改变了传统银行业甚至是金融行业的行为模式，传统银行以开发自身的产品和服务为核心，通过营销来吸引客户，提高产品和服务的市场规模或者利用自身的垄断地位来获取利益。这种行为模式造成金融服务的同质性严重，无法贴合不同用户的个性化需求，在提高成本、降低效率的同时也无疑造成了资源浪费。[①] 与传统银行业不同，开放银行的理念是以用户为中心，通过整合、提供较完整的数据资源，鼓励金融创新，鼓励金融业者为用户提供更贴合用户需求、更高性价比的金融产品和服务，改善用户体验。对于用户本身来说，能够在对自己的数据进行授权的基础上通过开放银行整合数据资源并进行利用，由从业者提供定制化的金融产品或服务，可以化被动为主动地选择适合自己的金融服务。

银行在设计理财产品和服务的时候，前期需要对大量数据进行

[①] 易宪容、陈颖颖、周俊杰：《开放银行：理论实质及其颠覆性影响》，《江海学刊》2019 年 2 月，第 86—93 页。

汇总和分析，有了开放银行的存在以后，使得银行可以通过 API 架构提供服务，使银行所提供的服务能更加贴合用户的日常生活场景。如总部位于德国柏林的金融科技公司 SolarisBank，致力于探索第三方开放银行平台，已经从德国联邦金融监管局处取得了银行/电子货币牌照，但它获取牌照并不是为了经营传统银行的业务，而是为了为第三方企业提供开放 API 平台服务。SolarisBank 目前已经在底层推出超过 180 个 API 数据端口，提供三大类 API 产品，其中的贷款类 API 可以帮助银行或其他互联网贷款平台实现全自动化的风险评估，更有效地将小微企业贷款迅速整合到自己的商业流程之中，解决小微企业体的融资问题。

在开放银行的概念中，未来银行的功能，如融资、支付、转账等都可以被拆分为一个个如积木般的组件，通过这些组件为上层商业形态提供模块化的金融服务。开放银行作为一种新的业务模式，可以作为提高银行服务实体经济能力的重要手段，能够拓宽银行所提供金融服务的半径，使得社会既重点又薄弱的领域，如占全国企业总数 90% 以上的小微企业能够配置到有限的金融资源，使其得到发展的机会和可能。

但从实践的角度来说，目前全球尚未形成一个成熟、明确的开放银行商业模式，各国的传统银行业和金融科技公司都处于一个探索的阶段，未来开放银行要如何在给用户提供尽可能多的便利和自身的盈利需求之间做平衡，随着进一步的探索实践之后才能得到明确答案。在未来，如果人工智能技术足够强大，能够进行数据分析和处理，将会大大降低人力成本，开放银行与人工智能的结合在未来将会有巨大的进步空间，API 提供了实现的方式和渠道；大数据提供了重要的数据基础；云计算提供了存储、计算、访问的平台；人工智能则在具体的应用中提高了效率，这些技术结合起来将给民众的生活带来颠覆性的改变。

◇◇ 四　数字金融存在的风险与防范

（一）数字金融存在的风险

在数字金融带来金融领域的便捷性的同时，风险也随之增加，随着成交规模和金额的不断扩大，出现问题的互联网平台数量也在增加，甚至出现了一些社会影响较广的平台跑路事件，部分企业也产生提现困难、自融、造假、裸贷、非法集资、诈骗等负面消息，均严重影响到公众对数字金融融资平台的信任度。面对这种局面，央行、银监会等监管机构相继出台多个政策文件，对网贷平台进行较大规模的市场整顿，在关停一些问题平台的同时对行业准入门槛提出了更高的要求，在利用数字金融的优势的同时防范相关风险。

在数字金融蓬勃发展的同时，由于其数据模式的特性，除了面临传统金融的市场风险、流动性风险外，还面临着大数据风险、平台风险等互联网特定风险。在经历了近几年陆续的政策规范化调整后，小微民营企业既有运用数字金融改善融资现状的机遇，又面临数字金融产品的用资风险。

1. 市场风险

作为金融市场的一部分，数字金融同样需要面临由于利率、金融资产市场价格波动带来的系统风险。伴随金融产品的日益多样化及金融结构的日益复杂化，价格浮动引发市场风险的可能性日益增强。在利率、资产价格变动等市场因素下，数字金融融资平台面临更高的系统风险。尤其是在数字金融市场处于整顿和重新布局的过程中，市场风险高于成熟金融市场承载的风险值，不仅不利于投资人的资本安全，还对数字金融企业提出了市场风险控制的挑战。

2. 流动性风险

流动性风险是金融行业普遍存在的风险，由于数字金融满足了中小企业融资的需求，但这个消费群体整体金融素质偏低，盲从性强，财力基础相对有限，快速趋利心理预期强，侧重短线，加之数字金融操作便捷，增大了挤兑发生的可能，所以流动性风险更加突出[1]。同传统银行一样，数字金融企业以资金借贷利差作为收益来源，但平台吸纳客户资金时，为提升产品竞争力，往往以"T + 0"的灵活赎回模式为主，资本借贷期限的不匹配有可能导致资金池的失效。同时，不同于传统银行，数字金融平台没有强制性存款准备要求，对客户购买的产品并未要求全额储备备付金，从平台内部风险防范来看，企业准备金的风险防范作用微乎其微。

---

[1] 卢杰：《数字金融的风险和对策》，《金融时报》2017年12月25日。

3. 信用风险

数字金融交易的网络化、电子化、虚拟化使得信用风险加大。信用是对交易双方的评估，传统金融的信用系统相对较为完善，通过线下"面对面"的沟通与交流，可以对客户信用进行有效的了解。而在数字金融领域下，对信用的评估很少能通过"面对面"交流，因而对交易双方信用了解得也不是很透彻，这就存在一定的信用风险。交易平台存在着信用风险，2014—2016 年，我国网贷平台跑路倒闭的家数分别为 234 家、803 家、835 家，不断增长的跑路网贷平台说明网贷平台自身风险较大。

4. 数据泄露风险

数字金融与经济利益紧密相关，在利益的驱使下，以往"单兵作战"的黑客已发展成有组织、有目的性的金融网络犯罪集团，并且针对数字金融机构和用户的攻击手段不断"推陈出新"，攻击者还针对数字金融的业务特点，结合社会工程学，研究出了各类新型攻击手段，给数字金融带来巨大风险。[①] 数字金融依赖于大数据、人工智能技术，对黑客而言，获取数据的成本不高，但是销售相关数据，尤其是一些隐私数据的收益很高。另外，如果对编程接口授权控制管理不善、相关密码的存储管理有漏洞，都将导致病毒乘虚而入，而一些高端的病毒很难被发现，导致信息泄露。一旦客户的

---

① 吴善东：《数字普惠金融的风险问题、监管挑战及发展建议》，《技术经济与管理研究》2019 年第 1 期，第 66—69 页。

银行卡、身份证等信息泄露，被用于洗钱、提款等违法活动，后果难以衡量。人工智能的应用将导致人工智能自主决策的决策失误难以追溯，大量人工智能做出高度一致性的决策，会加剧经济的波动。

（二）数字金融的风险防范对策

数字金融是对传统金融的一种创新，从数字金融在我国目前的发展现状来看，其主要发挥着有利的一面。但数字金融自身具有复杂性，在结合传统金融业务的同时，应当注意风险防范，加强监管。

对于传统的流动性风险，机构需要加强做好内部风险防范，设置准备金制度，加强内控。对于信用风险，从机构角度，应借助大数据技术做好风险控制。积极参与建设并运用征信系统，共享客户数据，相互连接贯通，打造征信综合平台，提高征信调查效率。同时建立自身的核心征信数据库，通过客户的信贷行为、网络搜索行为、电商行为、社交行为、缴费行为等海量数据，建立具有自身特色的信用分析指标体系、交叉验证甄别体系、信用评分模型，使自身在征信能力竞争中保持优势。从资金提供者角度，在平台选择上要深思熟虑，不能以收益为唯一标准，要综合考量平台的实力。

对于发展数字金融的机构来说，需要控制技术风险，保护客户信息安全。加强互联网相关的硬件和软件投入，引入更先进的计算机甚至智能机器人系统，提高建模、运算、分析、决策能力；引入更先进的杀毒系统，防范黑客、诈骗软件的入侵。对于敏感信息研发先进的加密技术，防止信息被窃取。通过账号密码、人脸识别、指纹识别、分级授权等技术，对客户身份和级别进行识别，对恶意客户进行阻挡。由于隐私数据挖掘和分析的环节众多、技术复杂，隐私泄露受害者难以找到隐私泄露的具体环节，为隐私泄露取证和惩罚带来难度，甚至多数时候隐私信息被泄露者根本就不知道自己的隐私已被泄露。因此，各机构更要注意把控技术风险，防止客户隐私数据泄露。

对监管来说，需要完善法律制度，开展穿透式监管。数字金融普遍存在混业经营、跨界经营的特点，数字金融的监管在目前的监管框架下难以获得有效的管理。数字金融应以功能监管与行为监管为主，开展穿透式监管，避免监管套利和监管盲区，确保不发生系统性金融风险。监管应当逐步建立松紧适度的数字金融监管体系。一方面加快制定行业准入标准，对进入对应行业的企业做合适的要求，即保证相关企业具有相应的风险控制及风险承受能力，又不影响行业的活跃度及创新能力；另一方面建立完善的风险提示和披露机制，使得相关企业公开透明地运行，确保投资人的利益得到保护。目前对数字金融进行专门立法的条件尚未成熟，需在现有法规的基础上，对相关制度规定进行补充、修订和完善，加强信息披露，降低信息不对称，以最大限度保护交易的真实性和安全性。

第二篇

小微企业支持（理论分析）

第 六 章

小微金融（普惠金融）理论综述

◇ 一 普惠金融的演进及意义

普惠金融（financial inclusion）这一概念由联合国于2005年首次正式提出，其目标是为社会各阶层的群体提供适当、有效的金融服务，重点服务的对象是包括农民、城镇低收入人群以及小微企业在内的弱势群体，普惠金融具有覆盖广、内涵深、包容性的特点，除了包括传统金融服务和金融机构，还包括兴起于20世纪70年代的微型金融，国际经验表明，脱胎于小额信贷的微型金融是发展普惠金融的必要方式。在中国，普惠金融被定义为"立足机会平等要求和商业可持续性原则通过加大政策引导扶持、加强金融体系建设、健全金融基础设施，以可负担的成本为有金融服务需求的社会各阶层和群体提供适当的、有效的金融服务"。

相关概念经历了从小额信贷、微型金融、普惠金融到数字普惠金融的演变：小额信贷最早产生于20世纪70年代，早期的小额信贷机构包括孟加拉国的格莱珉银行、始于巴西的ACCION international 以及印度的自雇妇女协会银行（Self-Employed Women's Association Bank）。到了 80 年代，全世界很多小额信贷项目开始改变原来仅仅为穷人提供贷款的模式，开始以长期可持续性以及发展更多的客户作为目标，一些非营利组织（NGO）开始盈利，小贷机构的规模逐步扩大，这一时期 ACCION 网络开始遍及拉美，ACCION bridge fund 逐渐涉足银行业，印度尼西亚的 BRI 转型为商业性微型贷款机构。从 90 年代开始，小额信贷的概念逐渐被微型金融所取代，除了提供小额贷款，微型金融还包括向穷人和个体经营者在内的低收入客户提供包括保险、储蓄以及汇款在内的多种金融服务，在此期间，微型金融机构也逐渐进入监管视野。到了 21 世纪，普惠金融逐步融入金融主流，包括墨西哥的 Compartamos Banco 和印度的 SKS 在内的一些纯微型金融机构应运而生，大量的银行和其他商业性的机构也纷纷涉足该领域，微型金融机构的贷款额和客户数量猛增，例如，专业投资于微型金融的基金（MIVs）融资规模高达 10 亿美元以上。而随着数字技术的兴起，移动互联、大数据、云计算、生物识别以及人工智能等技术也开始被应用到微型金融领域，这些技术有利于帮助微型金融扩大覆盖面、提高效率、降低成本以及防控风险，进而促进普惠金融体系更好地服务于社会各阶层，普惠金融也由此进入数字普惠金融时代。

目前，随着更多的国家把发展普惠金融作为政策重点，包容性金融系统的重要性也越来越被广泛认同，很多学者对普惠金融所带来的效益进行了研究。从社会层面来看，普惠金融能够提供包括储蓄和信贷在内的多种金融服务，有利于低收入人群平滑未来消费，应对未来不可预见的突发危机（如疾病和失业），使自身的金融状况更加稳定，此外还为其提供了进行投资的机会（Han and Melecky, 2013; Collins et al., 2009; Ellis et al., 2010），一些经验研究表明，普惠金融的发展有利于增加低收入群体的收入，缓解收入分配不公平，以及削减贫困，增加就业，改善穷人的心理健康（Burgess and Pande, 2005; Bruhn and Love, 2014; Angelucci et al., 2013）。从经济效益来看，第一，一些研究表明普惠金融通过对金融稳定具有的积极作用，将更多低收入群体纳入金融领域，一方面将会提高金融体系存贷款基础的规模，减少银行对"非核心"资本的依赖；另一方面这些个体本身受经济周期波动的影响也相对较小，这就使得银行系统在危机期间的稳定性增强，有利于降低金融体系的顺周期风险，帮助维持当地的经济活动（Khan, 2011; Han and Melecky, 2013; Hannig and Jansen, 2010）。第二，普惠金融还将对就业产生积极影响，Prasad（2010）研究了中小企业融资约束对于就业的影响，小规模的企业往往是劳动密集型的，如果它们缺乏获得足够信贷的机会，就会对整体就业增长产生不利影响，Bruhn and Love（2014）的研究也表明，向穷人提供融资除了对削减贫困有积极作用之外，还通过保持就业和促进企业的创新为经济发展产生积极影响。第三，Cecchetti and Kharroubi（2012）认为更高层次的金融包容可以促进不同经济部门参与正规金融体系，而正规金融部门的份额增加有利于强化利率作为宏观经济稳定工具，进而对经济增长有积极作用。

◇◇ 二 小微企业体为何面临金融排斥？

私有信息及其分布是金融交易的基本要素，金融机构往往花费大量的包括时间和金钱在内的资源来获得相关信息以确保交易顺利进行，小微企业体之所以面临一系列融资约束，最根本的原因就在于金融机构在服务小微企业体时会遇到严重的信息不对称问题。首先是逆向选择，在发放贷款之前，银行可能缺乏有效的信息来甄别市场上同时存在的"安全型"和"风险型"借款人，只能对两类借款人收取相同利率，这就相当于安全型借款人对风险偏好型借款人进行了交叉补贴，当利率高到一定水平，安全型借款人会因无法承受过高的利率而被挤出信贷市场，此外，利率的提高会降低借款人的项目回报，促使借款人从事更高风险的项目来获得高回报，银行可能因此面临更低的贷款偿还率和更大的风险，因此在面对超额贷款需求时，为了保证预期收益，银行更倾向于压缩贷款规模而非提高利率，逆向选择因此导致了信贷配给问题（Stiglitz and Wiess，1981）。其次是银行在贷款发放之后面临道德风险问题，一方面，借款人获得贷款后和项目结束前，可能选择不努力（事前道德风险）；另一方面，在项目收益实现后，借款人也有可能隐瞒自己的利润，甚至携款潜逃（事后道德风险），在有限责任的条件下，银行为了降低风险，不得不设定满足借款人激励相容约束所决定的本息值上限。

在经济发展不发达的国家中，信息不对称问题往往尤为严重，银行很难对小微企业体的风险进行评估，第一，对于中小企业来说，它们往往未经正规和严格的审计，因此有关其运营状况的信息较为分散且可信度较低；第二，不完善的信用信息系统往往将小微企业体排除在外，使得金融机构难以获取其历史信用信息；第三，在新兴市场国家，由于抵押注册、合同执行、破产法规以及司法程序相对不健全，一旦违约，银行等金融机构所面临的净损失将会更高。这些原因都导致金融机构在向小微企业体提供金融服务时面临的交易成本和风险都比较高。一种解决方式是要求小微企业体提供有效的抵押品，首先抵押品作为一种甄别借款人质量的信号，能够揭示借款人的违约风险（Bester，1985；Besanko and Thakor，1987），进而在一定程度上减轻逆向选择问题，其次抵押条款能够激励借款人在获得贷款后更加努力，并且真实地报告项目进行的状态，从而有利于缓解事前和事后道德风险，减轻银行潜在的损失（Bester，1987、1994），但问题是，小微企业体缺乏足够的固定资产当作抵押物，且相对于所需要的融资规模，复杂的抵押程序将给小微企业体带来较高的交易成本，因此，抵押不足也就进一步加重了小微企业体所面临的融资约束。

◇◇ 三 正规金融机构如何化解这一难题？

信贷市场上的代理问题导致了资源错配，一方面，正规银行机构拥有充足的资金，却难以以有效的途径获取信息，保证合同的执行。另一方面，小微企业体面临融资约束，缺乏获取资金的机会，为了使信贷资金能够合理地分配，银行就需要通过合适的借贷技术或其他机制设计克服微型金融市场上信息不对称和抵押不足的问题。

第一，针对小微企业体存在抵押不足的问题，银行可以向其提供关系型贷款。Berger and Udell（1995）将银行贷款分为四类：财务报表型、抵押担保型、信用评分技术和关系型贷款，前三类为交易型贷款，建立在企业能够提供硬信息（包括财务报表、合格的抵押担保等）的基础上，后一种关系型贷款则有赖于银行在与小微企业长期接触过程中所积累的包括企业主品德、声誉以及企业真实经营状况等在内的难以量化的"软信息"。鉴于小微企业体难以向银行提供合格的抵押品，银行可以利用关系型贷款技术，通过掌握更多关于企业的非正式信息，对企业的风险和发展前景做出估计，以此缓解信息不对称问题。

很多文献研究了关系型借贷对信贷可获得性和成本的影响。首先，被普遍认同的一个观点是银企关系有助于提高信贷可得性，但对于银企关系对贷款价格的影响，各方观点不一，一方认为银企关系有利于降低可获贷款的利率，Diamond（1989）对此提出了两种可能的机制：一是银行通过禁绝违约贷款人再次获取贷款的方式提高了借款人群体的质量，从而能够逐步降低贷款利率，二是声誉效应激励贷款人为了建立更高的声誉而从事风险更低的项目，这也使其能够享受更低的利率。Boot and Thakor（1994）指出，在最优借贷合同之下，借款人最初被收取一个高于市场价格的利率，首次借贷成功之后，将能够获得低于市场价格的利率。另一方则认为，在一个银行集中度较高的市场上可能存在信息套牢问题，这将导致银行对借款人收取超出市场利率的垄断租金（Sharpe，1990；Rajan，1992）。有研究进一步指出，提高银行业的竞争度有利于缓解套牢问题，Kim et al.（2005）在前人研究的基础上构建了一个三期的银企关系动态模型，揭示了在信贷市场上竞争和信息不对称的内部联系，企业发展初期，银行为其提供低（甚至负）利率加成的贷款，在银行掌握关于企业的专有信息之后，企业被套牢，银行进而可以提高利润加成的方式收取垄断租金，当企业发展成熟之后，企业特定的软信息更加分散，外部银行发现向其提供贷款有利可图，因此原来向企业提供贷款银行的市场力量被削弱，利率加成降低，信息套牢问题通过信贷市场的竞争被解决。尹志超等（2015）通过经验研究支持了这一观点，其对中国某地区的研究显示，银企关系对企业借贷的成本存在显著正向作用，而银行竞争则有负向影响，表明缓解小微企业的融资困境需要增加银行业的竞争度，但这里还需要指出，关于银行竞争对信贷可得性及成本的影响，学术界也存在两种不同的看法，传统的市场力量假说认为，银行业竞争有利于降低融资成本，增加信贷可得性（Berger and Hannan，1998），而另一派的信息假说则认为，高度竞争的银行系统会降低银行收集软信息的动机，从而弱化关系型信贷的建立（Petersen and Rajan，1995），这两派也各有大量经验研究文献支持。

第二，为了获取更充分的信息，银行可以增加网点的数量，扩大服务的覆盖面。根据新古典经济学的原理，银行网点的服务半径是有限的，相关研究也表明，金融机构对于"软信息"的获取和使用具有"当地性"的特点，随着与客户之间距离的增大，银行收集和处理当地借款人信息的成本增加，获取相关信息的能力将会降低，面临的信息不对称问题也将更为严重（Petersen and Rajan，2002；DeYoung et al.，2006；Agarwal and Hauswald，2010；Jiménez et al.，2009）；缓解该问题的一个方法是通过银行网点的广覆盖，但由此衍生出的一个问题是，随着辐射范围的扩大，银行内部层级逐渐增加，决策链条越来越长，相对于小银行，大银行是否在服务小微企业方面更有效率？

国内外很多研究就这一问题展开。主流观点认为，银行在为客户提供服务时存在规模对应，即大银行偏好于服务大企业，小银行在服务小企业方面具有优势。首先，中小型金融机构在获取和处理"软信息"方面存在比较优势，小银行组织结构更加扁平化，具有明显的地缘优势，能够扎根当地，与客户建立长期密切的联系，进而对企业的经营能力，财务状况，抵押价值以及声誉等"软信息"有充分的认识，因此可以采取更加宽松的抵押要求，也能够以更低的成本对贷款企业进行监督，而大银行在生产和处理硬信息方面更有优势，大银行网点分布广泛，且网点经理时常更换，掌握小企业的详细信息的动机不足，另外层级较多，决策链条较长，信息传递效率低，因此在甄别和处理"软信息"方面效率较低（Berger and Udell，2002；Stein，2002）。其次，不同规模的金融机构在给企业提供金融服务时面临的单位成本不同，由于每笔贷款花费的处理成本差别不大，以此小额贷款的单位贷款成本更高，大型金融机构由此也更倾向于给大企业贷款，而中小型金融机构由于受到资金量的限制，在给大企业融资方面处于劣势，只能更多地给小微企业提供服务（林毅夫，2001；李志赟，2002）这一传统范式在经验研究方面也得到了大量支持，包括国外的 Haynes et al.（1999）、Cole et al.（2004）、Scott（2004）、Berger et al.（2005）。对于国内的研究，陈忠阳等（2009）通过对银行的调研发现小银行有更高的意愿为小企业提供贷款服务。刘畅等（2017）实证验证贷款每增加一元，农村金融机构、城商行、股份制商业银行和国有商业银行针对中小企业的贷款增加以此递减，由此验证了小银行优势的存在。鲁丹（2009）、李广子等（2016）等研究也都表明，中小银行发展有利于减缓小微企业的融资难问题。

然而，De La Torre et al.（2010）指出，小银行优势理论与现实并不完全符合，在新兴市场中银行对于微型金融的参与既非由中小银行主导，也并不完全依赖于关系型借贷的方式，各种规模的银行都在并定位于加深与 SMEs 的联系，并将 SMEs（中小企业）视作核心和战略性的业务。Berger and Black（2011）发现大银行更倾向于给最大和最小规模的小企业贷款，而小银行则专注于给中型企业提供服务，Canales and Nanda（2012）指出，为了应对当地市场的竞争，分散化决策的大银行给小企业提供了更多的贷款。中国也不例外，2008 年之后，大银行对小微企业这类贷款对象的态度发生了转变，很多银行纷纷成立专门面向小微企业融资的部门，针对小微企业的贷款规模迅速扩张，增速甚至超过了小银行对小微企业的融资增速（韩亚欣，2016），Berger and Udell（2006）指出，关系型借贷不是给小微企业提供服务的唯一方式，其他借贷技术的兴起，包括信用评分技术、标准化的风险评级工具及一些新型的金融产品（如资产支持借贷、保理技术、固定资产投资和租赁等），为大银行服务小微企业产生了积极影响。对于中国的情况，谢平（2003）指出小银行网点覆盖不够广泛，因此尽管小银行具有处理"软信息"的优势，但其仍然面临着业务拓展的局限性。此外，De La Torre 等（2010）还总结了其他大银行愿意为小企业提供贷款的动机和优势，其一，为了应对银行业竞争，其二，通过建立更广泛的客户关系来交叉销售贷款以外的其他金融产品，如支付、储蓄及咨询服务等，其三，大银行能够利用自身的服务平台、广泛的分支机构网络、尖端商业模式和风险管理系统等方面的比较优势发展更多的客户，进而获得规模经济。

第三，银行可以通过内部交叉补贴的方式给穷人或小微企业提供贷款，一方面可以通过服务富人赚取利润来覆盖向穷人提供小额贷款的成本（Armendáriz and Szafarz，2009），但这种富人交叉补贴穷人的策略也可能出现问题，首先向穷人提供低利率的小额贷款可能将其他金融机构挤出市场，造成更严重的配给问题；另一方面市场上的竞争者可能会通过给富人，也就是高质量贷款人提供更低的利率的方式抢走客户，进而对采用交叉补贴的微型金融机构造成威胁。另一种可以被视为交叉补贴的方式是在企业生命周期的不同阶段收取不同的利率，进行跨期交叉补贴，正如 Kim 等人在 2005 年所建立的模型，企业发展初期，银行为其提供低（甚至负的）利率加成的贷款，在银行掌握关于企业的专有信息之后，银行对其收取垄断租金，而随着企业发展日趋成熟和外部银行的进入，市场竞争程度提高，企业所面临的利率将又会降低。

◇ 四 非正规微型金融的创新

即便难以获得正规金融带来的服务，民间也可以利用本地信息优势和社会关系进行创新性的契约设计，以此缓解小微企业体所面临的融资约束，其中最著名的实践当属孟加拉国的格莱珉银行，格莱珉的贷款偿还率一度超过了95%，这也促使世界上其他国家对这一模式进行效仿。经典格莱珉合同通过小组联保贷款的方式向抵押不足的个人提供贷款，其最突出的特点是连带责任，即联保小组成员负有为其他成员的违约兜底的责任。

很多基于信息经济学的理论研究表明联保合同有利于改善正规金融所面临的一系列信息不对称问题，首先，Stiglitz（1990）指出，个体有强烈的动机进行同伴选择形成相同风险特征的组，因为连带责任下，组内安全型成员不得不交叉补贴风险型成员，通过与风险特征同质的成员成组可以消除交叉补贴，Ghatak（1999，2000）的分析也表明了这种聚类匹配的存在性，放债人通过连带责任合同贷款给经过同类匹配的小组，在无抵押的情况下也能实现较高的偿还率，逆向选择问题因此得以克服。其次，Stiglitz（1990）和 Varian（1990）指出村民可以利用当地信息优势以低成本进行同伴监督，这种动机一方面来源于成员对其他个体的拖欠承担连带责任，另一方面只有当整个小组的贷款清偿后成员才能进一步获得贷款，stiglitz 的研究强调在同伴监督的作用下，为了使小组成员按照对银行有利的目标行事，银行将会给予借款人更大规模的贷款，进而减轻信贷配给，提高借款人的福利，但是 Stiglitz（1990）和 Varian（1990）的研究基于监督是无成本的，有一些学者在此基础上研究了包含监督成本和惩罚成本的情况，其中，Besley and Coate（1995）强调"社会抵押"在保证贷款偿还方面的作用，小组成员会对违约借款人实施社会惩罚，违约成本因此增加。Ghatak and Guinnane（1999）分析了道德风险问题，如果监督成本足够低，社会惩罚足够有效，连带责任将有利于通过同伴监督来提高偿还率。

尽管联保贷款模式存在一系列好处，但这一契约设计并没有在所有国家取得理想结果，联保贷款存在一定的局限性。其一，成本问题，联保贷款所需的同伴选择可能难以实现，且参与小组会议和同伴监督的成本会随着成员距离的增大而上升。其二，联保贷款本质上是将原本银行应该承担的客户选择、绩效监督以及合同执行责任转移给了借款人，当社会惩罚作用有限且监督存在成本时，连带责任机制会给成员带来更大的风险和隐形成本，随着贷款规模的扩大，小组违约率提高，成员所承担的隐形成本也随之增加，Madajewicz（2005）指出，借款规模超过一定水平，成员将更偏好个人贷款。其三，社会惩罚的有效性，一方面当小组成员彼此距离足够大时，社会惩罚可能难以实现；另一方面过于紧密的社会关系可能会使社会惩罚失效，甚至会增加小组合作对抗银行的合谋行为

(Laffont and Rey, 2003)，此外，社会惩罚本身可能导致问题，一些社会人类学谴责联保贷款可能会导致对违约者过重的社会惩罚，例如言语骚扰，当众羞辱，强制没收资产，甚至拆掉违约人的房屋等，Czura（2015）针对印度小额信贷的实验研究观测到了90%的偿还率和85%的惩罚率，说明小组贷款的确存在过度惩罚现象，表明小组成员已经把放贷人的使命内化了。其四，还有一些研究针对的是最优联保贷款合同中小组规模的问题，小规模的组会增加每一个成员违约的概率但增加了同伴监督的动机，大规模的组首先会导致搭便车问题，即成员可能想要依赖其他人花费精力进行监督，其次小组成员违约带来的损失随着小组规模的扩大而降低，因此，在合同设计时，对于小组规模的确定也十分关键。

  针对上述问题，很多试图削弱连带责任的替代性机制被创立，甚至"格莱珉银行二代"也将连带责任从条款中删除。这些创新包括：一是创造动态激励，提高借款人主动还款的动机，一种方式是贷款机构可以禁绝违约贷款人进一步获得贷款的机会，另一种方式是提供累进贷款，也就是对履约信用良好的个体增加放贷规模，这一机制首先可以通过前期小规模贷款的合同执行情况对借款人进行测试，其次随着后期贷款规模的扩大，出借人的平均贷款处理成本下降，最后累进贷款增加了借款人策略性违约的机会成本，进而激励借款人在违约前等待，出借方可以通过慎重决定还款日程将违约降至最低限度。但这种动态激励的效果会受市场竞争程度的制约，当借款人可以选择从其他贷款人处获得贷款，其还款的激励就会降低，声誉效应也将弱化，不仅如此，更多替代性借款机会的出现可能导致借款人过度负债，螺旋式的债务增加将进一步侵蚀借款人执行合同的能力，可能的解决办法是建立完善的征信管理系统，实现放贷人之间共享信息资源，由此一来，有不良信用记录的个体将被制约，放贷机构的风险得以降低。二是在合同中要求高频分期付款，首先，高频分期付款有利于初步筛选更容易履行合同的低风险借款人，而且即便项目失败，借款人也能依靠外部收入现金流偿还贷款。其次，González-Vega（1997）强调这一安排为放贷机构提供了早期预警作用，即金融机构可以对贷款拖欠采取及时的行动。最后，这一机制对于储蓄困难的借款人也是有利的，还款日程与外部现金流的匹配使得贷款更像是提供给借款人的一种储蓄服务，但这种高频的还款日程导致了交易成本的增加，因此在偿债频率设计时需要对潜在的收益和成本进行权衡。三是对抵押采取灵活的态度以及采取金融抵押，以印尼人民银行（BRI）为代表的机构在提供贷款服务时采用了非传统观念，认为抵押的概念价值比转售价值重要，因此能够接受更加灵活的抵押资产，还有一种方式是直接给予借款人积累金融资产的机会为借款人提供金融抵押。此外，其他的替代性方式还包括通过同伴压力降低违约率的公开偿还机制、激励银行员工收集本地信息以及借款人之间互相举报等。

◇◇ 五　政府的作用

由于微型金融的主要服务对象是弱势群体，因此相对于传统的金融机构，微型金融机构的客户更加贫穷，为了解决更严重的信息不对称问题，这些机构就需要付出更多的交易成本，承担更高的风险，面临更大的损失，因此政府对微型金融这一领域进行了大量的补贴。然而，关于是否应该对微型金融机构进行补贴，学界存在不同的看法。

补贴的支持者还认为，穷人无法支付高额利息，市场决定的高利率会使穷人面临信贷配给，而补贴可以帮助微型金融机构覆盖服务穷人的高成本，进而可以提高服务的延展性（outreach），防止金融机构出现使命漂移。D'Espallier et al.（2013）发现不依赖补贴的微型金融机构往往更少贷款给女性，且更倾向于提供大额贷款，而D'Espallier-Hudon and Szafarz（2017）发现那些接受年波动率较小的补贴的微型金融机构能够提供比其他机构更小额的贷款，Nawaz（2012）也指出微型金融机构可以通过使用补贴为更多的贫困人群提供金融支持

补贴的反对者则认为，第一，补贴会导致信贷配给，因为高利率可能是市场配置资源的结果，补贴导致的低利率扩大了贷款的需求，最终贷款可能基于政治权利或者社会关切分配给富人，将真正需要贷款，并甘愿为之付出高利率的弱势群体挤出市场。第二，受补贴的微型金融机构由于能够提供低利率，将对市场上其他本能为小微企业体提供金融服务的金融机构产生挤出效应。第三，当微型金融机构更加依赖于政府补贴，其通过提供储蓄获得资本的动力被削弱，穷人将难以进行有效率的储蓄（Armendáriz and Morduch, 2005）。第四，补贴可能会对微型金融机构运营效率造成不利影响，

首先，Kornai et al.（2003）指出，预算软约束会降低依靠捐赠途径融资的微型金融机构缩减成本的激励；Morduch（2000）也指出，即便是非营利项目，硬预算约束也更有利于促使管理者提高效率。其次，补贴可能会导致道德风险问题，提供补贴的政府或私人捐赠者难以对微型金融机构如何运用外部资金进行监督，Bhatt and Tang（2001）的研究表明，补贴非政府组织的微型金融机构最终导致资金使用的无效率和松懈的管理，进而导致有限的服务延展性和高的贷款违约率，除了浪费资源，还进一步阻碍了微型金融机构财务独立的动机。Caudill et al.（2009）对东欧和中亚的研究也显示，依赖于存款而不是补贴来进行融资的微型金融机构效率更高。

然而，也有一些研究认为补贴并不会导致低效率，因为补贴可以给予微型金融机构更多的空间来进行人力资源以及基础设施投资，进而有利于长期效率和服务质量的提升，Hudon and Traca（2011）的经验研究支持了这一点，其实证研究表明，一定门限值以内的补贴将会促进微型金融机构提高效率，但超过一定水平，补贴的边际影响将会降低。Armendáriz and Morduch（2005）提出补贴可以在项目启动的初始阶段被利用，随着项目的成熟，微型金融机构面临的成本由于规模经济的存在而下降，最终项目能够脱离对补贴的依赖，实现财务自足。他们还进一步提出可以采取灵活的补贴，包括补贴机构的起始成本而非进行中补贴消费者、对赤贫客户进行短期策略性的补贴以及长期战略性的补贴等。

除了补贴，政府还可以通过完善金融基础设施来为微型金融提供保障，包括构建完善的征信系统、支付体系，以及为经济发展提供一个良好的法律和监管环境等。李稻葵等（2016）以征信系统为例评估金融基础设施建设对经济的影响，通过促进对信用记录良好的经济体进一步发放贷款和抑制对信用质量较差的经济体贷款发放的两个渠道影响信贷发放，显著促进总消费和总投资的增长。沈洪明（2006）指出，我国的中小型民营企业总体上信用质量不高，存在很多违约、价格及质量欺诈、拖欠款、虚假信息披露等诸多问题，因此征信系统的构建对于解决我国小微企业体融资难、融资贵问题尤为重要。

具体而言，征信系统由第三方专业机构通过合法方式采集、记录经济体的相关信息，形成信用档案，并对外进行信息共享，国内外一些学者研究了信用体系对信贷市场产生的作用：第一，信息共享有利于减少风险借款人的逆向选择问题（Pagano and Jappelli, 1993），从而减轻信贷配给。第二，信息共享使银行进行信贷决策所依赖的信息趋于同质化，有利于削弱银行基于信息优势形成的垄断力量，提高信贷市场的竞争程度，竞争压力迫使银行放弃向借款人收取高利率的机会主义行为（Padilla and Pagano, 1997）。第三，信息共享机制的完善对借款人形成一种行为上的纪律约束（disciplinary effect），有利于降低借款人的违约率，因为借款人的违约信息会传递到其他贷款人处，所以借款人一次违约将会影响与其他所有贷款人建立信贷关系，这就对借款人的履约产生了激励作用（Padilla and Pagano, 2000）。第四，Bennardo 等（2010）指出，如果银行能够通过信用报告系统共享借款者关于信贷历史的信息，借款者过度借贷的动机将会减弱，贷款违约率下降。此外，龙海明和王志鹏(2017)指出,征信系统对信贷水平的影响体现在信贷的规模和风险两方面,首先,征信系统能够为包括小微企业在内的弱势群体提供更低价和便捷的贷款,从而对信贷结构进行优化,其次,征信系统对信贷风险的影响体现在降低金融机构的不良贷款率、应对高风险借款人再融资以及贷后风险的预警。国内外很多学者就征信系统对信贷市场的影响进行了一系列经验研究,结果普遍表明,征信系统的构建将有助于缓解企业所面临的融资约束,提高贷款的效率(Galindo and Miller,2001;Djankov et al.,2007;Luoto et al.,2007)。

六 微型金融机构的使命漂移问题

微型金融的初衷是为受金融排斥的经济体提供可负担的金融服务,然而,向弱势群体提供信贷往往成本较高,因此很多微型金融机构依赖大量的补贴或捐赠维持财务的持续性。随着这一行业开始吸引日渐广泛的关注,从事微型金融服务的金融机构也逐渐增多,甚至很多传统商业银行也纷纷涉足该领域,行业的竞争程度随之提高,除此之外,也受到借贷技术的改善以及很多国家金融自由化水平提升的影响,很多受补贴的非政府组织(NGO)进行了商业化转型,从非营利机构转变为银行或其他金融机构。这种转变意味着微型金融机构更加注重效率和财务可持续性,需要微型金融机构提高吸收商业性外部投资的能力,降低对补贴的依赖,实现财务自足,另外也需要机构实现商业化管理,推行股份所有制,微型金融机构实现商业化也意味着需要接受金融监管当局的监督,通常情况下,微型金融机构也将因此被允许提供储蓄服务。

然而,商业化带来的问题是,微型金融机构将同时被赋予双重目标,一是体现其盈利能力的财务可持续性(sustainability),二是体现其社会责任的服务延展性(outreach),理想的情况是实现"双赢"。然而这种"双赢"在现实中能否实现?社会目标和盈利目标之间是否存在冲突?随着规模的扩大,商业化微型金融机构是否会出现使命漂移?一些学者就这些相关问题展开了研究。

首先,一种观点认为盈利目标和社会目标可以相容。第一,微型金融机构在商业化转型后可以吸收更多商业资金,这将有利于扩大对穷人的贷款规模,以及保持长期的贷款供给。第二,随着竞争程度的增强,信贷技术改进以及更加自由的金融市场政策,微型金融机构的稳定性和效率将得到提高,这将有利于更好地为穷人服务(Hermes et al., 2011)。经验研究方面,Quayes(2012)、Louis et al.(2013)等国外的一些研究表明微型金融机构的双重目标可以兼容。而国内卢亚娟和孟德锋对57家江苏小贷公司的数据也发现财务目标和支农目标可以兼顾。胡金焱和梁巧慧(2016)重新界定了小贷机构保持社会服务性、资产收益性和资产安全性的三种目标,对山东省的实证研究显示,三个目标可以实现统一。

然而,Morduch(1999)指出,无论从经验上还是从逻辑上,"双赢"都是不现实的,除非穷人只关注贷款可获得性而不关注成本,财务目标和社会目标将不能同时实现,Morduch(2000)进一步将这一现象定义为"微型金融分裂"（microfinance schism）。造成二者权衡的主要原因是提供小额贷款的高成本，Von Pischke（1996）从供给侧和需求侧两方面进行了分析，从供给侧看，服务穷人的小额贷款往往需要更高的信息收集和监督成本，从需求侧看，随着微型金融服务的覆盖面扩大，高风险借款人出现的概率增大，总体违约可能性提高。包括 Gonzalez（2010）以及 Hermes 等（2011）在内的一些实证研究支持了提供大额贷款更有助于微型金融机构提高利润，小规模的贷款则会导致效率的降低这一论证，表明社会责任和财务目标间存在着冲突，在二者出现矛盾的基础上，关于微型金融应该更注重财务效率还是应该增加服务的延展性，存在两种主张，福利派更强调社会表现，认为微型金融机构可以依赖捐赠和补贴履行减贫的使命，制度派认为，为了更成功地为穷人提供金融服务，微型金融机构应该致力于保持财务可持续性，这就有可能导致使命漂移问题，也就是小贷机构将逐渐更倾向于为富人提供大额贷款，Ghosh and Tassel（2008）指出，随着以营利为目的的投资者进入微型金融领域，使命漂移是不可避免的。Cull 等（2007）以及中国的杜晓山（2010）、杜晓山和聂强（2012）等的研究都实证了小贷机构存在"嫌贫爱富"属性，随着业务规模的增大，小贷机构可能发生使命漂移问题。然而需要特别提出的是，研究者往往把提供越来越大额的贷款视作使命漂移的判别标准，Armendáriz and Szafarz（2009）指出即便不发生使命漂移，微型金融机构也有可能通过累进贷款和内部交叉补贴增大贷款规模，由于现有研究缺乏分离累进贷款和交叉补贴的方法，因此对使命漂移问题的评估在一定程度上并不准确。

七　金融科技催生数字普惠金融时代

金融科技的兴起推动了数字金融的发展，使得金融服务能够通过数字平台提供给更多的个体和企业。与传统模式相比，互联网金融模式具有边际成本递减、网络外部性、低交易成本、信息不对称程度低、交易去中介化的特点（谢平等，2015），随着移动技术越来越普及，普惠金融的发展也进入了"数字普惠金融"时代，旨在开发向世界上受金融排斥的群体提供金融服务的数字交易平台。

首先，大数据技术能够挖掘更多的信用信息，有利于金融机构克服信息问题和防范信贷风险。吴晶妹（2015）指出，随着网络和大数据技术的发展，网络征信将逐渐崛起，相比传统征信模式，网络征信门槛低、成本低、数据来源更广泛，信息更全面，不仅包括财务数据，还涵盖包括文字言论、语音、图片、社交情况等在内的非财务社会性信息。Kshetri（2016）指出中国和其他新兴市场国家的低收入群体和小微企业难以获得金融服务并不是由于缺乏信誉，而是由于银行和其他金融机构缺乏相关信息。大数据的使用有助于改善这一问题，进而为这些受排斥的群体提供服务。其次，云计算、大数据等互联网技术还能帮助放贷机构以更低的成本和更快的速度利用计算借款方的动态违约概率，并基于潜在的风险对贷款定价。Pérez-Martín（2018）通过模拟实验表明，大数据技术和算法技术能够帮助金融公司管理越来越大的数据集，帮助划分客户的风险级别从而帮助金融机构进行贷款决策。在中国，越来越多的以蚂蚁金服为代表的一些互联网企业也逐渐通过大数据等技术的使用参与到借贷市场中。

金融科技的发展对传统银行业带来了巨大的影响，一方面正规金融机构探索与金融科技的合作，以便获取更多关于客户的高质量信息，赵岳和谭之博（2012）构建了一个银行与电子商务合作的理论模型，表明通过引入电子商务平台，原本遭受信贷配给的低风险小微企业可以展示信用类型，在无抵押的情况下也能获得贷款。不仅如此，网络技术还使得很多传统业务能够从网上直接开展，银行因此只需保留更少的网点，这有助于银行降低人工成本，提高效率。一些学者对网络银行或无网点银行的表现进行了研究，包括Hasan（2002）、Claeys and Arnaboldi（2008）以及Ciciretti et al.（2009）在内的研究表明网上银行与银行绩效表现正相关，但在发展中国家，消费者可能仍对传统基于网点的银行服务有大量需求，因此开展网上银行业务或许并不能提高银行盈利能力，在这些国家，拓展客户基础是必要的（Sumra et al.，2011）。需要特别指出的一点是，随着金融科技的发展，银行可获信息增加，交易成本降低，信息传递效率提高，决策链条也进一步缩短，这对传统的小银行优势理论提出了进一步的挑战，在新环境下，银行规模对于提供小额信贷的影响是否会减弱将成为一个重要的问题。

金融科技的发展还促进了传统银行业之外的网络借贷的发展，P2P 作为发展最快的网贷商业模式之一受到了研究者的广泛关注。P2P 网络借贷平台在不涉及金融机构的情况下，可以利用技术手段直接匹配借贷双方，撮合交易，这一过程中，平台本身不持有贷款和承担风险，而是通过向借款人和投资者收取服务费来赚取利润。为了识别借款人的信用价值，平台往往需要跟第三方合作，美国和英国等发达国家的 P2P 放贷人可以通过信用管理局获得相关信息，而对于中国和印度等发展中国家，P2P 平台无权限使用官方征信管理局的数据，因此只能依赖其他替代性数据建立信用价值，信息可以来源于电信公司、电子商务网站、物流公司、会计平台以及社会媒体等。国内外很多文献研究了 P2P 市场上借款人的信息识别问题，除了认证信息，包括借款描述、相貌、社会关系信息数量等在内的非认证信息也都与贷款成功率有关。P2P 贷款采用基于风险的定价机制，平台可以利用机器学习建立有效的信用风险模型，并基于借款人的信用数据将借款人划分为不同的风险级别，在此基础上结合贷款的额度和期限确定贷款价格，这种机制使得具有良好借贷历史的借款人更容易以低利率获得贷款。尽管相比于传统银行，网络借贷能够以更高的效率承销，但其风险同样不可忽视，就中国的情况来看，自 2014 年以来中国经济放缓，很多网络借贷平台由于欺诈、拖欠、违约以及流动性问题而宣告失败，第一，由于放贷平台本身不承担贷款风险，因此缺乏激励保证贷款质量，甚至平台本身可能存在欺诈风险，就这一问题，P2P 平台可以通过建立储备金或者提供信用担保的方式缓和投资者面临的违约风险，准备金制度是将贷款的一定比例放入公共的储备资金池，一旦某笔贷款违约，投资者可以接受来自储备金的补偿，而信用担保则是平台通过向借款人收取高利率赚取的利润为基础，向投资者提供一个经过担保的回报。第二，投资者的进入和证券化在带来了资本和流动性的同时，也加剧了P2P贷款资金来源更容易受市场冲击的影响。第三，网贷市场上借贷双方仍存在信息不对称问题，借款人所提供的一些信息未经验证，限制了出借人准确识别借款人风险的能力，而平台也缺乏诸如抵押以及监督等适当的机制保证贷款偿还，这些问题在一定程度上导致了羊群效应，也就是出借人通过观察其他人的行为做出决策，包括Herzenstein et al.（2011）、Zhang and Liu（2012）、Lee and Lee（2012）、廖理等（2014）等在内的学者对这一现象进行了相关研究。

关于数字金融或者说互联网金融对于金融体系包容性的影响，王馨（2015）基于安德森的长尾理论指出，互联网金融有利于改变"臂弯"状金融供给曲线的位置，缓解均衡时针对小微企业的信贷配给。李建军和王德（2015）通过模型分析表明互联网借贷在降低融资搜寻成本及增加网络外部效应方面存在优势，因而可以降低小微企业体的融资成本，提高融资的市场效率。一些经验研究也支持了这种观点，其中Jagtiani and Lemieux（2018）发现Lending Club的消费信贷已经渗透到传统银行未能服务的地区，而且Lending Club消费信贷的比例在经济情况不好的地区更高。但也有一些针对P2P网络借贷的经验研究显示网络借贷市场上存在金融排斥，例如丁杰等（2018）、胡金焱等（2018）都发现低收入者在网贷市场上面临更低的贷款可得性与更高的融资成本,很多其他研究也表明网贷市场对性别、相貌、种族、地理位置等非理性歧视(Pope and Sydnor,2011;Dorfleitner et al.,2016;Herzenstein et al.,2011;庄雷和周勤,2015 等)。

第七章

中国农村金融七十年的政治经济逻辑（1949—2019）

新中国成立 70 年，中国农村金融体系出现翻天覆地的变化，由非正式金融主导，变为正式金融体系主导，近 40 年正经历由行政主导，到市场主导的改革进程。本章探究中国农村金融的政治经济逻辑，从系统层面对改革过程做历史与政治经济分析，并对改革策略和计划做出评估。本章认为，中国农村金融改革的路径，逐渐从行政捕获，走到了市场抽取：在行政主导时期，金融机构为国家工业化和城市部门扮演着储蓄动员机器角色；在市场主导时期，市场体系继续将农村资金抽取到利润更丰厚的城市和工业部门。计划经济时期，在国家工业化战略和国内资本短缺背景下，面向农村的金融机构主要扮演储蓄动员机器的角色。改革开放初期到 20 世纪 90 年代中期，中央与地方政府都十分重视金融控制，不断将正式机构的信贷资金以行政配置的方式使用到城市和国有企业，造成了持续多年的选择性信贷政策和金融抑制问题。当国内资金供求形势从 1996 年，特别是从 2003 年由短缺走向过剩后，国家开始对农村金融体系进行更深入的改革，意图重振农村地区的金融服务。然而，国家的

第七章　中国农村金融七十年的政治经济逻辑（1949—2019）　**239**

发展战略受到其市场化手段的妨碍。在城乡收入差距不断扩大的情况下，市场体系继续将农村资金抽取到利润更丰厚的城市和工业部门。本章建议政策制定者跳出市场逻辑，建立一个垂直合作的农村金融体系，系统地整合正式和非正式机构中的政策金融、合作金融和商业金融，通过改变城市导向性的经济金融安排，才能获取城乡金融体系的均衡发展。

◇ 一　引言

中国发展道路，和西方理论的经典路线常常不一致，以至于一直以来有各种类型的"中国之谜"（Chinese Puzzle）命题，比较著名的有关于科技应用的李约瑟之谜（李约瑟，1975）、关于中国资本主义萌芽的韦伯疑问（韦伯，1997；林毅夫，2007）、关于"高财政赤字和高货币供给量的同时保持价格稳定的现象"的麦金农"中国之谜"（麦金农，1993），等等。这样的发展悖论，在中国的农村表现更为明显。以农村借贷为例，当绝大部分发展中国家还在非正式金融体系中打转，争取从具有明显高利贷特征的民间借贷为主，转为稍有制度制约的微型金融体系时，中国早已实现了由非正式金融，转向了建设以合作金融为基础，商业金融和政策金融相结合的正式金融体系（Zhou and Takeuchi，2010）。使得中国的信贷可得性在发展中国家遥遥领先。多数调研数据表明，超过三成的农户得到了信贷服务①，根据中国人民银行发布的《中国农村金融服务报告》（2016），已有近9248万农户获得银行贷款，达到全部农户的40.21%。而作为微型金融服务模范生的孟加拉国、泰国、印度等，远低于中国。如孟加拉国小额贷款渗透率为25%，泰国为8%，印度为7%（Bateman，2011）。然而，巨大成就的背后，也有明显的不足。20世纪80年代以来，当整体经济强劲增长时，农村经济却出现发展的不充分，和城乡发展的不平衡问题。当农村的经济社会取得长足进步时，缺乏必要的金融服务仍是一个基本事实，农村金融服务的覆盖面、数量和质量都不尽如人意。例如，农村地区一直缺乏金融机构和服务覆盖。虽然2009年底金融监管当局提出要力争用三年左右时间实现全国各乡镇基础性金融服务全覆盖，但截至2013年6月，仍然有1000多个乡镇没有任何形式的金融网点②。虽然银监会发文，力争打通金融服务的"最后一公里"，到2020年底全面消除金融机构空白乡镇③，但留下来的都是硬骨头，对金融机构需要足够的激励才行。无论从过去狭义上的用途口径（窄口径）

---

① 按照北京大学社会科学调查中心主持的中国家庭追踪调查（CFPS）2012年的微观调查，中国贫困农户借贷发生率28.53%，非贫困农户借贷发生率30.37%。西南财经大学中国家庭金融调查与研究中心组织的"中国家庭金融调查"（CHFS）更具影响力，2011年调研数据表明，在3244个样本家庭中，有1078个有过借贷行为，占比33.23%。

② 2009年底，中国共有2945个金融机构空白乡镇（中国银监会办公厅关于认真做好金融机构空白乡镇服务工作的指导意见，2009年11月28日）；截至2013年6月，累计解决1249个乡镇的金融机构空白（国务院关于农村金融改革发展工作情况的报告，2013年6月27日）。

③ 中国银监会印发《关于做好2016年农村金融服务工作的通知》（2016年2月26日）。

的农户贷款、农业贷款，还是2007年以来使用的广义上的县域口径（宽口径）的涉农贷款，信贷服务与农村提供的储蓄、产值，以及人口占比相比，都不匹配。无论从公平角度，还是从效率角度衡量，农村金融服务仍存在明显不足。二元金融结构，进一步加剧了二元经济、二元社会甚至二元政治结构的矛盾。

早期对中国农村金融的英文文献主要集中于识别农村金融机构的制度缺陷（如Tam，1988）。近些年研究集中于微型金融的兴起及其相关问题（Tsai，2004），以及农村的非正式借贷（Zhou and Takeuchi，2010）。另外，中国学者大多从经济学角度，分析农村信贷短缺的原因，然后给出政策建议（例如何广文，1999；谢平，2001；高帆，2002；马晓河、蓝海涛，2003；陆磊，2003；张杰，2003、2004）。本章认为，理解农村金融体系动态变化的关键，在于从宏观层面把握国家和市场的角色变化。一方面，国家的指令、战略和政策，对农村经济和金融会产生直接、深刻的影响。毕竟，作为经济改革一个不可分割的部分，农村金融改革长期以来主要是国家主导、自上而下的过程。另一方面，市场化的改革路径，也在重新塑造农村金融格局，市场力量在限制着政策制定者的选择空间。基于此，本章提出一个"中国农村金融之谜"：为何中国经济高速增长，金融迅速发展，而农村分享较少，基本金融服务依然缺乏？

本章试图对中国农村金融展开政治经济学研究，从系统层面对改革进程做政治经济分析，同时评估1949年以来的发展策略和改革计划。本章将农村金融看作农村地区的金融服务，包括所有储蓄、贷款、融资和风险最小化机会（正式或非正式），以及相关规范和制度（Pearce, 2003; Schmidt and Kropp, 1987）。我们认为，中国农村金融改革的逻辑，持续受到国家、市场和农村社会三者之间不断演变的关系的塑造。具体来说，1949—1978年的改革路径是从建立行政捕获体制，到去除行政捕获体制转换，前者源于苏联通过再分配实现工业化的经验，后者来自市场化改革。无论是1949年以来的新民主主义革命，还是后来的计划经济时代，资本短缺是基本背景，农村金融体系是国家用来动员农村储蓄、为工业发展融资的工具。1978年的改革开放到20世纪90年代中期，资本短缺仍是基本背景，虽然向市场分权的改革不断深化，行政主导的信贷分配仍是主旋律，对农村的金融压制仍然是中央与地方政府控制金融资源的重要措施。从1996年起，国内资金供求形势由短缺走向过剩，国家开始对农村金融体系进行更深入的改革，意图重振农村地区的金融服务。然而我们发现，国家的发展战略受到了其制度薄弱点和市场化手段的妨碍。在城乡投资回报率和收入差距不断扩大的情况下，市场体系继续将农村资金抽取到利润更丰厚的城市部门，将农村留在低水平陷阱之中。

本章首先围绕国家、市场在农村金融中所扮演的角色进行探讨，探究中国农村金融的历史和政治演变过程，指出其从行政捕获到市场抽取的转变。最后，我们提出，即使中央政府有决心和承诺，目前市场导向的改革方案也不可持续，仅仅依靠政府和市场这两只手，也不足以振兴乡村，解决农村金融难题。中国农村金融的出路，在于建立一个更加多元化、分工明确的框架，系统地整合政策性、商业性和社会性金融,将两只手的舞蹈,转换为为农村社会机体服务的三只手共舞。

◇ 二 两层结构与行政捕获:1949—1978

作为一个数千年处于传统农业社会之中的国家,中国的农村金融不可避免地受到国家和农民动态关系的塑造。

(一)由三层结构变为两层结构

对此,Mann(1993)对国家的专制权力(despotic power)与基层渗透权力(infrastructural power)的区分可作为讨论的起点。专制权力指国家精英对市民社会的分配权力,即一种主要通过高压政治实现的掠夺式干预。基层渗透权力则指中央政府(不论专制与否)在其领土中渗透并合乎逻辑地实施其决定的制度能力,即一种需要社会自愿参与集体行动以完成某种社会目标的建设性权力。国家可能同时运用两种形式的权力,二者的比重决定了国家与社会交互的性质。

Wittfogel(1957)的"东方专制主义"理论也许最能概括中国过去皇权时代的国家干预和渗透形式的结合。在"东方专制主义"下,大一统的国家通过强迫劳动和一套庞大复杂的官僚体系,建立了一个"水力帝国"。费孝通(1953)则从社会学角度进一步佐证了该理论，他发现国家—农民的超稳固政治和社会结构是以中国农村乡绅阶层为基础的，乡绅都是传承儒家道德体系的有地知识分子，维系着乡村的传统社会架构。乡绅位于国家和农民中间，传达与缓冲国家专制权力、延伸国家的渗透能力，并发挥了保持统治者与被统治者的平衡的作用。例如，卢小波（1997）对农民税收历史的研究表明，中国皇权时代很多时期，全国农民的平均税赋比20世纪90年代初还要低。在农村金融方面，皇权政府在很大程度上起到了扶持作用（张杰，2005）。

（二）行政捕获

1949年后，这种微妙的平衡被打破，前期主要是"行政捕获"（下文将详示其定义），后期主要是"市场抽取"（在第四部分将详示其定义），本章提出这两个理解中国农村金融政治经济演变的关键概念。

行政捕获（state predation）指国家在农村金融和发展上运用其专制权力带来的分配性（distributive）后果。与行政捕获最相近的概念是"国家的掠夺之手"（the predator state），不同的是，新古典主义和新功利主义将掠夺型国家看作统治集团"抽取其他成员收入"的盗取（klepto-patrimonial）制度（North，1981：22；亦见Lal，1988和Levi，1988 Ch.2）。如下文将详述的，新中国的工业化策略更多是分配性而非寻租性的。如Jonhson（1982）（亦见White and Wade，1988和Evans，1989：563）所言，即使国家可能不可避免地有寻租行为，或"利用一些社会剩余满足在位者个人目标"，但只要国家行为的结果是促进而非阻碍长期转型，这类国家就应该被认为是"发展"的而非"掠夺"的，前者也被 Sklar（1983）称为"发展型专制"（developmental dictatorship）。这些已有概念的缺陷在于只看到国家的整体功能，而忽略了国家在具体不同部门的重大差异，例如新中国对农村发展的影响。为此，本章不是将国家在农村发展中的掠夺性角色定义为新古典主义中的寻租，而是从农村经济的福利角度定义行政捕获，其本质是国家的分配性抽取之手（a distributive grabbing hand）（Shleifer and Vishny，1998），通过系统性地强制抽取农村和农业剩余，以完成其政治和经济战略。

行政捕获的出现，既源于政治和社会结构的变化，也源于国家以农业产出和农村人口为代价的工业化、城镇化发展战略。在中国的共产主义革命后，乡绅阶层在土地改革时期被消除殆尽，皇权时代的"国家—乡绅—农民"三层结构，转变为"国家—农民"两层结构。由于缺乏一套有效的法律体系，农民直接地暴露在国家的专制权力面前（张杰，2005）。

同时，中央采用了苏联式工业化道路，以发展资本密集型重工业为首要目标。在国际孤立的情况下，中央依靠资本稀缺的农村经济，动员了大量社会经济资源服务于工业化战略和城市居民，后者是这种体制的关键支持者。这个目标的达成是靠一套林毅夫等（1994）所言的"城市偏向性"的、高度扭曲的政治经济体制（也见 Grossman，1983；图 7-1）。具体来说，国家通过两个渠道抽取农村经济的资源。一方面，中央集权的计划经济体制，使国家可以通过行政命令降低农产品价格、提高工业产品和农业原材料价格，从而抽取农业剩余补贴工业，即"价格剪刀差"（Knight，1995），实际上相当于一种"工业化税"。据郑有贵和李成贵（1997）估计，1952—1957年间农业通过价格剪刀差向工业贡献4500亿元资金，相当于同期财政收入的22%。另一方面，处于国家垄断下的金融体系，以储蓄存款的形式，更深入地吸取农村金融剩余，将资本输送给城市和国家工业部门。①

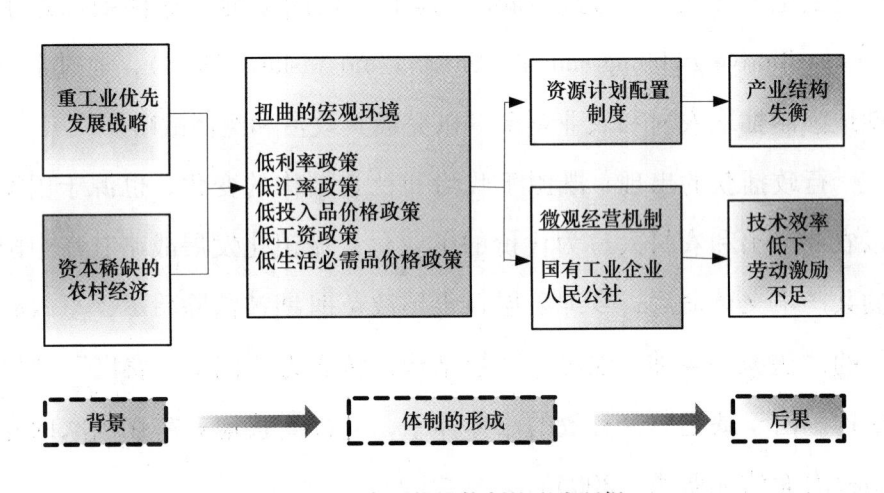

图7-1 中国传统体制的形成逻辑

资料来源：林毅夫、蔡昉、李周，《中国的奇迹：发展战略与经济改革》，上海三联书店、上海人民出版社1994年版。

---

① 依据中国人民银行发布的历年相关统计数据，1954—1979年间，农信社累计存款达1941亿元，发放贷款只有530亿元，资金净流出高达1412亿元，农信社的存贷比从1958年的61%下降到1965年的28.1%。另外，1966—1977年，国家农业贷款占贷款总额的比例从10.28%降到6.12%，农信社农户贷款占各项贷款的比例，从75%大幅下降到28.7%。

因此，在改革开放前，农村金融是国家抽取农村资金支持工业化的储蓄动员机器。不可否认，通过这种资金抽取办法，中国在很短时间内从无到有地成功建立起一整套现代（虽然是初级的）工业基础。然而，国家对农村经济的掠夺，包括以一套紧密交织、无所不在的农村金融体系进行的金融抽取，严重扭曲了劳动力、商品和资本的价格，造成了产业结构的不平衡，效率低下，以及农村经济的衰败。这种行政捕获，也伴随着改革开放的前期，一直延续到20世纪90年代资金形势逆转，市场抽取的登台。

◇◇ 三 由中央到地方的行政捕获：1978—1995

中国的改革开放，始于1978年开始的农村改革，这引发了20世纪80年代更广泛的经济改革。从农业产值和农民收入激增的基本事实看，这场经济改革取得了巨大成功。这在很大程度上归功于农业生产组织的体制改革（即从人民公社转变为家庭承包责任制）以及与城市部门展开市场交换的引入，后者极大地释放了农民的企业家才能和生产力（Oi，1990；黄亚生，2008）。然而，尽管80年代在放活农村经济上获得成功，农村金融依旧是抽取性的制度安排。从改革初期到90年代，资本短缺问题一直困扰着中国经济，这让国家有动力去维持农村金融体系的储蓄动员功能。1985年中央向地方分权的"拨改贷"制度实施后，地方政府逐渐不再指望国家预算无偿拨款来进行基建投资了，而是转向了聚集资金更多的银行体系。

分权化后，地方工业化和城市化，不断产生巨额的资金需求，让中央和地方对财政和金融资源的控制，更加协力，也相互冲突。实际上，金融控制主要表现为相互继承的两种形式：中央政府的金融纵向分割，和地方政府的金融横向分割（周立，2003），加强了国家转移农村金融资源的能力，又重新让国家工业部门获得了坚实的金融资源支持。

（一）金融纵向分割

1979年后经济改革的目标，是将中国从严格的计划经济转变为市场经济。改革过程中，国家逐渐从发布指令的高位退出，把之前高度垄断的经济自主权，逐步还给地方。这一过程自然伴随着国民财富由"集财于国"到"散资于民"的转换。一个直接的证据，就是国家财政能力不断降低。国有企业在国民总产出中的比重也相对降低，这也减少了国家的收入。中央政府在新的"弱财政"现实下，却仍然需要具备动员和分配资源的强大能力（王绍光和胡鞍钢，2001）。因此，金融部门，尤其是银行，被用来承担国家财政的部分功能，动员金融资源补贴国有企业、缩小地区差距。例如，到20世纪90年代中期，国有企业98%的营运资本是银行融资。这种转变导致了中国银行体系财政化，国家把包括农村金融体系的金融部门，当作"第二财政"（裴敏欣，1998；周立，2003）。

以1979年2月恢复成立中国农业银行为标志，金融改革开始了中央政府主导的纵向分割,以加强对金融资源的纵向控制。过去的单一银行,即中国人民银行,同时作为中央银行和唯一的商业银行,显然不能在一个分权的、越来越复杂的市场下,完成动员民间资金的任务。因此,1979年至1984年,中央政府实行双层银行体制。中国人民银行逐渐变为独立的中央银行,其原有商业功能被拆分,由新组建的四家国有独资专业银行承担,即中国工商银行,中国农业银行,中国银行和中国建设银行,统称"四大"。

中国的行政机构分为不同的纵向功能或产业部门("系统"或"条条"),同时又有横向的权力范围划分("地区"或"块块")。在这个意义上,中国的银行主导型金融体制是一个纵向分割的结构。"四大"的业务以不同产业部门来纵向分割,网点遍布全国,每一家都在自己的领域内享有垄断地位(周立,2003;Bell and Feng,2013)。例如,中国农业银行于1979年2月首先从中国人民银行分离出来,职责是为农村地区提供金融服务①。银行体系越来越像"第二财政",凭借其纵向结构帮助中央政府动员家庭和企业的资金,包括农村地区的资金,为其工程和项目融资。改革初期的高速货币化进程,带来了金融机构资产的井喷式增长。然而,金融体系的纵向分割并不意味着以商业原则来分配资源,相反,主要是为政府财政投资提供融资(周立,2003;Okazaki,2011)。

---

① "四大"的分工为:中国工商银行负责城市储蓄和借贷,中国农业银行负责农村部门储蓄和农业贷款,中国银行负责所有与国外相关的交易,中国建设银行为主要的国家建设工程提供贷款。

（二）金融横向分割

1985年的拨改贷，使得地方政府加入了资金争夺战。在双层银行体制建立前，地方政府没有控制所在地金融机构的动机，因为在计划经济体制下，财政预算远比银行借贷重要。但伴随中央政府财政能力的减弱，中央计划内安排的资金越来越不足以满足地方的投资需要。另外在新的财政包干制下，地方政府也开始有意减少税收努力（王绍光和胡鞍钢，2001；周立，2003）。即使用开放政策吸引外商投资，中央和地方政府的资金缺口仍然越来越大，意味着银行部门必须更多地承担替国家基础设施建设提供资金的重任。更重要的是，地方官员的提拔取决于政绩；地方政绩竞争主要表现为地方经济增长竞争；经济增长主要表现为投资竞争；投资竞争主要表现为金融资源竞争；金融资源竞争主要表现为金融机构竞争。总之，地方官员的政治生涯很大程度上取决于对金融机构的控制。所以，地方政府加强了对国有银行当地营业网点的控制，毕竟当地分支的人员任命和员工福利掌握在地方政府手中，而且国有银行和新型专业银行也有在各地铺设网点的冲动（裴敏欣，1998）。同时，地方政府开始争相设立融资平台，如信托投资公司，证券公司等，并争取在当地设立融资中心、证券交易中心等，以吸引资金用于地方投资。其后果是，在很短时间内，以地方政府为基础或由地方控制的金融机构（部分非法）遍地开花、爆炸式增长。所以，在中央的纵向分割下，金融体系进一步依行政地域横向分割为块块（见图

7-2)。

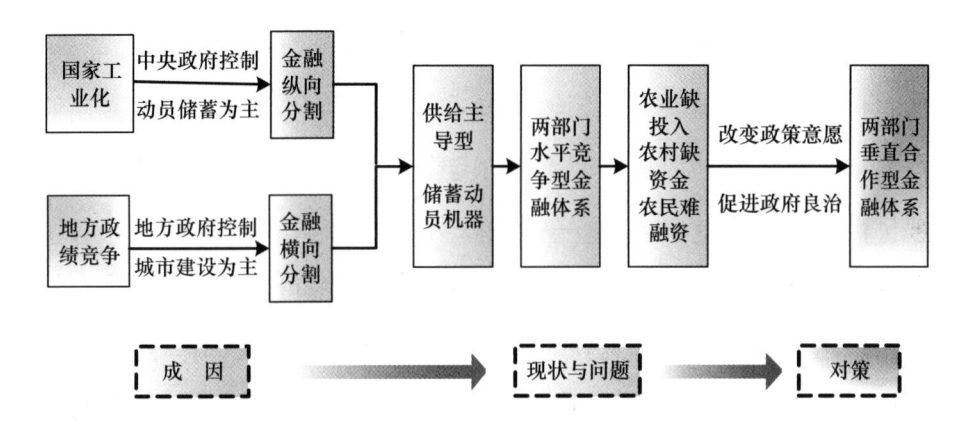

图 7-2 中国农村金融体系形成逻辑与改革思路

资金持续短缺和政府（中央的和地方的）对金融控制的强化同时并存，意味着20世纪80年代到90年代早期农村金融的改革目标，依然是动员农村金融资源，服务于工业化和城市化，而非解决农村地区的融资难题。必须认清，农业投资的回报明显低于工业，特别是出口加工业。因此，地方政府和银行都乐意将农村储蓄用于非农投资。另外，地方金融机构的资金，特别是农信社的资金，如果不被地方政府划拨用于填补地方资金缺口，反而常常被滥用，因为各方都预期中央政府最终会通过中国人民银行再贷款将农信社的亏损一笔勾销（谢平，2001）。

在微观层面，农业银行自1979年重建以来，一直同时扮演政策借贷者和商业借贷者两种角色。农村金融的另一个主要力量是农信社①，在 20 世纪 80 年代，拥有 60% 左右的农村储蓄和贷款。此时，农信社受农行直接管辖，因而在经营管理上缺乏灵活性和独立性。与一般意义上的合作金融不同，农信社有很强的政府背景，从农村地区吸收金融资源，转而投入非农领域和工业部门，为其储蓄存款寻求更高的回报。结果是，与全国金融体系在 1996 年一直出现贷差，即贷款余额大于存款余额，不同的是，从 70 年代起，农信社各项贷款余额一直低于其各项存款余额（存贷比低于 1），即农村存款只是部分用于农村贷款。80 年代，存贷比大体在 1/2 左右，90 年代在 2/3 左右。其中，1995 年只有 22% 的农户储蓄被用于农村贷款。黄亚生（2009）的调查显示，在 80 年代，仅有 30% 的农村居民可以获得某种形式的信贷，到了 90 年代，这个数字已经减少为 10%。根据全国农村固定观测点数据，2009 年全国农户家庭借贷金额中，仅有 16.6% 来自正式金融机构。在国家储蓄动员的制度下，即便逐渐自由化的农村经济有猛增的金融需求，农村剩余仍然在净流出，农村地区成为城市新兴富裕阶层的资金净供给者。

值得注意的是，20 世纪 80 年代和 90 年代初期，乡镇企业异军突起，于是农村工业、乡镇企业和农村商业贷款成为农村贷款的重点支持对象。然而，在乡镇企业融资方面还是有两个问题。第一，因为农村工业企业的回报率普遍高于农业生产，金融机构倾向于向

---

① 农信社自 1951 年设立，一开始只是农村的群众性资金互助组织，经历 7 轮的改革，逐渐走向官办，商业化和政策性色彩胜过了合作金融特征。2003 年以来，由银监会主导农信社改革，一方面抛弃了合作制，转向了股份制；另一方面从机构上一分为三，农商行、农合行、农信联社。其中，农商行成为主导模式。我们在广义上使用农信社这一概念，即包括上述三类机构。

农村工业投入更多的贷款。1979—1992 年间，农业银行和信用社各项贷款中，乡镇企业贷款占比从 9.7% 上升为 23.8%。刘民权等（2006）认为，1980—1994 年，农行和农信社投向农村工业的贷款增长了 12 倍，远高于其他投向的贷款增长速度。1988 年，乡镇企业贷款首次超过了农业贷款数额。然而，乡镇企业贷款与该部门对国民产出的贡献仍不成比例。比如，尽管 1993 年乡镇企业的产出在中国国内生产总值中占比 24%，乡镇企业贷款却仅为总贷款的 7.4%。第二，尽管乡镇企业贷款增加了，然而，这部分增加的贷款更多是一种结构变动，很大程度上替代并抑制了金融机构向农业和农户的贷款。例如，1978 年农业贷款余额是乡镇企业贷款余额的 3.68 倍，到 1987 年这个数字迅速下降为 1，然后继续下降到 1997 年的 0.66。[①] 1992—1995 年，农信社各项贷款余额增加了 2768.69 亿元，但农业贷款仅增加 47.36 亿元。20 世纪 90 年代，城市工业部门迅速发展，这对于由家庭作坊和小型企业主导的乡镇企业来说，是一个巨大的挑战。最后，90 年代末，乡镇企业开始衰落，它们吸纳农村劳动力、提高农民收入、留住社区资金发展社区的作用日益减弱，取而代之的是私人性质的小微企业，它们不再追求社区利益，而是追求私人利益，同时获得融资更加困难。例如，虽然在 1993 年乡镇企业产出占总 GDP 的 24%，乡镇企业贷款仅占各项贷款的 7.40%。2007 年，乡镇企业贷款占比下降为 2.3%，虽然它的产出占 GDP 的比例上升到了 27.9%。[②]

[①] 数据来源：《中国金融年鉴》，1986—1998。
[②] 数据来源：《中国金融年鉴》，1994—2008；《中国统计年鉴》，1994—2008。

（三）小结：正式体系对非正式体系的排斥

在正式机构信贷和其他金融服务缺乏的情况下，日益增长的金融需求引发了各种非正式机构兴起。按照是否获得金融牌照，是否被纳入金融当局监管体系，金融机构可以划分为正式和非正式两大类金融安排（见图7-3）。正式金融安排，指经金融当局批准，受金融监管当局监管的金融机构或组织。除此之外的金融机构或金融活动，则为非正式金融安排，它们中的大部分在灰色地带运行。这些非正式机构在国家控制之外运行，意味着其资本无法根据国家政策偏好由行政命令转移。因此，非正式机构与正式机构在吸收农村储蓄、调动资金的任务上存在直接冲突。非正式体系对正式体系的替代性十分明显，按照北京大学社会科学调查中心主持的中国家庭追踪调查（CFPS）2012年的微观调查，贫困农户从正式金融借贷占比仅为22.18%，从非正式金融借贷占比为77.82%。非贫困农户从正式金融借贷占比仅为24.60%，从非正式金融借贷占比为75.40%。无论怎样，非正式金融才是向农户提供金融服务的主力军。西南财经大学中国家庭金融调查与研究中心组织的"中国家庭金融调查"（CHFS）更具影响力，其2011年全国调研数据表明，在1078个农户家庭样本中，共有758个家庭为生产经营而产生过借贷行为，占比70.3%。其中，通过正式金融渠道取得生产经营性借贷的家庭有198户，通过非正式金融渠道取得生产经营性借贷的家庭有655户，分别占比18.37%和60.76%。由此可见，非正式金融仍是大多数农户家庭的主要融资途径。

然而，对资金短缺时期金融部门"储蓄动员机器"角色的定位（周立，2003），使得政府不会听任非正式部门争夺储蓄资源。对政府来说，正式和非正式体系属于同一层面的横向竞争，而不是垂直合作。因此，限制和打压非正式金融部门，以保证正式部门发挥资金动员功能，是当时农村金融政策的另一个主题。监管当局也出台过正式条款限制"非法"金融机构（Tsai，2002）。

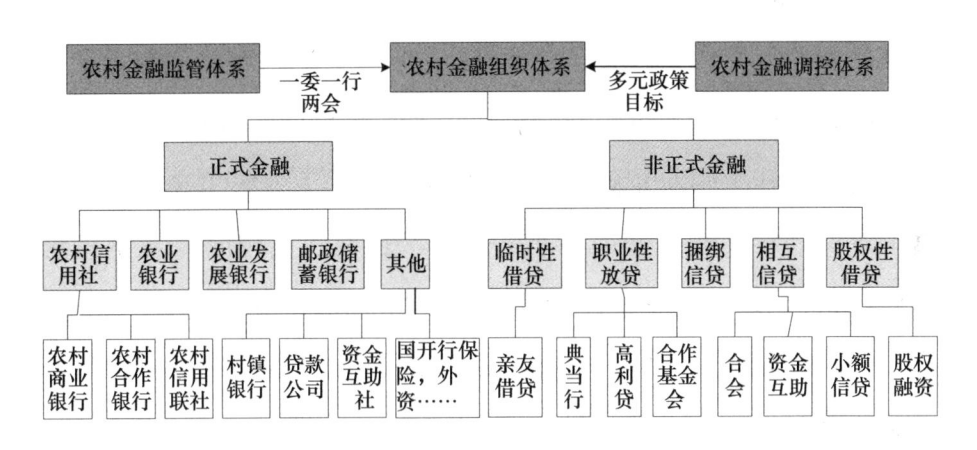

图7-3 中国农村金融体系的基本框架

◇ 四 市场抽取：1996年起的改革

20世纪90年代中国加快经济改革后，关于中国农村的研究开始将兴起的市场因素纳入到建立好的"国家—社会"范式中。周飞舟（2006）认为2000年前后的税费改革，标志着国家在农村的政权从之前的"汲取型"转变为"悬浮型"。国家退出农村后的社会经济治理,其功能大部分被农村的新兴非体制精英阶层所接替(仝志辉等,2002)。同时,亚洲金融危机之后,出于金融安全考虑,中央开始批准国有银行商业化,相应地,对农村金融实施以市场为中心的新自由主义改革路径,以期提高金融中介的效率。这种改革策略导致了我们所说的"市场抽取"。

(一) 市场抽取

市场抽取指农村金融中市场失灵的后果。虽然市场机制通常可以有效率地配置产品和服务,但它也存在诸多无效率的缺陷,如信息不对称(Stiglitz,1998),非竞争市场,委托代理问题,外部性(DeMartino,2000),或者公共品困境(Stiglitz,1989)。在中国经济和政治的情况下,市场失灵及其导致的资金抽取对农村发展产生了负外部性。

外部性在经济活动的几乎各个领域都很常见,它被定义为产品和服务的生产或消费没有得到适当补偿时所产生的外溢效应(Buchanan and Stubblebine,1962)。当价格机制未能反映生产和消费的全部社会成本和社会收益时,外部性就会导致市场失灵。负外部性意味着社会边际成本比企业边际成本更高,但是追求利润最大化的生产者或服务提供者倾向于仅考虑企业成本和收益,从而导致社会承担了额外成本。因此,要理解市场抽取对农村发展的负外部性,就要考察农村金融部门在市场机制下支付的企业成本,以及社会避免或减小企业成本的倾向所产生的社会成本。

首先，提供农村金融服务的企业成本很高。这是一个高风险（也因此成本高昂）的生意，对市场机制来说尤其如此。与工业相比，农业是与自然相交换的部门，自然、地理、季节和人口均存在不确定性。这些不确定性对农村金融活动有直接影响，因为它们增加了金融机构的成本，也放大了信贷风险。另外，在市场机制下，农业和工业服务业的资本回报差距更大了，一方面是因为计划经济时期国家对农村和农业的行政捕获造成了城乡的鲜明对比，另一方面是因为改革时期的开放政策导致贸易部门（特别是国内工业）投资机会众多，从而进一步扩大了这个差距。因此，利润驱动和利己主义的商业机构只会遵循市场逻辑，通过农村资金非农化来避免或减少它们的企业成本，也就是将从农村部门动员出来的资金投向更有利可图的城市和工业部门，而非满足农村人口和产业的需求。二元金融结构，一方面追随了二元经济、社会和政治结构，另一方面又对其做了强化。

实际上，市场机制一方面会降低交易成本，另一方面也会加大社会成本。要理解社会成本的加大，可以考察农业与农村社会对中国整体经济和政治结构的相关性和重要性，以及农村地区缺乏金融中介和金融资源的负面影响。尽管近几年农业产值在总产值中的占比在下降，2014年首次下降到10%以下，2018年已为7.2%，自2017年起连续两年在8%以下。农业、农民和农村（即"三农"）却越发具有安天下、稳民心的基础性、战略性地位。2017年底推出的乡村振兴战略，更将农业农村置于"重中之重""优先发展"的战略地位。作为实现现代化中国梦想的关键部分，中国农业的健康发展为这个世界人口最多的国家提供了基本粮食保障。考虑到农村消费和农村市场的巨大潜力，它还为中国系统地转向消费驱动经济体提供了坚实的基础。此外，虽然近3亿青壮年农民工涌入城市和沿海地区，使得从事农业的多为老人和妇女（俗称"3899部队"）等辅助劳动力，但2017年发布的第三次全国农业普查数据显示，全国仍有2.3亿农户，3.14亿农业生产经营人员，3.62亿乡村从业人员。也就是说，农业不仅为大量农村人口提供就业机会，还为近3亿处在城乡两栖状态的流动农民①提供了一个退路。因此，农村地区对中国政治和社会稳定，起到了至关重要的稳定器、压舱石和减压阀的作用。

按照邓小平关于"金融是现代经济核心"的定位，农村金融体系本来应该是农村和农业发展的心脏和血脉。但由于城市的投资回报率，以及一系列城市优先、工业优先的发展政策，使得金融资源总是向另外"三化"（城镇化、工业化和信息化）分配，农业农村现代化一直处在滞后状态，使得"四化同步"成为走出城乡发展不平衡、不充分、不同步的关键因素（周立，2018）。长期以来，农村部门处在持续的资本净流出状态，这严重制约了农村的发展机会，扩大了城乡收入差距，进一步加剧了城乡不平等，从而产生了

---

① 按照国家统计局2019年2月28日发布的《中华人民共和国2018年国民经济和社会发展统计公报》，全国人户分离的人口2.86亿人，其中流动人口2.41亿人。其中，全国农民工总量2.88亿人，比上年增长0.6%。其中，外出农民工17266万人，增长0.5%；本地农民工11570万人，增长0.9%。

社会成本。

然而,金融机构的市场化改革,并未能如所预期的那样反哺农村,反而继续了过去的行政捕获,转向了市场抽取。当政府的金融控制逐渐转向了市场化改革后,政府和市场这两只手,开始一起塑造中国农村金融体系。下文将论证,中央重振农村金融和发展的战略转变,以及金融市场化的兴起,并未能改变资金流向,反而促成了行政捕获向市场抽取的接替,导致了一种有行政支持的市场抽取。换句话说,在中国,兴起的市场体系属于发展型国家的一种工具,而非西方自由型国家的一种目的。虽然政府的角色一直很重要,但在新的政府—市场关系下,抽取农村金融资源的机制,逐渐从政府主导(行政捕获),转变为市场主导(市场抽取)。这种转变,是中国农村金融演变背后的主要逻辑。若要改变农村资金面貌,未来需要重构政府、市场和社会(农民)的关系,以形成新的国家、农民与金融的制度安排。

(二)资金形势由短缺转向过剩的基本背景

资本短缺是国家对农村金融实施行政捕获的关键背景,这一形势在20世纪90年代中期发生反转。自1996年起,中国的金融体系的资金已经从短缺变为充裕和过剩。最主要的迹象,是国内金融机构从净贷差变为净存差。由图7-4可见,1978—1995年间,人民币存贷款一直处于贷差状态,在1987年,存贷比达到最高(140.7%)。但1996年开始,贷差转为存差,而且连年大幅度上升。相应地，存贷比低于1且连年下降。例如，存贷比从2004年的74%下降到2012年的71%。这意味着高达27.02万亿元资金闲置。到2013年5月，存贷比继续下降到70.91%，即29.26万亿元资金闲置。到2019年5月，存贷比虽提升至78.75%，但贷差却进一步上升到40.47万亿元[①]。即使考虑存款准备金、备付金和银行投资结构变动的因素，20年来中国金融体系的流动性总体过剩，而且过剩不断加剧的事实，基本没有改变。

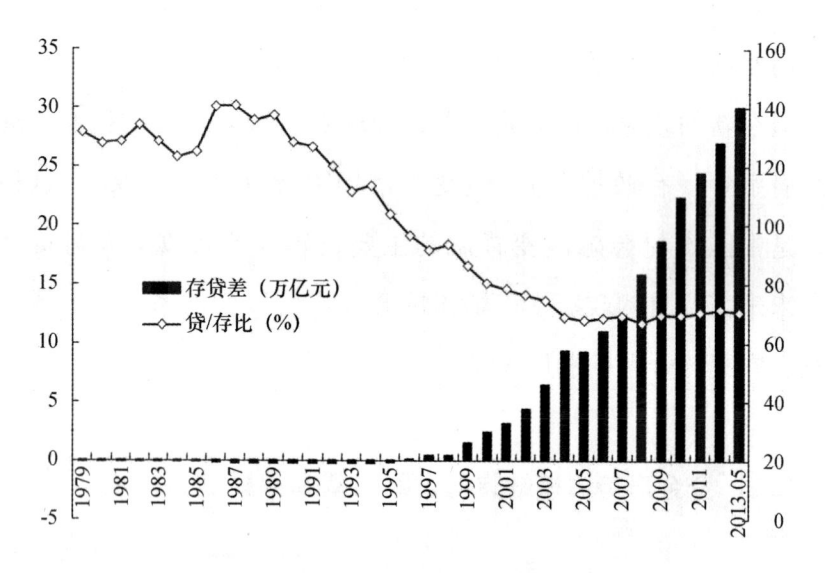

图7-4 中国金融系统资金余缺情况变化（1979—2013）

注：2013年数据为5月末数据，其余都为年末数据。

资料来源：依据中国人民银行网站"统计数据"和历年的《中国统计年鉴》计算。

国内资本的大幅增加，和资金供求形式从贷差向存差的逆转，

[①] 根据中国人民银行网站（www.pbc.gov.cn）统计数据计算得出。

为国家重新定位农村金融部门的功能,留下了政策和实践上的腾挪空间。此时遵从金融自由化秩序,从行政性的金融控制,走向市场化改革,是一个必然过程。自1996年提出农村金融改革方案起,各类农村导向的政策陆续出台。如2004年起全面取消农业税,2005年推动新农村建设。这一过程中各类改善农村公共设施和公共服务的政策,相继出台。2017年以来推进的乡村振兴战略,已经规划到了2050年,足见中央高层的政治决心。实际上,自2004年以来,到2019年连续16个中央一号文件,都锁定了"三农",并不同程度地提出改革农村金融体系、改善农村金融服务的具体措施,这反映出中央高层对农村金融重要性的战略考虑和决定,也给予了农村金融体系改革的很大动力。

根据国务院1996年的农村金融改革方案,农村金融改革的目标是"建立和完善以合作金融为基础,商业性金融、政策性金融分工协作的农村金融体系"①。1996年以来的改革可以分为两个阶段。首先是1996年至2003年,集中于建立专门承担政策贷款的机构,以及国有银行商业化改革。第二阶段从2003年开始,围绕农信社结构改革和农村金融机构的多样化展开。

起初,改革策略看起来是朝着设定的方向,强调以系统和互补的方式,整合三种金融形式,即政策金融、商业金融、合作金融构成三位一体,来解决农村金融困境,而且合作金融被摆在了基础性的关键位置。然而在实践中,三位一体的方案,很大程度上被市场

---

① 《国务院关于农村金融体制改革的决定》,1996年8月22日。

导向的改革所替代，伴随着作用有限的政策金融发展，充满问题的合作金融商业化改革，追求利润最大化的商业金融，逐渐占据了主导地位。

（三）行政体系伸出的帮助之手

1996年之后，国家试图在几个方面重塑农村金融体系，包括建立了农业和农村政策性借贷机构，通过扶贫项目和邮政储蓄系统，加大了小额信贷的供给，逐步放宽农村金融市场准入，增加农村金融供给等。

首先是政策金融。中国农业发展银行于1994年成立，原本期望它能够分离农行的政策借贷职能，让农行成为真正的商业银行。然而，农发行成立后，只负责主要农产品收购贷款，未能提供全面的政策金融供给，农行仍然承担着部分政策性职责。1998年，农发行的贷款业务范围进一步缩减，只负责提供和管理粮棉油收购资金。2005年，农发行共发放贷款3423.7亿元，其中80%是粮棉油收购贷款（刘西川，2008）。随后，农发行开始介入基础设施建设等指导性贷款。2010年末，农业发展银行粮棉油收购贷款余额占比下降为58.6%，而它对农村工业的贷款占比则达到了10%左右（中国人民银行，2011）；2011年它开始实行全产业链信贷，将农业产业化龙头企业和加工企业贷款纳入主营业务范围（中国人民银行，2013）。2010年以来，基础设施建设贷款，成为农发行最主要的业务。2010年的中央一号文件，对农发行做出了如此定位："加大政策性金融对农村改革发展重点领域和薄弱环节支持力度，拓展农业发展银行支农领域，大力开展农业开发和农村基础设施建设中长期政策性信贷业务。"2018—2019 年，乡村振兴也成为农发行主要的作用领域。但是，农发行的作用仍然十分有限。2018 年农发行全年累放贷款 1.8 万亿元，年末贷款余额达到 5.14 万亿元，相比银行类金融机构 33 万亿元的涉农贷款余额，以及 2018—2022 年乡村振兴至少 7 万亿元的重点任务投资计划而言，仍有明显不足。本可以扮演中心角色的政策金融，受困于制度设计和分工模糊，未能担当起预想中的政策性职能。

其次是小额信贷供给。2007 年以来，国家从邮政储蓄和扶贫性小额信贷两方面，迈出了微型金融项目的步伐。邮政储金汇业局原是一个提供国家邮政服务的部门，一直以来不能发放贷款。但却在流动性过剩，而农村金融供给不足的背景下，被允许设立银行，开始向城乡储蓄者发放有储蓄支持的小额贷款。邮政储汇局的分支——中国邮政储蓄银行，于 2007 年 3 月正式成立。然而，邮储银行信贷支农力度仍然微弱。例如，2012 年在县及县以下地区累计发放 798 万笔小额贷款，即使按一户一笔算也只占全国农户数的 2.9%（中国人民银行，2013）。近些年大型零售商业银行的定位，使得邮储银行各项业务开始拓展。截至 2019 年 3 月末，邮储银行资产规模首次突破 10 万亿元，达到 10.14 万亿元，负债规模达到 9.65 万亿元，贷款余额达到 4.53 万亿元。贷款余额相当于全国本外币贷款余额 150 万亿元的 3.02%。

国家支持的小额贷款的主要形式，是在面向低收入地区和大部分农村家庭的扶贫项目中发放贴息贷款。政府从1986年就启动了扶贫贴息贷款计划,但它们大多服务于乡镇和村集体而非个人或家庭(Rozelle等,1998)。直到1994年,中国启动"八七"扶贫计划,才开始为家庭直接提供贴息贷款。该计划的目标是在七年内(1994—2000)帮助8000万人脱离贫困。这个目标又进一步拓展到了《中国农村扶贫开发纲要(2001—2010年)》,其开发重点主要是中国西部的贫困人群(汪三贵,2007)。到2002年,将近37亿美元,或者说中央政府一半的扶贫基金都投入到了扶贫贷款中(世界银行,2003)。虽然这些贴息贷款项目有财政支持,但也存在很多问题。首先,主导的代理机构依然不合适。虽然农业发展银行以负责管理政策贷款项目为建立初衷,但这项政策功能却落到了农业银行头上,而后者是1998年以来金融当局一直努力推动走向商业化的机构。另外,扶贫贷款项目不受人民银行监管,贷款被看成是社会救助,只有不到60%的还款率(Tsai,2004)。这损害了微型金融模式的可持续性(程恩江,2003)。更重要的是,从国家—社会角度看,在国家能力弱小的情况下,这项项目无法得到忠实执行(Tsai,2004)。一方面,由于国有银行缺乏向农村群体放贷的制度经验,这些项目通常带有信贷配给特征,因为国家要求银行将一定比例的贷款用于低收入农村家庭。所以,原有目标受到扭曲,实际上只是保证了一定的贷款投放量,而非保证贫困人口的信贷可得性。另一方面,当腐败从20世纪90年代开始蔓延,政策贷款容易受到寻租官员的侵占(Gong,1997;Wedeman,2004)。在信贷配给和优惠利率的情况下,政策贷款并没有达到低收入家庭,而是以

第七章　中国农村金融七十年的政治经济逻辑（1949—2019）　**265**

政治资助和关系网络的形式落到地方政府和非体制精英手中。

贫困村村级互助资金，也是政府十多年来推动的一项小额信贷政策。2006年，国务院扶贫办和财政部在14个省区的140个村开展了贫困村村级互助资金的试点。2007年，又在全国27个省（市、区）的270个村继续扩大试点。2007年以来，中央和地方政府进一步加大了试点规模，特别是部分省（市、区）的地方政府增加对村级互助资金的投入，贫困村村级互助资金在全国得到大规模的发展。到2009年底村级互助资金发展到940个县，9003个村，互助资金规模达到17亿元，会员74万户，其中贫困户37万户。2006—2009年在世界银行第五期技援项目的支持下，国务院扶贫办和财政部在四川旺苍和河南叶县对互助资金运作模式进行了系统的试点和研究。就金额的适用面而言，这项帮助，对农村金融体系改变的力量微乎其微。

实际上，国家的帮助之手，只是通过正式金融部门伸出的。延续长期以来行政捕获的惯性思维，国家对非正式部门常常重拳打击。大部分情况下，政府可以容忍竞争性机构在地方层面出现，但一旦它们达到很大规模并从国有金融机构吸收资金，国家便会想方设法接收或管制它们（Park et al., 2003）。对非正式部门的管制从1996年起开始加强，农村合作基金会的历史是一个很好的例证。20世纪80年代，当时的农业部建立了一个农村合作基金会网络，作为服务农民的金融中介，但人民银行从未将其当作正式机构。在90年代地方政府的隐性制裁下，它仍然实现了高速发展，并且成为事实上的村镇银行（刘士定，2005）。在1996年9月，农村合作基金会遍布中国38%的乡镇（杜志雄，1998；刘士定，2005），拥有资金1000亿元，而当时的农信社资金为8800亿元（程恩江等，1997）。虽然农村合作基金会被指责发放高利贷、风险条款不充足和"风险软约束"（程恩江等，1997），但它们对总体金融稳定产生的威胁，远小于一些部门的狂热投机，如证券市场（温铁军，2009）。即便如此，中央政府还是在1999年下令取缔了农村合作基金会。它的全国性解散，进一步减少了农村居民和中小企业的信贷来源。另外，由于中央政府没有给农村合作基金会的债务提供担保，基层政府（特别是村一级）不得不为它买单，最终还是由农民承担，这进一步摧毁了农村金融部门（赵早早，2005）。

虽然政府大力建设国家许可的正式金融部门，2007年还推出了逐步放宽农村金融市场准入的农村金融新政，鼓励资金互助、小额贷款公司、村镇银行三类机构，得到金融许可证，成为正式金融部门，以增加农村金融供给。但农村金融市场的四大基本问题：严重的信息不对称、抵押物缺乏、特质性成本与风险、非生产性借贷为主（周立，2007），依旧得不到解决，农民依然主要依赖非正式渠道融资。根据农业部2009年的全国性调查，农民家庭借贷金额中只有16.6%来自正式金融机构。另外，那些官方信贷供给增加的村庄，非正式金融的规模实际也在增加（Tsai，2004）。

在1996年农村金融改革方案中居于基础地位的合作金融，也在改革中出现变异。根据Baarda（2006），合作组织是在一套原则下组建和运作的，比如用户所有原则（拥有并出资的人即是使用合作组织的人）和用户受益原则（合作组织的唯一目标就是通过运用资金为其用户提供和分配收益）。换句话说，合作组织（包括金融合作组织）应为用户所有、用户控制和用户受益，中国的政策语言表述为：民办、民管、民收益。

中国的合作金融组织主要是农信社。2012年农信社发放了30%的涉农贷款，占农户贷款余额的80%（中国人民银行，2013）。农信社在1951年成立之初，只是一个非正式的群众组织，在1954—1957年农信社性质大讨论中，得出如下结论："信用社是社会主义性质的、农村劳动人民的资金互助组织。"但之后在人民公社、人民银行、农业银行等管理之下，越来越走向官办。根据国务院1996年农村金融改革方案，农信社本来应该继续保持并强化其合作金融组织的性质，但2003年起，却在商业化的道路上越走越远。一方面，农信社控制者缺乏激励进行真正的合作化，反而更愿意充当一个商业借贷者，将农村储蓄导向当地城市和工业部门，以获取利润。这当然会加深农村金融资源的枯竭。例如，2003年农信社的农户贷款额只占其农户储蓄存款额的31%。即使以总农村贷款的宽口径计算，这个数字在2003年也仅为39%（《中国金融年鉴》，2004）。另一方面，2003年起"地方政府负责"的农信社改革，使得以省联社为主导形式，地方政府加强了金融控制，并干预农信社的日常经营。因为农信社基层领导更多地考虑本地关系而非规避贷款风险，农信社的低还款率变得众所周知。多年以来，农信社积累了数量庞大的不良贷款（NPLs）。2002年末，全国超过一半的农信社都有亏损，农信社不良贷款额占其总贷款余额的37%（刘西川，2008）。

如上文所述，农信社的股份制改革，自2003年下放地方政府负责和由刚组建的银监会监管时，开始加速。这一时期，农信社组织形式开始一分为三：农村商业银行、农村合作银行和农村信用联社。这些机构在越来越强的股份制改造要求下，以银监会和省联社为主导，开始了股份制改造。2003年6月27日，国务院印发了《深化农村信用社改革试点方案》的通知，制订出了"明晰产权关系、强化约束机制、增强服务功能、国家适当支持、地方政府负责"的总体要求。作为激励，"花钱买机制"成为一个主要形式。央行拿出1656亿元的资金，以专项票据或再贷款的形式，帮助消化了农信社上报的截止到2002年末资不抵债数额的一半。中央的花钱买机制，是为了给农信社一个干净的起点，以便花钱甩包袱，交给"地方政府负责"。中央买过单的农信社，交由地方政府后，按照朱镕基定下的"谁的孩子谁抱走"的原则，要由地方政府对其控制的农信社的资金损失负责。同时，政府对农信社的所有权结构、公司治理和商业管理机制做了一系列改革（金鹏辉，2008）。然而，旧的问题依旧，因为地方政府保持着对农信社的影响力，其领导大体由上级政府任命。股东数量的减少导致农信社内部人控制问题更加严重（谢平等，2006）。另外，农信社的乡镇级法人地位全部取消，走向省联社主导，导致贷款决策权限上收，农村小额贷款供给减少，更多的金融资源被贷给了国企和城市客户。例如，尽管农信社农户贷款占比从2003年的28.9%上升到2012年的33.7%，同期获得农户贷款的农户数量实际上从7720万减少为5070万（中国人民银行，2013）。

(四) 市场体系伸出的抽取之手

尽管有1996年三位一体的改革计划,但改革的中心导向,却一再偏离初衷。农村金融机构股改上市和走向商业化,是主导方向。先是农行的股份制改造和上市,之后就是农信社的股份制改造和分拆上市。以提高效率和金融服务的质量,其中最主要的就是国有银行商业化。自1979年开始,邓小平三次强调要把银行办成真正的银行。其中在1986年说道,"金融改革的步子要迈大一些。要把银行真正办成银行。我们过去的银行是货币发行公司,是金库,不是真正的银行"[①]。当1991年邓小平在视察上海时,第三次提出要办真正的银行,说了如下名言:"金融很重要,是现代经济的核心。金融搞好了,一着棋活,全盘皆活。"以此为基调,国有银行的商业化改革,开始步入法制轨道,1995年《中华人民共和国中国人民银行法》和《中华人民共和国商业银行法》正式颁布,至少在名义上消除了四大国有银行的政策借贷职责。长期以来,国家期望农业银行专注于农业类的政策性和商业性金融服务,1994年起成立的农业发展银行,从形式上剥离了农行的政策性职能,开始扮演农村政策借贷者角色。2003年后,在人民银行领导下,市场导向的银行改革加速。总体路线图是将四大行改为股份制企业,吸引国外战略投资者,最终将它们在国内和海外上市(Bell and Feng, 2013)。国家希

---

① 《邓小平文选》第3卷,人民出版社1993年版。

望外资银行的专业知识和市场机制的精细约束，能够将四大行转变为具有现代企业治理结构和风险管控的商业性机构。现在，四大行均走完改革路线图，农业银行于2010年7月在上交所和港交所上市。

虽然此轮市场化改革取得不少进步，但农业银行和农信社等农村金融机构，还是存在一些制度性痼疾。首先，农业银行仍然承担了一些政策功能，如发放扶贫政策贷款，以及发放农村地区的城镇化建设项目贷款。到2003年底，这两类贷款达到9288亿元，占到农行各项贷款余额的42%。政策性与商业性两种矛盾功能的混合，注定会阻碍农行的商业化经营发展。功能混合还产生了道德风险，因为它可以将商业经营的损失也归因于政策贷款，最终都由国家一笔勾销，分别对应四大行成立的四大资产管理公司，在处理了1.4万亿元不良资产后，也未能如1998年约期十年那样到期消失，而是转型成集银行、信托、证券、保险、租赁等各类金融牌照于一身的金融控股集团。

对农村金融而言，在农业银行商业化和中央因亚洲金融危机而强调防范金融风险后，市场化改革的打击加重了。此后，农业银行大幅撤并其县以下的网点，让农信社成为乡镇地区唯一的金融机构。农业银行的整体上市，意味着其涉农业务也包括在内。虽然农行曾饱受农村金融服务供给不足的批评，上市后还是不可避免地面临利润压力，而继续减少涉农金融服务。2008年10月，国务院定下农行"面向'三农'、整体改制、商业运作、择机上市"的16字方针。服务"三农"，成为农行必须面对的首要问题。为此，2009

第七章　中国农村金融七十年的政治经济逻辑（1949—2019）

年起，农行在甘肃、四川等8家一级分行开始了"三农"金融事业部制改革试点，之后推广到全国，并在2017年推广到邮储银行。农行在2010年股改上市前夕称，农行要"两条腿走路"。这就意味着重新担负起商业性和政策性两项职能，回到了1996年改革前的功能混合状态。

除了国家银行改革，中央的市场化策略还包括降低市场准入和农村金融机构多元化。所有制限制上做出明显的放松。自然人、法人、合作组织，甚至外国机构，都被允许进入农村金融市场（Kendall, 2008）。这样一些放开农村金融市场的努力，被业界称为"农村金融新政"。人民银行开始鼓励地方对金融产品实验创新（中国人民银行，2013）。同时，从2007年起，政府准许成立新型农村金融机构，包括村镇银行、小额贷款公司和资金互助合作社。这种改革的逻辑是多种所有制金融中介供给的增加会加强市场竞争、增进效率。实际上，这些新型机构对农村金融的帮助非常微弱。例如，2012年底三类新型农村金融机构各项贷款余额为2347亿元。即使把它们都算作涉农贷款，也只占全部金融机构涉农贷款的1.3%（中国人民银行，2013）。另外，它们中很多都偏离了在农村地区运行的支农角色设定，而是遵循市场逻辑。例如，根据监管规定，村镇银行应该主要在当地服务"三农"。然而，虽然村镇银行数量从2007年的9家快速增加到2013年底的1071家（中国人民银行，2013），但大多数都位于相对发达地区，而且很多都根本没有参与涉农贷款业务（杨井鑫，2012）。2019年初，一家独大的村镇银行开业数量已增至1616家，资产规模达到1.51万亿元，但也只相当于银行类金融机构资产总额 268.53 万亿元的 0.56%，和农村金融机构 36.3 万亿元的 4.16%，依然只是"盆景金融"。

（五）小结：政府与市场的交替作用

总而言之，进入 21 世纪以来，中央政府有意识地对农民伸出了"帮助之手"，有意让农村金融发挥"心脏"和血管的作用，促进农业和农村经济发展，最终缩小城乡收入差距。然而，国家捕获之手的缩回，和帮助之手的伸出，却在很大程度上被市场的抽取之手所妨害。市场导向的改革，使得各类金融机构在试图摆脱行政约束的同时，更多地受到利润约束。双重约束的转换过程，使得金融机构除了象征性的和有限的行动，并无兴趣真正支农，对中央的金融支农号召，出现了"上有政策、下有对策"的选择性执行（董玄、周立等，2016）。

这轮 1996 年开始的农村金融改革，建立在商业化和市场竞争的理想上，却进一步破坏了农村金融和经济，导致金融体系流动性过剩和农村地区流动性危机并存。这种金融资源分配的结构失衡，被周立（2008）称为"流动性悖论"。流动性悖论反映出一种从行政捕获，到国家退出之后的市场抽取的动态转变。农村金融恶化与中国强劲经济增长的悖论持续加剧，如果不是预示危机，也表明市场导向的商业金融无法满足中央重振农村经济的决心。在市场逻辑下，逐利的金融中介将其网点像一根根管子一样插到农村地区，抽走储蓄和金融剩余，让农村经济饱受"失血"之困。

从图 7-5 可以看出 1954 年以来农村储蓄和贷款之间不平衡的总体情况。1978—1995 年间，农村居民储蓄在国民总储蓄中占比一直在 20% 以上，1996—2013 年间也维持在 17.4% 和 22.6% 之间。然而农村各类贷款占比却明显低于其储蓄占比。例如，1998 年开始，涉农贷款总额占总贷款额的比例一直低于 10%；另外，短期农业贷款占比从 1978 年以来一直相对稳定，保持在 3%—8% 之间，在 1995 年下降到了历史最低点 3.06%。即使中央政府进行了多元化竞争性金融市场的政治推动，2013 年农业贷款的比例也几乎降至 4%。无论是农业贷款还是涉农贷款，均与农业占 GDP 11%—12% 的比例不甚匹配，与农村居民占总人口 60%—70%、占总劳动力 50% 的结构极不匹配。此外，农村居民储蓄占比与涉农贷款占比之间的差距在 2003—2009 年间从 7.4% 一路扩大到了 11.2%。这表明市场化导向下的农村金融资源配置，既非按照经济效率原则，也非按照社会公平原则。

必须承认，金融当局推动农村基本金融服务覆盖成效显著，在 2013 年实现了空白乡镇金融服务全覆盖。然而，农村家庭还是普遍缺乏信贷可得性。大量调研表明，有信贷需求的农户中近一半得不到满足，所有农户中只有 1/3 能获得信贷。例如，根据人民银行（2013）的报告，2012 年末，全国 2.73 亿农户中，获得农信社或农业银行农户贷款的只有 5333 万户，占全国农户数的 19.5%。另外，农村内部也基本只有少部分草尖阶层，即那些新兴富裕阶层或与当地官员有关系的人群才能获得正式信贷，大部分草根阶层一直被忽视了。这份报告还显示，尽管近年来有关于提高农村金融服务数量

第二篇　小微企业支持（理论分析）

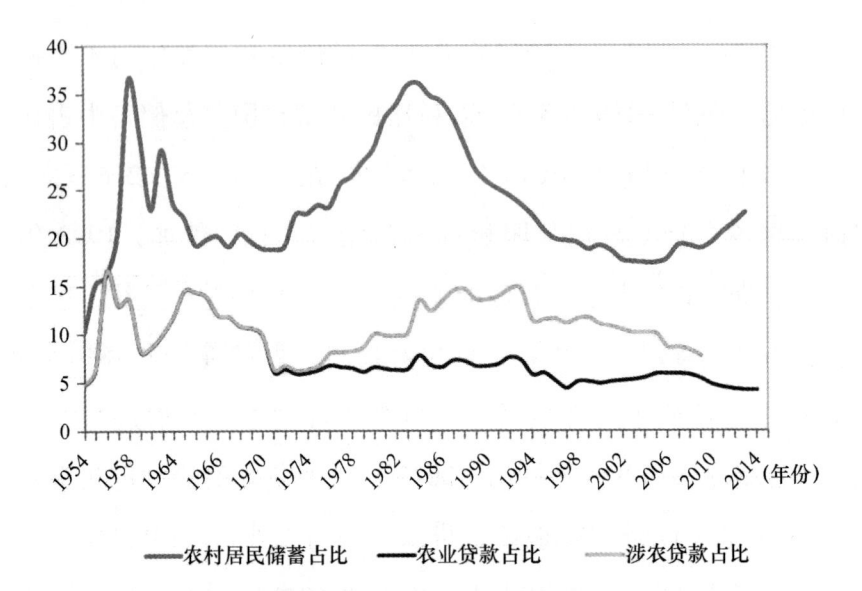

图7-5　国民储蓄和贷款中农村储蓄和贷款的比例（1954—2014）

注：1. 按照中国人民银行统计口径，"农业贷款"属于短期贷款，因此没有列入粮棉油收购贷款、中长期农业贷款、农户小额信贷及其他可能的支农贷款。

2. 1954—1970年间没有农户和农村发展贷款，因此农业贷款和涉农贷款数额是相同的。

3. 中国人民银行没有"涉农贷款"这一统计口径，此处的数据是农业贷款和乡镇企业贷款的总和，这种做法在中国研究者中广泛使用，如朱喜和李子奈（2006）。

4. 中国人民银行在2009年之后没有发布乡镇企业贷款统计数据。

资料来源：2010年以前的数据来源于历年的《中国金融年鉴》，2010年及之后的数据来源于中国人民银行。

和质量的政治承诺，2004—2007年县级金融机构网点数量实际上减少9811个，其中四大行减少了6743个。其中，农业银行网点数量大幅削减了64%，从1997年的63736个减少为2010年的22930个，只有34%的网点位于农村地区。农信社网点同样削减了1/3左右，从1997年的111358个减少为2012年的74407个，只有一半位于农村地区。

另外,农村资金缺口依然十分巨大。据2019年新组建的农业农村部估计,要实现乡村振兴战略2018—2022年五年规划目标,至少要投资7万亿元。财政资金和社会资金都是杯水车薪,但若要依赖资金看似过剩的金融部门弥补这一巨大缺口,也非常困难。况且金融机构在市场抽取背景下,不愿意违背逐利本性,反其道而行之。已有研究认为,金融机构缺乏进入此领域的意愿。中国社科院2018年发布的《中国"三农"互联网金融发展报告(2017)》显示,中国"三农"金融缺口高达3.05万亿元。截至2019年一季度末,本外币涉农贷款余额33.71万亿元,占全部金融机构人民币各项贷款余额142.11万亿元的23.72%,但农户贷款余额为9.56万亿元,仅占6.73%。2018年底农业贷款余额为3.9万亿元,仅占贷款余额的2.86%。资金离农和机构离农的状况,依然存在。

◇ 五 进一步的讨论:超越政府与市场

正如中国人民银行行长周小川(2004)所言,"如果将'三农'比喻为人的机体,农村金融则是机体中的重要器官,取之于机体又服务于机体,而不是一个体外的支持器械,可以只管用,不管养"。这种共生关系意味着,农村金融的演变,需要放到农村经济这个更宽广的情境中去考察。

在计划经济时期,资本短缺成为制约国家发展的最大短板,中央政府通过其行政权力，以牺牲农村经济为代价，推行工业化优先战略，农村金融不可避免地要服务于这一目标，动员农村资金，并将其转移到城市工业部门。虽然有20世纪80年代早期的农村改革初步成功，以及90年代早中期乡镇企业的短暂扩张，1949—1996年期间的农村经济和农村居民收入，一直落后于城市。工业化、城镇化和信息化的相继兴起，将农业农村现代化抛在了后面。政府对农村金融的行政捕获特征，在90年代中期发生转换。1996年资金由短缺转向过剩起，中央政府意图缩回捕获之手，伸出了帮助之手，以促进农村经济发展。但新的政府—市场关系，阻碍了国家意图的实现，市场并不愿意接过政府的帮助之手，更愿意接过捕获之手，进一步承接抽取农村资金的作用，使得农村融资困境并未解决。在行政主导的金融控制背景下，只有正式金融机构得到鼓励，非正式部门一直是一个受抑制的部门。无法解决信心不对称、抵押物缺乏、特质性成本与风险与非生产性借贷为主四大问题的正式金融部门，更倾向于为城市部门、工业部门继续动员储蓄。城乡发展的不平衡、不充分和不同步，使得农村金融摆脱了行政捕获之后，又陷入了市场抽取的困境。

本章以农村金融体系70年的发展与改革过程，显示了政府支农目标和市场机构利润目标的天然的冲突，以及在政治经济过程中的继承关系。本章的分析显示，在当前行政制度框架和市场金融体系下，改善农村金融和发展农村的各项选择和可能性已近枯竭。中国农村金融的出路，在于超越金融控制的行政思维，和"多元化""竞争性"的市场思维。本章建议重拾1996年制定的三位一体改革策略（虽然后来被扭曲执行为市场导向），即在合作性、政策性和商业性金融机构之间，在正式和非正式金融安排之间，建立一个国家支持的垂直合作体系。以"政府—市场—社会"的大三角，超越"政府—市场"二者关系的固定思维。通过非正式组织等社会力量的介入，使得以合作金融为主要形式的各类社会金融组织，与政策性、商业性金融组织形成互补，并在农村以社会金融组织为基础，使得政府（"看得见的手"）和市场（"看不见的手"）这两只手，真正能长在社会这个机体上，取之于机体，用之于机体。使得内生于农村经济与社会的非正式机制，真正能发挥作用。

本章认为，中国农村金融的真正困境，源于缺乏真正的内生性金融体系。资金短缺时期的行政捕获，资金过剩时期的市场抽取，都是"政府—市场"框架下的一整套外生于农村的金融制度安排。需要在"政府—市场—社会"的大三角框架下，以农村社会为机体，使用和培育真正服务于农村社区的金融中介，才能促进社区再投资，和资金再回流，使得农村经济和社会机体，不再总是被抽血，而是血液回流。当然，这样一个内生性的金融体系，只有在坚实的社会信任基础之上，才能蓬勃发展。未来中国农村，甚至整个中国面临的挑战，就是不断培育社会信任，促进社会信用，带来社会机体健康，也使得政府和市场这两只手能更加强壮，形成政府有为、市场有效、社会有力的新格局。

第八章

科技金融促进小微金融发展

◇ 一 科技金融促进小微金融发展的背景与意义

（一）科技金融发展现状

1. 科技金融的政策背景与发展趋势

党的十九大报告指出，中国特色社会主义进入新时代，我国社会主要矛盾已经转化为人民日益增长的美好生活需要和不平衡不充分的发展之间的矛盾。金融是现代经济的核心，金融服务实体经济的能力是解决我国经济发展"不平衡不充分"问题的关键因素。因此要解决"不平衡不充分"问题，必须深化金融体制改革，增强金融服务实体经济的能力，加大科技金融的发展。科技金融是"现代金融"与"绿色金融"的发展趋势，有利于经济结构转型，在服务实体经济的同时，强化金融监管；科技金融在国民经济中有重要的发展作用，能够助推经济发展和产业升级，有利于小微企业融资，降低交易成本，带动创新创业的发展。

随着党的十九大报告、"十三五"规划等国家政策的先后落地，我国经济进入了结构调整和发展方式转变的关键期，党的十九大报告指出了发展科技金融的重要性，科技金融本身是新生事物，一方面科技金融与金融科技协同发展，实现金融创新与科技创新的融合；另一方面科技金融促进经济结构转型也有利于绿色发展。

(1) 科技金融与金融科技的协同发展

科技服务金融，金融促进科技发展，两者互相促进，协同发展，共同服务实体经济的发展。科技金融是金融业的一种业态，是科技创新和金融创新交汇融合的产物，是促进科技开发、成果转让和高新技术产业发展的金融工具、金融制度、金融政策与金融服务的系统性和创新性安排，以金融服务的创新作用于实体经济。

(2) 金融服务实体经济与金融监管的协同

金融的本质是提供资金融通，无论是科技金融还是金融科技，都需要始终秉承服务实体经济的天职和宗旨，服务实体经济是金融行业的宗旨和核心功能。2017年7月，在全国金融工作会议上，习近平总书记强调，金融是国家重要的核心竞争力，金融安全是国家安全的重要组成部分，金融制度是经济社会发展中重要的基础性制度。必须加强党对金融工作的领导，遵循金融发展规律，紧紧围绕服务实体经济、防控金融风险、深化金融改革三项任务，创新和完善金融调控，健全现代金融企业制度，完善金融市场体系，推进构建现代金融监管框架，促进经济和金融良性循环、健康发展。

2. 科技金融在国民经济发展中的重要作用

科技金融在国民经济发展中具有重要作用，科技金融对于稳增长、调结构、促转型都具有重要作用，大力发展科技金融能够促进经济结构转型，带来创新创业的发展，加快金融行业的市场化进程。科技金融也能推动社会发展与收入均衡，有利于小微企业、农户贷款，提升交易效率，降低交易成本。

（1）科技金融推动经济发展与产业升级

1）科技金融促进经济结构调整

科技金融对于稳增长、调结构、促转型具有重要作用，科技金融的发展，有利于推动经济结构调整和转型升级，提高金融服务水平。科技金融结合科技和金融的产业融合，能够大力支持实施创新驱动发展战略，加大对有市场发展前景的先进制造业、战略性新兴产业、现代信息技术产业和信息消费、劳动密集型产业、服务业、传统产业改造升级以及绿色环保领域的资金支持力度，发挥资金引导作用，增强资金支持的针对性和有效性，优化社会融资结构，保证重点在建续建工程和项目合理资金需求。这些产业和领域或者是引导未来经济社会发展的先导产业，或者是有利于发挥我国经济竞争力的传统优势领域，或者是经济持续健康发展和结构优化升级的重点环节，或者是转变经济发展方式的有力抓手，均利于促进经济结构调整和产业发展。同时，科技金融的发展有利于化解产能过剩矛盾。

2）科技金融促进创新创业发展

科技创新与科技金融体系作为区域知识经济健康发展的基本保障，系统内各要素联系密切，共同作用促进创新创业的发展。基于科技创新的高风险、高收益和市场超前性，市场科技金融主体倾向于投资高潜在价值的科技创新项目并获取高额回报。发展较为完备的科技金融系统通过为科技创新活动注入资金支持，结合事前考评与过程监管方式，实现科技金融资源优化配置，促进科技创新成果的高效转化和产业化，带动科技创新系统整体发展。

(2) 科技金融推动社会发展与收入均衡

1）科技金融促进小微企业、个体工商户、农户融资

科技金融结合"科技"与"金融"的优势，能够在一定程度上缓解中小企业、个体工商户、农户融资难的问题。小微企业、个体工商户、农户大多处于初创期或成长期，具有规模小、实体性资产少、资本实力弱、创新风险高、市场前景不确定、存活率低等缺点。因此，大多数中小企业、个体工商户、农户都面临融资难的困境，其发展和创新都受到资金短缺的制约，一旦出现资金链断裂，企业的技术创新活动就难以为继，甚至招致停产或破产的风险。可以通过建立科技担保公司的方式来推动科技型中小企业的发展。被认定为创业后跨过死亡谷进入高成长期的创新能力强、专业领域新、发展潜力大的"瞪羚"企业可进入银行特别构建的低成本快速融资通道，享用小额担保、利息及中介费补贴等金融政策。

2）科技金融提升交易效率，降低交易成本

科技金融可以解决安全、风险、成本、机构间可信、服务效率、普惠金融的一系列基础问题，重构金融生态，提升交易效率，降低交易成本。科技金融基于大数据、云计算、人工智能、区块链等一系列技术创新，全面应用于各类金融领域，实现"金融+科技"高度融合，因此，与互联网金融相比，科技金融内涵更加广泛，囊括金融服务全部环节，包含一切能够运用于金融的科技创新，且影响所有金融服务参与者，同时更具互补性+兼容性，并且聚焦于金融本质，风险相对较低，能够为更广大的人民群众提供更好的金融服务，扩大运营服务的边界，使得更多的人能够享受到传统上没有办法来享受到的金融服务，降低交易的成本。

比如，第三方支付平台的大力发展，基于生物特征识别的普及，通过指纹识别、人脸识别、虹膜识别、静脉识别等技术在银行业的应用，如利用人脸识别技术实行远程开户，将大大节省客户的时间成本，同时也可以增强远程核身的可靠性，从而大大扩大金融服务的边界；通过指纹支付、人脸支付的方式也极大地提升了交易效率，降低交易成本。

再如智能投资顾问的兴起，智能投顾，是"人工智能"与"投资顾问"的结合，又称"机器人投顾"，大多数情况下，通过在线调查问卷来获取投资者关于投资目标、投资期限、收入、资产和风险，来了解投资者的风险偏好以及投资偏好，从而结合算法模型为用户制定个性化的资产配置方案，包括动态调仓、实时监控等功能。

(3) 科技金融促进金融监管

1) 科技金融提升监管效率与监管质量

科技金融有利于助推监管科技的发展，可以用于维护金融体系的安全稳定、实现金融机构的稳健经营以及保护金融消费者权利。党的十九大、2017年中央经济工作会议、第五次全国金融工作会议均对金融稳定发展改革提出了更高的要求，我国正处于防控金融风险的重要时期。对于传统的金融业监管来说，一方面，金融监管机构面临监管任务繁重、监管体制不合理导致的监管缺失、监管技术发展滞后的压力；另一方面，金融机构为了适应强监管要求，也需要为合规付出更多成本。而随着关键技术的突破，科技金融领域的发展，科技行业拉开了与金融行业深层次融合的序幕，在扩大金融服务边界、提高金融交易效率、降低金融交易成本、减少金融交易信息不对称性的同时，也为改进监管手段、降低合规成本带来了新的机遇。

随着以大数据、云计算、人工智能、区块链技术为代表的新兴信息科技的迅猛发展，科技已经开始向社会生产、公众生活的各个领域渗透。当科技与金融监管深度融合时，监管科技开始逐渐进入金融监管机构和金融机构的视野。

2) 科技金融加快金融行业的市场化进程

科技金融的发展，有利于加快利率市场化的进程，有利于社会和民间资本参与到金融市场中。互联网金融的出现，降低了金融服务的门槛，吸引了众多金融主体的参与，互联网金融的多元化服务对象与业务主体，使金融市场的竞争更加充分，交易更加公平，产品的定价也更加合理。

科技金融加快金融行业的市场化进程表现为互联网金融加快了利率市场化的进程，也让更多的社会资本，民间资本能够一起参与到存贷款领域中，为小微企业融资、农户融资提供更多的便利。

（二）小微金融发展现状

1. 小微金融的放贷意愿及放贷能力分析

银行放贷需要考察借款人的还款意愿和还款能力，反观银行就应考察其对小微企业放贷的意愿和能力，其中包括外部环境的变化和银行本身的发展战略考虑。

（1）放贷意愿：普遍增强，区域性银行更强

小微企业贷款难度整体高于大型企业是正常现象，在全球各经济体普遍存在。国际上都存在的原因有：①小微信贷的业务成本相对较高。小微企业的贷款金额小，但审核一家企业所需的工作量是相似的，如果用同样的业务模式开展小微企业的信贷，其经济性低于大型企业。②小微企业的信用风险总体上高于大型企业。小微企业的竞争力相对较弱，经营稳定性较差，抗风险能力低于大型企业，并且缺乏抵押物。整体来说，小微信贷业务风险较高，作为风险厌恶型的商业银行更偏好低风险的信贷资产。结合国内经济环境来看，还存在着国内特有因素的影响：①中国金融体系对刚兑的信仰。银行的信贷资金更加偏好房地产、国有企业和地方融资平台等有政府隐性担保的领域，这种偏好进一步降低了银行对小微企业的

放贷意愿。②同时解决小微企业融资难和融资贵存在矛盾。政策持续出台支持小微金融，但对小微企业的贷款利率的导向偏低，导致商业银行在实际操作上难以用较低的小微企业贷款利率覆盖较高的小微企业风险溢价，从而限制了小微金融的放贷意愿。

市场环境引导商业银行重视小微金融业务发展。2019年5月6日中国人民银行发布通知，决定从2019年5月15日开始对聚焦当地、服务县域的中小银行，实行较低的优惠存款准备金率。对仅在本县级行政区域内经营，或在其他县级行政区域设有分支机构但资产规模小于100亿元的农村商业银行，执行与农村信用社相同档次的存款准备金率，该档次目前为8%。约有1000家县域农商行可以享受该项优惠政策，释放长期资金约2800亿元，全部用于发放民营和小微企业贷款。旨在贯彻落实4月17日国务院常务会议要求，建立对中小银行实行较低存款准备金率的政策框架，通过差别化的监管政策，鼓励小型农商行回归本地、回归主业，促进降低小微企业融资成本。

此外，还有多方面利好因素对小微金融的发展起着十分积极的作用：①利率市场化，大企业的议价能力提升，银行利差缩小。大企业信贷业务盈利能力下降。长期来看，大型企业的直接融资比例上升，中小企业信贷业务对于商业银行的重要性将加强。②随着资管新规的落地和金融去杠杆的推进，打破刚兑是大方向。商业银行对于实体经济的信贷支持会更加市场化。③普惠金融支持力度不断加强，包括定向降准、免税、增速考核、政府担保基金、政府数据开放等。以上一系列政策的目的在于降低小微金融的综合成本，提升收益。

（2）放贷能力：大行综合能力强，小行线下风控具备优势

资金来源：①2018年以来两次小微定向降准释放流动性，分别释放4500亿元和2000亿元投向小微金融业务。②商业银行内部合理进行资金成本核算，具体的参数设定体现了管理层对小微金融的支持力度。

服务能力：①银行网点是服务小微的窗口，提高网点覆盖面和密度是广泛获取小微客户的重要方式，除了物理网点的布局，电子渠道也是服务基础设施的组成部分。②小微金融业务团队。高素质的小微业务团队是核心生产力，对小微业务的规模及增速直接相关，同时也是重要的风控手段。

风控能力：①定价模型。小微金融的难点是产品设计，由于缺少抵押物作为第二还款来源，对于借款人的信用评价成为风控核心，根据定量化的模型个性化地设定借款额度、借款周期及借款利率才能做好小微业务，并通过业务数据积累不断优化模型，对行业性、区域性风险进行系统性防控。②组织流程。小微金融的方法论和技术手段已经被普遍认知，能否把小微做成稳定的盈利业务依赖于银行内部的组织架构的搭建、员工的激励机制的贯彻和全面的风控措施执行。

银行间的优劣势比较：大型银行的综合能力强，在服务网络覆盖和服务基础设施上具备优势，从风控的角度来说更能分散风险。区域性小型银行一般采用线下展业模式，组建业务团队，深耕本地市场，具备独特的风控能力。

2. 商业银行的小微金融发展

小微金融的贷款余额增速相对较快,持续高于大中型企业贷款余额增速。从分布来看,市场份额从高到低依次为国有商业银行、农村商业银行、城市商业银行和股份制商业银行;其中农商行、城商行受益于定向降准政策,小微贷款余额增速较快。

在部门设置方面,国有行都单独设立了普惠金融部,统筹全行的小微金融业务。股份行在部分设置上有所区别,大部分放在了零售业务条线之下,少数放在了公司业务条线下,也有专门设立了小微企业一级部门。城商行、农商行主要服务当地的中小企业,基本上没有对小微金融做单独的部门设置。

(1)国有大行:普惠金融的基础设施

发挥网点优势,建立普惠金融服务网络。2017年5月,银监会下发《关于印发大中型商业银行设立普惠金融事业部实施方案的通知》(银监发〔2017〕25号),推动大中型商业银行设立聚焦小微企业、"三农"、创业创新群体和脱贫攻坚等领域的普惠金融事业部。国有商业银行均已在总行层面设立了普惠金融事业部并开始运营;在一级分行层面完成全部185家分部的设立,还有6万余家支行及以下网点从事城乡社区金融服务。

工行体量最大,中行增速最快。工商银行的小微贷款余额最高,是唯一超过2万亿元的商业银行,其次是建设银行,贷款余额超过1.6万亿元。中国银行的贷款增速连续增长,2017年在四大行中增速最快,达到13.46%,其次是农业银行,增速为13.3%。

建行产品创新力度大。基于"新一代"核心系统和大数据技术，推出了纯线上的"小微快贷"产品，通过对履约能力、信用状况、交易信息等数据的综合分析，对小微企业精准画像，测算贷款额度并进行授信。截至 2017 年末，"小微快贷"累计向 21 万客户投放贷款 1718 亿元，户均 82 万元。建行的小微金融涵盖 30 余项基础产品、近 400 项区域特色产品的信贷产品体系。"小微快贷"产品的上线大幅加速小微贷款客户的开发，2017 年新增客户 29.6 万，年增速达到 96%。

户均贷款余额较高，但趋势向下。总体来看，国有银行小微金融的户均余额较高，根据公司年报披露数据，建设银行 2015—2017 年的户均余额分别为 507 万元、467 万元和 266 万元；农业银行 2016—2017 年的户均余额为 363 万元和 351 万元。2017 年建设银行推出了"小微快贷"产品，小微贷款户数大幅增加，使户均余额大幅下降。

贷款利率低。根据公司年报，仅有农业银行披露了小微企业贷款的平均利率为 5.01%，与全行贷款平均收益率相比，仅高出了 17.61%。

（2）股份行：整体市场份额下降，业务不断调整

贷款余额波动大，整体占比下降。股份制银行的小微贷款余额在 2015 年和 2016 年都出现了波动，出现了数次环比下降。贷款规模在整个小微贷款余额中的占比持续下降，从 2015 年一季度的 22.87% 下降到 2018 年一季度的 18.24%。

各行之间分化大。我们选取了四家在小微金融方面信息披露较多的股份行进行比较。贷款余额从高到低分别为中信银行、民生银

行、华夏银行和招商银行,其中民生银行和招商银行在2016年出现了贷款余额的下降,2017年小微业务均有所回升。从户均余额来看分化也非常大,民生银行的户均余额在150万元左右,而中信银行和华夏银行分别达到了800万元和900万元。两家银行户均余额较高的原因或与目标客户定位以及供应链金融业务模式占比较高有关。

民生银行的小微金融战略调整。民生银行从2009年就将为小微企业、民营企业服务作为公司发展战略。首先推出了"商贷通"业务,定位主要是满足融资需求在500万元以下的小微企业。2010年至2013年民生银行的小微金融业务快速扩张,贷款余额突破4000亿元。经济周期下行导致小微贷款不良率出现抬升,2014年至2016年,小微贷款规模连续三年收缩,业务进入调整期,2017年企稳回升。

民生银行的小微业务改进措施包括:①流程优化,"批量化、流程化、标准化",通过系统固化流程。②优化风险模型,强化客户的准入,扩大优质新增客群,推进差异化定价。③支付结算先行,通过结算服务进行获客。④交叉营销,提供客户贡献率。⑤调整结构,优化行业分布,向弱周期行业倾斜;增加抵质押贷款比例。

(3) 城商行、农商行:加速发展小微金融,深耕本地市场

高增速,市场份额提升。城商行和农商行的小微贷款余额增速高于国有大行和股份制行,平均年增速超过20%,农商行的增速接近25%。截至2018年一季度,两者的小微贷款余额合计接近一半的市场份额。

小微企业贷款占比高。深耕本地,服务小微和"三农"。区域

性银行本身的客户资源禀赋不同,中小企业客户占比高,服务小微和"三农"是公司的核心战略。优势包括:①产品设计灵活,根据不同的场景设定产品参数,包括贷款期限、贷款利率、还款方式、抵质押方式等。②线上线下相结合。线下具备本地优势,建立小贷业务团队,采用 IPC 模式拓展业务。线上开发无抵押小贷业务,根据不同的数据源设计不同的数据贷产品,满足小额高频需求。

(三) 科技金融与小微金融的关系

1. 科技金融促进小微金融发展的方式

(1) 创立科技银行支持小微企业发展

省级科技部门牵头,依托高新区、孵化器和众创空间,设立为科技型小微企业提供信贷服务的科技支行。人民银行和金融办牵头,积极推动各银行业机构对科技银行实行单独的信贷管理与考核机制,合理设置科技银行的授信审批权限,建立完善与科技型小微企业特点相适应的贷款评审、风险定价、尽职免责和奖惩制度。在科技、财政上给予科技支行倾斜支持,多渠道建立科技型企业贷款风险共担机制,鼓励各地筹建续贷周转金,鼓励科技支行加大对科技型小微企业的信贷支持,探索知识产权、核心技术等新型授信评估贷款。

(2) 建立小微企业专业金融服务模式

金融机构应该根据小微企业的特点进行金融服务创新,在满足小微企业金融需求的同时,也促进自身的发展,争取市场空间和未来潜在的客户资源。采取措施：

1）金融多元化创新，满足多元化小微企业的金融需求。金融服务不仅仅是贷款，还有创业金融规划、融资股权服务、存款收益、融资保险和其他一些增值服务。科技型小微企业行业广数量多，不同发展阶段，融资需求不同，金融机构要广开思维，要创新，针对小微企业多元化开展融资服务。

2）贷款机制创新。根据科技型小微企业的所处阶段和特点，建立担保新模式、评估新体系、抵押新策略、可持续的创新贷款投放机制。结合知识产权、创新能力、市场情景等对小微企业实行单独信用评估，确保优质的科技型小微企业能够融到资。建立有梯度差别化的科技型小微企业融资风险评估体系，进一步降低小微企业融资风险。

3）担保与抵押方式创新。创新抵押方式，把企业的无形资产、知识产权、潜在市场机会等纳入担保评估体系；推广应收账款质押贷款和专利权、商标权质押贷款等品种；创新流动资金贷款还款方式，缓解小微公司还款压力。

4）风险管理全面创新。一是以售后服务管理替代传统的贷前评估，确立贷后管理创造价值的理念。二是根据小微企业授信风险的主要特征及不良形成周期特征，调整小微企业授信风险分类标准，延长保证类以抵、质押类小微授信业务计入不良贷款的逾期天数，客观反映小微授信业务不良风险特征。

5）专业服务队伍创新。金融机构应建立一支科技型小微企业的专业服务团队，有条件的引入第三方机构参与评测，并精心选拔培养一支年轻化、专业化的信贷服务队伍。同时秉承"发展快速，风险有控，步步为营，稳步推进"的理念，不断加强内控体系建设，从制度上防范操作风险、人为风险和无意欺诈，保证业务规模，将风险控制在最低。

2. 科技金融促进小微金融发展的意义

（1）地方科技和金融结合，实现创新实践

自1985年推行科技贷款以来，我国科技金融工作已从当初单纯的科技贷款发展到覆盖创业投资、银行信贷、资本市场、科技保险和投融资服务等多个领域。科技和金融结合的实践不断丰富与发展，科技型中小企业融资渠道日益丰富，科技金融与小微金融也能互相促进、互相推动。

1）通过加强政府引导，能完善统筹协调机制。进一步扩大科技型中小企业创业投资引导基金规模，启动国家科技成果转化引导基金，引导带动社会资本，支持科技成果转化和小微科技企业成长。

2）能稳步推进科技和金融结合试点，总结推广实践经验。同时，配合证监会在符合条件的国家高新区稳步推进股权待办转让系统扩大试点。

3）能会同金融部门和机构，继续创新金融组织、产品及服务。推动建立一批科技分支行、科技小额贷款公司和科技融资租赁公司等特色专营机构，深入推广知识产权质押贷款和股权质押贷款，逐步打造专业化的科技担保体系，推动科技企业在中小板、创业板上市，支持企业发行集合债券、集合票据，进一步拓展科技、保险服务领域，加快培育和发展科技保险市场。

4）深入开展科技和金融对接服务，挖掘优质科技资源，建立起银行信贷评审科技专家咨询服务平台，建立一批专业化的科技服务，指导地方积极开展多形式的科技金融对接服务。

（2）积极动员民间资金

建立非银行的民营中小投资公司、信托公司、金融租赁公司等中小金融机构，或者对城市商业银行和农村信用社进行参股，或者通过委托正规金融机构贷款等方式，对种子期和初创期的科技型小微企业提供资金融通。对于处于种子期的科技型小微企业，天使投资是非常重要的资金来源。政府通过加强对天使投资者的教育和引导，建立比较紧密的天使投资者团体和信息网络，加强投资者之间的信息交流和共享，降低天使投资的风险。同时，建立良好的法律法规保障天使投资者的权益，推出税收优惠政策提高天使投资者的收益。

（3）充分发挥公共创业风险投资引导基金的作用

创业风险投资与银行贷款倾向于科技型小微企业的成长和成熟期，主要是出于自身控制风险的考虑。政府应当充分利用公共创业风险投资引导基金，并结合信用担保机构体系，降低它们的投资风险和贷款风险，引导其融资服务向科技型小微企业成长早期和初创期移动。同时，政府还可以通过对商业性创业风险投资机构采取所得税减免、资本利得税收优惠、损失补偿等财税政策，鼓励支持保险公司研究开发科技保险产品对科技型小微企业发展过程中的各种风险进行承保等方式，来降低创业风险资本和商业银行贷款的风险，提高收益，以鼓励它们将金融支持阶段前移。

（4）创新商业银行业务模式，完善科技型小微企业贷款支持体系

在现阶段我国银行业风险控制能力整体缺乏、科技银行创新盈利模式尚未建立等大环境下，直接建立中小科技银行不太现实。从我国商业银行科技贷款实践出发，可以以各大中银行已经建立的科技金融处、科技支行为基础，进行科技型小微企业贷款的经验积累，探索与科技贷款高风险相匹配的创新盈利模式，提高科技贷款的风险控制能力。在条件成熟后，将科技支行分离出来设立中小科技银行，为科技型小微企业提供高度专业化的金融支持。

（5）培育完善的证券市场体系

国外学者通过对美国上市公司的实证分析发现，科技型企业采取证券市场融资方式更能够提高技术创新活动效率，而银行贷款则不具有这种作用。对科技型企业发展来说，基于银行制的金融系统效率要低于证券市场的金融系统效率。一方面证券市场投资者在承担企业经营风险的同时可以享受企业高成长收益，保持了风险和收益的一致性。另一方面证券市场拥有风险识别、风险分散功能，有利于科技型企业融资的高风险在不同投资者之间的分配，避免了在银行贷款中的风险积聚弊端。因此，我国金融体系必须进行结构性转型，在继续推进银行等金融机构提高效率的同时，大力发展证券市场。

◇◇ 二 科技金融促进小微金融发展的制约与不足

(一) 政策支持力度不够,监管制度有待完善

政策的改善空间:(1)加大政府对小企业信贷的担保支持。(2)提升小微企业贷款利率定价的灵活性,提升对不良率的容忍度。区域性银行的机会成本小。国有行和股份行在大中型企业客户资源上有相对优势,大中型企业抗风险能力通常强于小微企业,单一客户投入产出比高,银行在信贷资源的投放上仍会优先考虑大型企业。相对来说,区域性小银行主要的目标客群就是本地的中小企业,小微业务是主营业务,主观能动性更强。

(二) 源头阻力——科技金融发展存在的困难

总的来看,中关村科技信贷环境优于国内其他创新区域,科技信贷产品丰富,科技型企业贷款规模大,不良贷款率远低于其他地区。然而,在当前大力加强金融监管、防范化解金融风险的新形势下,中关村科技型企业融资难、融资贵、信息不对称、资本化率低、退出率低等问题更加突出。

1. 科技型企业融资难、融资贵问题突出

中关村示范区企业以科技创新型企业为主，知识产权是科技型企业的核心资产，加之科技型企业科研投入大、风险高、现金流紧张，这些特点都不符合传统银行放贷审核指标，造成了科技型企业融资难、融资贵问题。其中，占比达到中关村企业总数83%的小微企业所面临的融资难问题更为突出。

（1）传统信贷模式下的融资困境

科技型企业普遍具有早期研发投入高，轻资产、抵押物不足等特点，银行贷款获得率一直较低。技术人才和知识产权是许多科技型企业的核心竞争力与主要资产。然而传统的信贷模式主要是以企业的财务状况作为一个重要的参考指标，中关村示范区的科技型企业具有明显的轻资产、高投入、高风险特点，造成了其传统信贷渠道的融资难、融资贵问题。

银行信贷风险损失及收益不匹配问题突出。同金融支持传统制造业转型升级、战略新兴产业培育等相比，科技企业，特别是科技小微企业融资瓶颈及困难更为突出。收益和成本的不对称关系，使得小微企业与大企业相比在融资方面并不具备优势，小微企业并不是银行的目标客户群体，特别是科技型小微企业。

（2）科技银行缺乏制度供给

科技银行不同于传统的商业银行。一是贷款客户不同；二是贷款依据不同：商业银行主要依据流动性、安全性和效益性"三性"原则发放贷款，科技银行则通常借助风险投资，构建风险管理架构。传统商业性金融机构现有的监管考核管理机制、专业服务能力难以解决科技型企业早期研发投入高，轻资产、抵押物不足等特点，对中关村示范区不断出现的新技术、新业态、新模式认知把握度不够，对技术风险和科技成果转化预期不能有效评估，在这种情况下银行不敢贸然将资金带给科技型小微企业，导致不能有效满足企业融资需求。

1）组织架构不独立导致权限不足。我国科技银行的组建目前多采用科技支行形式，通过商业银行内部资源整合来实施，不需要申请新的牌照，操作难度小，可行性高，但由于不具有独立法人资格，无法实现真正的自主经营，对科技贷款的供给增加有限，难以满足科技型小微企业发展过程中巨大的融资需求。

2）收益风险不对称导致激励不足。科技型企业天然存在轻资产特性，信用级别低，抵押担保不足，在技术、市场和商业上具有不确定性，高风险覆盖了科技型企业的全生命周期。从硅谷银行的实践来看，硅谷银行凭借一套成熟的债权加股权的盈利模式成功获得科技型企业的风险溢价。尽管各地政府相继出台扶持政策，以风险补偿或担保等形式介入科技型小微企业贷款业务，但仍无法充分补偿科技银行承担的高风险。再加上提升科技银行不良贷款容忍度的实质性措施不充分，针对科技银行的激励机制不足，科技银行应有的风险偏好缺失，难以突破原有的风险控制目标，在一定程度上导致科技银行甚至从规避经营风险异化为杜绝风险。

3）专业定位不清晰导致风控不易。风险控制作为金融机构的核心竞争力，对科技银行的重要性不言而喻。科技银行是向科技型小微企业提供专属金融服务的专业银行。专业性是保证科技银行竞争优势的关键因素。目前我国科技银行的资金主要来源于公众存款，有较强的风险厌恶程度。囿于我国分业经营、分业监管的体制，科技银行不能直接获取股权投资，资金来源局限于信贷市场中短期资金的供给者，往往没有形成明显的专业领域，再加上缺乏谙熟高新技术密集行业的专业授信管理团队，无法有效解决科技银行与科技型小微企业之间的信息不对称问题，难以形成有效的风险控制机制。

4）配套机制不完善导致效率不高。科技银行作为舶来品，其产生和发展植根于美国等发达国家良好的市场土壤。这主要表现为：一方面，发达的高新技术产业和数量众多的极具成长性的科技型小微企业为科技银行提供了优质客户资源；另一方面，成熟的创业投资市场和资本市场、混业经营的银行体系、较为宽松的监管政策以及完善的信用评估和知识产权估值作价机制等多种因素保证了科技银行的持续发展。目前我国发展相对滞后的资本市场和创业投资市场、严格的金融监管环境、银行分业经营体制及欠发达的科技信用体系和知识产权质押制度严重制约了科技银行的发展。在知识产权质押贷款方面，尚未形成多方主体参与、规范系统且标准化的业务模式，知识产权价值评估、债权双方权利义务以及发生风险时的质押物处置等制度不健全，专业、权威的知识产权评估机构、担保机构和律师事务所等中介机构参与度不够，知识产权质押贷款存在较高估值风险、处置风险、法律风险和道德风险。

2. 服务科技型企业的信贷基础建设亟须完善

科技型企业由于内外部的原因，使得在传统商业信贷模式下获得融资较为困难，而科技型企业在取得效益之前往往需要大量的科研资金投入，此时中关村政策性科技金融服务机构就需要积极作为，从而为社会资本的进入，并为征信体系建设、风控制度完善做出有益探索。

（1）现有政策性融资支持力度仍需提高

现有信贷支持力度不足，亟须加强区域性政策性金融机构的信贷支持力度。国内依然有大量科技创新能力强、发展潜力大的优质企业融资需求得不到有效满足，政策性金融机构仍存在职能定位不清，支持力度不足的问题。首先应厘清完善中关村政策性科技金融服务机构的职能定位。

1）政策性银行。应争取政策支持类再贷款等低成本资金，开展知识产权质押贷款、信用贷款、长期贷款、股权质押贷款等符合中关村示范区科技型企业特色的信贷业务，推动投贷联动业务模式创新，向中关村示范区种子期、初创期的新兴行业企业倾斜信贷资源。

2）政策性金融服务公司。应尽快整合金融机构和政府服务资源，着力提供投融资咨询、政策培训、项目对接、挂牌上市辅导、知识产权金融等相关服务，搭建技术与资本对接、科技金融产品创新的综合金融服务平台。

（2）科技型企业信用评价体系亟须整合

解决科技型小微企业融资难问题核心在于破解信息不对称问

题，而目前中关村科技型企业的征信体系建设尚不完善。①科技型企业多为轻资产型，新兴业态层出不穷，商业模式新，非线性高成长，大量种子期和初创期企业缺少信用记录。②目前小微企业信息分散于工商、税务、司法、行业主管等多个部门，单家银行"一对一"对接成本高、协调难。小贷公司、融资租赁公司等机构的信用信息未全部纳入征信系统，银行对科创企业特别是科创小微企业的信息获取渠道有限；科技企业纳税、涉诉、失信等信息需要进一步整合，以解决金融机构与企业间的信息不对称问题，故亟须搭建科技型小微企业信息集中共享平台。③知识产权融资的评估难、处置难、周期长、专业机构欠缺等局面仍然存在，导致纯信用贷款、知识产权质押贷款等符合科技型企业特点的信贷产品占比依然偏低。

3. 科技企业发展的创投机制尚待完善

示范区内的科技型小微企业现在处于一个快速发展的阶段，研发投入较大，同时越是高精尖的技术，外部竞争越是激烈，许多企业的在研项目与不乏欧美知名顶尖的研究所包括军方的竞争介入，企业的产业化窗口期很短，此时多途径的融资渠道对企业的研发资金投入显得尤为珍贵。

（1）多层次创业风险投资体系需要完善

1）多层次资本市场体系不完善。直接融资市场发展不健全。场外股权交易市场发展存在障碍。区域股权交易市场建设方面没有全国统一的法规制度和投资者标准。市场交易信息较少，缺乏足够的活力，短期内挂牌企业无法看到挂牌的优势，市场服务效率较低。部分企业由于财务或经营状况出现问题被停牌,仍然没有退出市场,挂牌企业逐年递增,这对交易中心提出了更高的要求。区域性股权交易市场的定位还存在很大争议。

2)多层次资本市场转板机制尚未建立。升级转板法律制度存在缺失,我国证券市场不存在非经过IPO程序从低层次市场升级转板至高层次市场的法律法规依据和实务案例,使得有转板需求的企业不得不另寻出路。我国退市标准存在缺陷,使有退市风险的企业面临"只能下不能上"的窘境,进而迫使这些企业通过各种手段规避退市制度中的相关标准,以求继续保留在主板挂牌的资格。

3)多层次的风险投资体系仍需继续充实。着力培养多层次、全方位的创业风险投资体系,是助力科技金融发展的关键。新兴的科技型企业融资难的问题一直是阻挠其快速发展的障碍,但并没有得到很好的解决。美国的硅谷和旧金山的天使投资、风险投资主体多样丰富,不仅有政府,更多的是企业、个人、投资银行、保险基金等,构建成较完善的资金提供体系,可以针对不同类型、规模的科技型企业提供多样的融资需求。

(2)财政与社会资本合作机制有待于突破

随着供给侧改革的不断深入,新兴高科技产业对我国经济结构的改善发挥的作用越来越大,但是科技行业的不确定性风险与高额的研发投入使得私人风险资本不敢贸然进入,同时财政的资金又是有限的。为此,一是应着力推动科创基金与社会资本合作,设立成果转化子基金,深入高校院所、研究机构、创新型孵化器,投资原始创新和硬科技成果转化项目。二是争取反向挂钩、基金注册试点，争取开展反向挂钩试点，引导天使和创投机构开展早期投资和价值投资；完善投资类企业登记注册标准，将试点范围从海淀区逐步推广到其他区。三是探索建设创投项目孵化园，在若干分园建设符合其产业定位的孵化园。

4. 我国资本化及退出机制尚待完善

（1）科技型企业的资本化程度不高

首先应要区分资本与资本化的认识误区。资本化是激活和带动社会资本流动与增值的动力，加快科技与金融的资本化有助于科技金融的快速发展。高校和科研院所授权的很多专利还没有资本化。

高新技术企业和科研院所的轻资产性质通常难以获得传统银行贷款，但高新企业和科研院所手握大量专利权，这些专利如果仅仅以转让的方式变为资本，而没有让资本进入资本化的增值循环圈中，这不利于原始专利权人实现科技成果转化进而收益最大化，也不利于原始专利权人继续改进提高原始专利技术，最终阻碍中关村示范区科技金融的快速发展。为此有必要借鉴和探索建立适合中关村示范区的专利质押保险贷款模式。

（2）科技企业的退出机制仍不完善

退出是投资机构者实现盈利的重要环节，而滞后的退出机制阻碍了新增资本的进入。一是需要加强针对科技型企业的交易制度设计。科技型企业在早期往往难以产生盈利，无法实现在国内 A 股市场上市融资。新三板挂牌标准放宽了财务指标要求，允许未盈利企业挂牌融资，而由于交易制度不完善等原因，影响了新三板对优质科技型企业的吸引力。二是需要进一步提高新三板的市场流动性。科技型企业需要高效、持续的融资，然而由于新三板合格投资者标准高、交易需求不足、交易制度不完善等原因，造成市场流动性偏低，资本退出渠道不畅。

（三）传导助力的通道阻力

在现阶段我国银行业风险控制能力整体缺乏、科技银行创新盈利模式尚未建立等大环境下，直接建立中小科技银行不太现实。

（四）终端阻力——小微金融发展存在的困难

1. 内部困难

（1）科技型小微企业自身的原因。一是财务制度不规范，增加了内、外源融资难度。小微企业创始人，创立之初，财务没有规范，财务账目科目设置比较混乱。二是创业者自有资本相对匮乏，缺少合格的抵押担保。银行贷款主要方式是抵押贷款，在经济下行期间，信用贷款可能性几乎微乎其微。而小微企业因受制于资金、设备等因素，固定资产和流动资产少，土地使用权、房产等更是缺乏。三是经营理念没跟上，经营周期短，抗风险能力弱。科技型小微企业的生命周期只有短短的1—3年，还有小微企业破产率高。

（2）科技型小微企业融资最大瓶颈是无资产，成立之初，"巨额"的研发投入导致小微企业对融资需求比其他类型的企业更为强烈。以广东省为例,据统计目前有各类型小微企业80多万家,数量居全国第二。广东省金融办做过一次调研,近3年向银行申请过融资的小微企业占近60%,成功获得融资的小微企业少,科技型小微企业则更难。

(3)科技型小微企业可供担保抵押的固定财产少,金融机构为了防范风险,提高风险保证金,提高了融资成本。银行只认固定资产抵押贷款,不会认可科技型小微企业的无形资产抵押贷款。小微企业的资产结构中除了设备外基本上没有固定资产,特别是科技型中小企业,资产主要是无形资产如专利、软件著作权等,缺作为抵押的固定资产。担保公司为了控制风险,往往会提高担保条件,很大程度上限制了科技型中小企业资金的融通。

2. 外部原因

(1)科技型小微企业重研发,创业和融资资金基本投入产品开发和市场推广,具有爆炸性增长特点,也被银行视为"潜力、高风险"客户。为防风险,金融机构基本不会对孵化期的小微企业进行贷款融资。银行的信贷和金融创新,重点针对成长期和成熟期的企业。科技型企业最大的价值是无形资产,拥有核心技术和创新产品,这些金融机构不认可。

(2)金融机构自身制度体系缺陷。企业融资中,银行贷款是企业融资主要来源。国有银行的高度垄断阻碍了中小金融机构获得的金融源头,限制了金融机构的创新服务能力,大的金融机构为了追求贷款规模效益,以及风险平衡,为中小企业提供贷款积极性不高。小规模的金融机构考虑科技型小微企业对贷款的承受能力低和高的违约风险，缺乏对小微企业提供贷款支持的积极性。

（3）信用担保的不健全，影响着科技型小微企业的融资。目前全国有各类小微企业担保机构3000多家，担保总额超2000亿元，累计为企业提供超过10000亿元贷款，还是不能满足需求，需要加强企业信用融资体系建设。我国一些地方在尝试建立科技型小微企业信用融资担保体系，但仍处于初级阶段。初创期企业信用低下、融资的要素不完善，靠科技型小微企业自身的信用融资担保条件，难以完成融资。

（4）政府的科技金融政策支持力度不到位是造成科技型小微企业融资难的重要原因。政府对小微企业直接贷款融资政策支持力度不够。当前我国还未出台有关科技型小微企业信用融资担保的法律，导致小微企业在权利和法律上的不平等，以往年度对小微金融发展的重视程度不高等。

（5）目前存在的不利因素还有宏观经济下行压力大，这使得银行信用收缩，小微企业首先受影响，其发展和成长的压力变大。

三 推动科技金融促进小微金融发展的对策建议

（一）监管方应该营造更合理的发展环境

政府等有关部门要协调积极参与，加大政策支持力度，积极引导金融机构有效介入。培育发展科技型小微企业科技金融和服务，是实现科技与经济紧密结合,加快产业结构调整,促进发展方式转变的重要举措。金融机构要紧紧抓住这个阶段性难得的机遇,主动参与,积极培育有潜力、优质的未来企业客户,占领市场高地。此外,政府要牵头有效整合银行、担保、保险、创投、中介等资源,合力营造大众创业、万众创新的"星火燎原"金融服务新业态,为地方经济和未来产业打造创业天堂和创新高地。

1. 着力破解小微企业融资难题

(1)加大政策和财政支持力度。综合考虑设立小微企业专项扶持资金和科技发展资金,专款专用,每年安排一定额度,重点支持科技型小微企业研究开发投入和产品创新提升。地方专项资金项目要把科技型小微企业作为重点扶持对象。此外,政府主导的创业投资基金等财政投入的基金重点倾斜科技型小微企业,扶持科技型小微技术创新研发和发展。

(2)拓宽创业投资和融资渠道。政府要鼓励和扶持种子资金和天使基金等机构投资创始期的科技型小微企业,并对该类型基金给予政策性倾斜;鼓励通过天使基金、创业基金、股权投资基金、产业基金等方式投资科技型小微企业。创造条件推动科技型小微企业信用融资,推动股份制改造和符合挂牌条件的到新三板或地方股权交易场所挂牌,积极利用场外交易市场、做市商等进行融资。建立拟上市科技型小微企业数据库,培育符合条件的企业优先纳入上市重点后备企业库,予以重点指导。大力发展知识产权评估、无形资产评估质押融资工作,优化融资比例结构,加强对科技型小微企业的直接融资支持。出台贷款额提供贷款贴息补助政策，建立信用数据库，有条件的支持科技型小微企业在一定时期内获得金融机构信贷支持。

（3）健全风险保障机制。保险公司开发自主创新首台（套）产品（设备）推广应用、融资以及人员保障类等适合科技型小微企业的保险产品，建立科技型小微企业创新产品的保险机制，有效化解企业产品研发与创新风险；探索社会资本参股设立科技融资担保公司，开展适合科技型小微企业的担保融资新品种，加大政策对创新风险的分担支持力度。地方参与，与担保机构共建风险池资金和科技型小微企业融资周转金等扶持措施。

（4）直接融资。财政每年有条件的划拨专项资金设立小微企业增信风险控制资金池，联合地方稳步扩大小微企业增信风险控制资金池规模，为科技型小微企业提供融资信用背书，为小微企业股权质押融资、信贷融资、融资租赁和资产证券化等提供增信服务。

（5）强化融资服务。优化整合融资性担保机构，组建政府主导的融资性担保机构，形成政策性担保与社会资本担保协调发展的担保体系。从财政每年安排的小微企业发展专项资金一定比例设立代偿补偿资金，与国家补助资金共同组成省级代偿补偿资金，比例分担再担保业务进行代偿补偿。研究建立政府、银行和保险三方合作机制，开展小微企业贷款保险试点，为符合条件的初创期小微企业提供无抵押、无担保的小额信用贷款支持。

2. 探索新模式助推科技型小微企业快速发展

（1）成立科技型天使投资基金。科技型小微企业是技术和产品创新中最活跃、最具效力的群体，在推进自主创新、促进科技成果转化、发展战略性新兴产业方面发挥着重要作用。但是，科技型的小微企业轻资产的特点，使金融资本不愿介入其技术创新活动，导致大量初创期的科技型小微企业由于资金短缺，后续创新能力不足，市场推广受限，夭折于创业阶段。

政府要有条件地成立科技型天使投资基金，引导各种金融资源向科技领域配置，实现优势互补、有效利用，加快科技成果转化和培育战略性的新兴产业。科技型天使投资基金成立，将推动科技与金融结合，有效支持小微企业发展。打铁还要自身硬，科技型天使投资基金要进一步完善决策机制、规范运作流程，坚持公开透明，强化风险防控，加强团队管理。高处能胜寒，才能更好地为初创期、成长期的科技型小微企业提供强有力的资金支持和全方位的增值服务，帮助其做大做强。

（2）探索财政资金管理分配改革新路径。种子期和初创期的科技型小微企业在起步发展阶段，科技成果转化和产业化最急需的就是资金支持。但由于这些企业资产轻、风险高，大多数金融机构不愿投，也不敢投，限制了企业的快速成长。为有效解决这些问题，对财政专项资金管理制度和分配方式进行创新和变革。把财政资金变为风险投资基金，改变的不仅是财政资金的使用方式，也对财政资金在投资过程中的风险管理和投资回报有了市场化规范。探索成立科技型小微企业引导基金，扶持企业的财政资金毕竟有限，为了充分利用好财政资金的引导作用，可以促进银行、基金等按比例参与。

（3）资源整合寻找支点。通过整合多方面资源为科技型企业融资信用评估提供决策。整合"知识产权价值评估＋企业看风险能力评估＋预期发展情景＋企业资信认定＋企业承担创新基金项目＋创业企业家个人信用＋风险投资资金投资情况"七位一体的评估模式，为科技金融资信评估提供支点。通过科学、有效的风险分担模式，促进科技金融机构进行协同创新，创立"多对一"模式的服务生态，协同为科技型小微企业提供更高层次的科技金融服务新生态。

（二）金融机构应积极参与应对变革

1. 基础架构：搭建小微金融的服务体系

战略定位和顶层设计。想要做好小微业务，管理层必须将其作为公司重要的发展战略，有改变固有企业信贷业务模式的决心，制订全面且长期的推进计划并贯彻执行。不需要孤立地看待小微信贷业务，而是将其作为产品体系的组成部分，一种流量变现的方式，通过交叉营销，满足一个客户全方位、全生命周期的金融需求。小企业主有企业方面的结算支付、流动资金需求，也有家庭方面的储蓄、投资理财、按揭贷款、保险等需求。前台的客户经理提供的是综合化的金融解决方案。在开展高收益资产业务的同时也获取了低成本的负债来源。

组织架构和人员配置：在总行设立小微金融一级部门，在业务层设立小微专营机构，扁平化的组织管理，后台设立小微服务中心，提供远程服务；前台设置小微金融业务团队，在当地提供面对面服务。对于前台业务人员要进行系统、持续的技能培训以及合规文化熏陶，提升营销能力和风控能力。

技术投入：业务系统开发，通过系统控制业务流程，前台建立多电子渠道、具有良好客户体验的产品入口，后台建立大数据分析和风控模型，此外通过各种互联网技术赋能前台人员，提高工作效率。目前国内的征信体系仍处于建设之中，征信数据比较分散，数据质量参差不齐，而大数据是做小微金融的标配，只有不断提升数据分析的精度才能形成竞争优势。此外，大数据的应用不仅只在授信环节，从目标客户设定、获客营销、产品设计（定价）、风控模型到贷后管理，贯穿业务全流程。

考核制度和激励机制。（1）从规模考核向业绩考核转变，以模型量化指标取代传统的考核指标，使部门和机构的驱动不偏离公司战略。将所有收益和成本进行量化，客观评价小微业务的投入产出。（2）在业务启动阶段给予资源支持，对相关业务部门及业务人员设定公平、合理的激励机制，并明确职责，确保资产质量可控，使业务发展和风险管理得到平衡。做小微的方法论和海外经验都非常丰富，技术门槛也不高，重在执行力。

2. 增收降本：改善小微金融的营利性

增收降本提升小微业务的营利性。（1）提升收益，一方面提升贷款定价机制的灵活性，遵循高收益覆盖高成本的原则；另一方面综合考虑客户价值，多产品覆盖提高客户贡献率。（2）降低成本，通过线上获客、自动化批量化审批、大数据风控等模式降低小微业务综合成本。此外，小微贷款客户能为银行带来一部分低成本的结算存款，保障银行的流动性、降低负债成本。

目标客户和客户分层。小微企业的目标客户对营收规模和员工人数做了范围设定，持续稳定经营也是客户准入的重要条件，小微企业与初创公司有所区别。富国银行的小微贷款客户中，年销售额小于100万美元的企业占比超过90%，小于50万美元的超过85%；从经营年限上来看，超过10年的占比接近90%。为了提升小微金融业务的盈利能力，首先要对客户进行评估和分类。富国银行将小微企业细分成10个种类，分别是加工作坊、初创企业、家庭工厂、个体创业者、无利润企业、服务型小微企业、一般利润企业、科技型企业、高速成长企业及现金牛企业。其中前六种在标准放贷程序下是无法盈利的，因此富国银行将这些小微贷款归类到消费信贷，按零售业务模式进行处理。

产品分类。根据客户属性的不同，对应不同的贷款产品体系。（1）对于上述归为零售业务的小微贷款基本采用线上模式，降低运营成本，并用高收益覆盖高风险。（2）对于相对传统的线下业务模式来说，产品的定价和结构设计要更加灵活，产品参数包括了额度、时长、利率、还款方式（首次还款时间、循环授信、随借随还）、担保方式（抵押、质押、保证）、客户准入（开户时间）等，根据小微企业经营情况和现金流模式，考虑周期性（业务淡旺季）因素，确定不同的还款方式。此外，根据小微企业的经营特点，提供接力贷产品，解决续贷问题，降低中小企业的贷款手续费用，缓解还款压力。

成本管理。(1) 贷前：线上获客，客户通过电子渠道申请贷款，降低获取信息的成本，准确客观评估客户风险。(2) 贷中：标准化的业务流程，扁平化的管理体系，运用云计算、大数据等技术手段，用自动化审核替代人工审核，提高申请及审批效率。(3) 贷后：客户分类管理，大数据风控预警，自动调整放贷策略。

交叉营销。围绕客户需求提供多样化的金融产品，通过交叉营销可以降低业务综合成本，提高对客户资源的利用，使效益最大化。银行需要具备快速灵活的产品部署能力，包括个人和企业的泛金融产品及服务，以客户为中心的基础是强大的产品能力。

3. 风险管理：保持小微金融的可持续发展

分散风险。统筹放贷额度，控制单个行业或者区域的放贷规模，分散行业和区域风险，降低小微贷款受经济周期的影响程度。供应链金融的优势是将单个企业的风险由上下游产业链进行分散，但出现行业系统性风险时，供应链金融的风险会集中爆发。此外要丰富产品种类，覆盖各种生命周期阶段的客户需求，把业务风险分散化。

多维度的风控模型。(1) 打破个人业务和企业业务的条线隔离，综合评价个人信用及企业经营情况。(2) 考虑外部环境因素，在模型中增加行业数据、区域数据、宏观因素等，在不同地区、不同行业推出不同的信贷产品。在处理特殊个案时可适时调整授信规则、增加人工复审。(3) 不执着于对财务报表的审核，通过其他数据和信息的交叉验证，确定企业的经营情况和还款能力。

持续、动态的贷后管理。小微金融的贷后管理要充分发挥技术的作用，重点关注实际控制人及其家庭的风险变化，建立客户行为模型，跟踪客户贷后的风险行为和信用状况变化，数据来源包括外部的征信机构、大数据公司以及客户的存款余额、结算账户资金流水等，预判客户的逾期概率，形成风险预警。根据客户的风险变化及时调整产品参数，对风险增加的客户提高贷款利率或停止贷款，对低风险客户降低贷款利率或增加信用额度，保持业务的稳定性和营利性。通过贷后客户真实情况的验证和分析，优化贷前的风控模型，形成正向反馈。

第九章

农村金融发展问题与基于价值链金融创新的解决路径

◇ 一 农业农村融资约束问题：老问题与新挑战

农村一直存在融资约束问题，农户和农村中小企业面临贷款难问题。近年来随着新型农业经营主体的发展，农村金融需求更加旺盛，也引发了新的融资短缺问题。

（一）涉农经营主体面临信贷约束

农村一直存在金融服务获取难、融资难问题，而且不同农村主体面临融资难困境的程度不同。农村融资难问题可以用"信贷约束"来衡量，而测度信贷约束有直接法和间接法（参见 Petrick，2006）。直接方法就是通过调查农户、中小企业是否申请贷款、是否申请到了足额的贷款、没有申请贷款的原因等，来识别和判断农户是否面临信贷约束（参见马九杰，2004；马九杰、李歆，2008）。

一些微观调查资料显示农村的确面临信贷约束，如：2008年曾对甘肃、山西、浙江3省15县987家农户和155家中小企业进行问卷调查，结果发现，有28.5%的农户存在信贷约束，中西部的信贷约束程度高于东部；而在155家中小企业中，面临信贷约束的企业占45.2%；15个县中，农业龙头企业面临的信贷约束基本都是部分约束（见马九杰等，2010）。2012年对武陵山区两个贫困县的485家农户调查结果显示，面临信贷约束的占38.65%。2017年，对内蒙古、河北等地的农户调查显示；2017—2018年，对山东、河北、甘肃、四川等地的农户调查显示。可见，农村金融面临信贷约束，而且经济欠发达地区信贷约束程度相对更高。同时，还发现农户、中小企业、较大规模的农业龙头企业之间信贷约束程度不同，随着涉农经营主体规模的逐渐变大，信贷约束程度呈现出先升后降的过程，农户和农业龙头企业的信贷约束程度相对较低，而中小企业信贷约束程度最高（见马九杰等，2013）。

通过对农户、企业的融资来源渠道的观察分析，也可以考察农村信贷约束。近年来的实地调查发现，非正规金融是农户信贷的主要供给渠道。如：2008年对浙江、山西、甘肃三省987户的调查数据显示，农户发生的991笔借款中，有606笔是向"亲戚"借的，占61.2%，有267笔是向"朋友或熟人"借的，占26.9%。另外，向"私人放债者"借的有26笔。而向"信用社和合作银行"借的，只有92笔，占9.3%。民间借贷发生率高达90%以上。而且，中西部地区的农户更依赖于非正规金融渠道解决借款问题，从正规金融机构借款的比例更低。如浙江、山西、甘肃3个省份的正规金融借贷发生率分别是 13.7%、8.6%、6.6%。而 2012 年对武陵山区两个贫困县（区）485 户农户调查显示，929 笔借款中，有 830 笔是向"亲戚""朋友或熟人"等非正规渠道借的，占 89.3%，向"信用社和银行"等正规金融机构借的有 99 笔，占 10.7%。可见，农户借款近九成来自非正规信贷渠道。一定程度上可以认为存在农村正规信贷获取难问题。

（二）新型农业经营主体的融资需求与融资困境

随着城镇化进程的不断推进以及农业经营方式的深度转型，近年来我国在农地流转的基础上兴起了一大批新型农业经营主体如专业大户、家庭农场、合作社和中小型农业企业等，推动着我国传统农业向规模化、专业化、产业化的现代农业转型。新型农业经营主体改善基础设施及扩大生产规模都需要大量的资金投入，他们迫切希望通过金融的方式解决规模经营中的资金难题，有很强的融资需求。但新型农业经营主体目前由于缺乏抵押担保品，其也很难从正规金融机构获得信贷支持。

农业经营投入主要有三类：一是每年的经营性投入，包括种苗（种畜）、农药化肥（饲料兽药）、农机设备租用、农膜（套袋）、水电费、雇工及农业保险等；二是农地流转支出，表现为租金年付、租金一次性付清以及合作社的"保租分红"；三是一次性支出但需多年分摊的固定投入，主要有机械设备购买、厂房以及生产设施改造费等。根据国务院发展研究中心农村部 2014 年在黑龙江省的调查①，新型农业经营主体的短期经营性资金（用于经营性投入和年付租金）存在缺口，其中，专业大户的平均资金缺口在30万元左右，家庭农场40万元，合作社240万元，一般农户6万元左右；同时长期固定投入以及长期租地（农业经营的理想状态）的资金也缺乏。新型农业经营主体平均拥有机械设备价值约为227万元，而2014年平均利润为106万元左右，单就机械设备投资而言，需要3年的时间才能够收回；同时承租土地的农户或专业农场多处于发展初期，受财力所限也难以一次性缴付几年或全部租金，导致土地流转租金大多一年一交，造成农地经营权权属不完备，影响农地经营者长期投资的积极性和农地经营权的抵押属性。总之，新型农业经营主体靠自我积累很难扩大再生产和持续经营，存在外部融资需求。

但是目前大部分新型农业经营主体的金融需求并未得到有效满足：部分主体能够获得短期的经营性贷款，但比例有限；长期资金支持很难获得。在调研样本中，约有37.5%的新型经营主体获得过农地（承包）经营权或者收益权抵押贷款。其中45.7%的合作社、29%的种养大户、63.6%的家庭农场以及31.4%的普通农户获得过农地经营权（收益权）抵押贷款。农地抵押贷款的平均额度是98万元，其中最小为2万元，最多为1000万元，其中，种养大户平均

---

① 2014年，国务院研究中心农村部调查了黑龙江省绥化市肇东县163户和黑龙江省齐齐哈尔市克山县168户共331户规模经营主体，这些新型农业经营主体平均经营土地面积3084.088亩，其中最小35亩，最大57800亩。专业大户152家，平均规模1008亩，家庭农场23家，平均规模1383亩，合作社96家，平均规模8200亩，普通农户56家，平均约为286亩。

为36万元，家庭农场平均45万元，合作社199万元，普通农户11万元。贷款的平均期限为1.17年，最长为7年；贷款的平均利率为10.2%左右。农地抵押贷款规模和新型经营主体的经营资金缺口基本相当，可见农地抵押贷款主要是用于期限较短的经营性投入。在获得农地抵押贷款的经营主体中，其主要用途是农业生产基础设施建设投资（17%），购置农业机械设备（47%），支付农地租金（71%），购买化肥、饲料、农膜等农业生产资料（68%），支付工资（14%）。除农地抵押贷款外，还有约44%的经营主体有其他借款或者贷款，贷款平均总额约为53.7万元，约为平均农地抵押贷款的55%。总之，目前调研样本中的新型农业经营主体仅有部分获得贷款，而且获得的贷款仅能满足期限较短的经营性投入，缺乏长期资金支持如长期租赁土地及固定资产投入，限制了规模经营主体的转型和发展。调查发现约有69.7%的新型农业经营主体的融资需求没有得到完全满足，平均需求为162万元，其中最小为1万元，最大为2000万元。与此同时，新型农业经营主体目前获得的短期经营性贷款的平均利率基本在10.2%，相对于农业的投资回报率而言，其资金成本较高。可以说，新型农业经营主体面临着贷款难和贷款贵的问题。

◇◇ 二　农业农村贷款难的主要原因

关于农村贷款难、贷款贵问题的原因，可以从农村金融供给和需求两个层面、总体和个体两个视角认识。

(一) 供给层面：制约农村金融服务提供的因素

1. 影响和制约农村金融服务供给的总体因素

总体上看，制约和阻碍农村金融服务供给的主要因素包括（参见 Gonzalez-Vega, 2003）：贷款服务的交易成本高（客户分散、规模小、地处偏远），吸收储蓄的成本高（由于存款准备金、内部控制要求等，且储蓄额度小、期限短）且易出现流动性风险，信用风险较大且难以设定高的风险溢酬（存在逆向选择问题），贷款履约成本高（存在道德风险问题），特别是制度不完善、诚信环境缺失等会加大运营成本和风险；同时，农业行业存在收入季节性而导致的流动性风险、易出现区域系统性风险，等等，这些都会抑制农村金融机构向农村配置金融资源、提供金融服务的积极性。

2. 影响金融机构金融服务供给的个体因素

虽然从金融机构提供农业农村金融服务面临很多相似的问题，但是金融机构在规模、所有权结构和组织形式、机构的地理区位等方面的差别，决定了其在为农村特别是小农户、农村小微型企业提供服务时，具有的优势和劣势不同，因而供给意愿和能力也不同，从而使其在供给上也实施差异化战略，对农村地区进行信贷配给[①]。

---

① 关于对信贷配给的讨论，参见 Friedman (1990)。

一般认为小型、社区型、地方化金融机构在农村金融市场中具有相对优势。但小机构的资金融通能力有限，特别是提供中长期信贷服务的融资基础不足。

另外，金融市场结构、信贷基础设施、外部监管、宏观经济形势等因素也会影响金融机构的信贷供给行为。我国农村信用体系不够完善、抵押担保制度不够健全、担保服务体系还不够健全，制约金融机构对农服务能力的提高。特别是我国农村地区的信用基础设施建设落后。我国农村地区区域广大、地区差异较大、农户数量众多，农户信用评估、信用档案建设、信用更新成本高，而且涉及政府部门、金融机构、农户、农村经济组织等社会方方面面，这就导致我国农村地区信用基础设施薄弱，为商业性金融机构开展信贷业务造成了困难。

（二）需求层面：制约农村金融需求和金融服务获取、使用能力因素

1. 制约农村金融需求与使用的总体因素

农业生产周期长、面临自然和市场双重风险的农业特性，导致农村产业的营利性低、农民收入低而且不稳定，进而导致农民储蓄能力、信贷有效需求能力不足，缺乏金融机构所需要的抵质押品，加之农村地理偏远，因而，缺乏对正规金融机构的吸引力。同时，农村金融素养普遍偏低，也抑制了其金融产品使用。

2. 影响农村金融需求主体金融服务获取能力的个体因素

农村家庭、农业经营主体之间存在异质性，导致它们的金融需求和金融服务获取能力存在差别。一些农业生产经营主体市场可得性不足、偿债来源不足，融资服务需求意愿不够；一些农村主体缺乏信用记录、缺乏抵质押条件，因而缺乏有效需求。目前新型农业主体尚处于初期阶段，且农村抵质押制度改革滞后，其普遍缺少符合要求的抵押担保物。虽然经过近年来人民银行主导的一系列试点，2018年12月修订的《农村土地承包法》虽然规定"承包方可以用承包地的土地经营权向金融机构融资担保，并向发包方备案。受让方通过流转取得的土地经营权，经承包方书面同意并向发包方备案，可以向金融机构融资担保"，但是尚未出台"土地经营权融资担保办法"。现实中农地抵押面临一系列问题，如土地流转市场不完善、抵押资产处置机制尚未建立、租赁方式流转的土地担保产权不完整（普遍存在的土地租金一年一付方式，会导致抵押物处置中出现"二地主"权属纠纷问题）等；新型农业经营主体的果园、蔬菜大棚、大型农机具、厂房、应收账款等资产也难以被金融机构认可为抵质押品；商业性担保机构担保门槛较高，多数新型农业经营主体很难满足担保条件，也缺乏担保融资途径；政策性农业担保体系已经建成，但是业务的覆盖面和渗透率仍较低，难以满足新型主体的担保需求。另外，一些农村主体害怕负债风险、失去抵押品而不愿意申请贷款，出现自我配给。

◇ 三 农业价值链金融是缓解农村金融困境的一种重要途径

(一) 缓解农村金融困境的路径

面对农村金融供给与需求两个层面因素导致的困境,也需要从供给和需求两个层面来解决。

1. 需求侧

由于农村金融需求主体规模小、地理上分散、行业风险大,同时,相当部分的需求主体缺乏市场参与机会和能力、收入低且不稳定、缺乏合格的抵质押品,导致金融需求意愿和金融需求能力、金融获取能力受到限制。可选择的解决办法:一是将分散的小规模主体组织化、产业化,增强它们的市场参与能力和技术创新能力、收入能力、风险抵御能力,进而增强它们的金融服务需求意愿、降低它们接受金融服务的交易成本,也增强对金融服务机构的吸引力。二是针对农村需求主体缺乏抵押品的现实,需要创新抵质押制度,增强农村资产的抵押品属性,提升抵押品可交易性、交易便利性、交易价值,让农户和新型农业生产经营主体所拥有的资产可充当抵押品。

2. 供给侧

因与客户距离远、缺乏关于农村需求主体的信用信息、难以准确评估信用风险、营销和评估成本高、贷后管理成本高等，同时，农业行业存在较大风险，这些会制约金融机构提供金融服务的积极性。解决的办法：一是优化农村组织机构体系。发展中小型金融机构、发展地区性合作金融，大型金融机构切实下沉经营重心、增强对基层网点的放权，缓解"距离"带来的问题。二是创新农村金融服务。利用数字技术缓解信息不对称、服务成本高的问题，同时，开展针对合作社、产业化组织提供批发性金融服务等降低成本和风险。三是加强农业农村金融服务的专业能力建设。提升关于农业行业、农村区域的专业知识，增强对农村需求主体的识别、评估的专业能力，增强对客户第一还款来源的识别能力，强调第一还款来源的重要性，并辅助农村市场主体提升其第一还款来源；同时，增强对农村资产的抵押品属性识别和管理能力，扩大对农村资产抵押品接受范围。

为了增强农村金融机构服务能力、促进金融机构提供金融服务的积极性，需要加强农村金融基础设施建设，包括健全和完善农村征信体系、政策性农业担保体系、农村支付系统、公共信息技术服务体系等；完善相关农村金融法规、监管、政策体系，为农村金融机构提供更适当的支持和激励。

（二）农业价值链金融及其缓解农村金融困境方面的优势

农业价值链金融，又称农业供应链金融或农业产业链金融，是指农业核心组织（企业）或者金融机构基于农业产业链上不同主体之间的商业关系以及运营中的商流、物流和信息流对核心组织上下游主体提供的金融服务。① 具体来说，是将农业供应链上的核心企业以及与其相关的上下游企业看作一个整体，以核心企业信用为依托，以真实贸易为前提，运用自偿性贸易融资的方式，通过应收账款质押、货权质押等手段封闭资金流或者控制物权，对供应链上下游企业提供的综合性金融产品和服务的一种新型融资方式。农业供应链金融改变了银行等金融机构针对农户单一主体的授信模式，从整个农业产业链入手，以产业链中的农业企业为中心，从农业生产资料供给到农产品的生产、销售各环节，为产业链的整体运行提供金融支持。在这种模式下，农户不再是分散孤立、高风险、低收益的客户群体，而是与农业企业利益共享与风险共担的优质客户。农业供应链金融服务可以有效缓解农户融资难和农村金融抑制加剧的现状。

根据资金的来源，可以将农业价值链金融分为产业链内部融资（直接融资）和产业链外部融资（间接融资）。②

---

① 马九杰：《农业供应链金融的缘起与发展》，《人民论坛》2011 年第 27 期，第 68 页。
② 马九杰、罗兴：《农业价值链金融的风险管理机制研究——以广东省湛江市对虾产业链为例》，《华南师范大学学报》（社会科学版）2017 年第 1 期，第 76—85、190 页。

第九章　农村金融发展问题与基于价值链金融创新的解决路径

1. 基于上下游赊销关系的产业链内部融资

农业产业链内部融资是指农业产业链上的核心组织（企业或者合作社）通过赊销、预付等方式，为其上下游主体提供短期的流动性资金，也称为商业信用或贸易信贷。以温氏集团为例，通过温氏首创的紧密型的"公司+农户"产业链接模式，对上游农户赊销生产资料（鸡苗、饲料等），同时给予一定的养殖技术指导，在农户将鸡苗饲喂到一定标准出栏后，再进行回购，回购过程中由温氏扣除相应生产资料款和利息以偿还其提供的资金费用。[1]

2. 产业链外部融资：金融机构的"1+N"模式

农业产业链外部融资则是指银行等金融机构借助产业链上的核心组织（企业或者合作社），为上下游农户或中小企业提供信贷服务。其主要模式为：金融机构与农业龙头企业、合作社、中间商等合作，结合"公司+农户""公司+中介组织（合作社、基地、经纪人）+农户"等模式中的订单质押（存货质押）、核心组织担保等方式，实现对上下游主体的贷款发放。[2][3] 如，青岛平度银行与农

---

[1] 姚淑芬：《农业产业化龙头企业的价值链金融探讨——以温氏集团为例》，《重庆科技学院学报》（社会科学版）2011年第4期，第107—109页。
[2] 马九杰、张永升、佘春来：《基于订单农业发展的农业价值链金融创新策略与案例分析》，《农村金融研究》2011年第7期，第11—17页。
[3] 马九杰、周向阳、蒋逸、张永升：《土地流转、财产权信托与农业供应链金融创新——龙江银行"五里明模式"剖析》，《银行家》2011年第11期，第107—109页。

业龙头企业山东得利斯合作，利用后者的担保，为养殖户提供贷款。①

综上，无论产业链内部融资或外部融资，都依赖于核心组织的信用，区别仅在于前者是直接对上下游主体授信，后者是间接对上下游主体授信。

常见农业供应链融资产品产业链外部融资具有典型的结构性融资特征。不同于银行基于对借款人的财务分析或者利用传统的抵押品给予借款人的融资，产业链融资主要依赖借款人与其客户之间的应收账款等交易关系为基础进行融资。除了传统的基于应收账款、存货和预收账款等产业链融资产品，在农业产业链融资中经常被使用的还有基于未来收益的订单融资以及核心企业担保融资。

（三）针对不同环节的农业供应链金融

1. 基于农资环节的供应链金融

农资供应型产业链上的农资企业针对对象自身特点融资和资金需求差别提供不同的供应链金融服务。对于下游的生产经营者多采用为其提供信用担保服务；对于上游的厂商，则多采用应收账款质押为其提供信贷担保服务；对于农资经销商，采用预收账款质押或者存货质押的方法为其提供信贷担保服务。现代畜禽养殖产业链中，养殖户不仅需要进行大量的固定投入，还需要饲料等流动资产

---

① 宋雅楠：《农业价值链金融特征及国外经验启示》，《中国物价》2012 年第 11 期，第 53—56 页。

投入。而养殖市场的周期性和饲料等投入品的占比过高导致其经常缺乏流动资金。新希望六和集团于2007年在山东成立了中国第一家养殖担保公司（普惠农牧融资担保公司），为其上下游养殖户或饲料经销商提供担保，信贷资金主要来自于银行等金融机构。风险控制主要依赖于其在供应链上的核心地位对养殖户现金流、物流、信息流的掌控。新希望模式有效解决了养殖户融资难的问题，实现饲料销售规模的快速提升。

2. 基于农业生产环节的供应链金融

农业生产服务商在给农业经营者提供服务的过程中，也经常提供赊销服务等。如土地托管服务公司在提供托管服务时，享受托管服务的农户可以不立即支付服务费，而是可以在农产品销售后再支付服务费。农机产业链中也孕育了大量的供应链金融机会。在农机流通过程中，亦可利用农机厂商（经销商）和农机客户之间的交易关系、对农机的回购优势以及农机的抵押功能，开展农机购买金融服务。例如，农机合作社可以采取购机户自付20%资金，80%资金推广贷款（30%资金采用农机补贴抵押，一年后归还；50%资金采用农机具抵押，中长期分期归还）的操作方式。此外，一些银行系金融租赁公司和知名农机生产企业组建的融资租赁公司，利用融资租赁模式在信用要求、首付比例、融资额度、抵押物、申请手续、还款方式等方面较为灵活的特点，更好拓宽农机金融服务的资金来源。

3. 基于农产品销售链的供应链金融

在农产品销售环节，供应链金融形式多种多样（N＋批发市场、N＋超市、N＋食品加工企业）。其中，基于订单农业的供应链金融仍是最主要模式。一方面，下游企业可以直接为生产经营者提供融资；另一方面，可以利用订单的未来收益作为保证，由外部金融机构提供产业链外部融资。订单农业的提供者为农产品生产者提供融资的主要目的不在于从融资行为中获得收入，而在于获得较为稳定的供货来源，以及从其生产出来的高质量农产品中获益，以满足消费者高标准的需求。订单农业的参与方一般有多年的交易关系，彼此间信息较为对称。具体流程如下：（1）农产品生产者和农产品采购商签订正式销售合同；（2）采购商会向农产品生产者提供投入品并以合同规定的价格或者特定时期的市场价格购买农产品生产者的产品；（3）采购商向银行提供购买合同或者保函为农产品生产者贷款进行担保；（4）金融机构向农产品生产者提供贷款；（5）农产品生产者向采购商出售农产品；（6）采购商偿还银行贷款后，将货款余额支付给农产品生产者。

◇◇ 四　农业价值链金融模式及演变趋势

不同主体之间的资金短缺和富裕程度的差异引致了资金融通的需求，促使了农业产业链融资的出现，而农业产业链融资也处于不断演变状态：从最初的产业链内部融资即贸易信贷发展为产业链外部融资到最新的产融结合状态（吴本健等，2018）[①]。

（一）贸易信贷（产业链内部融资）

在农业产业发展的初期，贸易信贷尤为普遍，比较典型的是"公司+农户"模式中核心企业为农户赊销原材料以及下游核心企业如"粮食银行"、乳制品加工企业的赊购行为。这些上游的生产资料提供商借助赊销的方式替代了正规金融机构的作用，实现了贸易信贷对银行信贷"挤出"。此时，企业对产业链上其他主体提供贸易信贷的资金占用成本虽然也不低，但是其低交易成本优势能够充分发挥，即核心企业可以利用在地化信息优势、产业信息优势、风险控制优势、交易成本低等优势从事前和事后降低贸易信贷的违约风险，实现低成本地提供贸易信贷。但是金融机构却由于信息不对称选择了金融排斥。

（二）银行信贷（产业链外部融资）

当农业产业进一步发展时，产业链外源融资的模式开始出现并且越来越普遍。金融机构与农业龙头企业、合作社、中间商等合作，借助订单等生产和流通关系中形成的资金流、物流和信息流，

[①] 吴本健、罗兴、马九杰：《农业价值链融资的演进：贸易信贷与银行信贷的替代、互补与互动》，《农业经济问题》2018年第2期，第78—86页。

通过固定资产抵押、流动资产质押或者担保信用等方式实现信贷供给，在现实中最具代表性的是"1+N"的产业链融资模式。具体表现在：一是通过银行信贷+上游核心企业+贸易信贷的方式来促进农业经营主体融资；二是利用农业经营主体和下游核心企业之间的贸易信贷关系（应收账款）及未来交易关系（未来收益），为农业经营主体提供融资；三是利用上游核心企业的担保，为农业经营主体提供融资。产业链外源融资本质上是贸易信贷和银行信贷的合作方式，可以实现银行与企业的优势互补：银行提供低成本资金，企业则充当信息中介角色。此时，随着农业产业的不断发展，行业风险的规律会逐渐清晰，核心企业的信用水平不断提升，银行等金融机构对该行业的认知度会不断提升，最突出的表现是金融机构和农业核心企业之间的信息对称程度显著提高。金融机构通过发挥核心企业在产业链中的信息和监督控制等方面的优势以及借助核心企业的信用并利用交易关系来解决和农业经营主体之间的信息不对称难题。虽然此时金融机构和核心企业之间由于委托代理关系而存在代理成本，但是此代理成本相比于和农业经营主体之间的信息成本而显著降低。此时，相比于金融机构直接对农业经营主体以及核心企业直接面对融资主体，这种产业链融资模式的资金成本和信息成本最低。这种产业链外源融资模式本质上结合了核心企业的信息优势和正规金融机构的资金成本低优势，是贸易信贷和银行信贷互补的具体表现。

（三）融合阶段（产融结合阶段）＋互联网化阶段

随着互联网金融的发展，以及核心企业融资能力的提升，贸易信贷中的核心企业会越来越多地利用自身的信用获取外部低成本资金从而进行产融结合。这种银行信贷和贸易信贷互动的模式可同时降低资金成本和信息成本，从而成为产业链融资的发展方向。产业链上的核心企业在充分利用产业链生态的基础上投资开办金融业务，利用核心企业的信用低成本地获取融资从而开展基于经营协同的产融结合，此时，相比于单纯的贸易信贷，资金成本和信息成本也进一步降低。农业产业链金融的未来趋势是农业核心企业或者金融机构构建农业生态系统，提供全面的服务：因为提供生产、供销及金融服务是相辅相成的。比如在上述对虾产业链的上游，核心企业广东海大集团发起成立广发互联小额贷款公司，秉持"以养殖需求为核心，以提升养殖户盈利水平为宗旨"的经营理念，参股投资建立互联网小额贷款业务平台，为公司的养殖户、经销商提供资金支持服务，进一步完善公司的金融服务体系。下游的批发市场管理平台完全可以通过成立P2P网络借贷平台以及小额贷款公司等，实现真正的产融结合。此外，"三农"领域发展互联网的时代正在向我们走来，"互联网＋农业产业链"将逐渐成为新的蓝海市场，由此也为农业产业链金融服务的推进提供了新的空间。下面以几个具体案例探讨新阶段的产业链金融模式。

1. 供销社三位一体化

目前全国的供销合作社系统正在加快构建完善供销社农资供应保障体系、农产品和农村产权交易服务体系、农村消费品配送经营体系、农村资金互助合作和金融服务体系等，切实打通服务乡村"最后一公里"，为小农户和新型农业经营主体提供全方位、系列化服务，将一家一户小生产融入农业现代化大生产之中。第一，推进现代农业服务体系建设。县乡两级农合联组织县级农资公司、基层社、农民合作社联合社和新型农业经营主体等参股组建庄稼医院，建立以农资公司为主导、庄稼医院为基础的多方参与、利益共享的现代农业服务体系。结合农资连锁经营网络建设，推进庄稼医院合理布局和建设，形成以庄稼医院为平台，集农资销售、病害防治、技术指导、新品推广等功能于一体的现代农业生产服务体系。第二，推进现代商贸服务体系建设。引导村集体、农户组建消费合作社，建设商贸综合体，组织县级供销合作社、消费合作社、农民合作社、超市、商贸综合体、社会资本共同参股组建连锁配送公司，建立以连锁配送公司为主导、商贸综合体和农民合作社为基础的多方参与、利益共享的现代商贸服务体系。以商贸服务体系为依托，发展电子商务，形成具有统一品牌和形象的线上线下相融合、城市乡村广覆盖的日用品和农产品连锁配送体系。在上述基础上，推进农村信用服务体系建设。发挥农信机构作用，在对农合联会员信用状况评定基础上，实行对农合联会员授信服务与担保服务全覆盖。同时，依托现代农业服务和城乡商贸服务体系，将普惠金融服务延伸到村。引导有条件的农合联成员合作社组建资金互助会，为农民提供资金互助服务。

2. 农业企业服务生态化

新希望、大北农、伊利等大型农业龙头企业纷纷借助其强大的线下资源，设立互联网金融平台（新希望成立"希望金融"P2P网络借贷平台，大北农公司设立农信金融平台，伊利公司设立产业链金融中心）进行产融结合①，打造农业、金融一体化生态圈。新希望集团于2007年在山东省成立了中国第一家养殖担保公司——普惠农牧融资担保公司，为养殖户或经销商提供担保。2015年成立希望金融平台，"希望金融"是新希望集团旗下的P2P网络借贷平台，主要依托于新希望集团在全国的分支机构和业务人员，利用集团在农业产业链上的核心地位，为上下游相关主体提供信贷服务，核心是基于多重产业链交易关系形成的信息对称和契约约束机制实现风险控制。"希望金融"则实现了风险控制在企业、资金来源于互联网。

目前在"希望金融"平台上借款的客户主要有三类：新希望下游的养殖户、饲料经销商以及上游的原料供应商。对于下游养殖户，"希望金融"通过将自身的业务嵌入到新希望的农牧产业链中，一方面，依靠之前担保公司多年来积累的关于养殖户的信用信息以及产业集团积累的历史交易数据来解决信息不对称问题；另一方

---

① 罗兴、朱乾宇：《经营协同的产融结合》，《中国金融》2016年第22期，第88—89页。

面，借助集团公司的福达计划（为帮助养殖户提高养殖效率，为其提供专业的养殖服务），在提供养殖服务的过程中，实时收集养殖户的动态养殖信息，实现实时授信；业务员通过安装福达在线手机客户端，收集并上传养殖户的各种相关信息，如养殖户财务数据、猪价数据、当地谷物价格以及生产记录、养殖状况以及连续交易状况等。同时，"希望金融"与集团公司合作也实现了全流程控制：如福达计划实现了养殖全流程控制，闭环交易（借款户一般会使用新希望的饲料，借贷完成后，资金直接进入企业账户，借款户直接提取饲料）实现了现金流控制。上述全流程控制不仅实现了信息实时对称，还有助于通过综合性服务来进行养殖风险控制以显著提升还款能力。此外，上述多重服务关系也增加了养殖户违约的成本，形成了制约，因为违约即意味着失去多重服务。对于下游的经销商体系，"希望金融"通过跟踪经销商和新希望集团的饲料交易历史，同时结合饲料企业的"软信息"收集及开发，实现对其授信。与上述针对养殖户一样，新希望公司的专业业务人员也可以对饲料经销商进行动态监控，这些动态监控是暗含在日常工作中的，并不需要花费额外的成本；此外，双方之间长期的交易关系促使一锤子机会主义行为不符合经销商个人的长期利益。对于上游原材料供应商，"希望金融"开发了基于应收账款质押的名为"到货贷"的授信产品（由于新希望和上游供应商结算有一定的账期，若其需要资金，则可以以信贷的方式提前支取上述应收账款），在商业银行＋核心企业合作的产业链金融服务模式下，因为银行的征信流程，导致上述短期融资需求（账期20天左右）的对接时间较长；但是在新希望内部，信息共享可以大大节省上述对接时间。"希望金融"是产业链上的核心企业在充分利用产业链生态的基础上开展基于经营协同的产融结合的典型案例①。

3. 蚂蚁金融服务集团的农村金融实践

电商平台是农村互联网金融创新的重要主体，其中以阿里巴巴集团及其旗下蚂蚁金融服务集团为代表。此外，还有京东、一亩田、云农场等。阿里巴巴集团核心是利用自身平台交易的"大生态链"，集聚了商品交易（电商平台）、资金支付（支付宝）、物流（菜鸟网络）三大业务平台，积累了物流、资金流及信息流大数据，构建了"平台+数据=金融"为互联网金融平台——蚂蚁金融服务集团。2014年阿里巴巴集团发布了"千县万村"计划，计划建立起覆盖农村的电子商务服务体系，试图以电商为基础，同步带动农村综合金融业务包括支付、信贷、理财及保险的发展，其"三农"金融服务产品包括旺农贷、旺农保及旺农付等。在信贷方面，蚂蚁金融服务集团以技术、数据为驱动力，联合合作伙伴（农村淘宝、中和农信以及中华联合保险公司等），针对三类经营者提供信贷服务：农村消费者和小额经营者、一般农业经营者以及大规模农业经营者。其中，对于大规模农业经营者，蚂蚁金融服务集团通过供应链融资的方式，在控制农业经营风险的前提下提供基于采购订单的大额贷款服务：利用农村淘宝、天猫等电子商务平台建立和农资企

---

① 罗兴：《金融企业家、非正式制度与内生性农村"影子银行"》，博士学位论文，中国人民大学，2017年。

业、农产品经销企业及农业保险公司的封闭产业链交易关系，利用交易关系提前为农业经营者提供农资贷款，待商品通过电子商务平台销售后回收贷款。这种全流程的供应链模式形成了农产品供应链的线上生态链，不仅降低了农业经营过程的生产风险和市场风险；还可以实现从"贷"到"销"的数据监控，为食品安全提供数据回溯的基础；有助于更精准地保证"专款专用"，降低融资成本和提升融资便利程度，具体流程如图9-1所示。一个典型案例是陕西省周至县的猕猴桃产业的互联网产业链金融模式：蚂蚁金服+农村淘宝+易果生鲜电商平台的封闭产业链。北吉果蔬专业合作社是周至县极具规模化的猕猴桃合作社，拥有当地数百户果农社员；基于对合作社产品及供应能力的认可，易果生鲜与合作社签署采购协议，在猕猴桃成熟时，将定点采购猕猴桃中的高端品种"翠香"，并通过天猫超市的生鲜区销售；蚂蚁金服对订单进行识别、确认后，通过蚂蚁金服旗下网商银行，给合作社提供低息贷款；为实现易果生

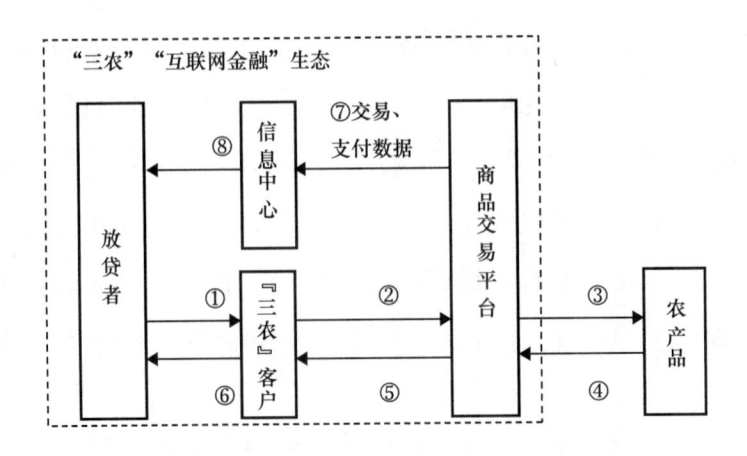

图9-1 蚂蚁金融服务集团基于农业产业链的互联网金融生态

鲜对于果品品质的把控，贷款通过定向支付工具专项用于从"村淘"购买易果生鲜指定的农药、农资，并将合作社的采购信息线上传输给易果生鲜，从而实现果品生产过程的全程把控；同时，蚂蚁金服保险事业部联合保险公司为农资、农药线上销售提供品质保证保险，确保产品质量无虞。同样的模式也运用在内蒙古科尔沁的肉牛产业上。

4. 金融机构的互联网生态化：农业交易的生态化＋打造交易银行

随着产业的进一步发展特别是互联网技术的发展，银行信贷中的金融机构越来越多介入到农业产业链的交易之中，一定程度上成为产业链主体，从而可低成本地获取私有信息，而将农业产业链金融推向新的更加融合的模式；金融机构除了提供融资、交易结算等金融服务之外，通过嵌入在农业产业链中，挖掘产业风险点、预测产业发展趋势等，作为参与主体真正参与到产业的发展中来，低成本地获取产业链上各个主体的信息，从而资金成本和信息成本之和进一步降低，这种银行信贷越来越普遍。典型案例是金融机构纷纷构建网上商城以及连接企业的ERP系统，提供金融服务以外的服务，核心目的是积累企业的信息。

传统农村金融机构（包括开展涉农业务的大型商业银行、股份制商业银行、农村商业银行以及新型农村金融机构）主要利用"O2O"模式，推出网上金融超市，利用自动化设备、远程通信技术等建立农村金融服务站，线上线下同步提供支付、理财及信贷金融服务。以农业银行的农村互联网金融业务为例，首先以改善农村支付环境为核心，围绕农民日常"衣食住行娱"等场景，建立线上线下一体化的支付基础设施建设，培养农民线上支付（缴费和消费等）习惯，具体包括网上银行、手机银行等数字普惠金融服务以及线下"金穗惠农通"工程互联网化升级的农村综合金融服务体系。其次，依托特色"农银e管家"电商金融平台，搭建"工业品下乡"和"农产品进城"的线上渠道，将支付、融资等综合金融服务嵌入到农户、各级经销商、农业核心企业构成的农业供应链网络中，具体路径是依托"农银e管家"连接核心农企和上下游客户，同时利用"农银e管家"的开放架构，结合国家"信息进村入户"工程、"电子商务进农村"计划、"农产品流通可追溯体系"建设项目等政府信息平台以及其他互联网平台，建立信息互联互通的双向数据共享机制。基于此，通过对"农银e管家"商户和农户线上交易数据的分析，把传统的线下农户贷款业务升级为线上申贷、办贷和放贷，农户贷款业务向批量化、线上化、自动化作业方式转变。具体如农业银行通过对农牧业产业链上核心企业如蒙牛集团合作，对其与其上下游小微企业之间的交易数据进行分析，推出"数据网贷"产品，实现线上化、批量化、快捷化网络融资。总之，农业银行的互联网金融服务依然是以支付网络为基础、借助互联网收集供应链网络上的交易信息以及打通政府的"三农"信息渠道，然后分析和利用上述信息以及供应链网络及社会网络形成的约束提供农户/农业信贷服务[①]。

---

① 罗兴、马九杰：《农村互联网网信贷：互联网+的技术逻辑还是社会网+的社会逻辑?》，会议论文，2017年。

◇◇ 五 农业价值链金融的风险控制机制决定了其在农村金融服务中的优势

金融交易是一种序贯博弈行为，由于资金供给者和资金需求者之间的信息不对称及借款人机会主义行为导致的事前逆向选择和事后道德风险，先行让步的出借行为可能会被后者背叛利用（不还款），从而很难形成借贷关系。因此，作为贷款机构（以下简称放贷人），首先需要对借款人的收入来源、风险及信用水平等影响还款能力和意愿的信息进行收集并分析；同时进行机制设计促使信贷契约执行，包括激励相容的自动履约机制如抵押以及外部制度如国家法律法规、社会网络和文化惯例等。

（一）农业产业链的交易关系与信贷风险控制

1. 利用产业链上的核心组织解决信息不对称和契约执行

农业产业链金融，无论是产业链内部融资还是外部融资，都依赖于核心组织的信用，区别仅在于前者是直接授信，后者是间接授信。工业产业链金融更多地依靠应收账款、预付款和存货的质押[1]，但是农业产业链中的融资主体主要是核心组织的上下游农户或者经

---

[1] 胡跃飞、黄少卿：《供应链金融：背景、创新与概念界定》，《金融研究》2009年第8期，第194—206页。

销商,很少存在应收账款或者预付款(一些经销商除外),那么农业产业链金融如何控制风险呢?目前的研究主要关注以下几个方面:(1)核心组织拥有行业知识并通过交易积累了关于"客户"的"超额信息",核心组织能够利用这些信息评估"借款者"的信用,筛选出能够做出可置信承诺的客户,从而减少出现逆向选择和道德风险的可能性[1];(2)核心组织在抵押品评估和处理上具有优势,可以通过抵押担保来构建可置信承诺[2];(3)核心组织垄断能力强,可能是上游的少数销售渠道或者是下游客户的定制化产品提供商,可以通过上下游客户的高转换成本来构建可置信承诺[3];(4)核心组织通过对上下游客户的监督,来提升其风险应对能力和防止机会主义行为,并以此来构建可置信承诺[4]。

2. 全流程控制、生态体系(闭环)建设是供应链融资的必然要求

目前关于农业产业链金融中的可置信承诺主要集中在信息优势、抵押优势、高转换成本以及监督优势。而承诺可置信的充分条件是核心组织在农业产业链中的全流程控制。全流程控制是信息优

---

[1] B. Biais, C. Gollier, "Trade Credit and Credit Rationing", *Review of Financial Studies*, Vol. 10, 1997, pp. 903 – 937.

[2] M. Burkart, T. Ellingsen, "In-kind Finance: A Theory of Trade Credit", *American Economic Review*, Vol. 6, 2004, pp. 569 – 590.

[3] M. Frank, V. Maksimovic, *Trade Credit, Collateral, and Adverse Selection*, Unpublished Manuscript, University of Maryland, 2004, pp. 1 – 40.

[4] N. Jain, "Monitoring Costs and Trade Credit", *The Quarterly Review of Economics and Finance*, Nol. 41, 2001, pp. 89 – 110.

势、基于抵押和高转换成本的威胁和惩罚以及监督的前提。全流程控制是指农业核心组织对农业生产过程中实施产前、产中、产后全过程的标准化、规范化管理或者对流通环节中的采购、仓储、交易、结算等进行全流程的把控。

（1）全流程控制与信息优势

判断借款人的承诺是否可置信，可以通过获取信息来判断其还款能力和意愿。传统的贷款5C评估法主要依据借款人品德、能力、担保、资本及经营状况等信息。信息可以分为硬信息和软信息，硬信息是指以数字形式定量存在的，借助非人格化的手段获得，不含主观判断、意见或者观察；软信息是指以文字形式定性存在的，通过人格化方式收集获取的，主观判断、意见和观察是其一部分。但是农业经济的运行规范化程度低，农业信息尤其是农户信息具有明显的不易观察、不易识别以及不易传递等特征，农村信息呈现出人格化、碎片化及社区内部化等特征。这类非标准化信息具有软信息的特征，现有金融机构的信息获取渠道及手段很难获得或者获取成本极高。但是核心组织通过全流程控制，进行多重交易如提供农业生产投入品、农业社会化服务以及农产品销售服务等，可以低成本且系统地获取这些信息。比如，核心企业的经销商、业务员以及相关技术人员在负责企业产品销售、技术推广活动中，能够积累一定的基于交易的硬信息（如生产投入、生产过程以及销售状况的准确信息等）；此外，他们还可以利用长期稳定的交易关系获取更多的非交易类的软信息（如个人信誉、家庭财产、个人能力等）。全流程控制基础上的动态交易和服务还能使得企业获取交易主体的动态实时生产信息，实现信息的不断更新和前后验证。此外，当借助信息技术实现全产业链信息的动态掌控时，企业的信息垄断又得到了进一步强化。上述信息的获取嵌入在核心企业的业务行为之中，或者说核心企业具有信息积累的能力，从而并不额外增加信息获取成本。总之，全流程控制使得核心企业拥有了丰富的信息类型、较高的信息有效性以及较低的信息获取成本，从而使得核心企业拥有了自身提供产业链金融服务或者向银行等正规金融机构推荐客户形成产业链中的金融垂直联结的基本能力[1]。

（2）全流程控制与抵押优势

信息机制是指事前了解或者预判借款人的还款意愿和还款能力，但是信息总是不对称或是不完全的，因此又创造出抵押担保机制来使上述承诺可置信。在全流程控制下，基于供应链的融资创新可以扩充有效抵押物的范围，使得一些没有完备交易市场且不被银行等正规金融机构认可为有效抵押物的专用资产成为有效的抵押物。产业链上的核心组织在提供产业链金融服务时，一方面，提供实物产品，当客户无法按期履约时，可以重新拿回产品，其价值要高于银行处置的价值，这个前提条件是核心组织进行了全流程控制，能够拿回产品；另一方面，核心组织可以以更高的价值处理专用性的生产设备，如被核心组织自身或者行业内其他组织所利用，但前提条件也是核心组织进行了全流程控制，能够获得并以较高的

---

[1] 马九杰、罗兴：《农业价值链金融的风险管理机制研究——以广东省湛江市对虾产业链为例》，《华南师范大学学报》（社会科学版）2017年第1期，第76—85、190页。

价值处置这些设备（正是由于很多企业进行了全产业链拓展，进行了全流程控制，所以生产设备于自己是有用的）。全流程控制扩大了抵押物的范围和抵押物的处置价值，使核心组织接受抵押物范围和处置能力与正规金融机构有了较大区别[①]。

（3）全流程控制与高转换成本

顾客转换成本是指顾客由于转换产品或服务的供应商而引发的成本，它是一种专有性投资，即一旦双方进行了交易，维持交易关系能够产生通过其他交易所不能产生的额外剩余。交易成本、学习成本、人工或合同成本、重复购买优惠等是几类常见的转换成本。在产业链金融中，由于和核心组织之间存在转换成本，客户偿还核心组织的动机要高于非产业链金融中客户偿还金融机构的动机，因为对前者违约可能导致供应商转换、生产停滞等，成本要比对金融机构违约高。核心组织进行全流程控制可以进一步提高可转换成本。单独的销售合约并没有多少约束力，转换成本低；但是若同时销售原材料和提供回购或者提供原材料的同时又提供服务，上下游客户与核心组织就会形成更稳定的关系，从而增加上下游客户在生产和交易过程中的转换成本[②]。

（4）全流程控制与监督优势

在全流程控制模式下，核心组织利用自身具备的产业信息优

---

① 马九杰、罗兴：《农业价值链金融的风险管理机制研究——以广东省湛江市对虾产业链为例》，《华南师范大学学报》（社会科学版）2017 年第 1 期，第 76—85、190 页。

② 同上。

势，可以根据产业链特点，设计出特殊的生产经营风险控制机制，如投入品风险控制、生产环节风险控制、市场风险控制等，从而发挥多重监督优势，降低信贷风险。在农业产业链中，由于生产对象的特殊性，农业经营面临多种风险如自然风险、技术风险、病害风险、投入品质量风险以及市场风险等。这些风险直接影响产业链上农业经营者的经营成功率，从而影响还贷能力。实践中，农户违约多数源于农业经营的失败而非主观违约，也即可置信承诺中还款能力是重要因素。核心组织通过提供从投入品、技术服务到回购等全流程的服务，将农业经营的风险变为可控风险，从而弱化分散控制下的农业投入风险、农业经营风险以及市场风险等。此外，由于掌握了全流程的信息，核心组织可以设计动态的风险控制策略。比如，可以结合整个行业的经营风险情况以及融资方的动态行为，判断融资方的动态信贷偿还能力，一旦预估未来行业风险下行，或者企业的信贷偿还能力下降，可以及时调整信贷政策，降低风险损失的概率[①]。

（二）金融机构和核心企业之间的关系

产业链外源融资的模式开始出现并且越来越普遍。金融机构与农业龙头企业、合作社、中间商等合作，借助订单等生产和流通关

---

① 马九杰、罗兴：《农业价值链金融的风险管理机制研究——以广东省湛江市对虾产业链为例》，《华南师范大学学报》（社会科学版）2017年第1期，第76—85、190页。

系中形成的资金流、物流和信息流,通过固定资产抵押、流动资产质押或者担保信用等方式实现信贷供给,在现实中最具代表性的是"1+N"的产业链融资模式。具体表现在:一是通过银行信贷+上游核心企业+贸易信贷的方式来促进农业经营主体融资;二是利用农业经营主体和下游核心企业之间的贸易信贷关系(应收账款)及未来交易关系(未来收益),为农业经营主体提供融资;三是利用上游核心企业的担保,为农业经营主体提供融资。产业链外源融资本质上是贸易信贷和银行信贷的合作方式,可以实现银行与企业的优势互补:银行提供低成本资金,企业则充当信息中介角色。此时,随着农业产业的不断发展,行业风险的规律会逐渐清晰,核心企业的信用水平不断提升,银行等金融机构对该行业的认知度会不断提升,最突出的表现是金融机构和农业核心企业之间的信息对称程度显著提高。金融机构通过发挥核心企业在产业链中的信息和监督控制等方面的优势以及借助核心企业的信用并利用交易关系来解决和农业经营主体之间的信息不对称难题。虽然此时金融机构和核心企业之间由于委托代理关系而存在代理成本,但是此代理成本相比于和农业经营主体之间的信息成本而显著降低。此时,相比于金融机构直接对农业经营主体以及核心企业直接面对融资主体,这种产业链融资模式的资金成本和信息成本最低。这种产业链外源融资模式本质上结合了核心企业的信息优势和正规金融机构的资金成本低优势,是贸易信贷和银行信贷互补的具体表现。

由于产业链金融对核心企业的依赖性很强,所以在激烈的竞争下,核心企业的配合逐步演变成一个问题。此外,核心企业的风险应对及处置能力也必须重视。因此必须重新思考是不是必须依赖核心企业才能开展产业链金融。随着产业链金融的发展，现在互联网企业和产业资本都在进入这个领域，产业链金融优质客户的竞争越来越激烈。在这种市场格局下，优质客户资源越来越稀缺，其谈判地位也越来越高。传统的产业链金融业务没有核心企业的配合业务很难开展。所以业界都在思考如何摆脱对核心企业的依赖。因此必须创新业务模式，以后要更多地通过数据、物流以及其他方式，通过第三方数据平台的方式等来解决。现阶段，要做好产业链金融，除了传统手段，要更加注意对本身贸易背景和客户行为的分析，包括企业在银行内部结算资金的现金流分析。因为一个真实的贸易背景，背后必然有多个信息存在，包括订单、合同、发票、发货单、仓单、入库单和出库单等，应该有包括商流、物流、资金流和信息流等多种方式来确定一个真实贸易背景的存在。通过多渠道获取交易信息，然后汇总分析可以帮助减少对核心企业的依赖。

◇◇ 六 农业价值链金融发展中存在的问题、挑战与对策

（一）农业价值链发展中面临的问题与挑战

如前所述，农业供应链金融得以开展的重要条件是核心企业在农业产业链中的全流程控制，包括农业核心企业对农业生产过程中

实施产前、产中、产后全过程的标准化、规范化管理，或者对流通环节中的采购、仓储、交易、结算等进行全流程的把控。现实中，这些条件不一定能够得到很好的满足，具体表现在以下三个方面：

1. 利益联结机制不稳固，农业契约不稳定

推动农业供应链金融的发展，需要完善的农业社会化服务体系，将小农户纳入现代农业产业链。当前主要通过鼓励承包农户采用土地流转、股份合作、农业生产托管等方式融入农业供应链体系，完善利益联结机制。但是现实中，由于农业的自然风险和市场风险，农业契约面临不稳定、龙头企业及合作社带动作用有限以及小农参与度低等问题。

（1）自然风险、市场风险导致农业契约不稳定

我国产业化水平不高，生产的方式仍然较为落后，小农在和核心企业交易的过程中，由于信息不对称、交易成本、机会主义行为等，导致农业契约非常不稳定。例如，在订单农业开展过程中，自然风险的出现会导致农户违约，而市场价格的上涨或者下跌都有可能导致订单农业违约。为了解决上述问题，需要农业保险、期货等市场的功能发挥，降低农业的经营风险。

（2）农业龙头企业带动作用有限

现阶段，我国农业龙头企业数量逐渐增多，但普遍规模小、实力不强。另外，核心企业将供应链的绝大部分环节集中在企业内部，如产品的生产、加工、储存以及最终产品的包装销售等，带动供应链中其他中小企业的作用有限。

(3) 农业专业合作社的发展普遍存在诸多问题

农业专业合作社普遍存在管理混乱、组织能力较差、扶持监管不到位、财务不规范、承贷能力弱等问题，影响了农业的集约化、规模化、专业化生产。

(4) 小农户受自身条件限制，参与现代产业链的难度大

现代农业产业链越来越强调绿色、安全，不仅提供安全食品，更要发挥农业的多功能性。目前，由于人地矛盾，小农户自身在市场信息获取、农业生产条件、科学技术利用等方面存在诸多限制，难以调整自身的生产结构来满足市场需求，尤其是面对绿色有机农产品消费群体的不断扩大，以及消费者对农产品安全和品质需求的不断提高，有限的资金、技术、土地、劳动力等投入要素均制约了当前我国小农户农业生产方式的转变，大多数小农户的农业生产经营活动仍然只能局限于农产品的初级生产，而很难参与现代农业产业链，与现代农业发展产生脱节。

2. 农业供应链金融服务产品及服务单一

(1) 金融服务过于依赖核心企业

目前供应链金融控制风险更多地依赖核心企业。随着供应链金融的发展，现在互联网企业和产业资本都在进入这个领域，供应链金融优质客户的竞争越来越激烈。在这种市场格局下，优质客户资源越来越稀缺，其谈判地位也越来越高。传统的供应链金融业务没有核心企业的配合业务很难开展。所以业界都在思考如何摆脱对核心企业的依赖。

(2) 产品模式单一，难以满足实际需要

理论上，产业链产品更多地依赖依靠应收账款、预付款和存货的质押。但是实际中，农业产业链中的融资主体主要是核心组织的上下游农户或者经销商，之间以现金交易为主，很少存在应收账款或者预付款。因此，急需创造利用信息来提供信贷服务的产品，在供应链全链条信息化的过程中，依靠交易数据进行金融服务的新型融资方式。

另外，传统供应链金融的风险控制模型更多地考虑企业自偿性问题，即卖掉存货或者收到应收账款去还款，但是存货和应收账款也存在一定的风险，需要综合考虑融资主体的综合现金流也就是更广义的未来现金流。既要用供应链金融的思维，同时也要借鉴综合授信的思想，进行综合施策。

3. 金融机构的生态化建设面临困境

生态思维和平台思维是互联网思维的精髓，也是互联网时代的主要商业模式[1]。为了摆脱对核心企业的依赖，一些金融机构进行独立的生态体系建设，试图通过利用互联网技术，将企业、个人和银行纳入相对封闭的交易生态系统，并将财务管理、生产管理、物流管理、客户管理等服务集合成为线上高效统一的服务。生态系统的建设使得农户账户和信息获取真实简易，能解决信息不对称难

---

[1] Carlo R. W. de Meijer & Alastair Brown, "Transaction Banking in the Cloud: Towards a New Business Model", Journal of Payments Strategy & Systems, Vol. 8, No. 2, 2014, pp. 206 – 223.

题，进而衍生出金融服务。但是在农业金融领域，无论是农村商业银行的电商策略，还是农业银行的生态化建设，目前都面临一定的困境：线上平台商品交易数量少，和核心企业的对接竞争激烈。这些意味着金融机构特别是农村金融机构想要发展供应链金融，还需要进一步优化服务，吸引客户；同时提供更好的管理和服务，增强对农业产业链上核心组织的吸引力。

（二）农业价值链金融的进一步创新策略

（1）在乡村产业振兴中进一步加强农业全产业链发展，强化农业一二三产业融合，推进农业与农村产业集群发展，进一步引导和促进农户、农业中小经营主体、农村创新创业主体融入农业供应链，建立更加合理的利益联结机制，构建更加稳定、闭合、融合的农业价值链，开展农业—食品价值链金融创新。

（2）充分利用农业价值链具有农产品优质优价机制，开发与绿色发展、农产品质量提升相结合的价值链金融产品和服务，进一步开发农业价值链金融的绿色功能，有效推进金融普惠和农业绿色发展。

（3）基于农业价值链，引入农业风险管理工具，如农业保险、期货等，降低农业的经营风险，保障农业价值链的稳定性，也降低整个农业价值链的信用风险。

（4）强化互联网等信息技术与农业价值链的融合，提升农业价值链和价值链金融的数字化水平，并在供应链全链条信息化过程中，充分利用交易数据开展金融服务创新。开展"互联网+供应链金融+银行"的交易银行类全方位农业金融服务创新。交易银行类的金融创新，是农业金融，包括农村金融创新的一个主要的方向，也是互联网金融发展和传统银行利用金融科技有机融合进行创新的主要方向。

第十章

小微企业信用评价

　　小微企业在经济发展中的地位和作用是众所周知的。无论在提供就业机会和提高低收入人群的生活水平方面，还是减少贫富差距和减缓贫困等方面，小微企业都发挥了重要的作用。它也将成为振兴乡村的中坚力量。通常小微企业是指以商品生产和服务为主的规模比较小的经济实体，它包括小型企业、微型企业、家庭作坊、个体工商户、合作社和家庭农场。划分小微企业的具体标准变化很大。本章将采用国家统计局的统计标准，对分析样本进行规模类型划分。

　　"融资难"是当前社会对小微企业比较普遍的印象，是阻碍小微企业发展的重要因素。普惠金融兴起的主要目的之一正是要解决小微企业融资难的问题。基于其对国计民生的重要性，国家出台针对小微企业的专项金融政策，各类银行设置专业部门为小微企业提供服务。

　　作为解决小微企业"融资难"的基础设施，小微企业信用建设受到相当高的重视。政府已经将小微企业纳入企业征信体系。各种互联网平台争相建立基于大数据的小微企业信用评价体系。

但是，我们要提出的一个关键问题是，信用评价在多大程度上解决了小微企业的"融资难"问题？信用评价和小微企业的贷款需求是不是一致？信用评价有没有可能对小微企业融资产生误导？

我们的分析受到了数据可得性的限制，小微企业一般在统计之外，企业信用评价结果一般只对企业自身开发，小额企业自身也缺乏规范的记录和记账。幸运的是我们拥有2729个浙江省小微企业问卷数据，使我们的分析得以进行。分析发现，常用的企业信用评价指标与小微企业实际融资情况没有显著关系。也就是说，信用评价可能认为某企业"值得贷款"，而企业认为"不必贷款"。这种信用评价与信贷需求脱节的现象，降低了信用评价的信贷转化率。将信用和信贷需求的共同因子纳入信用评价体系，可能是解决这个问题的有效办法。分析也发现了值得警惕的问题，在使用信用评价结果时，有可能受到增信指标的误导，反而增加违约风险。有些通常认为对信用和信贷需求敏感的指标，例如利率，实际上并没有显著的影响。

建立数字化信用评价体系是解决问题的最佳途径，也是必然的趋势。它可以更加广泛、更多维度、更深入地对企业信用进行画像，从而使信用评价的使用范围更加广泛。

本章首先简要回顾信用评价的一般方法及其问题，第二节应用问卷数据来揭示信用评价和信贷需求之间的矛盾，第三节通过实证分析寻找信用评价和信贷需求的共同因子，第四节讨论信用评价所需要的更全面的信息，最后提供小微企业增信建议。

◇ 一 信用评价的难点及数字化

企业信用评价是对偿还贷款能力和意愿的综合评估，以衡量企业债务违约的可能性和损失的大小程度。金融机构根据信用评价的结果来决定是否应该给企业进行贷款。企业也可以根据信用评价结果来决定是否申请贷款和贷款的额度。企业信用评价极大地依赖于数据掌握的广度和精度，数据的获得常常是信用评价的难点所在。最近数字化经济的兴起，使信用评价更加具有"遇见性"。

（一）信用评价依赖于信息可得性

对企业信用全面评估是信用评估的基本要求，通常包含（洪玫，2006）企业素质、信用记录、财务状况、经营管理水平、成长性和潜在风险等内容。比较常用的信用评估指标有：财务结构指标（如资产负债率、负债与产权比例、股东权益比率、有形净值债务率、流动资产率等），营业效益（如销售利润率、资产利润率、资本金利润率、成本费用利润率等），偿债能力（流动比率、速动比例、现金比率、利息保障倍数等），经营能力（存货收转率、应收账款周转率、总资产周转、固定资产周转等），现金流量（净现金流量偏离标准比率、现金流量充足率、现金流量对流动负债比率、现金流入流出比率）等。

根据坏账概率模型，在评价潜在借款人尤其是小微企业的信用时，信贷机构应该考虑的几个财务指标：现金与资产比例、税息折旧及摊销前利润与资产比例、偿债备付率、负债与资产比例、净收入与销货净额比率。

现金资产比：一个衡量流动性和备付率关键的指标。小微企业的现金资产比率越高说明企业坏账的可能性越小。现金资产比率显示企业应用现金或流动账户进行良好投资的灵活性。如果手上有现金，企业可以对投资机会做出快速反应。

税息折旧及摊销前利润与资产比例：另一个衡量小微企业信用的关键性的指标，它衡量企业的盈利能力，即企业能够应用设备等资产创造多少收入和现金。

偿债备付率：税息折旧及摊销前利润除以当前长期负债和应付利息。借款人通常要设定一个可以接受的最低比例，作为借款或合约条件。这个比例越高越容易获得贷款。类似于放贷中最低月收入与最低月按揭还款的关系，要求企业具有最低限度的金融健康来确保当前债务的偿还。

负债与资产比例：用来比较企业负债与总资产，显示企业资本结构中的股本缓冲情况。比例越大，缓冲能力越小，如果出现冲击现象，企业很有可能倒闭。小微企业的负债与资产比例越低，说明缓冲能力越强，信用评级越高，越容易获得贷款。

净收入与销货净额比率：也叫销售净利率，它是借贷的底线，是销售收入去除所有费用后的剩余。和其他指标一样，不同产业之间变化很大，行业之间很难进行比较。

在实际操作中，通常信息可得性限制了信用评价的全面性，只能基于可以获得的信息来进行评价。尤其是小微企业包含相当比例的个体工商户，要获得他们的内部信息相当困难。根据贝多广等（2017），36%的个体工商户没有记账的习惯。即使是有财务记账其信息也是残缺不全的。运作不规范性严重限制了信息的可得性和可靠性。

除了内部信息以外，国家征信体系建设也在一定程度上解决了小微企业的信用记录问题。但是，其他外部信息的获得性还是一个问题，例如税务信息、水电费信息等。部门之间存在信息孤岛，增加了获得这些信息的难度和成本。

（二）数字化的信用评价

金融科技的发展为小微企业的信用评价提供了一种新的手段。数字信用评价建立在大数据的基础之上，互联网和通信网络的广泛应用，为大数据的收集提供数据源。数据不仅仅解决了数据源的问题，也大幅度扩展了信用评价的深度和广度，对企业的刻画更加精准，增加了企业风险的预见性，是未来信用评价的主要方向。数字信用评价可以解决当前信用评价中的一些主要问题和矛盾，建设一个更适合于小微企业的信用体系。

❖ 二 "值得贷"还是"需要贷"

(一) 小微企业

在分析小微企业的信用之前,有必要对"小微"进行界定。虽然国家统计局公布了统计上大中小微型企业划分标准(2017年),但由于企业的规模处于动态过程,再加上信息掌握的问题,在实际操作中,金融机构无法对企业规模类型做出非常明确的界定。但是,在分析小微企业的信用状况时,我们需要做出明确的划分。国家统计标准从三个维度对企业的规模进行划分:资产总额、营业收入和从业人员数。对不同产业的划分标准设有不同的阈值,每一个产业只采用其中两个指标进行划分。"大型、中型和小型企业须同时满足所列指标的下限,否则下划一档;微型企业只需满足所列指标中的一项即可。"用这个标准我们对在浙江调查的2729个民营企业进行分类,其结果如表10-1所示。

表10-1　　　　　　　企业规模统计分类

企业数	按员工人数分类（个）	按资产总额分类（个）	按营业收入分类（个）	综合规模分类（个）	比例（%）
微型	1880	46	1090	1984	72.7
小型	619	11	901	692	25.4
中型	17	5	422	53	1.9

续表

企业数	按员工人数分类（个）	按资产总额分类（个）	按营业收入分类（个）	综合规模分类（个）	比例（%）
大型	4	28	0	0	
合计	2520	90	2413	2729	100.0%

资料来源：CAFI浙江问卷调查。

调查结果表明，即使是在工业产业比较发达的浙江省，民营企业几乎很难达到大型企业的统计标准，中型企业也只有1.9%。微型企业占比将近四分之三。如果普惠金融以"中小微"为服务对象，我们调查的2729家企业都属于其服务的范畴。

（二）小微企业"贷款难"和"过度饱和"同时存在

不是所有的小微企业都有贷款需求，浙江调查样本中只有62.7%有不同程度的贷款需求，其中，54.1%的小微企业有贷款需要，约85%的小型和中型企业有贷款需求。相差30.9个百分点。表10-2是企业主表示2017年具有贷款需求的企业的贷款满足情况。总体来看，15.4%的小微企业的贷款需求没有得到任何满足，21.4%得到部分满足，完全满足的有52.7%，有10.5%的实际贷款超过了企业主认为的贷款需求数额。由于问卷没有进一步追问超额贷款的原因，无法判断为什么会出现这种情况。最有可能的原因是贷款为上年度申请年初放贷，由于经济情势发生变化，企业主在贷款结束后意识到并不需要那么多的贷款。贷款的实际数字超过需求，并不一定表示具有过度贷款，过度贷款需要从贷款的额度与企业的现金流和资产情况来判断。

表 10-2　　　　　　　　　中小微企业贷款满足率

贷款满足情况	中小微企业 企业数	中小微企业 占比	小微企业 企业数	小微企业 占比	微型企业 企业数	微型企业 占比	小型企业 企业数	小型企业 占比	中型企业 企业数	中型企业 占比
没有贷款	264	15.4%	261	15.7%	198	18.4%	63	10.7%	3	6.7%
部分满足（1%—90%）	366	21.4%	348	20.9%	178	16.5%	170	28.9%	18	40%
完全满足（100%）	902	52.7%	884	53.1%	597	55.4%	287	48.7%	18	40%
超过需求（大于100%）	179	10.5%	173	10.4%	104	9.7%	69	11.7%	6	13.3%
合计	1711	100%	1666	100%	1077	100%	589	100%	45	100%

比较企业规模与贷款满足情况的关系可以发现，完全没有满足的企业比例随着企业规模变小而明显增加：中型企业为6.7%，小型企业为10.7%，微型企业则为18.4%。部分满足和贷款超过需求的情况则相反。表示微型企业部分存在"贷款难"问题。

然而，对比不同规模贷款满足率，并没有让我们得到微型企业贷款难的印象，而是企业越小越容易获得满足。分别有40%的中型企业、48.7%的小型企业、55.4%的微型企业的贷款需求得到完全满足。如果将实际贷款额大于贷款需要一起考虑，超过53%中型企业、60%小型企业、65%微企业的贷款需求处于饱和状态。

综合考虑，在当前信用评价体系下，小微企业贷款需求资质低，更容易被银行排斥，存在"贷款难"问题。但是一旦小微企业被银行接纳,小额度的贷款需求更容易获得满足,甚至过度饱和。

(三)"值得贷"和"需要贷"的矛盾

由于资产和收入信息比较容易获得,它们常常是企业规模划分的重要指标,也是信用评价的基础指标。企业的资产越小,收入越少,其信用额度越低,获得的贷款额度越小,呈反比关系。但是,我们调查的2729家浙江小微企业中,这种关系并不明显。

表 10 – 3　　　　企业资产和收入与信贷之间的关系数

		资产总额	营业收入	净利润	融资借款需求	实际贷款	满足率	收入资产比	销售利润率
微型企业	资产总额	1							
	营业收入	0.0056	1						
	净利润	0.0013	0.4409	1					
	融资借款需求	0.0012	0.0106	0.0087	1				
	实际贷款	0.0020	0.0240	0.0050	0.2541	1			
	满足率	0.0079	0.0741	0.0240	−0.0032	0.5159	1		
	收入资产比	−0.0020	0.0929	0.0862	0.1564	0.0037	−0.0029	1	
	销售利润率	−0.0009	−0.0038	0.2308	−0.0036	−0.0043	−0.0032	−0.0030	1
小微企业	资产总额	1							
	营业收入	−0.0002	1						
	净利润	−0.0021	0.1852	1					
	融资借款需求	−0.0008	−0.0010	−0.0016	1				
	实际贷款	−0.0009	−0.0004	−0.0017	0.9893	1			
	满足率	−0.0006	0.0311	0.0213	−0.0014	0.0341	1		
	收入资产比	−0.0015	0.0393	0.0760	0.0050	−0.0009	−0.0021	1	
	销售利润率	−0.0016	−0.0029	0.2224	−0.0016	−0.0017	−0.0025	−0.0023	1

续表

		资产总额	营业收入	净利润	融资借款需求	实际贷款	满足率	收入资产比	销售利润率
中小微企业	资产总额	1							
	营业收入	-0.0002	1						
	净利润	-0.0020	0.1853	1					
	融资借款需求	-0.0008	-0.0010	-0.0016	1				
	实际贷款	-0.0008	-0.0004	-0.0016	0.9893	1			
	满足率	-0.0005	0.0311	0.0214	-0.0014	0.0341	1		
	收入资产比	-0.0015	0.0393	0.0760	0.0050	-0.0009	-0.0021	1	
	销售利润率	-0.0016	-0.0028	0.2225	-0.0016	-0.0017	-0.0024	-0.0023	1

如表10-3所示，企业资产总额、销售收入、销售收入资产比例、销售利润率四个常用来评价信用的指标，与贷款需求、实际贷款数、贷款满足率之间的关系系数几乎为零。这个结果表明，企业的资产和收入，只是在金融机构眼里"值得贷"的考虑因素；在企业主的眼里，并不是"需要贷"的考虑因素。

进一步分析发现，企业的营业收入有助于信贷需求得到满足。表10-3中，营业收入与信贷需求的满足率的关系系数为0.0311，微型企业的系数还要高（0.0741），表明在有信贷需求的时候，营业收入较高的企业尤其是微型企业，其小额的信贷需求更容易得到满足。当然这样的关系是非常微弱的，其稳健性需要得到进一步证明。

很显然，如果按规模将企业划分为小微等级，对信用评价并没有很大的帮助。金融机构可以根据企业资产和收入的情况来判断是否"值得贷"，可是企业不完全基于其资产规模大小来决定是否

"需要贷"。在需要贷款的情况下，营业收入只是对能否成功获取贷款具有细微的帮助。

◇ 三 良好信用可能暗藏违约风险

提高信用转化为贷款的效率，最好的办法就是找到影响信贷需求和信用评价的共同因子，将信用评价建立在这共同因子之上。另外，还需要防范信贷是否做出过度贷的问题。由于数据的缺乏，我们以资产收入比、销售利润率、过去贷款还款情况、贷款需求、贷款需求满足率等指标来分别作为信用和贷款需求的代理变量，分别进行回归分析，了解信用、信贷需求和违约风险的关系。

回归模型的解释变量包括：法人年龄、性别、教育程度、企业营业年限、当前注册资金、合同工和临时工人数、员工工资、经营场所面积、应收账、水电费、企业类型、营业收入、净资产、财务记账、银行账号数、支付的利率、抵押和信用等贷款条件、补充流动资金、扩大营业规模、启动新投资项目等贷款目。诊断没有发现这些因素具有共线性。由于篇幅的原因，这里直接对回归模型的结果进行讨论，不描述建模过程和提供模型分析结果。

（一）良好信用也可能掩盖违约风险

营业收入与资产的比例、销售利润率都是最常用的判断信用的指标。回归分析发现，营业收入与资产的比例与企业行业类型、新项目、法人教育程度和企业经营年限具有显著相关性。新项目增加了营业收入。但是，法人教育程度和企业经营年限与营业收入资产比例具有负相关性。类似地，销售利润率也作为流动资金用途的借贷呈现负相关关系。这种负相关性都出乎我们的预料。

在我们的样本中，有77家企业报告了不能及时还款的情况。在两笔最大的贷款中，55家有其中一笔不能及时还款，有22家两笔都不能及时还款。回归分析发现，资产营业收入比、信用贷款两个变量与之有相关性。营业收入对资产的比例越高，越容易出现违约；信用贷款也增加违约的风险。

我们更容易接受信用贷款可能增加违约的结果，但是对于营业收入资产比例与违约的关系，一般的理解是它们之间应该呈负相关关系。这里出现正相关，可能是因为过度贷款造成的。在金融市场竞争比较激烈的浙江，各金融机构都根据企业的营业收入表现作为信贷决策依据，忽略了企业的其他风险，导致一定程度的过度贷款，从而提高了违约风险。

良好的信用度在给企业增信时，也导致过度贷款的风险。类似地，良好教育的法人、运作年限、流动资金贷款等，都与信用等级呈负相关关系。这些指标增加了金融机构对企业的信任，忽略了对风险的警惕，在增加贷款可得性的同时，也增加了违约风险。

（二）信贷需求和满足率各受不同因素影响

除了企业行业类型以外，对企业贷款需求有显著影响的还有新投资项目。如前所述，这两个因素同样影响营业收入与资产的比例。新项目不但增加贷款需求，还提供资产收入比例，暗示着资产效率的提高。

贷款的满足率与营业收入总额有关，营业收入总额高的企业贷款需求更容易得到满足；同时，当企业为了扩大营业规模而融资时，其申请信用贷款也比较容易得到满足。

（三）信用和信贷需求对利率和抵押都不敏感

值得一提的是，贷款利率水平对贷款需求、满足率、利润率都没有显著的相关性，这说明小微企业对利率的变化并不敏感。只有与营业收入资本比例之间有比较高的负相关系数，统计检验接近于10%的显著水平。类似地，抵押并没有明显增加信贷需求和满足率，这可能是由于金融科技的应用在一定程度上满足了小微企业的信贷需求。

综合上述分析结果，信用指标和信贷需求存在共同的影响因子，例如，企业行业属性、新项目开发既影响融资需求，又影响企业的营业收入资产比。扩大营业和营业收入总额的增加有利于提高贷款的满足率。需要警惕的是，通常用来增信的指标，例如营业收入资产比、企业主的教育程度、企业运作年限、较多的信用贷款和流动资金贷款等，在改善信用的同时，也可能增加违约风险。值得反思的是，利息高低和抵押多少并不显著影响信贷需求和信用。

◇◇ 四　小微企业信用评价需要更全面的信息

数字经济时代已经到来，客户为了获得商品，不仅要支付货币，不管情愿与否，还要支付数据信息。商业机构通过积累大量的数字信息，对客户进行更加精确的画像，判断客户的信贷需求和信用，使信用评价和需求评估的相关性更强。基于强大的人工智能和数据存储能力，信用评价可以从更加全面的维度进行。

小微企业是一个比较特殊的经济体，类型复杂，介于正式与非正式之间，有效财务信息数据相对难以获得。对于小微企业而言，非财务信息覆盖的范围相对更加广泛、提供的信息更加全面。若要有效地对小微企业进行信用评级，更好地化解"值得贷"和"需要贷"的矛盾，应根据小微企业所处行业、信息的类型等因素，分别构建有针对性的信用评价模型。下面我们对完善数字信用评价体系所需要的更加全面的信息分别进行讨论。可以用来对小微企业信用进行评价的信息包括财务信息、税务信息、行业信息、企业主个人信用信息以及交易信息。

（一）财务信息

小微企业的履约能力和成长性是信贷机构决定其企业信用的核心因素。信贷机构通过分析企业的财务数据可以判断企业运营资金需求，经营能力，偿付能力等指标，进而对企业信用进行评级。例如根据企业的资产负债率、流动比率、资本收益率、收入增长等财务指标可以对借款人的还款能力进行分析判断。然而，由于我国的社会信用基础比较薄弱，大多数小微企业的财务透明度比较差，财务制度不规范；对于部分微型企业，商户根本就没有财务报表。即便能够提供一些财务数据，失真度也比较高，显著增加了贷款违约概率（何光辉和杨咸月，2015）。因此，通过依赖财务数据来评估小微企业信用通常会导致小微企业的信用评级低、信息不对称、还款风险大等问题，从而导致银行放弃贷款，企业失去融资机会。

（二）税务信息

2015年7月，国家税务总局和中国银监会在全国范围内开启"银税互动"，鼓励税务部门和银行业金融机构探索建立专线、搭建系统平台等方式实现数据直连，通过企业税务信息对企业进行授信。税务数据中有大量可以反映企业第一还款来源的直接信息。按照纳税人、课税对象或纳税环节方面来分类，在我国现行的18种税中，与企业经营直接相关的税种包括5种，其中增值税、企业所得税是对企业经营情况的直接反映。此外，税务数据更新频率高，增值税相关数据可按月更新；企业所得税相关数据可按季更新（清华大学互联网产业研究院，2019）。税务信息用于小微企业融资时可输出的企业信息维度包括企业主营商品分析、采购商品分析、销售额排名区间、水电支出等信息。

据清华大学互联网产业研究院统计（2019），截至2018年12月底，千亿资产规模以上的89家银行（包括国有、股份制、城商、农商和民营银行），陆续推出97个信贷产品；截至2018年3月，全国银行业金融机构已累计发放"银税互动"贷款7933多亿元。与此同时，第三方金融科技平台也与税务局和银行合作推出银税互动信贷产品。在该模式下，第三方金融科技平台基于自身的风控技术优势及税务信息输出风控模型处理后的企业征信报告。典型第三方平台包括微众税银、东方微银。据统计，截至2018年11月微众税银累计服务180万用户、累计授信额度400亿元（艾瑞咨询，2018）。对于银税互动等信贷产品，小微企业的税务信息无疑会对小微企业的信用评级产生重要影响。

（三）小微企业所处的行业

小微企业所处行业的属性对企业信用和违约概率有显著影响。相对于第三产业，制造业通常有一定的场所、机器设备等固定资产，因而信用评级更高，更容易获得贷款；农业企业受惠于政府服务"三农"的政策导向，其受到信贷抑制的可能性也弱于其他行业

（王静，2012；何光辉和杨咸月，2015）。对于一般服务业和批发零售业，小微企业基本处于这些行业的低端市场，市场竞争激烈，附加值低，因规模较小而抗市场波动能力较弱，因而信用评级较低，违约概率较高（何光辉和杨咸月，2015）。

（四）小微企业企业主个人信用记录

相比于小微企业数据的采集难，对企业主的征信更容易实现。个人的信息采集和评估系统相对完善，其稳定性要比企业好得多，因此，小微企业主个人信用状况对小微企业信用评级至关重要。通过分析企业主个人的贷款记录，个人财务能力情况以及个人行为可以评估小微企业的履约意愿及能力。Vassiliou（2013）通过对印度小微企业贷款案例分析发现信用风险影响因素包括企业主经营理念、企业主经营水平、企业主有无违法记录、企业主经营思路、贷款利率、用途等。

以德国国际项目咨询公司（IPC）为例，IPC是一家专门为以微小企业贷款业务为主的银行提供一体化咨询服务的公司。IPC模式主要考察借款人偿还贷款的能力、借款人偿还贷款的意愿以及内部操作风险的控制。关于客户的还款意愿，IPC公司会首先评估客户个人的信用状况，具体衡量其包括个人声誉、信用历史、贷款申请的整体情况和所处的社会环境。然后，要求贷款人提供严格的抵押品，以降低客户的道德风险。该公司凭借二十多年为小企业提供金融服务的经验，在十多个国家运作的微小贷款项目，平均不良率低于3%（张志勇和吴娇，2014）。

（五）交易记录信息

就支付信息征信贷款模式而言，小微企业的交易记录数据是影响企业信用评级的主要因素。交易数据主要来源于淘宝、京东等电商平台上形成的购销数据，包括网上商铺的交易流水数据和消费者的消费数据。商铺的在线交易流水能够反映其日常经营情况，作为信贷风控的评价依据。国内主要电商平台通过获得金融业务资质开展小微信贷业务，主要依据本平台交易数据，服务其网商生态圈内的小微企业。

以阿里巴巴小微信贷为例，阿里巴巴作为国内互联网巨头，线上线下拥有众多商户积累，旗下蚂蚁金服为阿里巴巴生态圈内的小微企业提供各类贷款服务。从2010年开始，蚂蚁金服旗下阿里小额贷款公司就为阿里系多个平台上的商户提供小额信用贷款，以帮助平台商户周转资金。在小贷公司成立的第二年，阿里巴巴开通了专线直联中国人民银行征信系统，极大程度地丰富了公司所掌握的数据（杨燕，2019）。之后，为在获取企业生产、销存、销售、人员管理等数据方面拓展更多渠道，小贷业务还与以国内中小企业为客户群的ERP企业管理软件——"管家婆"、全国统一的企业增值税发票开具软件——"航天金税"达成合作，以更好地把握企业的发展经营情况及信用等级（杨燕，2019）。2015年6月，蚂蚁金服将此类业务逐渐转向旗下网商银行的纯线上信用贷款"网商贷"，客群以淘宝、天猫等电商平台的线上商户及口碑服务等线下码商为主，信用依据是以商户在使用电商平台交易、线下扫码支付等进行交易结算时留存的交易数据（清华大学互联网产业研究院，2019）。通常在贷后阶段，传统信贷机构很难知悉贷款资金的使用情况。而在电商平台上，卖家的资金使用行为和运营行为能被部分监控，因此贷款后小微企业的交易行为也会对小微企业的信用评级造成影响。

五 改进小微企业信用

解决小微企业资金不足问题需要多方共同努力来建立一个互惠互利的信用体系，包括资金的提供方（信贷机构）、资金的需求方（小微企业）、相关政府机构、行业协会以及媒体机构。

（一）加快培育良好的诚信文化和信用环境

政府和媒体应加大宣传力度，提高社会对小微企业信用体系建设的认识，引导小微企业主动提高信用意识，完善内部信用制度建设。具体而言，可在全国范围内加大诚信经营的宣传力度，鼓励小微企业通过诚信经营、信息公开和规范财务操作，逐步提高和完善自身的信用记录；加大对非法集资危害的宣传力度，引导小微企业避免通过高利贷等非法渠道进行融资。针对当前小微企业普遍存在的财务制度不健全问题，国家相关部门可以出台统一的小微企业财务制度，规范小微企业的采购、付款、销售、资金回笼等财务操作，明确要求需要向金融机构融资的小微企业建立完善的财务制度，便于金融机构通过企业的财务信息准确评价其履约能力、偿债能力和未来的成长性。对长期保持良好信用记录的小微企业，政府应通过补贴等形式鼓励金融机构对其予以优惠。与此同时，为了从制度上遏制小微企业主转移资产、逃废银行债务等行为，应完善对小微企业银行信贷违约的追责机制。

（二）小微企业应积极主动地完善内部信用制度建设

信用是企业的无形资产，企业应争取树立良好口碑，积极积累信用资本。小微企业内部应积极建立符合现代企业制度要求的财务制度和基本的信用制度。以市场交易信用、融资信用、电子商务信用为重点，积极开展企业内部的信用制度建设和普及工作，加强企业内部的合约管理、营销预警、应收账款管理等。同时，培养信用调查分析、评价和监督等专业人才。通过建立企业信用档案、信用评级、信用制度等，不断提升企业自身的信用等级及融资能力。

（三）加速建立公平公正的企业征信系统，利用金融科技手段实现小微企业信用服务数字化

建立一套完善的征信系统需要工商、银行、商务、税务、人

保、法院等各部门共同努力。2013年，国务院出台《关于金融支持经济结构调整和转型升级的指导意见》，意在加速整合政府各部门拥有的信息资源，推动企业信用服务体系的优化和完善。2014年，国务院出台了《关于扶持小微企业健康发展的意见》，中国人民银行随后颁布了《关于加快小微企业和农村信用体系建设的意见》，两意见明确了小微企业信用服务体系建设的具体思路和指导方针。具体而言，就是要充分利用大数据、人工智能和机器学习等金融科技技术，在政府主导下，构建开放的信息共享平台，强化政府部门、商业银行、保险机构、证券公司、担保公司、创业投资机构等专业机构的合作，将各类数据转化成信贷数据，还原小微企业信用水平与风险画像，快速计算出信审结果。

从普惠、共赢以及社会信用体系建设的角度，以各类数据为核心，运用金融科技在小微企业信贷服务的应用，前景十分广阔，可以提升社会整体效能。小微企业最大的特点就是变化快，波动大，抗干扰能力弱。因此，在小微企业的征信过程中，需要通过参考更全面的信息来对小微企业做出公平公正的信用评级。大数据对软信息的提炼能力和更加动态的征信效果，使其更加契合小微金融的征信需求（贝多广和李焰，2015）。此外，大数据征信不受地域限制，可以形成广泛的征信覆盖面，对于小微金融客户众多、流动性强的特点来说，大数据征信可以充分发挥信息扩散度和影响面大的优势，通过提高声誉机制约束力，增加客户违约成本（贝多广和李焰，2015）。

（四）加速建立科学规范的信用服务指标体系

小微企业信用服务指标体系的构建是小微企业征信系统建设的关键环节，因此需要对现有信用评级指标体系进行不断的改进、优化和完善，以适应小微企业的信用特征（张晓静，2017）。针对小微企业的具体情况，应根据企业规模、企业家素质、所在行业、财务状况、无形资产等方面的差异以及信用评价和信贷需求的共同因子构建全面的信用指标体系。指标初步选定之后，还应选择有代表性的企业进行体系测试，根据测试结果优化和完善适合小微的评级指标体系，构建针对小微企业的科学规范的信用评估体系。

（五）加速构建小微企业担保服务体系及有效的增信措施

小微企业自身资金实力差、抗风险能力低是世界各国普遍存在的问题。政府通常在小微企业融资体系中扮演着融资支持者、信用保障者和市场环境的建设者的角色。鉴于小微企业在国民经济发展和就业中的重要地位，世界各国都普遍采取了专项基金、政府担保、政府采购等辅助的增新措施。针对小微企业轻资产、缺乏有效抵押物等问题，可设立国家层面和地方政府层面的信贷风险专项基金、成立专门为小微企业融资提供担保的政府性担保公司，统一相关政策和制度，扩大小微企业的覆盖范围，帮助小微企业融资增信（吕逸楠，2013）。与此同时，在大力推进小微企业信用担保体系建设中，为鼓励担保机构提高小微企业担保业务规模，降低对小微企业的担保收费，政府可对符合条件的信用担保机构实施免征营业税政策，加大各级财政资金的引导支持力度，从而进一步解决银行业等金融机构在支持小微企业时面临的风险分担问题，调动金融机构支持小微企业发展的积极性，降低小微企业融资成本。

第三篇

小微企业支持（应用分析）

第十一章

中国邮政储蓄银行普惠金融服务的"四三二"模式

金融是经营风险的行业,其准入壁垒的存在,使得在一些贫困的地区缺少金融机构和金融服务。邮储银行常听说"二八定律",即20%的客户提供了80%的业务,银行通常为这20%的中高端人群及大型企业提供优质服务,而将80%的剩余人群拒之门外,这种现象在学界被称为金融排斥,这80%的穷人和微小型企业被称为长尾客群。贫困群体无法得到金融机构提供的信贷服务和其他金融服务,不仅加剧社会财富分配不均,加大贫富差距,更会导致一系列严重的社会问题。因此,国际国内出现了很多支持扶贫脱贫的模式,但是通过实践证明,不论是采用救济,还是捐赠的方式,都没有把贫困群体真正解救出来。在这样的背景下,小额信贷、微型金融、普惠金融等理念应运而生。

◇◇ 一 普惠金融的概念

（一）普惠金融释义

从国际上看。2005年，联合国在推广"国际小额贷款年"时第一次明确指出"普惠金融体系"的概念（焦瑾璞，2010），基本含义是：一个能有效地、全方位地为社会所有阶层和群体——尤其是贫困、低收入人口——提供服务的金融体系。2006年，联合国在《建设普惠金融体系蓝皮书》中又一次提出，普惠金融将以往被忽视的小微企业、城镇低收入群体和农村贫困人口都纳入普惠金融体系，让不同的机构分别为不同的客户群体提供差异化的金融服务和产品，让每个人都拥有平等获得金融服务的权利。

从国内来看。2016年1月15日，国务院印发了《推进普惠金融发展规划（2016—2020年）》，这是我国普惠金融发展进程上的一个里程碑事件。正式提出：普惠金融是指立足机会平等要求和商业可持续原则，以可负担的成本为有金融服务需求的社会各阶层和群体提供适当、有效的金融服务。小微企业、农民、城镇低收入人群、贫困人群和残疾人、老年人等特殊群体是当前我国普惠金融重点服务对象。

(二) 普惠金融的内涵

总体来看，普惠金融的宗旨是将微型金融融入主流的金融体系，更好地发挥微型金融的潜力，使所有有金融需求的人都可以平等地享受金融服务。其内涵主要有以下几方面：

一是机会平等。普惠金融强调机会平等，认为人们享有如同生存权、自由权、财产权等权利一样享有金融权。无论穷人还是富人，都应该被赋予平等地享受金融服务的权利，所有人都能以可以承担的成本获得公平合理的金融服务，从而有效地参加到社会经济活动中。在一个理性的金融体系——普惠金融体系中，所有群体都能够享用不同金融机构通过不同金融渠道获取金融产品和金融服务，真正实现所有人平等地享受金融服务。

二是商业可持续。商业可持续的含义是获取合理的利润并维持可持续发展。最早的普惠金融实践多是公益扶贫性质的，但是实践证明因为不具备可持续性，这些由政府或者公益性组织资助的项目效果并不好。后来孟加拉国和同期其他国家的普惠金融实践开始从公益扶贫转向机构化、商业化，获得了切实的成效。再后来普惠金融的发展模式更加强调商业可持续，这推动了普惠金融在各个发展中国家的迅速发展。国际主流观点认为：在发展模式上，普惠金融应当在商业性和公益性之间找到平衡点。

（三）普惠金融的发展历程

第一阶段，普惠金融萌芽阶段：小额信贷形成时期（15世纪至20世纪70年代）

普惠金融的发展萌芽可以追溯到15世纪的欧洲，其后经历了漫长的与资本主义发展同步的探索和演变，很多国家的社会团体和政府组织都在探索为贫困和低收入人群提供各种金融服务的渠道。

15世纪，意大利天主教堂通过建立典当行开展信贷业务为低收入群体提供服务。随后，这种小额信贷形式广受推行，并在当时的欧洲城市地区广泛发展起来。

到了18世纪，欧洲等地先后出现了一些以邮政储蓄金融等形式为低收入群体提供储蓄和支付结算等的金融服务。比较典型的是爱尔兰的"贷款基金"模式和德国的"社区储蓄银行"模式。18世纪20年代，爱尔兰贷款基金成立，利用社会各界捐赠的财物向贫困农户提供无息小额信用贷款。它起初是一个慈善机构，逐步转型为可吸收存款的金融中介机构。德国社区储蓄银行模式借鉴和改善了爱尔兰贷款基金模式，兼具慈善行与可持续性的功能，基于互助的原则，通过吸储和积累金融资产的方式提高当地居民福利。

从19世纪开始，亚洲、非洲、拉丁美洲的许多国家将国有银行的服务对象扩展到更广的客户群体，对经济弱势群体给予倾斜。20世纪初期，在拉丁美洲等新兴资本主义和殖民国家，也开始出现各种各样的存贷款机构。这些金融机构以促进农业部门现代化、激活存款、增加投资为目的，在许多方面开始形成现代意义的普惠金融初期探索。

20世纪50年代至70年代期间，许多国家的政策性扶持小额信贷风靡一时，以低于市场的利率向贫困人群发放信贷，导致众多金融机构无法从贷款收益中弥补运营成本，形成了发展瓶颈。在此期间，初步具有现代意义的普惠金融已经生根发芽。

第二阶段，普惠金融发育阶段：小额信贷发展时期（20世纪70年代至90年代）

20世纪70年代初，现代小额信贷开始迅速发展，孟加拉国经济学家开展的小额信贷扶贫实验当时取得了巨大成功，得到了世界各国的认可。亚洲、非洲、拉丁美洲等欠发达国家纷纷根据自身情况创造了不同信贷模式。如拉美的行动国际组织（ACCION International）和印度的自我就业妇女协会银行（SEWA）。80年代，小额信贷在理念和内涵上打破了扶贫融资的观念，运行良好的小额信贷项目从实践上支持了自身的可持续发展（杜晓山，2006）。

第三阶段，普惠金融成长阶段：微型金融形成时期（20世纪90年代至21世纪初）

20世纪90年代开始，越来越多的金融机构展开金融实践，小额信贷的对象范围、产品范围及提供者范围均有所扩大，对贫困人群开始提供更专业和专注的服务。越来越多的金融机构对贫困人群的信贷服务开始了针对性的研究和创新，服务方式不仅仅局限于信贷服务，而是扩展到储蓄、保险、转账、信托等多种金融服务。由此传统的小额信贷逐步过渡到为低收入客户提供全面的"微型金融"。

第四阶段，普惠金融发展阶段：互联网金融扩张时期（21世纪初至今）

21世纪以来，互联网和IT技术的高速发展为普惠金融提供了全方位的技术支持，随着小额信贷和微型金融覆盖范围的不断扩大，以及正规金融不断进入发展瓶颈，金融机构迫切将竞争的重点转向新客户的开发和金融服务的快速到达。小额信贷和微型金融开始由零散化、线下化走上了集中化、线上化，形成了全球性的普惠金融发展新浪潮。

互联网金融正是在这一背景下应运而生，充分发挥其透明性和快捷性的特点，降低交易成本。在互联网金融的模式下，小额信贷与微型金融市场的参与者迅速膨胀，各个阶层的经济主体都能借助互联网渠道实现金融产品的消费，实现各类金融交易。

由普惠金融的发展历程可以发现，从最早小额信贷理念的提出，到现代互联网金融普惠性的深化，普惠金融都具有最明显的时代特征。概念内涵不断丰富、表现形式不断创新、普惠程度不断扩大，形成了目前由"小额信贷"+"微型金融"+"互联网金融"组成的现代普惠金融结构。

（四）国际上发展普惠金融的主要做法

国外一些发展中国家已经在普惠金融领域得到了诸多实践发展和理论创新，创造了许多较为成功的可持续普惠金融发展模式。

一是孟加拉乡村银行模式。孟加拉国在普惠金融方面处于发展中国家的领先地位，其成功典范是孟加拉乡村银行（Grameen Bank，GB）（晏海运，2013）。GB 在 1983 年成立，拥有"总行—分行—支行—乡村中心"四级结构，以借款小组和乡村中心作为运行的基础。村中每 5 个人自愿组成一个借款小组，5—8 个借款小组组成一个乡村中心，每个支行管理 120—150 个乡村中心，各级支行在财务上自负盈亏。GB 为贫困人口提供无担保、无抵押的小额贷款，主要依靠信任和激励政策来进行风险管理，早期 GB 采用小组联保的机制，但对于违约问题，有一个特殊的风险扩散机制，即如果一个成员违约，必然导致其他成员的共同违约行为。2000 年前后，GB 开始对传统模式进行反思，开发了所谓"广义化推广模式"，取消了小组基金，各小组成员不再承担连带担保义务，仅仅通过道德约束进行互相监督。还款方式也更加灵活。截至 2015 年 6 月，GB 共有 2568 个分支机构，发展会员共计 868 万人，帮助 500 多万人脱离贫困线，累计发放贷款 173 亿美元，并实现了 98.33% 的偿还率。GB 模式被复制到全球 100 多个国家和地区。

二是印尼人民银行乡村信贷部模式。印尼人民银行（简称 BRI）乡村信贷部（简称 UD）是制度主义小额信贷的典型代表，是正规金融机构从事微型金融模式的先驱和典范。BRI 是一家成立于 1895 年的国有银行。1969 年开始，在全国设立了 4000 多个乡村信贷部，专门为印度尼西亚的农村地区提供"绿色革命"贴息贷款，是目前世界上为农村提供金融服务的最大国有商业性金融机构。BRI-UD 模式下的农村小额信贷主要服务于农村地区收入较低但仍具有还款能力的中低收入个人或家庭，强调信贷员对借款人经营状况和家庭状况的现场调查。乡村信贷部下设地区人民银行、基层银行和独立营业中心。独立营业中心是基本经营单位，独立核算，可以自主决定贷款规模、期限和抵押，执行贷款发放与回收。BRI 乡村信贷部贷款需要抵押，但抵押品灵活多样，可以是农具、家具和地契。

三是巴西代理银行模式。巴西国土辽阔，但大部分都是高原和草原，使得大型商业银行设立分支机构尤为困难，对于偏远地区和较为贫困的人群无法提供金融服务。巴西政府提出了代理银行制度的理念，即在缺乏银行营业网点的偏远地区通过各种途径向有需求的客户提供金融服务的模式。在该模式下，商业银行与其他非银行机构，如药店、邮局和超市等实体店合作，将其发展为银行代理机构，通过代理机构代替银行向周边居民提供诸如存取款、小额贷款等金融服务，有效地扩大了金融服务的覆盖范围。巴西代理银行模式很快在全国范围内得到推广，有效解决了边远地区金融服务覆盖率稀少的难题。

四是肯尼亚手机银行模式。肯尼亚作为非洲撒哈拉以南的一个国家，从全世界范围来看是属于人均收入较低的国家，经济金融体系不够发达、金融机构分布不够广泛、金融服务难以满足需求，但

第十一章　中国邮政储蓄银行普惠金融服务的"四三二"模式

由于使用手机的用户大大超过拥有银行卡的人数，移动支付成为解决贫困和资金供给不对称的重要方式。目前非洲地区拥有全球接近80%的手机钱包人群，而肯尼亚的手机银行作为该地区最成功的案例能够为我国普惠金融与互联网金融结合提供有益启示（Weil，2016）。肯尼亚的手机银行业务起源于当地移动电话运营商与英国移动电话公司共同推出的短信转账业务，即手机支付产品 M-PESA。该产品完全使用电子转账方式进行支付，以其便捷性、易操作性及费用相对较低的优点，大大方便了没有银行账户只有手机的居民。小额转账、支付、汇款、偿贷、取现和领工资均可以通过手机完成。

　　五是美国的社区银行模式。以上都是发展中国家的经验，那么与发展中国家不同，发达国家人均收入高，金融市场发展成熟，普惠金融更多的是金融市场和机构的一种自发的逐利行为，其主要宗旨是向那些信用评级很低、无法获得主流银行机构金融服务的少数人口提供金融服务。美国的社区银行模式在机构合作、法律监管和政策引导方面具有重要的参考意义。美国的社区银行以社区为主体，服务对象限定于一定社区的农户、居民和中小企业。由于对社区居民和社区内的中小企业较为熟悉，大大降低了由于信息不对称问题而产生的道德风险和逆向选择问题的可能性，很好地起到风险防范的作用。社区银行的经营资本主要来源于社区中的居民和中小企业的存款，用于从事小型商业房地产贷款、建设和土地开发贷款、小农场贷款等小额贷款。社区银行地理位置比较固定和集中，专职于特定区域的金融服务，从而具有良好的人缘和地缘优势，便于和客户沟通，更为便捷、直接地获得客户信息，容易和客户形成长期稳定的业务关系，有利于识别信贷风险，便于开展高风险的中小企业贷款，从而能够以比大银行低的成本为本社区客户提供个性化的金融产品和服务。因此，社区银行模式在一定程度上实现了社区内金融服务的良好循环和运作。

◇◇ 二　我国普惠金融发展情况

（一）我国普惠金融发展历程

第一阶段：扶贫金融阶段（20世纪90年代）

虽然20世纪70年代末农村信用社就为贫困者和农民提供类似的初级金融服务，但具有扶贫性质的小额信贷在我国开始于20世纪90年代初期。1993年之前，小额信贷的资金来自于国际援华项目或者国家对农民的补贴性贷款。1993年，中国社会科学院农村发展研究所的杜晓山引进了著名的"孟加拉乡村银行模式"，在河北省易县率先建立了我国第一家以扶贫为主的小额信贷机构——扶贫经济合作社，开始了小额信贷的实践探索。

1996年起，政府逐渐重视小额信贷在扶贫中的作用，开始通过制定政策支持小额信贷的发展。1997年，在总结小额信贷试点经验的基础上，政府以扶贫贴息的方式，主要通过农行和农发行，开始较大范围内面向中低收入群体推广主导型小额信贷项目。

第十一章 中国邮政储蓄银行普惠金融服务的"四三二"模式

在这个阶段,小额信贷以扶贫为主,致力于减缓农村地区的贫困状况,大多是进行小范围的实验,依靠政府或国际组织的资金支持,进行有针对性的项目信贷扶持,体现了普惠金融的基本理念,是扶贫方式和途径的重大创新,有力地推动了中国扶贫事业的发展。

第二阶段:微型金融阶段(2000年至2005年)

这一阶段,在促进"三农"发展的战略背景下,人民银行于2000年初在农村合作金融机构(农村信用社、农村合作银行和农村商业银行)领域试点并于其后大力推广农户"小额信用贷款"和"农户联保贷款"业务。

2002年,多部委联合出台《小额担保贷款政策》,并于2003年在全国全面开展小额担保贷款工作,以解决企业员工下岗失业和创业资金困难的问题。不同于扶贫金融阶段纯粹的扶贫目的,微型金融阶段在金融机构可持续性发展实现了突破,更加注重小额信贷在提供农民收入、促进就业方面的作用,参与对象也不断扩大,农村信用社、城市商业银行等正规金融机构将业务经营重点投向了小额信贷领域,并成为小额信贷的主力军。

第三阶段:普惠金融阶段(2005年至今)

2005年,联合国大会将这一年指定为"国际小额信贷年",大会提出"普惠金融"的概念,鼓励各国小额信贷及其普惠金融的发展。同年,中央一号文件明确提出"有条件的地方,可以探索建立更加贴近农民和农村需要、由自然人或企业发起的小额信贷组织",以支持农村小额信贷组织的发展,标志着中国进入到普惠金融阶段。

2005年,人民银行在山西省、四川省、贵州省和陕西省等省份进行"只贷不存"的商业性小额信贷组织试点工作,探索民间资本进入小额信贷市场的可行性。2006年,中央一号文件明确鼓励民间资本可以参股微型金融机构,培育民间经济主体的小额贷款组织。此后,更多的省份开展小额贷款公司的试点,小额信贷组织和规模迅速扩张。

(二) 我国发展普惠金融的重要意义

当前,我国已经进入中国特色社会主义新时代,正处于全面建设小康社会决胜期。我国社会的主要矛盾已经转变为人们对美好生活的向往与不平衡不充分的发展之间的矛盾。党的十九大报告做出了实施乡村振兴战略、打赢三大攻坚战等重大决策部署。提出了坚持以人民为中心,指出:"人民是历史的创造者,是决定党和国家前途命运的根本力量。必须坚持人民主体地位,坚持立党为公、执政为民,践行全心全意为人民服务的根本宗旨,把党的群众路线贯彻到治国理政全部活动之中,把人民对美好生活的向往作为奋斗目标,依靠人民创造历史伟业。"

习近平总书记多次对服务"三农"、实施乡村振兴战略和扶贫工作提出明确要求。

第十一章　中国邮政储蓄银行普惠金融服务的"四三二"模式

在现阶段，发展普惠金融，应时代所需，孚人民所望。发展普惠金融，有利于缓解人民日益增长的金融服务需求和金融供给不平衡不充分之间矛盾；有利于促进金融业可持续均衡发展，推动经济发展方式转型升级，增进社会公平和社会和谐，引导更多金融资源配置到经济社会发展的重点领域和薄弱环节；有利于金融支持现代经济体系建设、增强服务实体经济能力；有利于更好地实施乡村振兴战略，助力打赢三大攻坚战，支持小微企业发展增强动能；有利于决胜全面建设小康社会，夺取新时代中国特色社会主义伟大胜利。

（三）我国发展普惠金融的主要措施

一是做好发展普惠金融的顶层设计。党的十八大以来，党和国家高度重视普惠金融工作，并对发展普惠金融做出了重点部署安排。2013年11月12日中国共产党第十八届中央委员会第三次全体会议通过的《中共中央关于全面深化改革若干重大问题的决定》正式提出"发展普惠金融。鼓励金融创新，丰富金融市场层次和产品"。这是"普惠金融"概念第一次被正式写入党的决议之中，并作为全面深化改革的内容之一。2015年政府工作报告提出："大力发展普惠金融，让所有市场主体都能分享金融服务的雨露甘霖。"2015年12月31日，国务院印发《推进普惠金融发展规划（2016—2020年）》，对未来5年的普惠金融工作做出了全面系统的安排。2016年政府工作报告提出："大力发展普惠金融和绿色金融。"

2017年政府工作报告提出："抓好金融体制改革。促进金融机构突出主业、下沉重心，增强服务实体经济能力，防止脱实向虚。鼓励大中型商业银行设立普惠金融事业部，国有大型银行要率先做到，实行差别化考核评价办法和支持政策，有效缓解小微企业融资难、融资贵问题。"2018年政府工作报告提出："改革完善金融服务体系，支持金融机构扩展普惠金融业务，规范发展地方性中小金融机构，着力解决小微企业融资难、融资贵问题。"

二是建立发展普惠金融的组织架构。在监管层面，2015年，原银监会进行机构调整，新成立普惠金融工作部，负责小微企业金融服务监管、"三农"金融服务监管、小贷公司监管、互联网金融监管、融资性担保业务监管等工作。2018年，银监会和保监会合并，仍然保留了普惠金融部。在银行金融机构层面，2012年和2016年，农业银行和邮储银行分别成立"三农"金融事业部。2016年，国开行和农发行成立扶贫金融事业部。2017年5月3日，李克强主持召开国务院常务会议，明确要求大型商业银行2017年内要完成普惠金融事业部设立。中国银监会等11部委于2017年5月联合印发了《大中型商业银行设立普惠金融事业部实施方案》，要求商业银行从当前实际出发，设立普惠金融事业部。各商业银行积极响应，普惠金融事业部相继成立。2017年，工农中建交全部成立普惠金融事业部。兴业、民生、光大、浙商等股份制银行也纷纷设立普惠金融事业部。

三是建立发展普惠金融的政策体系。加大财税政策支持力度。对金融机构符合条件的普惠金融领域贷款实行免征增值税、印花税，减征所得税，提高贷款损失准备税前扣除标准，扩大呆账核销自主权等税收优惠。2016年9月24日，财政部会同有关部门制定并印发《普惠金融发展专项资金管理办法》，整合设立普惠金融发展专项资金，加大对新型农村金融机构和西部基础金融服务薄弱地区金融机构支持力度。对保险公司种植业、养殖业保费收入实行所得税优惠，对农业保险实行保费补贴，开展农业大灾保险试点。完善货币信贷支持政策。对普惠金融领域贷款达到一定标准的金融机构实施定向降准政策，继续落实并完善对各类普惠金融服务机构的优惠存款准备金率政策，发挥支农、支小再贷款、再贴现对资金投向、利率的传导功能，创设扶贫再贷款，同时发挥宏观审慎工具的激励引导作用。健全银行业差异化监管机制。要求银行单列信贷计划，指导建立续贷、尽职免责等内部管理机制。围绕小微企业、农户等普惠金融重点客户设定增速、户数等监管考核目标。将普惠金融服务情况纳入监管评价体系，明确资本管理、不良贷款容忍度等差异化监管要求。《中国银监会办公厅关于2018年推动银行业小微企业金融服务高质量发展的通知》对小微企业贷款提出"两增两控"新目标。建立健全普惠金融风险分担机制。出台《融资担保公司5监督管理条例》，明确国家推动建立政府性融资担保体系。设立国家融资担保基金，建立全国、省级和市（县）三级农业信贷担保体系。发挥保险增信作用，探索形成"政府+银行+保险"小额信贷风险共担模式。

(四) 我国发展普惠金融的主要成效

一是基础金融服务覆盖面不断扩大。普惠金融服务向基层、县域、乡村和社区不断延伸。乡镇一级银行物理网点和保险服务覆盖面逐步扩大。截至2017年末，我国银行业金融机构共有营业性网点22.76万个，较2013年末增长8.5%，银行业网点乡镇覆盖率达到95.99%，25个省、区、市、计划单列市实现"乡乡有机构"。截至2017年末，农业保险乡村服务网点达到36.4万个，网点乡镇覆盖率达到95%，村级覆盖率超过50%。城市社区和行政村基础金融服务覆盖面不断扩大。截至2017年末，全国共有ATM机96.06万台，POS机3118.86万台，分别较2013年末增长84.7%、193.3%。全国基础金融服务已覆盖53.13万个行政村，行政村基础金融服务覆盖率为96.44%，较2013年末上升13.6个百分点。15个省、区、市、计划单列市实现"村村有服务"。截至2017年末，城乡居民大病保险（以下简称"大病保险"）已覆盖10.6亿城乡居民，较2013年末增长194.4%。

二是薄弱领域金融可得性持续提升。小微企业贷款可得性不断提升。截至2017年末，银行业小微企业贷款（包括小型企业、微型企业、个体工商户和小微企业主贷款，下同）余额30.74万亿元，较2013年末增长73.1%，占各项贷款余额的24.5%；为1521万户小微企业提供贷款服务，较2013年末增长21.7%。每年实现增量、增速、户数和申贷获得率等考核目标。"三农"领域金融支持力度不断加大。截至 2017 年末，银行业涉农贷款余额 30.95 万亿元，较 2013 年末增长 48.2%，占各项贷款余额的 24.6%；其中农户贷款余额 8.11 万亿元，较 2013 年末增长 80%；农村企业及各类组织贷款余额 17.03 万亿元，较 2013 年末增长 33.1%。2017 年农业保险参保农户数量 2.13 亿户次，承保农作物 21 亿亩，占农作物播种面积的 84.1%，较 2013 年上升 39.7 个百分点；提供风险保障 2.8 万亿元，较 2013 年增长 100%。科技型企业金融服务专业化水平不断提升。鼓励银行在高新技术产业开发区等科技资源集中区域设立为科技型小微企业服务的特色专业机构。截至 2017 年末，全国银行业金融机构已设立科技支行、科技金融专营机构等 645 家，科技型企业贷款余额 2.95 万亿元。

三是金融服务效率和质量明显提高。通过基础账户和银行卡的普及降低"金融排斥"。2013—2017 年，全国人均拥有的银行账户数由 4.1 个增加到 6.6 个，全国银行卡人均持卡量由 3.1 张增加到 4.8 张，其中农村地区人均持卡量由 1.74 张增加到 2.97 张。2017 年银行业金融机构处理的非现金交易人均 116.35 笔，移动支付交易人均 27.16 笔，近三年年均增速分别达到 36.4%、101.7%。提升信贷服务效率。银行业积极运用金融科技手段，创新服务渠道，拓展服务深度，降低服务成本，提升服务便利性。降低普惠金融融资成本。银行业持续减费让利，降低普惠金融融资成本。2017 年，大中型商业银行共对普惠金融客户取消收费项目 335 个、对 387 个项目实行收费减免，全年减费让利总金额约 366.74 亿元。伴随新技术、新渠道的使用和金融乱象的治理，银行业小额、分散融资服务的成本得到有效控制，价格保持在合理区间。推动大中型银行制定切实可行的降成本实施方案，发挥带动小微企业整体融资成本降低的"头雁"效应。

四是金融扶贫攻坚成效显著。扶贫小额信贷发展迅速。截至2017年末，银行业金融机构对建档立卡贫困户发放的扶贫小额信贷余额2496.96亿元，户均贷款4.11万元，支持建档立卡贫困户607.44万户，占全国建档立卡贫困户的25.81%。加大扶贫开发信贷支持力度。截至2017年末，扶贫开发项目贷款余额2316.01亿元。易地扶贫搬迁信贷投放力度加大。截至2017年末，开发银行和农业发展银行累计发放中央贴息易地扶贫搬迁贷款达1780亿元，惠及建档立卡贫困人口超过500万人。

五是金融基础设施和外部环境逐渐改善。信用体系建设日趋完备。截至2017年末，全国累计为261万户小微企业和近1.73亿户农户建立信用档案。金融信用信息基础数据库基本实现对持牌金融机构的全覆盖。全国信用信息共享平台已联通44个部委和所有省区市，归集各类信用信息总量突破165亿条，依托"信用中国"网站强化信息公示系统，向社会提供信用信息"一站式"查询服务。"银税互动"不断深化。截至2017年末，银行业金融机构"银税互动"贷款余额2188.52亿元，贷款户数9.10万户，其小微企业贷款余额1702.97亿元，贷款户数8.88万户，分别占比77.81%和97.60%。"银商合作"逐步发力。建立银行业与工商部门信息合作机制，探索通过国家企业信用信息公示系统和小微企业名录库开展合作，搭建银企对接平台，提高银行获客、授信和风险管理效率。

多层次资本市场功能逐步发挥。支持银行发行小微、"三农"专项金融债,拓宽普惠金融信贷资金来源,累计批复69家商业银行合计5950亿元的专项金融债发行申请。支持符合条件的小微企业在全国中小企业股份转让系统(新三板)挂牌,截至2017年末,挂牌公司共计11630家,小微企业占比94%。进一步扩大小微企业债券融资规模,2017年交易所市场小微企业发行公司债券176只,融资金额1197亿元。发挥农产品期货市场服务"三农"优势,目前已上市23个农产品期货品种和2个农产品期权品种。

(五) 我国发展普惠金融存在的问题及挑战

从商业银行角度看,主要体现为四个方面的不对称。

供给需求不对称。普惠金融的需求主体多为低收入群体和小微企业,通常资金需求急、贷款额度小、经营不规范,这些特点对金融机构的业务操作水平和风险把控能力提出了较高要求。与此同时,商业化金融机构逐利性的市场化本能使其为降低成本、控制风险,更倾向于围绕大中型企业和富裕人群设计产品、提供服务。因此,要引导商业化金融机构向低收入群体和小微企业倾斜,满足其基本经营需求面临较大挑战。

资金配置不对称。发展普惠金融,需要金融资源向弱势群体、弱势产业、弱势区域倾斜和转移,但是,目前我国资金配置呈现出从低收入群体流向中高收入群体、从农村地区流向城市地区、从农业流向工业的特征。如何扭转资金配置不对称的格局,有序地引导金融资源向普惠金融领域倾斜，是发展普惠金融亟待解决的问题。同时，资金配置不对称还表现在金融体系中，实体经济特别是小微企业和"三农"领域资金短缺。

信息获取不对称。资金融通有赖于信用体系的支撑，信用体系则由市场信用、商业信用和银行信用构成。目前，我国市场信用与商业信用发展仍不理想，虽然互联网交易积累了大量的信用数据，但通常都存在共享壁垒，我国的信用体系主要还是以银行信用为主导。普惠金融需求主体通常因经营不规范导致金融参与度低，而信用信息的缺失进一步加剧了商业银行向其提供金融服务的不确定性和风险系数，导致基本金融服务不充分，小微、"三农"领域"融资难、融资贵、融资慢"的问题难以解决。

成本收益不对称。金融机构在为弱势群体提供金融服务时，面临的一个不可回避的难题就是"如何在帮助弱势群体脱贫的同时，实现机构自身的可持续发展"。发展普惠金融的收益是社会化的，是半公益性的，而服务成本必须由金融机构来承担，位置偏远、风险较高等因素均导致普惠金融的服务成本显著高于其他常规业务，成本与收益的不对称性将制约我国普惠金融的长效发展。

从普惠群体角度看，存在着"两个亟待转变"：

一是信用信息转变。普惠金融主体对于金融机构来说由于缺少最基本的信用信息，而如同白纸一般无法评估。因此普惠群体需要认识到金融的意义。正如尤努斯教授所言，信贷是人的基本权利；让所有百姓享受这一权利，既是一种使命和责任，更是一项伟大的事业，也是邮储银行培育核心竞争力的重要着力点。在一次次2万、

3万的小额信贷中,他们获得的不仅仅是一次资金周转的帮助,更多的是一点点信用的积累,最终使信用变成财富。

二是思想观念转变。扶贫不是简单的"捐赠""慈善"。解决一时之需是不够的,更重要的是培养他们岁岁年年、祖祖代代生产致富的本领。扶贫不仅要"融资",更需要"融智"和融志。只有切实提高贫困群众的自身发展能力,才能从根本上脱贫,从"伸手要"变成"伸手造",使精准扶贫从"输血"式生存向"造血"式发展改进。普惠金融离不开政府支持和社会各界的帮扶,但是并不等于要单纯依靠政府补贴和政策支撑,要针对不同的需求者,采取不同的支持方式,对于有经营能力和还款能力的需求者,要充分发挥市场作用,走可持续发展道路(潘功胜,2015)。

三 邮储银行普惠金融服务实践

(一)邮储银行发展普惠金融的重要意义

2016年9月4日,国家主席习近平在G20杭州峰会的致辞中提出:发展普惠金融,减少全球发展不平等和不平衡,使各国人民共享世界经济增长成果。

普惠金融关乎世界发展,关乎国计民生。邮储银行自成立以来,积极响应国家号召,始终坚持服务社区、服务中小企业、服务"三农"的大型零售银行战略定位,践行"普之城乡,惠之于民"

的服务承诺，扎根农村、支持小微、贴近社区，积极探索商业可持续的普惠金融发展道路。

对于邮储银行发展普惠金融的意义可以用"五个有"来概述。

一是中央有要求。2013年，党的十八届三中全会将"发展普惠金融"确立为国家战略。2015年末，习近平总书记主持中央深改组审议通过，《推进普惠金融发展规划（2016—2020年）》。发展普惠金融作为服务实体经济、推进供给侧结构性改革、落实新发展理念的重要途径，国家给予了高度重视，明确要求商业银行提升普惠金融服务能力。

二是邮储有使命。邮储银行自成立以来，就被赋予了服务"三农"的使命。邮储银行积极响应国家号召，践行社会责任，坚定不移地服务普惠金融重点领域，持续加大服务实体经济力度，持续探索农村金融服务创新，持续开展金融精准扶贫工作，真正起到了"普之城乡，惠之于民"的作用。

三是国家有政策。普惠金融服务的重点区域主要是农村地区和偏远地区，客户群体分散、财富有限，导致该领域金融服务成本高、风险大。考虑到这些因素，国家对普惠金融服务给予了众多优惠政策，加大对金融机构的支持，包含税收减免（财政部及税务总局）、差额存款准备金率（人民银行）、机构监管费减免（银保监会）和农村机构定向费用补贴（财政部）等方面。同时，国家还通过设立国家农业信贷担保体系、国家融资担保基金、涉农项目贷款贴息等方式，不断改善农村地区和小微企业的融资环境，鼓励金融机构投身普惠金融服务。

四是邮储有优势。邮储银行网点遍布城乡，是全国网点最多、下沉最深的商业银行。特别是在一些边远地区，邮储银行更是当地金融服务的主渠道。服务"三农"需要扎根农村，贴近农户，邮储银行培养了一支经验丰富的信贷人员队伍，长期活跃在田间地头，与农户建立了亲密的关系，能够更好地提供"三农"服务。同时，邮储银行拥有一套先进的小额信贷技术，曾先后向孟加拉格莱珉银行、印尼人民银行（BRI）、富国银行等在小微企业贷款领域取得卓越成就的金融机构取经，经过十年的发展，邮储银行小微贷款已经历完整的周期性检验，逐步形成了具有邮储银行特色的普惠信贷技术体系。

五是业务有市场。我国农村地区和小微企业的金融服务相对欠缺，金融供给与金融服务的需求之间存在一定失衡。随着乡村振兴战略、供给侧结构性改革的逐步推进，"三农"及小微领域将迎来巨大的发展空间，是一片蓝海。十余年来，邮储银行通过小微贷款支持农村居民发家致富，成就了很多人的致富梦想，信息的长期累积和客户的深度交流也将成为邮储银行未来发展的强大优势。

（二）邮储银行普惠金融服务的"四三二"模式

小额信贷是邮储银行建行之初的第一项资产类业务。十余年来，邮储银行的普惠金融服务坚持一边实践、一边总结、一边塑造，如今，已经形成了邮储银行的特色普惠金融模式。这一特色模式包含了"四大体系（营销、产品、运营、风控）、三大保障（体制、机制、队伍)、两大支撑(科技、文化)",简称普惠金融"四三二"模式。

"四三二"模式是对邮储银行普惠金融业务全流程、全产品、全环节、全队伍的再造和升级,客户营销、产品设计、内部运营、全程风控,就是一个业务运营的闭环管理,需要业务流程和管理流程的再造,需要组织结构的优化和管理机制的调整。近年来,邮储银行用多年的实践经验辅以最新的科技手段,正在实现技术升级;用传统实体网络结合新兴线上生态圈,正在实现渠道升级;用传统信贷队伍结合新兴数字化作业,正在实现能力升级。最终,力求服务零售客户的全业务、全流程、端到端、各环节、全要素,逐步实现"营销综合化、产品模块化、作业标准化、决策智能化、管理集约化"。

1. 构建"营销体系、产品体系、运营体系、风控体系"四大体系

一是在营销体系方面,建立"线上+线下、场景+平台、自营+代理"的综合营销体系。营销是银行业务的开始,十年前,银行金融机构拿着传单去扫街;五年前,银行对着一个客户营销多种产品;现在,邮储银行已经部分通过大数据实现个性化前台推送和客户精准营销。这就是营销方式的变迁。目前,邮储银行正在打造渠道协同、数据驱动、流程管理的综合营销管理体系。目的之一是在服务方式上,建立"线上+线下"的融合体验,依靠大数据建立客户标签,实时侦测客户行为轨迹,有效管理营销线索,实现事件

营销，通过营销管理系统实现营销活动的自动化。线下人员对系统结果进行准确对接，并通过业绩管理系统精确计价和分润。目的之二是在外部获客上，建立"场景+平台"的拓展途径，将零售金融产品与客户生活深度结合，从客户生活的痛点切入，嵌入到各类场景中，在综合平台上提供多元服务。与政府、担保、企业等合作，批量获得优质客户，将零售业务批发做。目的之三是在实体渠道上，通过"自营+代理"的布局方式，将服务触角延伸到任何角落，通过深化网点转型，建立"关系型"+"专业型"客户经理队伍，不断提高基层服务能力。

二是在产品体系方面，构建"标准+个性、线上+线下"的零售产品框架。首先，健全产品架构。打造满足供给端和需求端全产业链的，覆盖经营者和消费者所有主体的普惠金融信贷产品，形成了"农贷通""商贷通""政贷通""网贷通"四大类"三农"金融产品；房屋、汽车、额度和教育四大类消费贷款产品；围绕传统、政银合作、民生和"双创"四大领域，形成了线上化、标准化、专业化三大模式的小企业法人贷款产品体系。其次，优化产品管理。以产品管理平台为基础，推动现有产品管理和创新的体系化。推进产品组件化创新，实现产品要素灵活组合、快速装配，实现产品体系向"标准+个性"转变。最后，加快产品线上化转型。积极布局线上普惠金融信贷产品，创新了小额贷款E捷贷、极速贷、小微易贷、邮享贷等互联网贷款产品。初步统一手机银行信贷入口，大力推广零售贷款线上支用模式。线上产品实现快速标准，线下产品达到灵活个性，线上线下产品形成有效互补。

三是在运营体系方面,建立"管理集约化、作业标准化、决策智能化"的运营体系。运营体系涵盖从受理到放款的所有业务环节,力求将各种解决方案更便捷更高效地提供给客户,提升客户体验。近年来,邮储银行不断通过优化流程、简化单式、改良设备等方式,推动运营管理向"管理集约化、作业标准化、决策智能化"转型升级。

在借鉴同业经验的基础上,邮储银行从2015年启动了新一代零售信贷工厂项目建设。项目经过咨询规划、试点推广两大阶段,现已取得了显著成效,通过设置营销中心和作业中心,去掉不必要的环节、剥离非核心的工作,减轻核心人员负担,释放产能、提高效率。例如,增加扫描岗和录入岗,将机械劳动从信贷员的工作中剥离;明确资料清单,适当调整作业分工,减少营业主管签字等不必要环节,降低前中后台沟通成本,减少反复;设置ABC卡,通过风控模型进行风险筛查。同时,邮储银行推动移动展业项目,并不断进行针对性的端到端客户旅程优化,不断升级移动展业作业模式,更新移动展业设备,优化现有移动展业系统,增强移动Wi-Fi网络,增加线上合同电子签名、电子地图、人脸识别等功能,推进移动展业全流程无纸化作业。

四是在风控体系方面,运用大数据等新技术提高风控的精准度与效率,建立数据驱动的全过程风控体系。邮储银行将风控体系贯穿全面、全程、全员。营销阶段,全景视图、精准营销。建立基于大数据分析的客户360全景视图,通过对客户数据的分析挖掘,建立相应的营销模型、定价模型,基于客户需求和风险收益情况,精准定位目标客户。审批阶段，智能风控、自动处理。运用大数据打造高性能、高度自动化的审批体系；建立智能化的信贷审批引擎，通过构建申请评分模型，实现实时在线审批。贷后阶段，精准预警、主动管理。建立行为评分模型，对高风险客群主动识别和主动预警，早发现、早处理；整合客户的交易、行为等数据，反馈到预警评分模型中，通过多元化、多维度的指标提升预警效能。催收阶段，集中管理、分层催收。开展集中管理提升效率，释放客户经理产能，建立催收评分模型，对贷后催收进行分层管理，提升有效性。

同时，通过线下力量针对重点领域、重点机构、重点产品、重点客户、重点环节进行重点盯查，通过现场检查和非现场检查方式及时监测。推广风险管理报表、编制风险分析月报，引入贷龄分析法，提前预判风险隐患，提升风险管理信息化水平。

2. 健全"体制、机制、队伍"三大保障

一是在体制方面，探索适合零售战略的组织结构优化。总分行进行"三农"金融事业部改革，打造专业化为农服务体系，充分发挥事业部"五部四中心"的作用。做实做细二级分部和营业部。小企业金融部推行"三化"建设，聚焦基层，打造小微金融服务"主阵地"，充分发挥小微金融服务领导小组作用，完善管理体制。推进零售信贷作业中心建设，持续推进自动化决策技术的优化和零售信贷业务流程标准化。

二是在机制方面，引领零售战略的落地和执行。总行出台倾斜的绩效考核、优惠的内部资金定价、专项的信贷额度以及小微奖补、风险容忍度等差异化政策，在提升基层服务积极性上起到了重要的作用。要继续保持各项政策的连续性，着力抓好各项政策的落地实施，为真正做好普惠金融，清障碍、卸包袱、添动力。

三是在队伍方面，按照"队伍专业化、营销综合化"的原则，完善考核机制，推进岗位晋升常态化，加大封闭式高密度培训，实行队伍分级管理、分层建设、分层考核，建设专心专注专业的普惠金融队伍。建立"善则赏之、过则匡之、患则救之、失则革之"的激励约束机制，实现"能者上、庸者下、劣者汰"。

3. 强化"科技"和"文化"两大支撑

一是在科技支撑方面。银行业处于一个科技主导一切的时代，"金融服务无处不在，就是不在银行网点"。业务发展上，邮储银行积极应用大数据、云计算、人工智能等先进技术，支撑构建四大体系，着重强化IT系统支撑、数字化展现能力、大数据分析能力。信贷工厂项目群覆盖邮储银行新一轮IT规划业务架构109个组件中的76个，覆盖范围达近70%。风险管理上，依托大数据平台打造主动授信白名单筛选模型，引入外部数据用于反欺诈。细分客户分类，建立风险定价体系。积极应用活体识别、OCR（光学字符识别）、手机端信息抓取等新兴技术手段，形成智能风险管理模式。各分行也不断增强自身科技力量，江苏分行开发应用前置系统，支撑线上信贷产品快速高质量发展。

二是在文化支撑方面。加强零售银行战略定位的宣贯，不断树立全行为零售业务发展保驾护航的理念,不断倡导基层分支行建立"只有做好小微金融业务的专家才能成为真正的零售银行家、只有做好小微金融业务才能成为合格的邮储银行行长"的理念。全方位塑造普惠金融的经营发展文化,贯彻清晰的战略,树立以人民为中心的经营理念;塑造队伍建设文化,设置有效的绩效考核激励、明确员工的成长发展路径;塑造合规风险文化,严格执行"八不准"和阳光信贷政策,防止道德风险。要将普惠文化根植于血脉、践行于行动,将普惠文化转化为一种精神力量和文化自觉,为业务持续健康发展提供不竭动力。

普惠金融是个普遍存在的世界性难题,但在我国的二元经济结构下,普惠金融的急迫性尤为突出。希望能有更多金融机构投身到普惠金融事业中,共同促进金融服务的普及、公平和便利。

第十二章

中国邮政储蓄银行小微企业运行指数体系建设及融智运用成效

小微企业运行指数,全称"经济日报—中国邮政储蓄银行"小微企业运行指数,是经济日报社和中国邮政储蓄银行按月采集联合发布,反映我国小型、微型企业及个体工商户月度综合运行态势与发展状况的指数。该指数包括总指数、六个区域指数、七个行业指数以及八个分项指标,是全国第一个以月度为单位专门反映小微企业生存发展状况的指数。小微企业运行指数利用独特的"6+7+8"三维指标结构优势,充分揭示行业、区域走势特征,全面反映不同行业、不同区域的小微企业在采购、生产、销售、融资等各个方面的运行态势与发展状况,有助于让社会更直观地把握小微企业经济运行"脉搏",也为国家相关政策制定和产业规划提供积极的参考。

第十二章　中国邮政储蓄银行小微企业运行指数体系建设及融智运用成效

◇ 一　小微企业运行指数编发背景

（一）社会对小微企业发展关注程度高

小微企业作为市场经济中最具生机与活力的群体，已成为中国经济发展的重要组成部分，其在区域经济发展、产业结构调整、产品技术创新、解决就业和农村劳动力转移等方面发挥着日益重要的作用。近年来，国务院逐年提高对小微企业的重视程度，部署强化对小微企业的政策支持和金融服务，深化金融体制改革，增强金融服务实体经济能力，致力于为小微企业营造良好环境，为小微企业发展提供更多机会。如何科学监测小微企业的生存发展状况、及时反映国家政策对于小微企业的影响，社会各界都很关心和关注。

（二）国内小微企业发展指数仍有覆盖空白

目前，国内相关中小企业发展指数更加侧重对中型、小型企业的研究与统计，而对微型企业特别是个体工商户的研究与统计数据相对缺失，且相关数据多以季度或是半年的频率进行发布，在数据的时效性、连续性、代表性上存在不足，小微企业发展相关指数仍有覆盖空白。在该背景下，邮储银行小微企业运行指数以月度为单位进行调研和发布，研究与设计分行业、分区域的小微企业运行指数体系，保证指数发布的时效性和连续性，具有非常重要的理论意义与现实意义。

（三）邮储银行编发小微企业运行指数的禀赋特征

一是邮储银行拥有小微企业客户大数据基础。邮储银行自 2007 年挂牌转制至今，积极响应国家发展和支持小微企业的号召，围绕国家发展战略，牢固坚守"服务'三农'、服务中小企业，服务社区"的市场定位，充分发挥自身优势，致力于小微企业发展，积极破解中小企业融资难题，真正做到服务客户多、区域覆盖广、行业覆盖全，使邮储银行拥有了编制小微企业运行指数在样本数据方面的先天优势。此外，随着小微企业客户的退出、新增，能够对样本数据库进行及时更新，保证小微企业发展指数编制的准确性与连续性。二是邮储银行小微企业客户全面覆盖县级区域。邮储银行成立至今，一直贯彻"普惠金融"的经营理念，不断改善县级区域金融服务环境，邮储银行有近 4 万个网点，超过 70% 分布在县域及农村地区，能够覆盖全国近 99% 的县域地区，小微信贷网络在全国所有区县的全面铺开为邮储银行广泛采集各地小微企业运行情况的数据提供了有利的条件，也能够使邮储银行小微企业运行指数更为准确、全面、有针对性地反映各级区县的小微企业的运行情况。三是邮储银行拥有庞大的客户经理队伍。利用庞大的客户经理队伍优势，在为小微企业提供各类信贷服务等综合金融服务的同时，也使得邮储银行能够第一时间了解到小微企业客户的生产、销售、融资等情况，有效保证了采集信息的准确性与时效性。

◇◇ 二　编制小微企业运行指数的意义

（一）弥补小微企业统计数据的不足

通过研究与编制小微企业运行指数，构建科学的指数统计及发布机制，能够有效弥补目前国内有关小微企业统计信息的不足，为国家关于小微企业的研究和政策制定提供数据支撑和有效参考。小微企业运行指数能够全方位、直观、定量、及时地反映小微企业在采购、生产、销售、扩张、融资等全过程的运行态势，展示小微企业信贷需求、信贷水平、信贷成本、信贷风险等方面的变化信息，有效呈现全国小微企业运行状况与信贷融资状况。

（二）进行有效行业、区域风险预警

通过小微企业运行指数可准确把握小微企业经济运行"脉搏"，对潜在的行业风险、区域风险进行预警。银行等金融机构可以利用指数进行贷前风险评估和贷后风险监测，改善传统管理模式下风险判断表面化和风险反应滞后的状况，加强风险搜索的系统性、全面性、准确性、及时性，提高小微企业风险分析的技术含量，促使银行小微企业风险管理工作进一步提升。

（三）为小微企业客户提供融智服务

通过向小微企业主提供小微指数运行情况及相关分析报告，使小微企业主能够更为准确地了解目前市场整体经营情况、融资情况等，帮助小微企业主做好生产经营决策，进一步增强小微企业客户的抗风险能力。

◇ 三 小微企业运行指数内涵

小微企业运行指数是利用概率比率抽样方法（PPS抽样法），以月度为单位通过对全国约2500家小微企业进行实地调查，经过数理统计与分析编制而成，全面反映不同行业、不同区域的小微企业在采购、生产、销售、融资等各个方面的运行态势与发展状况的综合指标。

（一）小微企业运行指数指标体系

小微企业运行指数指标体系包括六个区域指数，七个行业指数以及八项指标，形成了独具特色的"6+7+8"的三维结构。

第十二章 中国邮政储蓄银行小微企业运行指数体系建设及融智运用成效

1. 区域指数

六个区域指数包括东北、华北、华东、西北、中南、西南六个区域分项指数，具体情况如表 12-1 所示：

表 12-1　　　　　　　　六个区域分项指数包含地区

序号	区域	包含地区
1	华北	北京、天津、河北、山西、内蒙古
2	东北	辽宁（大连）、吉林、黑龙江
3	华东	上海、江苏、浙江（宁波）、安徽、福建（厦门）、江西、山东（青岛）
4	中南	河南、湖北、湖南、广东（深圳）、广西、海南
5	西南	重庆、四川、贵州、云南、西藏
6	西北	陕西、甘肃、青海、宁夏、新疆

2. 行业指数

七个行业指数包括制造业、批发零售业、建筑业、服务业、交通运输业、住宿餐饮业、农林牧渔业七个行业分项指数，总指数由七个行业指数合成，其中各行业指数权重为该行业销售收入的占比，具体情况如表 12-2 所示：

表 12-2　　　　　　　　行业指数具体情况

序号	行业范围	国标代码	备注
1	农林牧渔业	01—05	
2	制造业	13—43	

续表

序号	行业范围	国标代码	备注
3	建筑业	47—50	
4	批发零售业	51—52	
5	交通运输业	53—58	不含邮政和仓储业
6	住宿餐饮业	61—62	
7	服务业	71、72、79、80、81	租赁和商务服务业、居民服务、修理和其他服务业

3. 分项指标

八个分项指标包括市场指标、绩效指标、扩张指标、采购指标、风险指标、融资指标、信心指标、成本指标。其中，风险指标和成本指标都对原始数据进行了处理，均已经调整为正向指标，指数越大表明情况越好。小微企业指数分项指数解释如表12-3所示：

表12-3 小微企业指数分项指数

序号	分项指标	指标解释
1	市场指标	主要包括产品产量、产品价格等指标（因行业不同相关指标会略有变化），是对企业现阶段经营情况、市场需求和整个产业经营状况的综合反映。
2	绩效指标	主要包括利润和毛利率等指标，反映了企业在一定会计期间经营业绩和获利能力，有利于企业主和投资者等了解企业经营状况，做出正确的经济决策。
3	扩张指标	主要包括新增投资等指标，是最紧密直接反映中长期的先行指标。它直观反映了企业的成长性和扩张趋势，对企业的未来发展与决策有着重要的参考意义。
4	采购指标	主要包括原材料采购量等指标，它是一个反映短期先行的指标，有利于指导企业的采购、生产、经营等活动，是指导企业战略决策与业务调整的一个可靠的依据。
5	风险指标	主要包括流动资金周转等指标，反映了企业在生产经营过程中存在的潜在风险。一方面可以让企业及时意识到自身发展的风险并补救，另一方面也可以为金融机构向其发放贷款提供参考。

续表

序号	分项指标	指标解释
6	融资指标	主要包括企业的融资规模、融资需求等指标,具体反映融资意愿或融资规模扩张和收缩程度,是小微企业外部资金条件满足的重要条件之一,也是反映现阶段经营和未来状况的指标。同时也可以通过该指数来测度企业资金松紧状况,为货币政策提供依据。
7	信心指标	主要是指企业家信心指数,它可以综合反映企业家对当前经济形势及企业经营情况的满意度,以及对未来宏观经济及企业发展的信心。它是预测经济走势及产业发展的先行指标,是监测经济周期变化不可缺少的依据。
8	成本指标	主要包括经营成本、采购成本等指标,它是计算企业盈亏的依据,是企业进行决策的参考,是综合反映企业工作业绩的重要指数。成本指数仅供分析使用,不参与总指数的合成。

4. "6+7+8"三维结构优势

小微企业运行指数独特的"6+7+8"三维结构,全面考虑了小微企业运行的各个方面,包括采购、生产、绩效、信心、融资、成本等,具备一定的全面性;考虑了小微企业的融资规模和风险,邮储银行在放贷前可将指数信息作为信贷客户机会挖掘,放贷后可进行行业及企业的风险监测,具备一定的针对性;分项指数在衡量运行的内容上较多采用先行指标(如采购指数为短期先行指标、扩张指数为中长期先行指标、信心指数为长期先行指标),主要对未来发展趋势进行监测,具备一定的预测性;在具体指标设置上考虑月度波动是否明显,波动不明显但很重要的指标采用季度时点访问。如员工工资、融资规模等月度变化不明显的指标采取季度访问的模式,具备一定的可操作性。此外,小微企业运行指数指标体系充分体现了对小微企业运行中热点问题的关注,如融资问题和成本问题、风险问题。

（二）小微企业运行指数体系构建方法

1. 构建指数的方法论

指数计算方法采用扩散指数法，即正向回答的百分数加上回答不变的百分数的一半。扩散指数的具体计算公式如下：DI = "增加"选项的百分比×1 + "持平"选项的百分比×0.5。在具体的指数研究模型中，小微企业运行总指数是市场指数、采购指数、绩效指数、扩张指数、信心指数、融资指数、风险指数七个分项指数的加权平均，各个分项指数权重的设置由专家多次研讨得到。

小微企业运行指数的表示范围为0—100之间。50为指数的临界值，表明企业经营状况变化不大；50—100为趋好区间，表明企业经营状况上升或改善，越接近100经营状况越好；0—50为下降区间，表明企业经营状况趋于下降或恶化，越接近0经营状况越差。

2. 抽样方案

小微企业运行指数采取PPS抽样法，即按规模大小成比例的概率抽样或按容量比例概率抽样（PPS）法，调查对象为小型和微型企业（含个体工商户）的负责人、总经理、厂长。根据指数调查目的及抽样理论，最终确定全国分行业调查样本量为2500个，并在此基础上确定各行业样本配额、各省样本配额以及各个行业所抽取的企业数量。

第十二章 中国邮政储蓄银行小微企业运行指数体系建设及融智运用成效

3. 调查问卷

调查问卷主要通过与小微企业主访谈交流填答，根据设定的具体指标，进行问卷设计，并通过试访不断修正完善问卷。问卷调查主要内容涵盖企业主对企业采购、生产等经营相关业务活动情况的判断，主要包括对业务量、新订单、绩效、产品或服务价格、从业人员、融资需求、经营成本等情况的判断，以及企业生产经营过程中遇到的问题和建议。大部分问题以定性判断为主，不涉及敏感的定量问题，这样既可以用科学的方法来反映问题，又保证资料的持续可获得性。最后设置了银行等金融机构比较关注的开放性问题，作为未来分析发展需要。

4. 调研结果

根据设计要求，通过问卷调查获得的调研数据经过分析整理后，可以计算出小微企业运行总指数、七个行业小微指数以及六个区域小微指数，并通过具体分析比较，撰写指数分析报告（包括总指数报告、行业报告、区域报告以及部分省份报告）。

(三) 小微企业运行指数采集及编发原则

一是坚持集中反映小型、微型企业的原则。邮储小微企业运行指数样本以小型、微型企业（含个体工商户）为调查对象，要充分反映小型、微型企业的运行态势（汇丰中小企业信心指数反映中型、小型企业；中国中小企业发展指数 SMEDI 反映中型、小型企业；汇丰 PMI 反映大型、中型企业；官方 PMI 反映规模及以上企业）。

二是坚持大样本数据调查的原则。邮储银行小微企业运行指数以邮储银行存量小微企业客户为样本总体，抽取 2500 个样本进行调查，并在每季度末轮换四分之一的调查样本，在样本总体相对稳定的同时，受访样本量远大于其他指数，调查结果代表性更强。

三是坚持全部现场且在线调查的原则。邮储银行小微企业运行指数充分利用银行客户经理队伍，全部采用现场调查并通过手机客户端在线录入调查结果的形式，充分保证一手数据的真实性、准确性、及时性。

◇◇ 四　小微企业运行指数特色

调研样本的全面性。邮储银行小微企业运行指数每月抽取 2500 个样本进行调查，受访样本量充足，且覆盖了全国 75% 以上的区县，其中约有 50% 的个体工商户以及 50% 的小企业法人，克服了目前国内相关指数的侧重点在小型企业而忽视了对个体工商户进行关注的问题。

行业覆盖的广泛性。邮储银行小微企业运行指数覆盖了制造业、批发零售业、建筑业、服务业、交通运输业、住宿餐饮业和农林牧渔业等七个行业，基本覆盖了中国小微企业分布比较集中的几大行业，目前以上七个行业的客户数量占到邮储银行小微企业存量客户的90%以上，以上七个行业销售收入占国民经济全行业的比例达到60%以上，充分说明了上述七个行业的代表性，能够更好地反映各大行业小微企业的发展状况。

指标体系的完备性。邮储银行小微企业运行指数体系在覆盖全国七个行业的同时，对全国六个区域（东北、华北、华东、西北、中南、西南）的小微企业进行全面调研，通过对小微企业八大指标（市场指标、绩效指标、扩张指标、采购指标、风险指标、融资指标、信心指标、成本指标）的重点分析，关注小微企业采购、生产、销售、扩张、融资等全过程，从各个阶段反映小微企业运行态势。

指数调研的实效性。邮储银行小微企业运行指数以月度为单位进行调研和发布，国内现行的小微企业类指数多以季度或是半年的频率进行发布。邮储银行小微企业运行指数将有效填补国内小微企业现行统计指数的周期空白，具备极强的时效性和连续性。

采编手段的科技性。邮储银行小微企业运行指数充分利用邮储银行的客户经理优势，全部采用现场调查，并专门针对指数调研定制开发了移动终端APP云调研系统，集问卷回答、照片传输、GPS地理位置信息采集、录音传输于一体，充分保证一手数据的真实性、准确性、及时性，极大地提高了数据质量，在此基础上利用数据分析系统进行数据处理和报告编发。

◇ 五　小微企业运行指数运用成效

邮储银行于2014年初启动了小微企业运行指数的编制筹备与测试工作，并于2014年5月编制第一期小微指数。2015年5月，邮储银行与《经济日报》社签署战略合作协议，联合冠名发布"经济日报—中国邮政储蓄银行小微企业运行指数"，截至2019年6月，小微指数已按月连续对外发布50期，指数运行平稳。小微企业运行指数自发布以来，受到了社会各界的广泛关注，2015年10月16日，李克强总理在其主持召开的金融企业座谈会上，对邮储银行编制小微指数给予了高度认可，称"小微企业是反映宏观经济运行的重要标志，很有道理"。中央电视台、新华社、《光明日报》等30多家中央性媒体均对此进行过专门报道，小微指数连续两次登上了央视《新闻联播》栏目，多次登上央视《新闻直播间》栏目，取得了积极的社会反响。

（一）经济效益

小微企业运行指数中浓缩了大量的信息，概括反映了不同地域、不同行业小微企业群体的经济运行趋势，能够全面及时地反映小微企业采购、生产、销售、扩张、融资等全过程的运行态势，成为研判小微企业经济发展状况的重要参考，有助于开展业务整体规划工作；在业务发展过程中，可充分利用小微企业运行指数进行风险评估、风险监测、风险预警等，提高小微企业风险分析技术含量和风险掌控能力，通过综合性把握小微指数各类具体关键指标，分析研究指数所揭示出的区域、行业不同的走势及特征，能够及时采取不同的发展策略和风控策略，有助于进行行业及区域的规划与调整，进一步提高小企业相关业务各流程环节的效率，促进业务发展，巩固邮储在小微金融服务领域的先发优势。

（二）社会效益

自小微指数对外发布以来，邮储银行按月向银保监会普惠金融部、政策银行部、大型银行部，人民银行金融市场司、研究局，工信部中小企业司、中小企业发展促进中心等各大部委报送小微指数简报，全面展现小微企业的生存发展现状，为国家相关政策制定、产业规划等提供了积极的参考；小微指数也为学术研究机构对小微企业的研究提供了可靠的数据支撑，有助于全社会更好地把握小微企业的运行脉搏。包括财政部科研所、中央财经大学中国银行业研究中心等高等院校和学术研究机构一直在实时跟踪邮储银行小微指数走势，将指数结果分析广泛应用于学术课题研究与日常教学之中，为邮储银行小微指数注入了新的活力；邮储银行向客户推送和展示小微指数相关信息，帮助客户准确把握目前行业及区域的发展情况和未来走势，及时调整经营策略。通过小微指数体系中的先行指标，缺少智力支持的小微企业，可以做到谋划在前。

第三篇 小微企业支持（应用分析）

附 件：

2019年5月"经济日报—中国邮政储蓄银行小微企业运行指数"报告

经济日报—中国邮政储蓄银行小微企业运行指数课题组

2019年5月份，"经济日报—中国邮政储蓄银行小微企业运行指数"（见图1）为46.1，较上月下降0.1个点，本月小微企业运行持续下降。

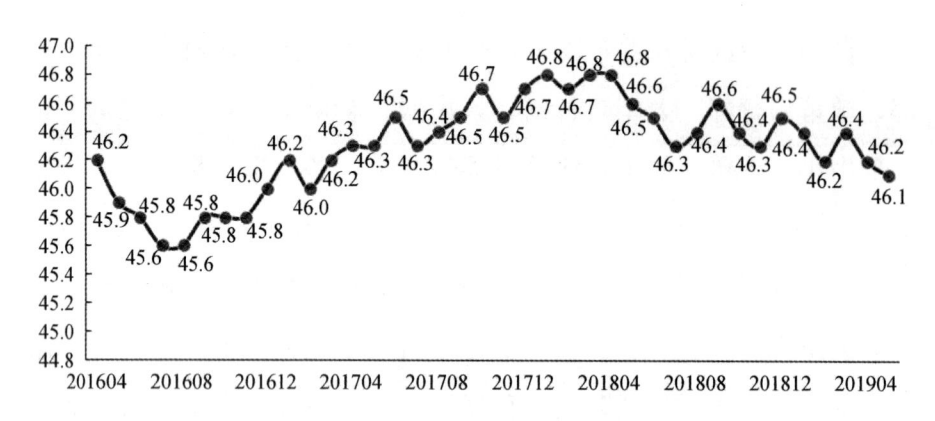

图1 经济日报—中国邮政储蓄银行小微企业运行指数

从各分项指标指数（见图2）来看，呈现"两升六降"态势。其中市场指数为43.0，下降0.3个点；采购指数为45.3，下降0.1个点；绩效指数为45.5，下降0.2个点；扩张指数为45.5，下降0.2个点；信心指数为49.1，下降0.1个点；融资指数为49.4，上升0.2个点；风险指数为52.0，下降0.1个点；成本指数为59.9，

第十二章　中国邮政储蓄银行小微企业运行指数体系建设及融智运用成效 **421**

上升0.2个点。

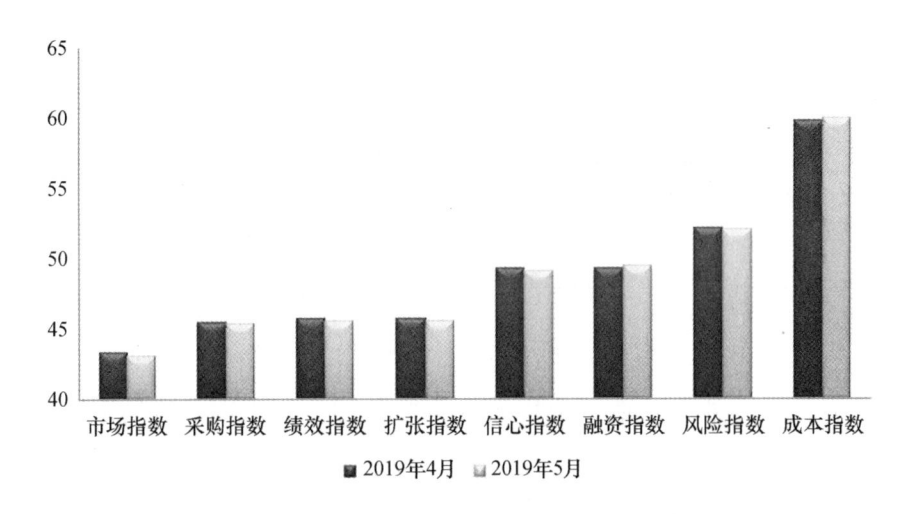

图2　小微企业分项指数

从六大区域指数（见图3）来看，呈现不同程度的下降态势。华北地区小微指数为45.6，下降0.2个点；东北地区为41.6，下降

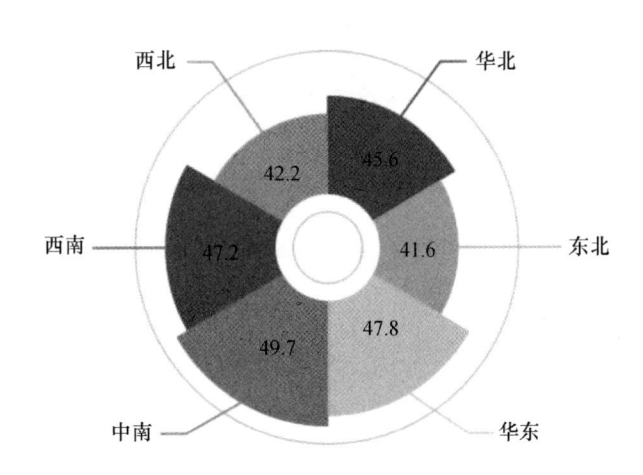

图3　区域发展指数

0.1个点；华东地区为47.8，下降0.3个点；中南地区为49.7，下降0.1个点；西南地区为47.2，下降0.1个点；西北地区为42.2，下降0.2个点。

一 按行业划分小微企业运行指数情况

5月七大行业小微指数呈现"一升一平五降"态势。

从小微企业各行业运行指数（见图4）来看，除交通运输业、和住宿餐饮业外，其他行业小微企业指数均出现不同程度的下降。

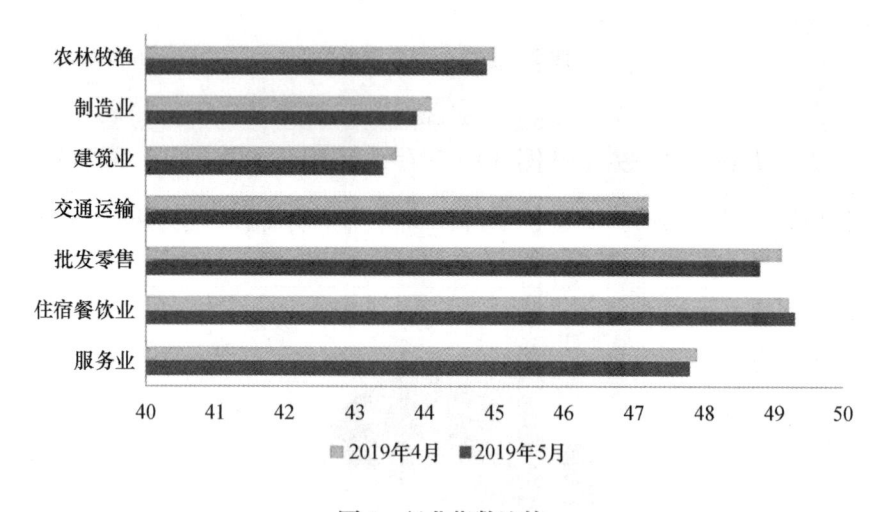

图4 行业指数比较

5月份农林牧渔业小微企业运行指数为44.9，下降0.1个点。其市场指数为41.2，较上月下降0.2个点；采购指数为43.9，与上月持平；绩效指数为42.6，下降0.3个点。调研结果显示，5月农林牧渔业小微企业产量下降0.6个点，主营业务收入下降0.3个点，原材料采购量上升0.2个点，原材料库存下降0.4个点，利润下降0.3个点，毛利率下降0.5个点。

制造业小微企业运行指数为43.9，下降0.2个点。其市场指数为38.5，较上月下降0.3个点；采购指数为39.8，下降0.2个点；绩效指数为44.2，下降0.2个点。调研结果显示，5月制造业小微企业产量下降0.5个点，主营业务收入下降0.6个点，原材料采购量下降0.2个点，原材料库存下降0.5个点，利润下降0.3个点，毛利率下降0.4个点。

建筑业小微企业运行指数为43.4，下降0.2个点。其市场指数为40.9，下降0.3个点；采购指数为36.7，下降0.3个点；绩效指数为47.0，下降0.4个点。调研结果显示，5月建筑业小微企业工程量和新签工程合同额均下降0.3个点，工程结算收入下降0.6个点，原材料采购量下降0.5个点，原材料库存下降0.2个点，利润下降0.5个点，毛利率下降0.6个点。

交通运输业小微企业运行指数为47.2，与上月持平。其市场指数为46.0，下降0.1个点；采购指数为47.8，上升0.2个点；绩效指数为45.5，下降0.2个点。调研结果显示，5月交通运输业小微企业业务预订量下降0.5个点，主营业务收入下降0.2个点，原材料采购量上升0.2个点，原材料库存上升0.4个点，利润下降0.5个点。

批发零售业小微企业运行指数为48.8，下降0.3个点。其市场指数为47.5，下降0.4个点；采购指数为54.0，下降0.3个点；绩效指数为46.5，下降0.3个点。具体市场表现为：销售订单量下降0.6个点，销售额下降0.5个点，进货量下降0.4个点，利润下降0.6个点，毛利率下降0.3个点。

住宿餐饮业小微企业运行指数为49.3，上升0.1个点。其市场指数为51.6，上升0.2个点；采购指数为51.0，上升0.2个点；绩效指数为50.4，上升0.1个点。具体表现为小微企业业务量上升0.4个点，主营业务收入上升0.3个点，原材料采购量上升0.2个点，原材料库存上升0.3个点，毛利率上升0.6个点。

服务业小微企业运行指数为47.8，下降0.1个点。其市场指数为45.8，下降0.1个点；采购指数为46.4，下降0.2个点；绩效指数为45.7，上升0.2个点。具体表现为业务量下降0.5个点，原材料采购量下降0.1个点，原材料库存下降0.5个点，利润和毛利率均上升0.3个点。

二　按区域划分小微企业运行指数情况

5月六大区域运行指数呈现不同程度的下降态势。

华北地区小微企业指数为45.6，下降0.2个点。其市场指数为41.8，下降0.3个点；绩效指数为43.7，下降0.3个点；扩张指数为41.7，下降0.2个点；风险指数为51.5，下降0.2个点。

东北地区小微企业指数为41.6，下降0.1个点。其市场指数为36.8，下降0.1个点；采购指数为39.2，下降0.2个点；绩效指数为40.9，下降0.2个点；信心指数为49.0，下降0.1个点。

华东地区小微企业指数为47.8，下降0.3个点。其市场指数为45.9，下降0.4个点；采购指数为47.1，下降0.3个点；绩效指数为46.9，下降0.3个点；扩张指数为45.6，下降0.2个点；信心指数为48.0，下降0.1个点；融资指数为48.0，下降0.1个点；风险指数为51.1，下降0.3个点。

中南地区小微企业指数为49.7，下降0.1个点。其市场指数为48.2，下降0.2个点；采购指数为49.5，下降0.1个点；绩效指数为47.9，下降0.1个点；扩张指数为48.7，下降0.2个点；信心指数为49.3，下降0.3个点；风险指数为51.7，下降0.1个点。

西南地区小微企业指数为47.2，下降0.1个点。其市场指数为45.3，下降0.3个点；采购指数为47.2，下降0.1个点；绩效指数为47.0，下降0.2个点；扩张指数为45.4，下降0.1个点；信心指数为46.3，下降0.2个点；融资指数为48.3，下降0.1个点；风险指数为50.9，下降0.1个点。

西北地区小微企业指数为42.2，下降0.2个点。其市场指数为40.1，下降0.3个点；采购指数为40.3，下降0.2个点；绩效指数为45.3，下降0.2个点；扩张指数为41.6，下降0.3个点；信心指数为38.8，下降0.2个点；风险指数为49.6，下降0.2个点。

三 小微企业融资和风险情况

5月反映小微企业融资需求的融资指数（见图5）为49.4，上升0.2个点。

5月农林牧渔业小微企业融资指数为49.2，上升0.2个点；制造业小微企业融资指数为49.4，上升0.2个点；建筑业小微企业融资指数为46.7，上升0.1个点；交通运输业小微企业融资指数为49.6，上升0.3个点；批发零售业小微企业融资指数为49.8，上升0.2个点。

小微企业的风险指数（见图5）为52.0，下降0.1个点。制造业小微企业风险指数为52.1，下降0.1个点；建筑业小微企业风险指数为51.7，下降0.3个点；批发零售业小微企业风险指数为52.6，下降0.2个点；服务业小微企业风险指数为50.9，下降0.1个点。调研结果显示，七大行业流动资金周转指数呈现"三升四降"态势，其中除农林牧渔业、交通运输业和住宿餐饮业外，其他

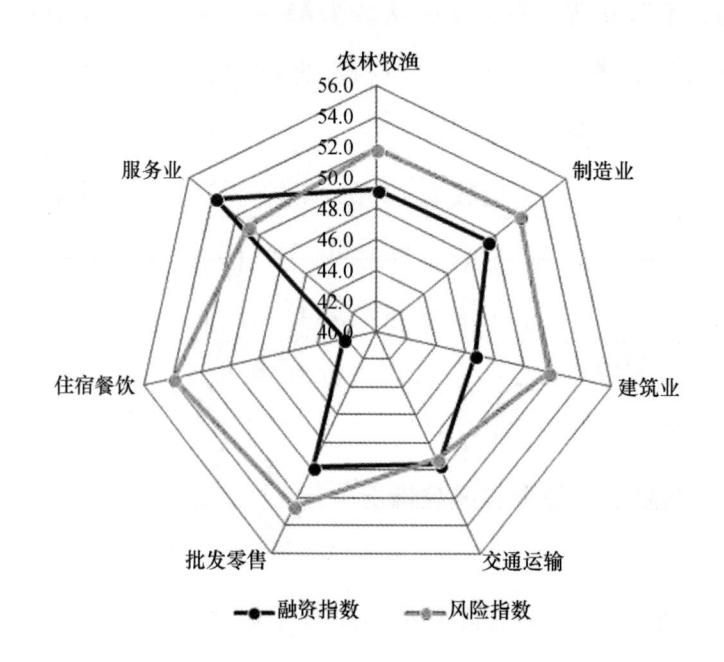

图5　行业融资、风险指数

行业的流动资金周转速度均有所变慢；回款周期表现为"四升三降"态势，其中除建筑业、批发零售业和住宿餐饮业外，其他行业的回款周期均有所缩短。

四 小微企业经营预期情况

5月反映小微企业经营预期情况的扩张指数下降0.2个点，信心指数下降0.1个点。

5月小微企业扩张指数为45.5，下降0.2个点。分行业来看，除交通运输业和服务业外，其他行业的小微企业扩张指数均有所下降。其中，农林牧渔业小微企业扩张指数为46.5，下降0.3个点，其新增投资需求下降0.4个点，用工需求下降0.5个点；制造业小微企业扩张指数为44.4，下降0.1个点，其用工需求下降0.4个点；建筑业小微企业扩张指数为39.0，下降0.3个点，其新增投资需求下降0.5个点，用工需求下降0.1个点；批发零售业小微企业扩张指数为47.7，下降0.2个点，其新增投资需求下降0.4个点；住宿餐饮业小微企业扩张指数为47.0，下降0.3个点，其新增投资需求和用工需求均下降0.3个点。

5月小微企业信心指数为49.1，下降0.1个点。分行业来看，呈现"三升四降"的态势。其中，农林牧渔业小微企业信心指数为49.9，上升0.1个点；制造业小微企业信心指数为50.6，上升0.2个点；建筑业小微企业信心指数为43.2，上升0.1个点；交通运输业小微企业信心指数为47.4，下降0.1个点；批发零售业小微企业信心指数为50.1，下降0.4个点；住宿餐饮业小微企业信心指数为49.7，下降0.1个点；服务业小微企业信心指数为45.8，下降0.3个点。

附注：

所有指标均为正向指标，取值范围为0—100，50为临界点，表示一般状态；指数大于50时，表示企业情况向好；指数小于50时，表示企业情况趋差。

风险指数和成本指数都对原始数据进行处理，均已经调整为正向指标，指数越大表明情况越好。

第十三章

国内数字化普惠金融服务研究

◇◇ 一 国内数字化普惠金融服务背景

金融服务自诞生的很长一段时间里被认为是专门为"富人"提供的一类专属服务，近些年随着经济社会的不断发展，面向小微企业、农村地区的普惠金融取得了初步成效。但小微企业融资难融资贵、农村地区金融业务覆盖率低、风险控制难等问题一直存在。究其原因：一方面由于信息不对称，金融机构难以获取足够的信息用于判断行业、客户的风险情况，导致无法准确判断预期损失，进而影响金融机构的风险定价，致使融资贵成为阻碍普惠金融发展的一大难题。另一方面普惠金融的特点是小而分散，即普惠领域存在的长尾市场问题，客户经营规模微小，融资额也过于微小，金融机构需要投入大量人力物力开展业务，然而从中获得的收入却很微小，甚至无法覆盖其变动成本，使得传统金融机构在普惠金融业务拓展方面有心无力。

近年来，互联网塑造的数据通道带来了史无前例的海量信息，数字科技诸如云计算、大数据、人工智能等新技术的发展和应用成为普惠金融有力的助推器，云计算技术为数据资产提供了保管、访问的场所和渠道；大数据技术赋予了海量数据的处理、分析和价值转化能力；再加上社交网络、搜索引擎等各种数据整合、处理、分析的新工具不断成熟，传统服务行业的行为模式和商业形态发生了颠覆性的改变。对于金融行业来说数字技术的运用不仅可以解决获客难题，还可以大大提升金融风控能力，降低机构的运营成本、提升收益率，使得金融机构实现可持续发展，不断提高金融服务实体经济能力，让更多的人享受数字化普惠金融带来的成果。

（一）发展数字化普惠金融服务的必要性

数字技术在金融领域的应用为普惠金融插上了翅膀，数字普惠金融的早期阶段是传统金融业务互联网化，传统金融机构借助互联网传递信息，实现了在线业务办理，传统服务流程得以简化，智能手机的普及进一步带来移动支付的快速发展，同时，通过互联网平台提供交易撮合服务，其典型模式包括网络银行、网络借贷等。随着数字普惠金融的逐步发展，以场景为核心的数字化金融服务时代已来临，其主要致力于通过数字技术驱动金融服务创新，解决场景的实际需求。

于市场而言，近些年客户行为的数字化使得围绕客户的服务必然要进行数字化转型。截至2018年末，全球智能手机用户数量还将稳步上升，在这其中，中国为当之无愧的用户大国，其智能手机用户数量达到 13 亿人次，位居全球第一。网络与智能手机的高效联动使得客户行为进一步向着数字化方向发展，客户的日常行为，如支付、点餐、交流、出行等都逐渐被线上化的方式取代，这一趋势会随着技术的不断发展而逐步加剧，客户的行为方式正在发生颠覆性的转变，这使得围绕客户行为习惯提供数字化服务成为普惠金融发展不可逆转的趋势。

于金融机构而言，数字化金融服务对于普惠金融发展有以下两方面作用：一是数字化服务方式可以拓展普惠金融现有的服务边界，随着数字技术的发展，金融服务的触达范围也在扩展，传统金融服务依赖实体网点的铺设和工作人员的现场操作，服务范围非常有限，而数字化方式能够打破地域限制，使客户可以足不出户就获取高质量、高效率的金融服务，数字化技术可以在极大程度上弥补传统金融服务的不足，帮助解决在农村地区尤其是贫困地区金融服务"最后一公里"所遇到的瓶颈问题；二是数字化服务方式可以有效降低金融服务的获得成本，数字化服务通过利用大数据、云计算等电子信息化手段，使信息生产变得自动化、批量化，既能缩短业务流程，又能提高服务质量，如此，使得在长尾市场开展金融服务变成可能。

（二）数字化普惠金融服务发展存在的问题

1. 信用体系建设的缺乏

虽然近些年来信用体系建设在信用平台的建立、信用信息的采集、信用评价、信用村建设等方面初见成效，整体信用环境得到改善，但由于信用体系法制建设的滞后，社会信任关系存在缺陷，社会信用意识还有相对较差，同时存在信用信息不对称、信贷抵押担保物匮乏和信贷交易成本高等问题，小微企业、农户"贷款难"问题和金融机构"难贷款"问题的矛盾日益突出。

2. 数据碎片化且利用率不足

信息技术应用于金融体系需要基于大量的数据支撑，用以经营分析、风险防控、营销策略乃至战略规划等。目前用户数据过于分散化，并且质量不高，同时各专业领域之间信息交互渠道不畅，无法实现低成本的信息共享与交流，导致信息整合能力不强，利用率不高。

3. 数字金融的安全隐患

客户在获取便捷的数字化金融服务的同时，金融欺诈行为也随行而至，P2P借贷、互联网理财、非法集资等诈骗案件利用民众缺乏风险防范意识、辨识能力不足的缺点，通过网络渠道盗取存款，造成个人经济财产损失，给数字金融的推广带来了严重的负面影响。

◇ 二 国内数字化普惠金融服务布局与实践

随着数字技术特别是互联网技术逐步向金融行业渗透，我们深刻认识到数字化技术将成为金融业务发展的主要驱动力，为以往传统金融机构传递信息、业务办理提供了有效的渠道和手段，降低了运营成本，有效地扩大了金融服务的覆盖面。金融创新不再是简单地在传统金融业务之上加之数字化或互联网化的元素，而更多是以科技创新为驱动的新的金融产品设计，或金融服务商业模式的重塑。依托移动互联网、大数据、云计算等技术驱动的金融服务创新是当前各大互联网和金融机构重点发展方向，它能够满足实际场景需要，特别是解决传统金融没有覆盖或者覆盖不足人群的金融需求，最终帮助金融机构更好地实现普惠金融的目标。

（一）互联网企业的数字化普惠金融布局与实践

随着2007年支付宝等第三方支付公司的强势崛起，互联网企业在零售金融领域迅速拓展业务，像阿里小贷、人人贷、融360等互联网企业在信贷、理财、保险、金融产品搜索等领域不断拓展，在存、贷、汇、支付结算等金融服务领域迅速分流，从根本上撬动了传统零售金融商业模式和盈利方式。

1. 收单业务的发展

在数字化时代，互联网企业凭借与生俱来的数据分析能力、服务能力和灵活性方面，在零售金融业务中较传统金融服务具有明显的优势。概括收单业务分为以下三类：以POS、商易通、助农通等受理终端受理银行卡（不含条码支付）的实体商户收单业务称为传统收单业务；以条码支付受理终端和智能POS等受理条码支付的实体商户收单业务称为条码支付收单；为网络特约商户提供银行卡受理和资金结算服务的收单业务称为网络收单，电商平台多通过自身生态体系内的非银行支付机构开展此类业务（如阿里系支付宝、京东系网银在线、美团系钱袋宝、百度系百付宝等）。目前，收单业务市场增长迅速，根据国家市场监督管理总局公布的数据，2018年我国新增市场主体2100万户，增幅为11%。同时，收单业务正在发生结构性嬗变，突出表现为条码支付收单正快速替代传统收单业务，交易金额日趋逼近网络收单。

总体看，收单业务中互联网企业的主战场是条码支付收单和网络收单。条码支付收单方面，在实体商户收单业务中，非银行支付机构商户占据75%左右。微信、支付宝得益于《非银行支付机构网络支付业务管理办法》，取得了实质上的账户行权限，并依托海量APP用户富集，发展为账户侧的绝对主力，二者占账户侧市场份额合计高达98%。在条码支付收单市场中，以直连方式（即账户侧和收单侧均为微信或支付宝）进行的"本代本"收单笔数占比高达55%，由此可见，在条码支付收单市场中，微信、支付宝占据优势地位。而网络收单更不用说，互联网企业借助平台优势，电商平台收单业务由非银行支付机构全面垄断。另外，微信、支付宝正在跨越式推进基于无感支付的实体商户收单业务，将可能引发收单市场格局再次重构。

除了互联网巨头，第三方支付公司进入新兴市场成为突破口。从缝隙市场到大市场的不断挖掘是非银行支付企业发展壮大的突出特点，早期的第三方公司正是定位于为客户提供补充支付结算服务，后来发展到为企业提供个性化支付和小额支付，目前正逐步向跨行支付、资金归集、大宗商品交易电子支付等大额传统支付领域渗透。

2. 资产业务的发展

自2010年阿里小贷拿到小贷牌照，网络贷款进入迅猛发展期，展现出信息技术在推动传统信贷业务发展中的巨大潜力。阿里小贷从2010年4月拿到小贷牌照，通过自动化的审批模型，使得贷款审批时间最快只需3分钟，单笔小微信贷操作成本仅为2.3元，阿里小贷的信贷模式灵活，申贷、支取、还贷均在网上完成，其随借随还的灵活性也有效降低了借款人借贷成本，同样类似的还有"我来贷""马上金融"等互联网金融平台，通过大量爬取客户的各类行为及交易等信息，建立风控模型，开放接受整个互联网用户的贷款申请；2015年5月，由蚂蚁金服作为大股东发起设立的中国第一家核心系统基于云计算架构的商业银行——网商银行成立，截至2018年12月底，网商银行及其前身阿里小贷已经累计为超过1300万小微企业提供了超过2万亿元的贷款支持，其中有超过600万码商通过"多收多贷"获得贷款用于扩大经营，此外，网商银行还服务了591万家农村小微经营者和种养殖户。数字化金融时代赋予了传统信贷业务更多的"智能"因素，使其成为一个更高效的资金中介。

互联网企业充分利用其数据优势，在业务开展初期即重视数据规划，其数据分析上更具主动性和智能化。像阿里小贷这样的互联网企业之所以能够在近年来快速发展，关键在于其利用强大的数据实现量化放贷，降低成本并且获得风控最需要的征信信息。一方面，从客户的交易、浏览信息挖掘客户需求，拓展商机；另一方面，通过在电商平台的经营记录、交易状况、投诉纠纷等信息，分析客户行为轨迹和信用状况，打造了一条贷前、贷中、贷后封闭的资金链条，最大限度地降低了寻找优质企业客户的成本和风险。

3. 打造以场景为核心的综合服务

利用流量优势打造以场景为核心的综合服务成为当前互联网公司拓展普惠金融服务的主要方式。通过与地方政府或传统企业对接，利用双方数据搭建基于大数据的综合政务或民生服务平台，再借助互联网企业的流量优势、以客户为中心的产品设计与服务理念，将普惠金融服务渗透到社会生活的方方面面。如：蚂蚁金服旗下网商银行利用支付宝内置的智慧县域平台，与县域政府合作，将"互联网＋城市服务"能力下沉到县域，在提供智慧政务、民生服务的同时，也在线上开通针对当地农户的普惠金融申贷入口，为县域政府提供"普惠金融＋智慧县域"综合解决方案。在县域政府提供涉农数据的基础上，网商银行通过对政府端数据的分析应用，建立专属的授信风控模型，为当地农户提供普惠、便捷、可持续的金融服务，引导城市富余资金注入县域。

（二）商业银行的数字化普惠金融服务布局与实践

银行是建立在信息基础上的资金中介服务商，"信息"是基础要素,"中介"是本质职能。互联网、云计算、大数据等数字技术创造出效率极高的信息收集、分析和价值转换的开放工具,网络规则取代了"中介"职能,数字基因构造了"信息"基础。数字化技术赋予了银行业巨大的机遇和想象空间,包括移动支付、云计算、社交网络、搜索引擎、大数据在内的不断升级的数字化技术,不再局限于基础设施建设的"硬实力"提升,更多的是将数据分析、挖掘、价值转化等软实力作为未来银行的核心竞争力,对银行内部的市场响应能力、管理效能、战略决策及传导效率等软实力提出了更高要求。这也正是数据化时代对商业银行经营变革提出的新命题。

当前阶段商业银行数字普惠金融布局总结来说主要是从三方面展开:负债业务、资产业务和信息化建设。

1. 拓展数字普惠金融在负债端的应用

近年来,在数字普惠负债业务方面商业银行做了大量工作,大力推动助农服务点建设、社区银行建设,大量投放金融自助设备,创新移动展业应用,构建解决金融服务"最后一公里"难题的庞大网络。

(1) 完善服务网络建设

随着国家层面对发展普惠金融的大力支持与倡导,各家商业银行纷纷加快完善物理网点的布局,完善县域地区金融服务网络优化,建设助农取款服务点,同时,积极适应信息技术进步和现代支付方式转变的要求,提升用户对支付结算服务的可获得性与便利性;另外,加快变革传统银行的服务模式,由"坐商"向"行商"

转变，在流动金融服务的基础上，进一步拓展移动展业类产品的运用，为客户提供上门服务，减少客户前来网点的次数；同时，还持续推动利用科技手段，促进网点向智能化、轻型化的转型，以主动式、差异化服务及营销为核心理念，依托大数据分析、智能洞察、生物识别、移动互联等先进技术，将网点厅堂内的人员、设备、机具等进行统一整合，相互间直接进行数据交换和协同运作，从而将网点转变为一个智能化、自动化的"以客户为中心"的服务场所，能够准确预测客户需求及感知客户行为模式变化，随时随地通过便捷渠道提供个性化金融服务，提升客户服务体验，提高营销精准度，提高网点的整体工作效率，降低网点营运成本及风险。

(2) 推动线上收单业务发展

随着支付宝、微信支付的出现，客户已经逐渐习惯减少对现金、银行卡的依赖，线上快捷支付、移动支付已经成为主要的支付方式。商业银行也纷纷推出了扫码付、云闪付、聚合支付等线上电子支付产品，大力发展支付商户，积极与支付宝、财付通、网银在线、中石化、中国烟草等商户开展电子支付业务合作，覆盖多行业多领域，拓展移动互联网生态，为客户提供优质支付结算服务。

线上收单业务收单侧，由商业银行、非银行支付机构构成。其中，商业银行发展收单业务主要目的在于获取综合金融收益。目前，主流商业银行已放弃以自有码制开展收单业务，转而借助聚合服务商或银联标准，以兼容各类账户侧码制（主要是微信、支付宝）的聚合码进军条码支付收单市场，主攻商户存款吸收。聚合码比之微信、支付宝"本代本"收单，具有更高的商户吸引力，而目前微信、支付宝高达55%的"本代本"收单笔数占比也表明聚合码在收单市场中仍有广阔的发展前景，商业银行将继续抢抓聚合码收单业务机会。

在垂直行业收单、公共事业收单市场日渐兴起，商业银行将在网络收单、B2B平台收单市场发力。"断直连"完成后，中国银联和网联清算已成为支付行业中枢，可在各家银行共同开放权限的前提下，向各家银行输出账户侧、收单侧一点接入能力，使客户能够通过任一银行的网银、APP、客户端，向其发卡行下达支付指令，由此打开新一轮支付和收单模式创新的赛道。首先，在物业、教育、医疗、交通等垂直行业、公共事业的收单服务需求远未充分满足的情况下，商业银行借助清算机构提供的一点接入能力，分行业、分地域精耕细作。如：交行日前营销到国电的光伏缴费收单项目，为实现农信社持卡人跨行支付，正在与清算机构协商开通交行与农信社之间的一点接入。其次，电商平台类商户以往被非银行支付机构垄断，其中存在电商"二清"等因支付机构无法对接二级商户而产生的痛点问题，这是商业银行布局网络收单的机遇，基于清算机构提供的一点接入能力，为电商提供聚合收银和现金管理服务，发展网络收单业务。此外，现阶段B2B平台主要以产业核心企业自建电商形式出现，但消费互联网向产业互联网的升级是大势所趋，各产业对于中立性B2B平台的需求不断攀升，而非银行支付机构小额、便民的定位使其无法提供对公支付服务（目前能提供对公支付服务的支付机构仅有与银联关系密切的中金在线一家），未来商业银行有望在B2B平台收单方面打开蓝海市场。

2. 加大数字普惠金融在小微、"三农"和社区信贷领域的应用

数字普惠资产业务方面。商业银行在传统作业模式优化的基础上，初步形成了"政务数字金融""产业数字金融""平台数字金融""社区数字金融"四大模式，先后推出了含多种应用场景的线上贷款业务，坚持以"客户为中心"的原则，基于内外部积累的数据，建立多维风控模型，自动化审批通过后急速到账，能够很好满足个人和小企业客户资金使用的灵活性与及时性。

（1）用数字技术优化传统作业模式

采用移动终端为客户提供上门服务。为了解决个人客户只能在网点申请业务享受服务的不便，各家商业银行积极创新客户服务方式，为现场营销客户提供便利条件，延伸柜台业务。移动展业的应用实现了从"等客户上门"到"送服务上门"的服务方式转变，使营销推介与为客户办理业务无缝衔接。具体来讲，移动展业主要是通过为信贷员配备平板电脑等移动终端，实现移动化的业务受理、现场调查、实地拍照等信息采集工作；同时以电子化、信息化的数据和影像流转方式对接后台系统，使处理流程可以快速、及时地流转到后续环节。移动展业大大提升了客户体验，减少了客户来网点次数，同时缩短了客户获得贷款的时间，提高业务处理效率，一笔申请从受理到最终放款，平均时间缩短了30%—50%。

推广集中作业模式。商业银行通过成立零售信贷业务集中作业中心，实现业务管理集约化、作业标准化和决策智能化。通过零售业务的集中作业模式，较传统模式下审查审批作业时效提升68%。

推动支用还款线上化。为已拥有经营性贷款主额度的客户提供线上支用、还款操作，相较于需线下逐笔办理的传统支用方式，通过"线下一次性加办+线上随时多次支用"的业务模式，大幅精简贷款支用流程，提升客户体验。

（2）建立以数据驱动为核心的自动化个人经营性网贷风控体系

近些年，大数据技术的广泛应用为互联网金融的发展提供了强大的驱动力，各家商业银行纷纷组织建设数据团队，对自身掌握的数据资源进行梳理和分析，制定数据驱动业务的发展战略。利用大数据进行信贷业务的风控管理是当前和今后小额信贷业务的发展方向。目前商业银行开展以数据驱动的自动化网贷风控体系建设，主要分为两种模式：一是完全依靠大数据建模进行风控的网贷模式，如建行、邮储银行先后推出"小微快贷""极速贷"等全线上贷款产品，设立专项风控模型，低门槛获客，外部采购的税务信息、第三方信用评价信息等多个维度进行综合决策，根据风控模型审批结果，实现线上业务自动放款；二是与第三方平台对接，利用双方互补优势形成白名单的模式，如地方性商业银行江苏银行，与微众税银、京东金融等第三方合作，通过第三方获客渠道基于特定场景推荐的经营性客户群体，大部分业务能保证在3天之内进行放款，极大提高了贷款效率。

以数据驱动为核心的自动化个人经营性网贷是商业银行小额贷款业务可持续发展的重要方向，一方面挖掘内部资源优势，创新产品；另一方面积极与外部机构合作，探索适应互联网背景的产品和服务模式，推动建设数据驱动为核心的自动化个人经营性网贷风控体系。

(3) 对接政务大数据拓展数字金融服务

一方面商业银行通过积极开展银税对接，与税务系统互联，在此基础上发放贷款；另一方面积极开展与全国性或地方性政府公共服务平台对接，例如与地方性普惠金融服务平台、征信平台等进行政务大数据合作；此外，还借助地方政务平台搭建线上引流超市，如与地方金融办、管委会政务平台合作，实现由线下营销逐步向线上获客过渡。商业银行通过与地方政府搭建的公共服务大数据平台的对接，可有效地拓展数字化金融覆盖范围，借助政府平台的公信力在社会生活的各个方面为客户提供便捷的数字化金融服务。

(4) 对接平台大数据开展场景化数字金融服务

一是利用产业大数据拓展上下游客户。商业银行与优质核心企业 ERP 系统进行直接对接，获取企业真实交易数据，借助互联网与大数据分析技术，面向优质核心企业的上下游客户集群，提供批量、自动、便捷用信的融资产品。此外，在对特定产业集群进行研究的基础上，通过特定的数字化积累，实现产业集群综合化开发。

二是借助政府、大型国企、央企、上市公司和园区管委会等平台，利用企业生产订单或企业中标文书、企业平台数据等进行场景扩展，打造"采购+贷款""销售+贷款"的场景模式。例如与交通厅平台合作，聚焦运输物流企业，借助 ETC、记账卡等数据，打造"道路通行+贷款"场景模式；借助航天信息平台，利用航天信息股份有限公司平台在增值税发票领域的资源，推出专属数字化贷款产品等。

第十三章　国内数字化普惠金融服务研究　**443**

（5）运用数字技术来做社区金融服务

随着数字时代的来临，商业银行不断强化大数据、移动互联、云计算等新技术的应用，普惠金融服务能力增强，将目标转向长尾客户。推出面向普通工薪客户的贷款业务，实现了数据驱动、智能审批、全线上作业，将传统信用消费贷款无法覆盖的普通工薪客户纳入服务范畴。推出面向在校大学生的助学贷款，利用互联网基因改造现有生源地助学贷款及商业助学贷款产品，扩大教育贷款服务辐射范围，缓解家庭经济困难学生就学难题，助力国家关于教育公平政策措施的顺利推进，为阻断贫困代际传递提供有力支持，利用新技术，着力解决学生即时性、临时性小额消费需求，助力净化大学"校园贷"市场。

基于以上模式，利用数据爬虫、大数据分析、区块链技术、人脸识别等技术，依据外部税务、发票等信息和人行征信、启信宝等网络公开信息，通过构建风控模型，商业银行逐步形成面向小微和"三农"的大数据产品体系，这也是今后普惠金融的重点发展方向。

3. 加快数字化服务信息系统建设

数字普惠信息化建设方面，当前各家商业银行都在积极推进数字化转型，探索以互联网、大数据和智能科技运营为驱动力，提升产品创新能力、客户服务能力和技术服务快速响应能力。一方面，大力推进大数据服务体系建设，整合、共享、挖掘各类数据资源，开发企业级数据仓库，建立包含数据基础、数据服务、业务应用的大数据架构，提升数据应用能力，挖掘数据潜在价值。另一方面，加快拓展业务处理电子化渠道，包括支付、信贷、财富管理、保险等各个领域，零售端进一步智能化、数字化以及网络化。此外，各大商业银行进一步加大了人才队伍的建设，大量引入科技人才，完善机构建设，推进管理流程的优化，提高资源配置效益和效率。

当前，无论是传统金融企业还是互联网企业，都在积极布局普惠金融发展战略，双方利用各自优势，秉持开放的态度，寻求互补合作将成为未来的发展趋势。互联网企业积累了大量用户数据，包括交易、行为、通信等，同时互联网企业的大数据建设及分析能力为数字化金融服务提供了有力支撑，而传统金融机构在线下网络、业务能力、风控能力方面更具优势，双方合作可借助各自优势实现完美互补，将有力推动普惠金融的快速发展。

◇ 三　商业银行数字化普惠金融服务发展策略建议

（一）顺应数字化趋势，积极采取数字化金融服务应对措施

近年来，普惠金融服务经历了信息化、线上化，继续向数字化阶段迈进，信息化阶段是商业银行搭建信息化系统，将原本手工进行操作、记账等工作移入信息系统完成，这一阶段大大提高了金融业务效率、工作效率，使得业务处理系统化、标准化、统一化，是普惠金融服务模式的大变革。接下来随着信息系统应用的逐步扩

展，业务模式也发生了改变，如何利用信息系统进一步优化业务流程、提高业务办理效率、降低成本是这一阶段普惠金融服务面临的重要问题，普惠金融业务线上化是解决这一问题的突破点，通过线上化的业务办理模式，减少了客户来网点的次数，为客户提供了极大的便捷性，通过对业务处理流程缩减和优化，也提高了金融机构内部的沟通对接效率。

普惠金融服务向数字化转型成为金融业务可持续发展的必然趋势，随着互联网金融的兴起和不断发展，以客户为中心的服务渗透于金融服务的每个阶段，当前客户行为数字化已逐渐成为主流趋势并持续深化，客户的日常生活，如点餐、购物、出行等方方面面都逐渐被数字化，客户行为的数据化使得围绕客户提供服务的金融业务必将进行数字化转型，连同营销方式也要向数字化方向转变。因此普惠金融服务数字化转型已成为当前与今后的必然趋势，商业银行应尽早认清这一形式，进行数字化转型规划与部署，并且这一决定越早越快对业务发展和企业发展越有利。

（二）改革商业银行的组织体系，适应数字化金融服务模式

在金融服务的数字化进程中，商业银行的组织体系也应做出相应的调整，为数字化转型提供基础与保障。数字化金融服务时代，商业银行总行是相当于整个改革和后续业务发展的"大脑"，分支行机构角色被弱化，业务模式多为总部直营的模式，各分支机构受"大脑"支配。产品设计以线上为主，风控、审批核心部署在总部。

网点逐渐向智能化、轻型化转型，以自助设备服务普遍代替人工服务，网点人员大量减少，网点主要办理人工咨询的财富管理业务等需要人工提供建议的业务。

当前商业银行实施普惠金融数字化转型已初露端倪，国内各家商业银行纷纷建设直销银行，直销银行代表了一种新型银行的运作模式，在这一经营模式下，银行没有营业网点，不发放实体银行卡，客户主要通过电脑、电子邮件、手机、电话等远程渠道获取银行产品和服务；商业银行大力推动网贷产品的发展也是向数字化普惠金融转型的重要举措，通过对以往客户金融行为的分析，在总部统一建设自动审批风控模型，客户直接在手机银行进行申请并快速完成审批放贷，全流程线上化，极大地提高了客户获取贷款的便捷性。

（三）采用敏捷开发的工作方式，IT与业务快速融合

我们前面说商业银行的数字化转型是必然的，并且在看清形势后尽快做出部署，推动完成转型。发展数据化普惠金融要综合考虑成本与收益，采用敏捷开发的工作方式，成立以项目为单位工作组，工作组成员既包括业务人员也包括技术人员，使得业务与技术快速融合，使用相似的绩效考核指标，凝聚工作组成员，让工作组成员有共同的目标。工作方式采用迭代开发、快速反馈的方式，围绕基于场景的端到端的客户旅程开展工作，研究选取金融机构擅长的业务种类，前期确定一到两条客户旅程进行开发，在项目开发过

程中，敏捷的工作方式逐步形成，随着后续越来越多的业务旅程加入，带动效应逐步发挥作用，企业内部工作方式也会随之逐渐改变。

（四）发展数字化普惠金融，离不开逐步完善的外部环境

数字化普惠金融发展主要是依靠互联网、大数据、云计算等新技术，开展金融服务新业务与经营模式，从而有助于打破传统开展普惠金融服务的时空约束，打破金融服务的成本限制，打破金融服务的信息壁垒，打破金融服务的客群排斥。通过对日常交易数据流、信息流的分析，商业银行可以有效判断客户的信用等级与信用水平，显著提高风险识别能力和授信审批效率。

数据已经成为重要的资源基础，全国性特别是农村乡镇地区征信体系的建立，征信法律制度的完善，为商业银行获取客户有效的信用信息提供了保障和支撑，突破了信息不对称带来的发展阻碍；另外，公共服务平台的搭建和对接也进一步推动数字化普惠金融的发展，借助政府搭建的具有公信力的统一平台，如税务、水电、通信等系统，实现对客户更全面的刻画，从而有助于实现以客户为中心的数字普惠金融服务。

（五）加强数字普惠金融应用，提高合规与风险防控能力

在数字化普惠金融业务开展过程中，由于与传统金融业务模式

相差较大，基于数字化形式的本质和对于客户和企业本身的信息保护，在业务开展的每一环节要更加提高合规与风险控制，具体建议措施如下：

1. 数据安全层面

首先确保企业和个人知情权，在利用大数据技术为企业和个人提供金融服务前，明确要求必须取得客户授权，未经授权不得获取客户数据信息。其次严格履行保密义务，对于企业和个人在我行申请贷款后所积累的数据，商业银行要严格为企业和个人履行保密义务，谨防以任何理由泄露给第三方。另外，还要加强技术安全措施，所有技术对接均通过专线、互联网＋VPN等符合数据安全的形式进行系统数据对接，并对报文进行加密传输。最后加强合规意识教育，防范基层人员数据泄露，同时通过系统权限限制，减少数据泄露概率。

2. 业务风险层面

首先针对信用风险，分析客户群体特征，控制开放客群范围，同时合理评估客户的还款能力，避免过度授信；其次针对创新审批模式风险，严格限制数字技术应用初期贷款通过率，对于运用的风控模型，须频繁进行模型跟踪检测；再次针对交易风险，建立电子渠道交易的事中防控体系，实现对第三方支付、手机银行等线上渠道重点交易的事中监控全覆盖，并通过短信、电话等风险验证手段，对疑似风险交易进行二次验证；复次针对欺诈风险，利用商业银行内外部资源进行反欺诈识别；最后针对法律风险，审慎引入数字技术进行风险防范。

3. 消费者引导层面

一方面商业银行要严格落实《中华人民共和国网络安全法》等监管要求，在手机银行、个人网银、微信银行等电子渠道上线隐私政策，以加强客户个人信息保护和数据安全管理，切实保障消费者合法权益。另一方面对于产品介绍要明确风险提示，引导客户合理评估自身还款能力。针对区域客户特点，开展分批次分阶段的营销活动。首先对数字普惠金融接受度较高、资质较好的客户群体先行试点；其次逐步向全国推广，利用用户间群体效应、带动效应完成数字普惠金融服务的普及。

（六）协调好线上、线下服务的关系

做好数字化普惠金融服务首先要做好线上与线下服务的统筹发展，避免对依赖传统服务的群体造成冲击。一是在运用数字技术服务中产品设计坚持以客户为中心，产品界面、客户体验要求简捷方便，符合用户使用习惯，同时设置人工服务渠道，支持客户服务的多样性和可选择性。二是要引导和培训，在服务开展初期加强员工培训及客户引导工作，一对一指导客户使用，让客户能够清楚地认识到数字化服务的优势和带来的便捷与好处。三是分层次分阶段开展宣传工作，循序渐进，利用带动效应、群体效应推动数字化金融

服务的普及。

　　数字技术和普惠金融的结合是普惠金融领域的重大进展，本章首先总结了普惠金融的发展历程及阶段性特点，阐述了普惠金融数字化转型的必要性与阻碍，然后对当前互联网企业和商业银行的数字化普惠金融布局进行了深入的研究分析，在此基础上从组织体系改革到经营模式再到具体落实措施提出了六点发展策略及建议。普惠金融是当前和今后我国金融服务的重点方向，通过数字技术能够最大化地激发普惠金融潜力，本章为数字化普惠金融领域的研究带来了新角度和新理念。

第十四章

小微企业信贷客户隐性负债识别与应对方法研究

近年来，越来越多的信贷客户深陷"隐性负债"的泥潭，对于"隐性负债"识别和应对，是金融机构发展信贷业务的难点和痛点。如何在客户准入有效发现"隐性负债"，如何在贷后检查中发现客户寻求民间融资的蛛丝马迹，已经成为盘绕在诸多金融机构中的困惑。

邮储银行通过总结小微企业不良贷款形成原因，发现引发小微企业信贷风险的原因集中在行业风险、管理失效、策略出错和隐性负债等方面。其中，因未及时发现借款人"隐性负债"，导致贷款出现逾期或不良的比例较高。笔者拟以邮储银行发现的小微企业隐性负债问题为分析基础，运用实证分析的研究方法，庖丁解牛，层层推进，对隐性负债的出现原因、预防和处置手段进行探讨。

◇◇ 一　隐性负债基本概念

（一）隐性负债的定义

隐性负债是较宏观的概念，所有组织体现的非显性债务都可以被纳入隐性负债的框架内。但是对于隐性负债的具体概念，目前并未有较为严格的规范语句。从字面意思进行解读，隐性负债相对于显性负债而言，即指那些不会在财务统计报表（含资产负债表、预算/决算表等）和其他财务凭证上明确的债务，这种债务的显性化可能会造成企业长期性的盈利能力下降，也可能在短期内带来企业资产的突然损失。当然，对于特定的主体，隐性负债的具体含义可能会有所差别。[1] 也有学者从合同的视角，对隐性负债进行不同的解读，站在政府隐性负债的视角，将隐性负债界定为"由道德义务或者公众期望而产生的非合同责任"[2]。

如前所述，隐性负债越来越成为舆论关注的热点，笔者搜索截

---

[1] 例如，对于证券公司而言，隐性负债的含义为表外业务、衍生产品、或有负债等。参见陈瑞《我国证券公司流动性风险监管指标的合理性探究》，《法律与金融》2016年第1期。

[2] 有学者指出，隐性负债则是由道德义务或者公众期望而产生的非合同责任。例如，如果一个项目因政治、社会因素而不能失败，提供的服务也不能中断，那么政府即使没有法定承诺，仍要承担相关的支出责任，也就是说，"政府即使不救助项目公司，但不得不救助该项目"。参见邢会强《PPP模式中的政府定位》，《法学》2015年第11期。

第十四章　小微企业信贷客户隐性负债识别与应对方法研究

至 2019 年 5 月 10 日的新闻信息，发现在搜狐网、中国贸易金融网等相关网站上频繁出现有关隐性负债的新闻报道。目前舆论和学术界对隐性负债的认知存在明确的差异，当然，出现这种差异的前提是对出现隐性负债的主体的认知存在差别。目前，出现隐性负债的主体既包括政府，也包括企业，而且不同层面的规范对隐性负债的界定和使用也存在显著的差别。例如，在检索国务院网站时，笔者发现国务院网站信息中，出现隐性负债（或隐性债务）的主体均是地方政府[①]。在现今的舆论和学术界研究中，一般均是将地方政府的隐性负债作为研究重点，并以此为基础，探讨地方政府债务控制、预算法律体系改革、现代财政制度建设等内涵。此外，也存在一种声音，即对企业的隐性负债进行明确阐明，例如，国家中医药局和国家卫生计生委等单位基本都下文明确要求相关单位关注交易对方的隐性债务等。

综上所述，隐性负债的概念甚至于负债主体的特征，在探讨企业隐性负债的框架下，尤其是小微企业隐性负债的环境下，简化隐性负债的学理探讨，将其转化为企业未在财务报表或凭证中体现出来的民间借贷、隐性投资、不在征信中体现的对外担保等进行简易介绍，当可满足分析之需要，也可免去训诂之烦琐。故而，笔者在后续讨论企业隐性负债时，采取简易之说法，泛指企业未在财务报

---

① 在 2019 年 2 月 25 日"新闻办就坚决打好防范金融风险攻坚战有关情况举行发布会"的报道中提到"继续和有关部门配合，做好地方政府债务的处置工作，特别是地方政府隐性债务的处置"。网络链接：http://www.gov.cn/xinwen/2019-02/25/content_5368416.htm，最后访问时间 2019 年 5 月 10 日。

表等可查询的信息中进行体现的债务。

（二）隐性负债的具体表现

在对隐性负债的表现进行分析时，首先需对隐性负债的主体进行界定，如前所述，笔者重点对小微企业的隐性负债进行探讨，故而在分析隐性负债的表现时，也是以小微企业为视角。

首先，隐性负债最明显的特征在于隐蔽性，即隐性负债很难在现有的财务凭证中展示出来，隐性负债并不是通过明确规范的交易行为或者正规合理的融资行为产生的，所以即便信贷人员可以从企业的账务流水或者其他财务凭证中发现蛛丝马迹，但是依然无法直接通过现有的凭证信息直接认定企业存在隐性负债，即隐性负债很难通过简单的尽职调查和分析明确。

其次，隐性负债的具体表现形式呈现既多元又集中的特性。观察已出现隐性负债的客户，笔者发现，客户涉及隐性负债的表现形式多元，包括民间借贷、对外担保、隐性投资等。但是表现形式主要集中在民间借贷。

最后，隐性负债对企业的影响深远。一般情况下，企业通过正规融资渠道获得的贷款，有正常的催收和处置流程。而隐性负债大多是通过民间非正规渠道获得的，借贷利率往往偏高，随着时间的推移，金额迅速累积。一般情况下，一旦小微企业的经营遇到困境，隐性负债问题会迅速显现。大部分隐性负债最终会显性化，而且小微企业隐性负债的显性具有突然性和不可控性。

（三）隐性负债的分类

隐性负债主要包括民间借贷和对外担保两大类。根据不同的划分标准，可以分为不同的类型。根据融资渠道和借款用途的标准进行划分，隐性负债可分为以下两类。

1. 按照融资渠道划分的隐性负债类型

（1）隐瞒商业上下游的赊欠、预收；（2）亲朋好友圈子内的借款；（3）民间非征信金融机构借款；（4）因不良嗜好引致的高利贷；（5）民间互保联保引致的负债；（6）因多房妻室子女费用引致的负债。

2. 按照借款用途划分的隐性负债类型

（1）早期滚动发展过程中形成亲朋好友圈的半理财性质的负债；（2）正常经营期间内补充经营流动资金的民间机构、上下游的负债；（3）快速成长期间内因固定、流动资产投资增加的民间负债；（4）因不良嗜好与个人生活行为增加的隐性负债；（5）因参与高风险投资或者投机性质项目形成的隐性负债；（6）因深陷资金链危机，垂死挣扎形成的隐性负债。

（四）隐性负债的影响

隐性负债的存在直接影响银行对企业偿债能力的判断。企业负债可以从财务报表中反映出来，但以企业股东、法定代表人名义进行的民间融资却无迹可寻，隐性负债的广泛存在，可能会导致银行对企业的判断存在较多的问题，容易发生"离场"判断不准的情况，是小微企业信贷信息不对称出现的最明显的问题。由于隐性负债的隐蔽性和多样性，金融机构即使通过各种方式抽丝剥茧试图还原隐性负债的全部情况，也存在极大的技术和现实难度。

在业绩驱动（现有绩效政策）的压力影响下，一些金融机构为了能够快速拓展业务，对于能够掌握的隐性负债情况也不愿深究，在"乐观"的侥幸心理下，忽视了债权可能陷入的危险。

"隐性负债"问题又是大多数风险形成的必经问题，所以以隐性负债为切入点系统分析企业信用风险成为同业认知与共识。从这个角度讲，隐性负债问题就成为小微企业信贷风控的根源性问题。所谓小微企业信贷难，难于借贷双方的信息不对称。隐性负债所带来的严重信息不对称的情况，给金融机构信贷业务的有序开展带来相当不利的影响。在有隐性负债参与的信贷业务中，"借者故意隐瞒、贷者无法得知"的情况成为常态。而这种典型的非对称信息博弈，最终导致双方效率损失，即贷者惜贷、借者无贷或者贷者错贷、不幸触雷。借者貌似理性的隐瞒最终导致非理性的结局。贷者"心本向善"，苦于理性局限，要么杯弓蛇影造成错杀，要么心慈手

第十四章　小微企业信贷客户隐性负债识别与应对方法研究

软，错失离场时机，深陷风险危机。

◇◇ 二　隐性负债的识别方法

隐性负债的识别方法主要是通过不同渠道的数据与信息的交叉检验，找出疑点，通过逻辑检验加以证实或证伪，使用若干方法对企业的负债情况进行更为细致的了解，解决银行和企业之间信息不对称的鸿沟，了解企业的实际经营情况，为小微企业信贷的"进场"和"离场"提供更加有效的保障。综合来看，小微企业隐性负债的判断方法主要包括以下几项。

财务数据方面：

（一）分析财务费用/集资情况

在实践中，一些中小企业善于将民间借贷的资金通过职工集资款、股东个人借款等项目来展现出来，从而隐藏企业参与民间借贷的实际情况。针对集资和借款的项目，需要谨慎核查其真实性，分析通过该方法筹集的资金是否存在股东通过民间借贷或者融资租赁获得资金，再通过个人账户注入企业账户上的可能。另外，针对企业账目上有偏多的员工集资款，在关注其真实性的同时，也要关注企业通过员工融资的实际规模。企业向员工集资好处有两方面：一来可以补充企业营运资金，手续简便；二来员工得到利息远高于银行存款，员工乐意将手上闲钱存在公司。但是，如果企业集资太多，甚至集资范围不限于企业员工，这就说明企业资金短缺，从侧面说明企业存在参与民间借贷的可能性。

如果企业隐性负债规模较大，隐性财务成本会较高，并侵蚀经营利润，财务费用与净利润也是排查隐性负债的主要科目，尤其是内部使用的年度经营数据汇总表这类的较为全面系统的内部表单。通过对比财务费用、管理费用等有无异常，用财务费用和企业已披露的负债做比较，用管理费用和企业的人力成本等做比较，看综合成本是否存在异常。特别是财务费用，如果支出明显高于企业借款的综合成本，交叉对比其他应付款的增加比例，有可能发现企业还存在其他未披露的负债。

案例：某企业贷前经营正常，贷后前几期检查也未发现企业异常，经查询外部平台也未发现企业负面信息，但在贷后分析对比企业提供的财务报表后，客户经理发现企业的财务费用明显提高，超出了银行正常贷款利息的范围。客户经理对该情况与企业主及财务人员进行了解，企业解释为错把业务发展的相关费用计入在内（调查后），此时企业还款均正常。2017年2月中旬，客户经理无法电话联系上企业主，客户经理于次日对企业进行现场检查，发现企业经营已出现问题，电话联系企业主依然处于关机状态，经询问财务人员是否有足够的还款资金来源，其表示目前资金较为紧张。多次与财务人员沟通才得知，企业主私下在老家对外投资较多，涉及民间借贷，由于投资出现一些问题，春节回老家解决至今未回来，此前企业的经营资金也曾被企业挪用还民间借贷。2月20日企业贷款开始逾期，2017年3月初企业已停产，企业主仍失联且社会负面信息不断，已丧失还款能力。由于提前采取了措施，收回部分本金，其余本金企业已无力偿还。经分析，在前期客户经理贷后检查时，发现的财务费用增多，实际是由于企业主涉及民间借贷，但未深入了解，未及时采取风险缓释措施，造成贷款逾期、形成不良贷款。

（二）大额资金、经营利润流向追踪

关注企业经营性与融资性大额资金的具体流动方向，辅之以实控人和财务主管的具体访谈，判断企业是否有资金用于隐性负债的偿还或者调头。对于有放贷嫌疑的也应加以关注，防止企业沾染类金融业务。

估测企业近两年的经营利润，结合新增资产与负债情况，询问经营利润的主要流向。如果个人资产增加与企业资产增加远超经营利润，负债增加也不足以解释，可能就是隐性负债的贡献了。

（三）银行流水筛查

详细检查企业主要账号以及实控人个人账号的银行流水。挖掘类似下款、倒贷、还款、付息行为的流水痕迹作为疑点。以疑点为线索半访半诈式地探其究竟。对于固定时间固定频率（每个月/季度的固定日期范围内）的扣款调查人员必须要注意，发现此种情况一定要求借款人做出合理解释，如果借款人解释不清，这类支出属

于民间借贷的可能性很大。如果是带有公司名字的扣款判断起来就更简单一些了。

此外，如果银行流水上有相当多的不相干人员的信息出现，就需要进行高度重视。例如，银行对账单上有大量和个人之间的业务往来，有些往来业务单位，从经营范围看明显不是该公司的供应商或客户，那么就应该引起警觉。极有可能是由于企业资金周转不灵时的临时拆借，如果银行流水上有显示，财务账簿上却没记载，务必深究。

（四）封闭期限的权益检验法

权益检验法是小微信贷中用于检验企业是否存在隐性负债和资本抽离的经典方法。实践中常常由于检验期限过长而导致判断模糊影响结论的有效性。常见的做法是设定封闭期限，一般为2—3年，核实其间经营利润，结合资产形成时间，做期限内的封闭权益检验。如果利润累积和显性负债增量之和不足以支撑资产增加，说明另有负债资金进入经营系统，企业加以隐瞒。

（五）索取资产原始凭证与证照筛查

要求提供企业与个人主要资产的原始凭证与证照，如果企业不能快速顺利提供，可能是用于其他隐瞒融资中，故无法提供。

（六）关注企业的对外担保情况

对外担保是牵动隐性负债的重要关联因子。对外担保过多的企业应高度警惕，被担保拉下水的企业案例已经数不胜数，其中又以无任何关联关系，且行业没有相关度的对外担保风险最大，而这部分企业常常也会对金融机构进行隐瞒。第一，尽可能利用报表、银行流水、贷款卡信息等，还原交易对手的关联公司布局，了解相关情况；第二，应关注企业自身的贷款取得方式，如果大比例为担保，鉴于"互保"规则盛行，有可能也存在诸多对外担保。

（七）关注企业资产情况

注意核实企业及企业主（关联方有必要的话也要调查）名下财产有没有抵押或质押给其他债权人，这里需要核实的重点是房产。对此，可要求借款人提供其名下财产的证据，比如房产证、土地证、车辆登记证等，一定要求借款人提供原件，有必要的话到主管部门核查。如果借款人拿不出来，又说不出合理的理由，或者理由一听就不靠谱，十有八九是在别的债权人手里。查看信用报告末端的征信查询记录，如果客户最近1—3个月内征信查询次数过多，说明客户在这一段时间内一定有做贷款或者信用卡，作为信贷机构一定要谨慎对待。

(八) 分析企业融资需求紧迫度

企业对资金需求的紧迫度能够在一定层面反映出企业融资的目的。如果企业急于融资，不惜高利，那么企业的融资目的就可能是为了偿还民间借贷的本金了。所以要对企业融资需求的紧迫程度进行考察，通过走访等方式，探求企业融资的真正目的。

此外，有些企业贷款到期，不能按时偿还本金，形成展期和逾期。应该严格要求企业进行倒贷，尤其是自行安排资金倒贷，一则可以考察企业家的再融资能力；二则可以判断企业被抽贷后的资金情况。其间还本后可以故意暂缓继续合作，观察企业家从何渠道获得倒贷资金，或者关注再次下款后资金去向。由此判断企业资金紧张程度与隐性负债。

案例：A银行一笔存量担保公司担保贷款业务，客户主营业务为办公租赁，因经营管理不善，暂时已无法偿还他行贷款，在贷款到期前，A银行与担保公司隐瞒了客户经营，极力寻找为其续贷的银行，担保公司项目经理在项目审贷会期间隐瞒了客户的部分实情，最后担保公司审贷会通过该笔业务。担保公司项目经理将该笔业务推荐至B银行，并让B银行客户经理尽快上报，早日出批复。贷前调查B银行客户经理发现客户资金确实紧张，但鉴于业务合作及担保公司担保承担大部分敞口风险，便同意受理该笔业务，几经波折最终通过了审贷会。贷款批复后，担保公司及A银行立即协商找中介提供过桥资金还款问题。其间B银行客户经理多渠道收到该企业负面信息，引起了警惕。最终，经多方面核实企业经营确实存在问题，已无法偿还 A 银行贷款，A 银行又不同意为其续贷，所以通过转他行申请，此时客户已将某银行的贷款结清。随后企业资金风险爆发，最终导致中介公司近千万元的过桥资金及另外两家 3000 万元的贷款也无法偿还。通过此案例总结，对于他行转贷及融资紧迫的情况，应注意提高警惕。

（九）核心关键人员访谈

要积极同实际控制人及主要管理人员沟通，了解其对企业发展策略和整体规划的认识和了解，通过观察客户的实际情况和对融资需求的紧迫度，侧面分析信贷融资资金链的实际情况。可以依据老板的社交圈层推知其隐性负债的性质。同一社交圈内的借款人会相互介绍，以商圈、商会、行业协会、总裁班等形式为典型代表，人脉型生意可能会存在关键人脉关系的隐性负债，这种负债性质近似于隐性股东的合作关系，通常需要支付高额分红或者利息。承接大企业订单的企业，可能存在大企业内部人隐性投资；承揽政府工程的企业，可能会存在官员的隐性投资；这一点也可从订单获得难度、利润高低加以反推。

商会、行业协会、总裁学习班、上下游合作伙伴、竞争对手等老板社交圈以及内部员工尤其是高管的访谈，也是可能获取隐债信息的渠道。尤其是对离职高管的针对性访谈更有价值。与金融人士有密切往来的，更可能参与民间拆借，形成隐性负债。

（十）负面信息监测

所有用于排查恶意信贷欺诈的手段，如：黑名单、执行网、征信查询等，均适用于初次合作的客户的隐性负债排查。尤其是对经营状态模糊、商业模式看不懂的企业、参与类金融业务的企业，要严格审查。在开展贷前调查或贷后检查的过程中，应当充分利用好企查查、启信宝等工具，对企业的待执行信息进行认真核实，同时，要认真关注企业在网络融资平台和其他金融机构的融资情况。

案例：某企业向 A 银行申请贷款，贷前调查企业经营情况正常，贷后前期还款均正常，后期开始断续地产生逾期。在贷后检查中发现企业的关联企业在他行贷款逾期，被他行起诉。经调查了解得知关联企业在 B 银行联保贷款 900 万元及当地 C 银行联保贷款 950 万元均没有还款，两家银行同时起诉企业、企业主夫妻，同时企业受经济环境影响，经营情况也越来越差，导致支出大于销售，客户在 A 银行继而产生逾期。

三　隐性负债的类型、性质与规模评估方法

隐性负债问题是小微企业的融资中的常态问题。必须客观对待，极左的忽视与极右的担忧都是不可取的。前述方法解决了隐债有没有的问题，还要解决有多少、危害多大的问题。

（一）依据投资规模结合经营利润评估隐性负债规模

如果客户近期内进行较大规模的投资，那么可以依据投资规模、自有资金与公开的借贷资金进行推算。如果客户的投资是早已制订的长期计划，那可能自有资金占比会偏高；如果客户投资是短期内的决策，那么其自有资金占比会较低。经营历史较长的自有资金占比往往会高于经营历史较短的企业。

（二）依据利息数量与高低评估隐性负债规模与性质

企业如果公开的负债中有较高利息的负债，那么可以推知其可能还存在没有公开的低于此利息的负债。如果已有陌生机构的高息负债可以推知其可能还有熟悉的圈子以及亲朋好友的负债。因为借款融资的常规逻辑是先熟悉后陌生，先低息后高息。此外通过验证流水中类似付息或者等额还款的支出可以变隐债为显债，并可直接计算其规模。

（三）依据资金紧张程度评估隐性负债类型与性质

依据客户借款态度以及得到贷款支付去向与速度，反推客户的资金紧张程度。如果客户资金非常紧张，得到贷款后迅速支付，并有类似付息或者还本的迹象，可以推测其隐性负债的存在。具体是立即揭穿还是等到还本后再询问，则取决于危机程度。如果是新客户刚刚开始合作，可以在危机程度不严重时，不选择揭穿客户隐瞒负债的行为，等到收回本金，教育客户应本着诚信态度公开负债。如果放心不下，可以要求客户提供相关走款账户的详细流水，查验隐性负债规模。客户一般会通过一两个常用的个人账号支付隐性负债的本息。尤其是对于同时存在多笔隐性负债的时候，更换不同账户支付不同负债会比较麻烦。

（四）依据行业特征和相似的经营逻辑评估隐性负债类型与规模

不同行业的融资状况会有较大的差距，相同行业、相近规模的企业负债情况会有较为接近的情形。高利润行业支撑高负债，低利润行业不支撑较高利息和较高杠杆的负债。一般小微金融机构如果进行行业性营销的话，也会对经营状况相近的企业给予相似的授信政策。尤其是那种市场商圈类的客户。类似的逻辑也会出现在具有相同上游或者下游合作方的情形，相同上游会对下游有类似的授信政策，相同下游的企业会要求对下游有类似的预付或集资政策。这种属于商业信用性质的负债，可以按照套路式经营逻辑加以推知。上游向下游授信可以扩大销售，上游向下游集资可以锁定渠道客户同时解决备货资金的问题。典型是生产厂商会在淡季集资生产库存，在旺季向客户授信提高客户备货能力。

◇◇ 四 不同阶段对隐性负债的策略

(一) 初次授信与客户考察期的应对策略

首先,解决借贷双方关于企业经营能力的信息不对称不是一次尽职调查所能完成的。其次,客户的经营能力是动态变化的,需要持续调查跟踪。根据对客户经营能力的掌握程度可以划分为:初识阶段、熟识阶段、良性动态跟踪阶段、预警阶段、离场(劣化动态监控)阶段。通常从初识到熟识阶段就是要解决关于经营信息不对称的问题。企业负债情况是企业经营信息中的重要组成部分。原则上应该要求在第二次授信前,完成客户从初识到熟识的转化,这一阶段可称之为客户考察期。

客户考察期内,信贷机构必须要完成隐债深挖、排除工作,结合尽调、放款后首月回访、中期回访以及还本前回访。如果在这一周期内,尚不能完成上述初熟转化,说明风控尽调工作的不彻底。同时客户考察期也必须完成客户教育工作,其中包括对诚信、公开态度的教育。要求客户逐渐开放全部经营信息,以便能够达成深度合作,获得更大的金融支持。正常的客户心理是,没授信之前选择隐瞒,授信之后放松警惕,上述逻辑正是以客户心理放松为契机,以长期合作、增加额度、循环授信及优惠价格等多方面的正向激励,通过两三次回访解决化隐为显的问题,从而熟识客户经营状况。

客户考察期的风控关键词：谨慎授信、存疑跟踪、证实或证伪、诚信公开教育、化初识为熟知。

（二）中长期授信与良性动态监控期的应对策略

小微企业的中长期（1—2年）授信并非意味着长期都有信贷余额，从非银行信贷机构角度讲，是根据企业经营能力情况设定授信上限，如果每次申请前，尽调未发现企业经营有较大变化，则可以在中长期授信额度之内，满足企业实际借款需求。如果尽职调查发现企业经营发生重大变化，导致企业不符合原有授信条件，则中长期授信额度失效。

良性动态监控期是指熟识阶段以后借贷双方紧密合作阶段。因经营信息的对称程度较高，信贷机构与小微企业可以形成稳定的"伙伴金融"关系，在小微企业生产经营过程中给予深度、灵活的信贷支持。信贷机构只有通过深化借贷客户关系锁定相当规模的优质小微企业，其经营可持续性才能得以体现。

良性动态监控期虽然貌似风平浪静，但是风控人员却不可掉以轻心。优秀的风控团队必须高度重视信贷风险的动态演进属性。随着企业成长、扩大投资，企业的经营状况也是不断变化的，甚至越是追求成长，面临的经营风险也越大。一旦客户的经营基本面因经营变动发生劣化，这就意味着良性动态监控期结束，进入了预警离场（劣化动态监控期）阶段。

良性动态监控期的风控关键词：深化合作、增值服务、夯实诚信、动态监控、警钟长鸣。

（三）预警与离场阶段的应对策略

预警与离场阶段也可称为劣化动态监控期。主要指企业经营状况有明显下滑趋势，可能会影响到信贷安全。纵然只是可能，也意味着预警离场阶段的到来，可能企业度过危机期经营好转，也可能劣化愈演愈烈。所以，这一阶段是风控工作重中之重，必须强调预警与离场。这是小微企业信贷业务的本质属性！更是小微金融机构胜负手之所在！

此阶段要求风控团队深入企业经营层面，预判潜在危机与风险，细化预警指标与参数，动态监控，及时制定与果断执行离场决策。预警指标参数具体案例具体分析，可以是负债率、新增负债、大额应收回款顺利否，也可以是新增投资的盈利能力、呆滞库存去化速度等不一而足。总体原则是要求紧密结合企业经营实情与信贷安全边界因素综合考虑。

总而言之，隐性负债是真实的交易，是交易就要符合规律，就要留下痕迹。只要足够细心、敏感，是能够逐渐转隐性为显性的。同一机构对企业的授信政策是稳定的，我们大致可以了解授信额度与利息。相同的商业逻辑会吸引相近的融资机构。结合上述的推理逻辑与验证方法，是可以对企业隐性负债及其危机程度进行评估的。

第十五章

大数据驱动下商业银行小微信贷营销模式

营销模式是把可盈利的服务引向经选择的客户的一系列管理活动的统称。对于商业银行来说，营销模式既是基于自身经营目标、内部资源理性选择的客观结果，也是其能否为客户提供优质金融服务的关键环节。它贯穿于包括客户信息收集、客户需求满足、客户关系维护、客户风险管控等在内的全业务流程，对于商业银行实现商业可持续发展具有重要意义。

◇ 一 商业银行小微信贷营销现状

小微企业数量多、规模小、经营状况千差万别，金融需求"短小频急"。针对小微企业的资金需求特点，商业银行小微信贷营销模式不断推陈出新，先后涌现出如关注新客户拓展的跑街营销模式、关注客户关系维护的以老带新营销模式、关注产品交叉销售的打包营销模式、关注客户营销效率的群链营销模式、关注产品生命周期的重点产品营销模式以及关注客户价值挖掘的大数据营销模式等。这些营销模式在不同的历史阶段，有力衔接了商业银行的资金供给和小微企业的融资需求，切实促进并支持了实体经济的发展。

近年来，在互联网金融的冲击下，商业银行在大数据驱动小微信贷营销方面已做出了诸多有益的探索。如工行、建行通过整合行内、行外数据资源，为小微企业提供全线上的融资支持。泰隆银行、台州银行打造了"跑数+跑街"的新型小微信贷营销模式。网商银行、微众银行则依托数据画像等新型信贷技术，服务了大量小微市场主体。受益于政策利好、大数据技术与小微信贷持续融合等多重因素，近年来我国小微企业融资可获得性持续提高。根据银保监会披露数据，截至2018年末，全国小微企业贷款余额33.49万亿元，占各项贷款余额的23.81%。其中，普惠型小微企业贷款余额9.36万亿元，比年初增长21.79%，比各项贷款增速高9.2个百分点；贷款户数1723.23万户，比年初增加455.07万户。

◇◇ 二 大数据技术在商业银行小微信贷营销中的应用与特点

商业银行为小微企业提供信贷服务所须解决的核心问题是：如何在风险可控的前提下，通过获客、决策、服务、管理等手段，为小微企业提供合理、高效的金融支持，实现商业银行与小微企业的合作共赢与快速成长。

（一）大数据驱动下商业银行小微信贷营销的应用

大数据是一组数据的集合，具有容量大（Volume）、类型多（Variety）、存取速度快（Velocity）、价值密度低（Value）为"4V"特征。理论上，大数据驱动下的小微信贷营销可涵盖以下环节：一是采集、清洗、整合小微企业基础数据信息；二是利用人工智能分析、挖掘数据间的关联因素，将关联因素自动转化为营销变量并创建营销模型；三是根据营销模型，定期对客户进行扫描，对不同价值分层的客户实时匹配营销策略、分配营销资源；四是通过线上手段迅速执行营销策略并实时跟踪营销进展，对营销效果进行自动评估并调整营销策略。

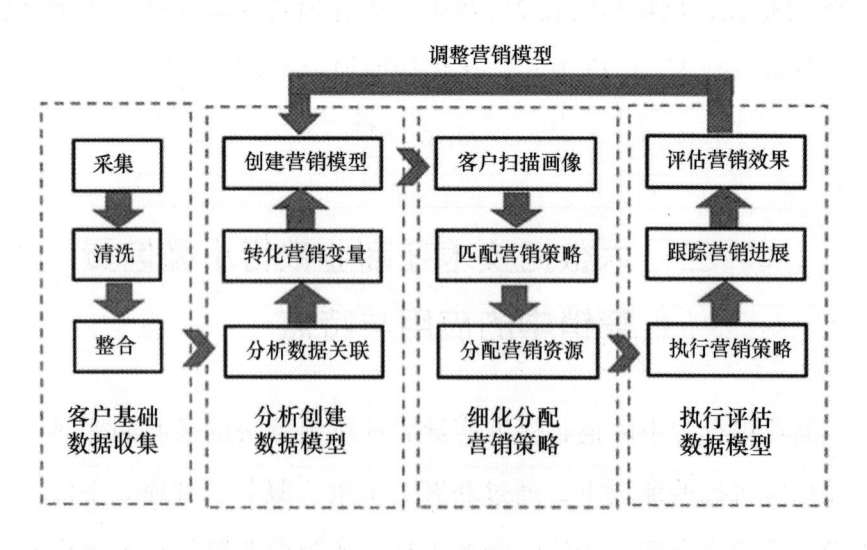

图15-1 大数据驱动的小微信贷营销流程示意图

虽然部分商业银行在个人信贷领域（如房贷等）已开展了上述技术的运用，但受制于数据资源、成本控制、技术局限等不同因素，大数据技术尚未完整运用至小微信贷（特别是小微企业法人贷款）营销各个环节。商业银行小微信贷数据化营销程度和水平均有进一步提高的空间。

（二）大数据驱动下商业银行小微信贷营销的特点

如果说"以营销人员为中心"的散单营销是小微信贷营销的1.0阶段，"以专属产品为中心"的群链营销是小微信贷营销的2.0阶段，那么"以满足客户需求为中心"的大数据营销可谓是商业银行小微信贷营销的3.0阶段。

与前两个阶段相比，大数据驱动下的小微信贷营销在获客模式、配套产品、营销目标等方面均有所变革。如，在获客模式方面，不再依托营销人员自身人脉或合作平台提供目标客户清单，而是通过数据建模实现对全体量客户的自动筛选；在配套产品方面，线上产品取代线下产品成为主流；在营销目标方面，不再是运动式的简单扩大业务规模或提高客户数量，追求业务规模最大化或市场份额最大化，而是通过持续营销巩固银客关系，实现对客户价值的最大化挖掘。这样的变革也赋予了商业银行小微信贷大数据营销模式全新的特点。

表 15-1　　　　　商业银行小微信贷营销模式对比表

模式	散单营销	群链营销	大数据营销
获客模式	营销人员依托自身人脉进行"朋友圈"营销,也包括等客上门、陌生拜访和"以老带新"等获客渠道	先对行业协会、市场管理方、核心企业等群链合作平台进行营销,通过合作平台获取目标客户清单进行名单制营销	先对外部平台推送数据及本行内部数据进行分析挖掘,再通过大数据模型遴选潜在客户并进行营销
配套产品	以房产土地抵押贷款、融资性担保公司担保贷款等标准化线下产品为主;特定区域可匹配区域需求较大的标准化线下信贷产品	匹配群链专属线下信贷产品,如为渔业捕捞聚集区小微企业匹配渔船抵押贷款,为高新园区匹配科技贷款,为城市商圈匹配市场方担保贷款等	以线上标准化纯信用产品为主,初期兼容各类线下、"线上+线下"产品服务
营销目标	业务规模最大化	市场份额最大化	客户价值最大化

1. 小微信贷大数据营销的边际利润更高

与散单营销、群链营销等传统营销模式相比,大数据营销具有更低的边际成本、更高的总体收益、更小的信贷损失,因此能够获得更高的边际利润。具体来看:

一是"机器换人"压降边际成本。传统营销模式通过物理和人工渠道为小微企业提供金融服务,在客户营销、产品推介、服务管理等方面需要投入较多的人力成本。虽然大数据营销模式前期需要为搭建系统投入高昂的建设成本,但大数据技术理论上可以通过以定量数据分析替代专家对区域市场的直觉判断、以远程线上营销团队取代线下实体网点人工作业,可以降低服务客户人力边际成本。

二是"跟踪营销"提高总体收益。与首次营销相比,跟踪营销具有资源投入小、营销成功率较高的特点,但传统营销模式下,商业银行往往难以及时发现并满足存量客户的新增需求,客户的价值挖掘有待提高。大数据驱动下，借助人工智能自动创建的营销模型，银行可以极低的边际成本对每个客户进行深耕细作的价值挖掘。通过单一客户价值的最大化，在营销边际成本几乎不变的情况下，提升总体营销收益。

三是风控前置降低风险损失。大数据营销模式可以将风控模型内嵌于目标客户的判断，在客户准入端对客户风险情况进行有效预判，客户违约概率相对较低，信贷业务损失率的下降也将提升营销利润。

2. 小微信贷大数据营销的风险因素更加复杂

一是信用风险。在大数据营销模式下，小微信贷营销模型的核心是人工智能基于存量数据建立营销模型，并在不断的试验学习中，根据营销结果反馈持续调整营销策略。但是，外部经济形势急剧转变可能导致基于历史数据的分析结果不再适应于新形势的发展，而营销结果反馈的滞后性，使其不能及时揭示模型偏差并予以校正。这就可能导致客户准入端出现较大的风险偏好扭曲，而这种扭曲经过大数据授信、支用等环节的放大，有可能导致信用风险的集中爆发。

二是技术风险。商业银行小微信贷营销的数据仓既包括政府、核心企业、第三方数据公司提供的外部信息，也包括客户在本行的内部数据。外部信息的多机构共享、内部数据的多系统引用，使多重交易和多方接入现象客观存在，数据产生、获取、使用、销毁的各个环节均面临着客户隐私被泄露、窃取、篡改等技术风险。同时，商业银行多不具备大数据及人工智能技术的自有知识产权，开展大数据营销需要的技术服务多来自外部采购，因此也存在着被外部技术供应商监听数据的技术风险。

三是法律风险。目前我国大数据法律法规体系尚不健全，数据交易存在许多不规范的地方，而随着大数据技术的持续发展，未来监管机构势必会出台有关法律法规，但由于法律法规的不确定性较大，商业银行目前的系统建设如未能与未来监管要求完全匹配，后续不但需要投入高昂成本适应监管要求，且或面临较大的法律争议。

3. 小微信贷大数据营销的外部制约因素依然较多

一是小微企业数据信息相对不足。大数据技术只能整合、挖掘散落各处的企业信息，并不能"无中生有"地产生、制造信息。与广大个人客户相比，小微企业数据显著不足。首先，小微企业在样本数量上远低于个人客户，根据市场监管总局披露的数据，2018年我国企业总数达到3474.2万家，远低于我国的人口总数。其次，小微企业新陈代谢快，根据国家统计局统计科学研究所测算，2013年我国小微企业平均寿命为6.8年，不足个人平均寿命的1/10，大型企业平均寿命的1/3，中型企业平均寿命的2/3。2018年我国新设立企业670万家，占全部企业的19.3%，这些新设立企业的信息空白也使其势必成为数据洼地，难以纳入大数据营销的客户范畴。

二是小微信贷数据处理更为复杂。与个人或大公司客户不同，商业银行小微企业营销横跨对公和个人两大业务板块。除需运用大数据、人工智能等技术采集、分析、挖掘小微企业自身信息外，还需围绕小微企业建立起向上可追溯到核心企业，向下可延伸至小微企业主、小微企业员工，横向可扩展至群链内其他具有相似经营特征的小微企业的数据体系，才能构建出对公向个人、个人向对公的双向营销引荐机制，而这亦使小微信贷的数据处理更为复杂。

三是小微企业融资更依赖实体渠道。根据中国互联网络信息中心（CNNIC）披露的数据，截至2018年末，中国网民规模为8.29亿，其中网络支付用户规模达6.00亿，占比达到72.5%。不同于个人客户已习惯包括支付、融资等在内的互联网金融场景，与所有对公客户相似，大量小微企业在金融服务方面仍然依赖实体渠道。这是因为，与个人客户相比，小微企业融资金额相对较大、融资方案相对复杂，客户认为通过实体渠道可以获得更具个性化的融资解决方案。

三 大数据驱动下商业银行小微信贷营销的趋势和发展策略

目前，我国商业银行小微信贷营销已走过"以营销人员为中心"的散单营销阶段，正在由"以专属产品为中心"的群链营销阶段向"以满足客户需求为中心"的大数据营销阶段转型。这一转型既是商业银行应对互联网金融冲击的必然选择，也将决定商业银行能否在智能经济的大潮中找到新的发展动力。

（一）建立小微信贷大数据标准体系

构建大数据营销分析体系是商业银行从传统人力密集型的散单营销、群链营销向技术密集型的大数据营销转型升级的第一环节。作为大数据营销的基础，数据资源的数量和质量直接决定了营销决策的覆盖面和准确性。

商业银行作为小微企业金融行为重要的数据提供者，拥有大量企业资金信息，但小微企业经营行为、财务状况、物流偏好、订单流转数据相对不足是其数据积累"短板"。这一短板需要依赖跨行业、跨部门的数据合作分享机制得到填补和完善。目前，部分商业银行虽已实现与征信及地方税务平台的数据交互，通过第三方信用服务类软件，亦可接入包括市场监管、司法等在内的大数据服务。但是数据资源的多点接入、数据口径的复杂多样、数据质量的参差不齐等均制约了商业银行小微信贷大数据营销模式的数据处理速度和分析质量。

2019年2月，中办、国办联合下发《关于加强金融服务民营企业的若干意见》，意见指出要"依法开放相关信息资源，在确保信息安全前提下，推动数据共享。地方政府依托国家数据共享交换平台体系，抓紧构建完善金融、税务、市场监管、社保、海关、司法等大数据服务平台，实现跨层级跨部门跨地域互联互通"。银行业可借国家大力推进国家数据共享交换平台体系建设这一契机，尽快出台小微金融大数据行业标准，统一数据口径、接口、认证标准，从源头上做好数据治理工作，使小微企业的金融、财务和经营信息成为全社会的数据资源，真正实现金融机构与小微企业双方的线上高效对接，"让信息'多跑路'，让企业'少跑腿'"。

（二）打造小微信贷大数据专业队伍

引进大数据资源，是构建商业银行小微信贷大数据营销模式的第一步，引入人工智能深度准确地运用、分析和处理大数据资源，则是精准制定大数据营销策略的关键环节。

然而，多数商业银行缺乏既了解小微信贷特点又具备数据分析能力的专业人才，在小微信贷大数据营销模型构建方面采取了"培养内部人才＋采购外包服务"的做法。这一做法使商业银行得以在短时间内，快速、经济地搭建起数据分析体系，但从短期看，容易因业务人员不懂技术、技术人员不懂业务，导致数据分析、挖掘乃至模型创建、应用等方面的偏差，从而造成系统性风险，而技术本身的复杂性与隐蔽性，亦使这些偏差或难以被有效察觉。从长期看，也容易形成对外包服务的技术依赖并导致安全隐患。

因此，从短期看，为更好地服务小微信贷大数据营销实践，商业银行应强化数据分析专业队伍的建设，在数据分析部门与业务营销部门间建立起高效、便捷的知识分享体系，通过搭建在线知识库，促进双方的学习与交流，促使数据化转型成为银行各部门的共识和内生性需求。此外，虽然人工智能可通过营销结果反馈推动自身分析能力的迭代升级，但在那些人工智能暂时看不清、算不准的地方，商业银行亦应充分利用专家经验进行必要的交叉验证，以规避大数据营销可能导致的信用风险集中暴露。

从长期看，必须高度重视银行内部数据分析人才的储备和培养，建立健全外包机构与商业银行间的知识转移渠道，有条件的商业银行可择机成立科技金融公司，持续强化数据运用管理，确保数据分析的自主性和连续性，使大数据技术切实驱动小微企业融资可获得性的提升。

（三）完善小微信贷大数据价值平衡

小微企业是我国各类市场经营主体重要的组成部分，在稳定增长、促进创新、增加就业、改善民生等方面发挥着不可替代的作用。近年来，党中央、国务院高度重视小微企业的发展，将缓解小微企业融资难、融资贵问题作为工作重点。银保监会更提出商业银行小微信贷业务"商业可持续、'保本微利'"的利率定价指导原则。

但是，由于小微企业普遍缺乏必要的信息、信用记录，传统小微信贷具有高风险、高成本、低回报的特征。虽然大数据技术降低了商业银行小微信贷营销的边际成本、提高了总体收益水平，但在"保本微利"的基本原则下，与个人信贷、大公司信贷业务相比，小微信贷低回报属性依然明显，如果简单将利润最大化作为商业银行大数据营销的唯一目标，则大数据算法或将小微信贷置于边缘位置。

因此有必要在人工智能依托大数据资源，重点考核小微企业当期价值指标、潜在价值指标的基础上，引入专家评分机制，为小微信贷设置除经济价值外的社会责任价值营销变量，如客户是否为国家重点扶持的普惠金融服务对象，客户是否为县及县以下区域重点客户等，力争实现商业银行小微信贷业务社会责任和商业利益的有效均衡。

表15-2　　　　商业银行小微企业营销变量主要指标表

营销变量	分类	技术	指标示例
经济类营销变量	当期价值指标	人工智能技术	如客户在本行当前时点的贷款年日均结余金额、贷款收入、贷款担保方式、贷款资产质量、存款年日均结余金额、存款收入、中间业务收入、交易次数、加权平均费用率等定量指标。
	潜在价值指标	人工智能技术	如客户规模体量、所属行业、信用等级、商业模式、使用他行金融产品服务等定量指标。
社会责任类营销变量	社会责任价值指标	专家打分卡技术	如客户是否为国家重点扶持的普惠金融重点服务对象，客户是否为县及县以下区域重点扶持客户等定性指标。

（四）构建大数据驱动下小微信贷营销的差异竞争生态环境

在大数据、云计算、区块链、人工智能等新型技术手段的推动下，商业银行小微信贷营销数字化、智能化水平持续提升，对于小微企业融资诉求的服务能力得到了进一步提高。但也应指出的是，商业银行小微信贷业务的大数据转型并不意味着完全消灭散单营销和群链营销，不意味着用数据分析取代人工判断、用标准化流程替换个性化作业。

对于微众、网商等具有互联网背景的民营银行来说，深厚的小微企业数据积累，有力的数据分析手段，不设物理网点、不做现金业务的低建设、低人工成本运营策略，使其在利用大数据技术营销服务小微企业方面具备天然的优势。而对于邮储银行等坐拥海量实体网点的大型商业银行来说，作为小微信贷的重要资金供给方，其承担着将普惠金融服务延伸至"最后一公里"的社会责任。虽然小微信贷线下营销模式边际成本高、总体收益低，看起来没有那么划算，但因为这一渠道是那些尚未有条件"触网"或依然习惯实体渠道金融服务的小微企业重要乃至唯一的选择，在较长的时间段内，线下营销模式依然会是这些银行为小微企业提供服务的有效手段。

对于部分中小型银行来说，建设大数据信息系统需要投入高昂的成本，成本压力要求其必须分段实施小微信贷大数据营销的目标。而对于资金实力雄厚的建设银行等大型银行来说，它们除积极投身小微信贷大数据营销模式的探索外，还已主动参与数字城市等大数据基础设施建设，通过打造开放共享的数字化生态圈，帮助小微企业实现数字化转型升级。

小微企业的个体差异性和小微信贷的业务复杂性，决定了商业银行小微信贷营销模式的转型升级必然是多种营销模式、策略安排、业务流程并行存在。商业银行应根据自身的实力、战略，选择适宜自身发展的小微信贷发展之路，在差异化的竞争中，与互联网金融等资金供给方一起，共同促进小微企业和实体经济的发展。

支持小微企业的政策建议

◇ 一　扶植小微企业的理论逻辑

政府是否有必要对小微企业进行扶植？这看似简单的问题，包含不简单的道理。

按照商界优胜劣汰的丛林法则，有竞争能力的企业自然会脱颖而出成长壮大，竞争能力代表了企业的管理能力、创新能力。这类企业是高效率使用社会资源，创造财富价值的企业。那些被淘汰的理应被淘汰。因此，政府没必要刻意扶植弱小的小微企业。这种观点在金融界很多。不少人认为目前生存困难的中小企业本身就代表了低产能、落后，早该淘汰。但是，小微企业往往创造了一个国家80%以上的就业机会，是社会安定的基础。即便出于解决就业问题，保证社会安定的考虑，政府也需要帮助这些企业生存。扶植小微企业，可以说是商界的"扶贫"。

但是，如果我们对丛林法则论做进一步分析，会发现上述"淘汰"论是存在问题的。首先，优胜劣汰的竞争环境必须是公平的，在市场规则和市场秩序不完善下，不存在公平竞争，因此，胜出者未必为优，败退者未必为劣。在缺少公平竞争环境下，奢谈优胜劣汰没有意义。其次，信息不对称使资源提供方有可能对看似弱小的企业产生误判，导致资金等要素资源供给不足，使潜在的种子选手提前夭折。信息不对称问题在信贷领域尤其严重，因为大多小微企业缺乏清晰的财务报表，也缺乏足够的可抵押资产，金融机构会对这种企业格外小心。最后，在发展中国家或者法制落后、腐败严重的国家，小微企业会遇到更严重的苛捐杂税，使之不堪重负。鉴于这三点理由，政府对小微企业的扶植是必要的，无论市场秩序相对完善的国家还是不完善的国家均如此。对于发展中国家，以及市场化程度不高、法制落后的国家，更需要如此。

扶植小微企业的第二个必要性，是小微企业具有更高的创新动力，大量研究发现与大型企业，特别是大型国有企业比较，小微企业的创新效率更高。

扶植小微企业的第三个必要性，是对潜在企业巨人的帮助。看似弱小的小微企业中包含未来的企业巨人。大部分白手起家的企业都是从小开始，如中国互联网经济中的BATJ、制造业的华为，都是从小企业做起。

◇◇ 二 如何扶植小微企业？

（一）基本思路

在一个市场竞争不充分、法律制度不完善的社会，扶植中小企业最重要的事情是做好基础设施建设。基础设施建设包括：第一，创造公平竞争环境。公平，意味着不能对小微企业有歧视，包括政策法规的歧视和政府服务的歧视。第二，需要保证政策的一贯稳定性，政策变化会降低小微企业家的信心和创业的积极性。第三，需要完善法律法规，按法规行事，公平执法，是市场经济的基石。立法执法中过于偏颇大企业，或者过于偏颇小微企业的做法，都是破坏市场秩序的行为，不利于小微企业发展。第四，提高政府服务效率，在企业创立阶段帮助其以最少的手续，最短的时间完成注册，在企业正常经营阶段尽可能减少对其不必要的搅扰，避免对小微企业过度的苛捐杂税，制止"吃拿卡要"。为此，廉政十分重要。

（二）国外的经验

从世界各国相对成功的经验看，政府对小微企业的扶植主要体现在立法支持、融资担保、鼓励创新、人才培养、社会化服务等七个方面。

第一，立法支持。

立法在各国支持中小企业发展的过程中扮演了重要的角色，为小微企业的发展奠定了坚实的制度基础。通过立法将政府对小微企业的支持法制化，不仅反映出政府对中小企业扶持的力度，更可以规范政府机关的行为，避免实际操作中的人为因素的干扰。目前主要发达国家均已建立比较完善的中小企业法律体系，不少国家还制定了中小企业的基本法律。

美国于1953年颁布了《小企业法》，以后陆续颁布《机会均等法》《小企业投资法》《小企业经济政策法》《小企业技术创新法》以及《精简文件法》《管理文件法》等一系列反对市场垄断、维护小企业利益的法律法规，为小企业的发展奠定了坚实的法律基础。其中的《小企业法》奠定了小企业的政策基础，确定了对小企业扶持的一系列方面和领域。

日本政府在1963年颁布了被称为日本"中小企业宪法"的《中小企业基本法》。《中小企业基本法》是日本中小企业发展的纲领性法规，是现行中小企业政策和政府管理的总根据。围绕中小企业基本法，日本形成了50多部有关中小企业的法律，涉及中小企业融资、信用担保、彼此互助、与大企业关系、技术创新、税收、公平竞争、行业调整、应对危急情况等诸多方面，为中小企业发展提供良好的法律环境，成为中小企业立法最为完备的国家之一。1999年12月，日本政府又对《中小企业基本法》做了重大调整，形成了一套比较完善的中小企业政策法律体系。

德国政府对于中小企业的立法支持侧重于给中小企业创造良好的竞争环境，帮助中小企业在与大公司的竞争中发挥自己的优势。在维护市场秩序、保证合同自由方面，有《民法典》《商法典》；在确定经济制度方面，有《反限制竞争法》《标准化法》等；在减轻中小企业的税收、经济、社会负担方面，有《关于提高中小企业效率的行动计划》等；对手工业联合会、自由职业者等也有专门的法律予以保护。

其他国家如韩国于1966年颁布了《中小企业基本法》，之后为鼓励小企业自主研发，制定了《促进中小企业经营安定及结构调整特别措施法》《科技创新特别法》。意大利于1991年颁布了著名的《扶持中小企业创新与发展法》，鼓励技术创新，促进中小企业结构调整，以适应欧洲统一大市场的出现和竞争形势新变化。

第二，融资支持。

融资难是制约各国中小企业发展的主要原因，因此，帮助中小企业融资和资金扶持，成为各国政府中小企业政策的重要组成部分。

各个国家的做法不尽相同，从发达国家看有以下经验：

美国政府对小企业的融资支持主要体现在三个方面：一是担保贷款。具体是小企业管理局提供贷款担保，由小企业投资公司项目和多项贷款担保计划来实现。从1958年该担保项目启动至今，小企业投资公司已向超过10万家小企业投资，投资额已超过572亿美元。二是风险基金。政府或民间为高新技术型小企业创新活动提供具有高风险和高回报率的专项投资基金。三是市场融资。通过活跃的中小企业板市场如纳斯达克股票市场，为小型科技企业提供直接融资的渠道。总体上看，美国政府对小型企业的政策性贷款数量很少，政府主要通过小企业管理局制定宏观调控政策，引导民间资本向小企业投资。

日本中小企业的融资渠道基本依赖间接融资，贷款以政府出资为多。日本目前有5家专门为中小企业提供服务的金融机构：中小企业金融公库、国民金融公库、工商组合中央公库、中小企业信用保险公库和中小企业投资扶持株式会社。这些金融机构的主要职能是，为在一般金融机构难以得到贷款的中小企业提供长期低息贷款；为中小企业申请贷款提供保险和担保；为新设立企业、经营困难的企业、金融机构不愿放贷的企业以及20人以下的小规模企业提供无抵押、无担保的小额贷款；通过发行贴现、带息和利息一次付清的金融债券，为中小企业团体提供便利的融资和稳定的资金支持等。

德国政府通常不直接向中小企业提供财政补贴，而是通过由联邦政府出资或与各州政府合股创办专门为中小企业提供资金或融资服务的政策性银行向中小企业提供融资服务。此外，德国政府还为向中小企业提供贷款的非政策银行提供利息补贴，幅度一般为2%—3%。政府出资在不少地方建立了信用保证协会，为中小企业贷款提供信用担保。

印度围绕发展软件产业，创建了多种风险投资基金，并形成了多层次资本市场体系，直接推动了印度软件业的腾飞。

台湾地区在20世纪50年代成立输出入银行，为进出口产品提供保险，也提供信用贷款，供中小企业周转。经济危机时，政府会单独提供纾困基金，只有中小企业可申请。

第三，财政税收政策支持。

美国对小微企业的税收支持是：减少对企业新投资的税收；降低公司所得税率；推行加速折旧；实行特别的科技税收优惠以及企业科研经费增长额税收抵免等。此外，美国《小企业法》规定，每年政府采购中有25%必须给中小企业，为了使小企业能够获得政府采购合同，小企业管理局有权将一些大额合同拆分为小额合同。

德国政府对中小企业的财政支持主要是投资补贴,凡失业人员创办企业均给予一定补贴,每招收一名失业人员再另行补贴;对中小企业技术开发提供资助;提供优惠贷款和低息贷款。在税收政策方面,所得税法、增值税法、工商税法均有对中小企业优惠的内容。

第四,技术创新支持。

美国政府对小企业技术创新的支持主要是通过实施专门的科技支持计划来实现的。《小企业技术创新计划法》规定凡拨给本部门以外研究与开发费用1亿美元以上的部门,每年必须拨出一定比例的研究开发经费,支持小企业的技术创新。《小企业技术转让计划》目的是加强小企业与非营利性研究机构、大学、科研组织建立合作关系,促进先进技术向小企业转移。此外,美国政府还设立"小企业创业研究基金",还有政策性补助、政策性贷款、税收优惠以及政府采购等手段支持小企业的技术创新活动。

日本的技术创新政策主要包括:增加支持中小企业研究开发的预算;对研究成果产业化采取国家和都道府县提供不同比例补助金拨款方式予以支持;对设备更新资金、新事业的长期运营资金提供低息贷款;对尖端产业的培育提供特别贷款;为风险企业技术开发提供补助资金,对进行技术开发的企业实施税费减免制度等。

德国政府为了促进中小企业的技术创新和技术改造制定了《中小企业研究与技术政策总方案》等有关文件,并设立专项科技开发基金,扩大对中小企业科技开发的资助。联邦研究部建立的"示范中心"和"技术对口的访问和信息计划"为中小企业在技术转让方面提供帮助，向它们提供最新的研究成果和研究动态，帮助它们进行技术发行和技术引进。除加强产学研联合外，德国政府还特别重视各种半官方和半民间的行业协会的作用，为中小企业建立信息情报中心，为企业提供信息和服务。这一切都有力地推动了中小企业的技术研究和发展。

台湾工业研究院（职司发展实用性创新科技）往往把研发出来的技术转给中小企业，同时工研院收权利金，得到双赢。

第五，人才培养支持。

人才匮乏是制约中小企业发展的瓶颈，各国都将中小企业的人才培养提到重要的议事日程。

美国小企业局通过在全美的900多个小企业发展中心，组织全美各地大批退休专家和退休专业技术人员为小企业提供专业性和学术性帮助，也提供科技和商业咨询。其次是管理培训，通过商会、大专院校、中等学校、贸易协会和成年教育小组等向小企业提供技术、经销及决策等管理方面的培训，开办讲座和讨论会，并配合发行各种出版物。

日本政府从三个方面加强中小企业的人才培养工作：（1）建立中小企业诊断指导制度。即在各地政府机关成立中小企业指导机构。应中小企业经营者的请求，由中小企业诊断师对企业经营管理现状进行诊断，帮助其发现问题并解决问题。（2）政府出资创办中小企业大学。中小企业大学实行非学历教育，其服务对象是中小企业经营管理者、各地政府机关的中小企业指导员、中小企业团体的成员及创业者等。（3）利用各种社会力量，如中小企业政策审议会、中小企业事业团、商工会、中小企业协会等为中小企业培养人才。

德国政府在各州都设有跨行业的培训中心，采取脱产、半脱产和业余培训等多种方式，为企业培养各类专门人才。政府制定了《职工技术培训法》，规定青年人必须参加技术培训，企业有义务提供青年工人技术培训的岗位。对开设徒工培训的企业，政府还给予资助。同时，德国的手工业和行业协会在政府的资助下，也采取多种形式对中小企业职工进行培训和考核，使他们的理论知识和管理水平不断提高。

英国在20世纪80年代制定了面对中小企业的全国统一培训大纲，英国大多数中小企业董事长、总经理和普通员工都接受过政府统一组织的岗位管理培训。

第六，建立多元化社会服务体系。

中小企业作为社会有机体的重要组成部分，它的生存和发展自然离不开社会力量的支持。

美国对小企业进行社会化服务的工作主要由小企业局承担。小企业局在全国有由1.3万名经验丰富的退休人员组成的经理服务公司和950个小企业发展中心，通过自愿和合同的方式，向小企业提供从创业准备、可行性计划、公司设立到行政管理、商业理财等全套咨询服务。同时，各种营利性的管理培训机构和非营利性的商会、协会等也会向小企业提供培训和咨询等各种服务。

日本围绕为中小企业服务，形成一套包括官方、半官方、民间服务机构的完善的社会服务体系。除中小企业厅外，还有大量的民间中小企业服务机构，包括全国中小企业团体中央会、各都道府的中小企业公会、事业合作社、联合会等，这些机构在政策咨询、诊断、建议、技术开发等方面细致入微地为中小企业提供服务。

德国中小企业社会化服务体系以政府部门为龙头，半官方服务机构为骨架，各类商会、协会为桥梁，社会服务中介为依托，为中小企业在法律事务、评估、会计、审计、公证、招标、人才市场、人员培训、企业咨询等方面提供全面的服务。

台湾中小企业协会是台湾六大工商团体之一，与大企业老板组织的公会如工业总会、商业总会一样，对政府有同样建言权，每年台湾领导人都要到那里出席午餐会。台湾在世界各国都有驻点的台湾外贸协会，可协助中小企业取得信息，打开市场。

无论哪一种社会服务体系，均经常举办产品及服务推广活动，帮助中小企业进行市场拓展，提供信息服务。很多国家的社会团体把提供信息咨询服务作为对本国小企业服务的主要方式，如向中小企业提供对外贸易信息、税务信息、融资方案和法律咨询等。

客观地讲，当今世界上各发达国家中小企业的蓬勃发展与政府和社会的大力支持是密不可分的。各发达国家依据各自不同的经济发展阶段、政治文化环境，形成了各具特色的小企业政策扶持体系。

第七，健全高效的政府管理机构。

发达国家政府设置的中小企业管理机构大致分为两类。第一类是在中央设管理机构，在地方设派出机构，实行垂直管理。如美国中小企业的主管部门小企业管理局（SBA），分别在华盛顿设总部，在十大城市设10个区域办公室，在地方设70个地区办公室和17个分支办公室，对小企业事务实行垂直管理。此外，美国还在参众两院分别设立小企业委员会，听取SBA和总统小企业会议对有关小企业发展政策的建议和意见。第二类是在政府部门内部设专门机构，将中小企业纳入政府行政框架之下管理。如日本在经济产业省设置"中小企业厅"，作为管理中小企业的最高行政机构，在全国经济产业局内设置"中小企业课"，统辖地方中小企业，与中小企业厅的工作相对接；地方政府在都、道、府、县、市、町、村设立中小企业专管。无论是垂直管理还是政府内设机构管理，管理机构成为中小企业维护自身利益、寻求政府支持的重要保障，对中小企业发展起到了重要指导和促进作用。

三 对我国小微企业发展的建议

改革开放40年以来，中国小微企业得到快速发展，成为中国经济发展、人民生活水平提高的重要支柱。针对以上对中国小微企业发展的现状、问题以及国外的经验，从2009年后，我国政府不断制定促进小微企业发展的政策。这些政策包括认定标准放宽、减少行政审批、税收优惠、金融扶持、创业扶持等。这些政策已经看到了一些效果，长期效应还有待观察。

本报告对政府如何进一步扶植小微企业提出以下建议：

第一，加大完善市场秩序，建立公平的竞争环境的力度。让以私营为主的小微企业在市场竞争中与大型国有企业有平等的地位。

第二，建立支持小微企业发展的法律体系，从法规上给小微企业发展以保证。避免政策大起大伏对小微企业的伤害。

第三，帮助提高小微企业的能力。能力是企业发展的根本。对小微企业来说主要需要提升的能力包括：风险识别和风险控制能力、财务管理能力、人力资源管理能力。在能力提升方面可以充分发挥政府以及各类民间组织的作用，政府以及行业协会、公益组织、高校等可以通过提供相关教材、组织各种类型的课程培训、定期经验交流等方式，帮助小微企业家提高相关管理能力。政府对相关教育培训活动给予适当补贴，或者限制收费标准。

第四，支持创新但避免过度干预。目前我国各级地方政府非常积极推动企业创新，在土地资源、纳税减免、资助补贴方面给予扶植，给小微企业创新极大帮助。但是，也有不少地方政府热心于创新的产业策划，热心于"升级（技术等级）升规（规模）"。我们认为这种做法有一定问题。企业创新是一种企业的自发行为，做什么、怎么做是企业自己的决定，政府不能有太多干扰，更不能替代企业决策。政府需要做的是创造好的外部环境。在这方面，许多发达国家提供了大量成功经验。创造企业创新的外部环境，包括重视教育、完善法规、提供信息帮助，鼓励企业和高校结合。成功经验中鲜有政府直接规划、替代企业决策的案例。事实上我国改革开放40年来，由地方政府主导的产业升级、技术创新成功者寥寥无几，失败者满目皆是。在这方面我们已经走了太多的弯路，没必要再交学费了。政府在支持小微企业创新方面，把握住自己行为的"度"，至为关键。

第五，融资支持避免简单化。近5年来，政府加大对小微企业信贷支持力度。通过担保、利息补贴、建立专项扶植基金、改变对银行小微企业贷款业绩考核方法（下放考核权）等方式，在很大程度上推动了信贷资源向小微企业的倾斜。但依然存在对金融机构过多行政干预的做法。例如，要求银行对小微企业贷款三个不低于（贷款增速不低于其他贷款业务平均增速；贷款户数不低于上一年；贷款增长不低于上一年）的规定，没有考虑银行作为商业企业的性质，违背银行的经营规律，是对银行业务的过度干预。政府可以要求政策性银行这样做，但不可以同样如此要求非政策银行。发达国家的成功经验在于，政府提供优惠政策，鼓励商业性金融机构自愿开展小微金融业务，或者由政府直接承担商业性金融机构无法规避的小微企业信贷风险。目前，我国有较多针对小微企业融资的金融机构，仍然依赖自有资金发放贷款，可以适当增加其相关信贷获取渠道。

第六，切实落实降低小微企业税费的政策。根据最新调查数据，目前各类影响小微企业发展的问题中，成本、税负过高已经排在融资难之前。人力成本、原材料成本、物流成本过高成为小微企业，尤其制造业小微企业的致命问题。在国际贸易关系紧张、生产过剩、竞争加剧的情况下，本来利润微薄的小微企业日子更加难过。通过帮助融资助力小微企业似乎着力点错了，当一个企业利润过低，打算收缩规模或者关门的时候，拼命借钱给它又有何用？在经济下行时期，降低税费是帮助企业最行之有效的方法。这实际上是在企业创造的社会财富分配中，政府少拿点，给企业多留点，以此换来企业的活力和经济的增长。因此，当前形势下发展中国小微企业，降税费比解决融资难问题更重要、更急迫。

第七，建立高效率的政府与社会服务体系。除了设置政府小微企业服务机构外，充分发挥民间社团作用十分重要。国内外有大量案例证明，凡是企业自己组织的行业协会、互助团体（互助社、联盟等），服务中小企业往往比政府机构有更好的效果。因为他们是自觉自愿，自我救助，比政府机构有更强的主动性和创造力。政府需要善于发现这种机构，承认这些社团组织的合法性，并给予适当的支持和引导，就可以起到四两拨千斤的作用。要这样做，强调政府"放权"意识十分重要。对此，一些经济发达地区的政府，如珠三角、长三角地区已经走在前面，有大量成功经验值得总结。

第八，在信息技术和大数据驱动小微企业信贷上，政府应该增强技术支持投入，促进信息共享和信息安全，并建立较好的监管体系。

主要参考文献

中共中央马克思恩格斯列宁斯大林著作编译局：《马克思恩格斯全集》第三卷，人民出版社1995年版。

中共中央马克思恩格斯列宁斯大林著作编译局：《马克思恩格斯全集》第四十六卷（上），人民出版社2003年版。

爱德华·格莱泽：《城市的胜利》，上海社会科学院出版社2012年版。

保罗·诺克斯、琳达·迈克卡西：《城市化》，科学出版社2009年版。

冯云廷：《城市聚集经济》，东北财经大学出版社2001年版。

洪玫：《资信评级》，中国人民大学出版社2006年版。

胡代光、高鸿业：《西方经济学大辞典》，经济科学出版社2000年版。

黄汉江：《建筑经济大辞典》，上海社会科学院出版社1990年版。

廖盖隆、孙连成、陈有进：《马克思主义百科要览·下卷》，人民日报出版社1993年版。

苗丽静：《城市产业集群论》，东北财经大学出版社2013年版。

藤田昌久、雅克-弗朗科斯·蒂斯：《集聚经济学——城市、产业区位与经济增长》，西南财经大学出版社 2004 年版。

许崇德：《中华法学大辞典·宪法学卷》，中国检察出版社 1995 年版。

许学强、周一星、宁越敏：《城市地理学》，高等教育出版社 2009 年版。

张海鹰：《社会保障辞典》，经济管理出版社 1993 年版。

张清源：《现代汉语常用词词典》，四川人民出版社 1992 年版。

张文奎：《人文地理学词典》，陕西人民出版社 1990 年版。

郑自强：《对发展中国小微金融的总体思考》，载《普惠金融：中国金融发展的新阶段》，人民出版社 2016 年版。

周一夔：《都市经济学》，台北编译馆 1977 年版。

陈忠阳、郭三野、刘吕科：《我国银行小企业信贷模式与风险管理研究——基于银行问卷调研的分析》，《金融研究》2009 年第 5 期。

丁杰、李悦雷、曾燕：《网络贷款具有贫民属性吗？谁在嫌贫爱富？——基于"人人贷"的实证证据》，《国际金融研究》2018 年第 6 期。

杜晓山、聂强：《小额贷款公司发展中的问题研究》，《农村金融研究》2012 年第 6 期。

杜晓山：《小额信贷的发展与普惠性金融体系框架》，《中国农村经济》2006 年第 8 期。

傅十和、洪俊杰：《企业规模、城市规模与集聚经济——对中国制造业企业普查数据的实证分析》,《经济研究》2008 年第 11 期。

韩亚欣、何敏、李华民:《大银行何以为中小企业融资?——基于某大银行支行的案例分析》,《金融论坛》2016 年第 1 期。

何光辉、杨咸月:《中国小微企业信用违约影响因素的实证检验——来自某国有银行地区分行的证据》,《上海财经大学学报》(哲学社会科学版)2015 年第 6 期。

胡金焱、李建文、张博:《P2P 网络借贷是否实现了普惠金融目标》,《世界经济》2018 年第 11 期。

胡金焱、梁巧慧:《小额贷款公司多重目标实现的兼顾性——来自山东省的证据》,《财贸经济》2015 年第 5 期。

姜洋、郭光磊:《数字化时代的商业银行经营变局及策略应对》,《农村金融研究》2013 年第 7 期。

焦瑾璞:《构建普惠金融体系的重要性》,《中国金融》2010 年第 10 期。

李稻葵、刘淳、庞家任:《金融基础设施对经济发展的推动作用研究——以我国征信系统为例》,《金融研究》2016 年第 2 期。

李广子、熊德华、刘力:《中小银行发展如何影响中小企业融资?——兼析产生影响的多重中介效应》,《金融研究》2016 年第 12 期。

李建军、王德:《搜寻成本、网络效应与普惠金融的渠道价值——互联网借贷平台与商业银行的小微融资选择比较》,《国际金融研究》2015 年第 12 期。

李志赟:《银行结构与中小企业融资》,《经济研究》2002 年第

6期。

廖理、李梦然、王正位等：《观察中学习：P2P网络投资中信息传递与羊群行为》，《清华大学学报》（哲学社会科学版）2015年第1期。

林毅夫、李永军：《中小金融机构发展与中小企业融资》，《经济研究》2001年第1期。

刘畅、刘冲、马光荣：《中小金融机构与中小企业贷款》，《经济研究》2017年第8期。

龙海明、王志鹏：《征信系统、法律权利保护与银行信贷》，《金融研究》2017年第2期。

卢亚娟、孟德锋：《民间资本进入农村金融服务业的目标权衡——基于小额贷款公司的实证研究》，《金融研究》2012年第3期。

鲁丹、肖华荣：《银行市场竞争结构、信息生产和中小企业融资》，《金融研究》2008年第5期。

吕逸楠：《小微企业信用体系建设若干问题的探讨》，《对外经贸》2013年第5期。

潘功胜：《关于构建普惠金融体系的几点思考》，《上海金融》2015年第4期。

彭晓矛：《农民增产不增收：原因、影响、对策》，《统计研究》1992年第2期。

王静、张文彬：《小微企业银行信贷抑制：因素、程度与影响——基于浙江台州市的经验研究》，《中国市场》2012年第5期。

王馨：《互联网金融助解"长尾"小微企业融资难问题研究》，《金融研究》2015 年第 9 期。

谢平、邹传伟、刘海二：《互联网金融的基础理论》，《金融研究》2015 年第 8 期。

杨帅、温铁军：《发展生态农业的国际经验及本土试验》，《环境保护》2008 年第 8 期。

尹志超、钱龙、吴雨：《银企关系、银行业竞争与中小企业借贷成本》，《金融研究》2015 年第 1 期。

张杰：《民营经济的金融困境与融资次序》，《经济研究》2000 年第 4 期。

张平淡、袁赛：《决胜全面小康视野的农民收入结构与农业面源污染治理》，《改革》2017 年第 9 期。

张晓静：《小微企业信用服务体系发展的现状和对策研究》，《中国集体经济》2017 年第 7 期。

张志勇、吴姣：《德国 IPC 微贷技术对大型商业银行的启示与借鉴》，《河北金融》2014 年第 11 期。

赵岳、谭之博：《电子商务、银行信贷与中小企业融资——一个基于信息经济学的理论模型》，《经济研究》2012 年第 7 期。

钟向群：《互联网世界下的金融创新》，《中国金融》2013 年第 3 期。

周业安：《金融抑制对中国企业融资能力影响的实证研究》，《经济研究》1993 年第 2 期。

庄雷、周勤：《身份歧视：互联网金融创新效率研究——基于 P2P 网络借贷》，《经济管理》2015 年第 4 期。

贝多广、李焰、莫秀根：《普惠金融能力建设》，中国人民大学普惠金融研究院，2017年。

贝多广、李焰：《好金融 好社会：中国普惠金融发展报告》，中国人民大学普惠金融研究院，2015年。

晏海运：《中国普惠金融发展研究》，博士学位论文，中共中央党校，2013年。

杨燕：《蚂蚁小贷：普惠金融的社会价值》，《中国经营报》2019年6月3日第C06版。

艾瑞咨询：《2018年中国小微企业融资报告》，2018年，报告来源：https：//www.useit.com.cn/thread-21366-1-1.html。

清华大学互联网产业研究院：《2019.金融科技在小微企业信贷中的应用发展研究报告》，报告来源：https：//www.useit.com.cn/thread-23276-1-1.html。

Angelucci M., Karlan D. S., Zinman J., "Win Some Lose Some? Evidence From a Randomized Microcredit Program Placement Experiment by Compartamos Banco", *SSRN Electronic Journal*, Vol. 7, No. 1, 2013.

Anne O. Krueger, *The Missing Middle*, Stanford University, Center for International Development, Working Paper No. 343, 2007.

Beatriz Armendáriz, Gollier C., Aghion B. A. D., "Peer Group Formation in an Adverse Selection Model", *Economic Journal*, Vol. 110,

No. 465, 2010.

Beatriz Armendáriz, Morduch J., "Microfinance Beyond Group Lending", *Economics of Transition*, Vol. 8, No. 2, 2000.

Bennardo A., Pagano M., Piccolo S., "Multiple-Bank Lending, Creditor Rights and Information Sharing", *Review of Finance*, Vol. 19, No. 2, 2009.

Berger A. N., Black L. K., "Bank Size, Lending Technologies, and Small Business Finance", *Journal of Banking & Finance*, Vol. 35, No. 3, 2011.

Berger A. N., Miller N. H., Petersen M. A., et al., "Does Function Follow Organizational Form? Evidence From the Lending Practices of Large and Small Banks", *Journal of Financial Economics*, Vol. 76, No. 2, 2002.

Berger A. N., Udell G. F., "A More Complete Conceptual Framework for SME Finance", *Journal of Banking & Finance*, Vol. 30, No. 11, 2006.

Berger A. N., Udell G. F., "Relationship Lending and Lines of Credit in Small Firm Finance", *Journal of Business*, Vol. 68, No. 3, 1995.

Berger A. N., Udell G. F., "Small Business Credit Availability and Relationship Lending: The Importance of Bank Organisational Structure", *Economic Journal*, Vol. 112, No. 477, 2002.

Bert D'Espallier, Hudon M., Szafarz A., "Unsubsidized Microfinance Institutions", *Economics Letters*, Vol. 120, No. 2, 2013.

Bert D'Espallier, Isabelle Guérin, Mersland R., "Women and Repayment in Microfinance: A Global Analysis", *Social Science Electronic Publishing*, Vol. 39, No. 5, 2011.

Besanko D., Thakor A. V., "Collateral and Rationing: Sorting Equilibria in Monopolistic and Competitive Credit Markets", *International Economic Review*, Vol. 28, No. 3, 1987.

Besley T., Coate S., "Group Lending, Repayment Incentives And Social Collateral", *Papers*, Vol. 46, No. 1, 1991.

Bester H., Review A. E., Duflo E., "Screening vs. Rationing in Credit Markets with Imperfect Information", *American Economic Review*, Vol. 75, No. 4, 1985.

Bester H., "The Role of Collateral in a Model of Debt Renegotiation", *Journal of Money Credit & Banking*, Vol. 26, No. 1, 1994.

Bester H., "The Role of Collateral in Credit Market with Imperfect Information", *European Economic Review*, Vol. 31, No. 4, 1987.

Bhatt N., Tang S. Y., "Delivering Microfinance in Developing Countries: Controversies and Policy Perspectives", *Policy Studies Journal*, Vol. 29, No. 2, 2001.

Boot A. W. A., Thakor A. V., "Moral Hazard and Secured Lending in an Infinitely Repeated Credit Market Game", *International Economic Review*, Vol. 35, No. 4, 1994.

Bruhn M., Love I., "The Real Impact of Improved Access to Finance: Evidence from Mexico", *The Journal of Finance*, Vol. 69,

No. 3, 2014.

Burgess R., Pande R., "Do Rural Banks Matter? Evidence from the Indian Social Banking Experiment", *American Economic Review*, Vol. 95, No. 3, 2005.

Canales R., Nanda R., "A Darker Side to Decentralized Banks: Market Power and Credit Rationingin SME Lending", *Journal of Financial Economics*, Vol. 105, No. 2, 2012.

Caudill S. B., Gropper D. M., Hartarska V., "Which Microfinance Institutions Are Becoming More Cost Effective with Time? Evidence from a Mixture Model", *Journal of Money, Credit and Banking*, Vol. 41, No. 4, 2009.

Cecchetti S., Kharroubi E., "Reassessing the Impact of Finance on Growth", *BIS Working Papers*, 2012.

Chandler Alfred D., Jr., *Scale and Scope: The Dynamics of Industrial Capitalism*, Cambridge: Harvard University Press, 1994.

Chatterjee P., Sarangi S., Beatriz Armendáriz de Aghion, et al., "The Economics of Microfinance", *Southern Economic Journal*, Vol. 73, No. 1, 2006.

Childe G., *What Happened in History*, London: Penguin, 1957.

Ciciretti R., Hasan I., Zazzara C., "Do Internet Activities Add Value? Evidence from the Traditional Banks", *Journal of Financial Services Research*, Vol. 35, No. 1, 2009.

Claeys P., Arnaboldi F., "Internet Banking in Europe: A Comparative

Analysis", IREA Working Papers, 2008.

Collins, D., Morduch, J., Rutherford, S., Ruthven, O., *Portfolios of the Poor How the World's Poor Live on $2 a Day*, Princeton University Press, 2009.

"Cookie Cutter vs. Character: The Micro Structure of Small Business Lending by Large and Small Banks", *Journal of Financial and Quantitative Analysis*, Vol. 39, No. 2, 2004.

Despallier B., Hudon M., Szafarz A., "Aid Volatility and Social Performance in Microfinance", *Nonprofit and Voluntary Sector Quarterly*, 2016.

Deyoung R., Glennon D., Nigro P. J., "Borrower-Lender Distance, Credit Scoring, and the Performance of Small Business Loans", *SSRN Electronic Journal*, Vol. 17, No. 1, 2005.

Diamond D. W., "Reputation Acquisition in Debt Markets", *Journal of Political Economy*, Vol. 97, 1989.

Djankov S. D., Shleifer A., Mcliesh C., "Private Credit in 129 Countries", *Journal of Financial Economics*, Vol. 84, No. 2, 2007.

Dorfleitner G., Priberny C., Schuster S., et al., "Description-text Related Soft Information in Peer-to-peer Lending-Evidence from Two Leading European Platforms", *Journal of Banking & Finance*, Vol. 64, 2016.

Ebeling U. J., Morduch J., "The role of subsidies in microfinance: evidence from the Grameen Bank", *Journal of Development Economics*,

Vol. 60, No. 1, 1999.

Gabriel Jiménez, Salas V., Jesús Saurina, "Organizational Distance and Use of Collateral for Business Loans", *Journal of Banking & Finance*, Vol. 33, No. 2, 2009.

Ghatak M., "Group Lending, Local Information and Peer Selection", *Journal of Development Economics*, Vol. 60, No. 1, 1999.

Ghatak M., Guinnane T. W., "The Economics of Lending with Joint Liability: Theory and Practice", *Journal of Development Economics*, Vol. 60, No. 1, 1999.

Ghatak M., "Screening by the Company You Keep: Joint Liability Lending and the Peer Selection Effect", *The Economic Journal*, Vol. 110, No. 465, 2000.

Glaeser E. L., Kallal H. D., Scheinkman J. A., and Shleifer A., "Growth in Cities", *Journal of Political Economy*, Vol. 100, 1992.

Hannan B. T. H., "The Efficiency Cost of Market Power in the Banking Industry: A Test of the 'Quiet Life' and Related Hypotheses", *The Review of Economics and Statistics*, Vol. 80, No. 3, 1998.

Hannig A., Jansen S., "Financial Inclusion and Financial Stability: Current Policy Issues", Muroeconomics Working Papers 27278, 2011, East Asian Bureau of Economic Research.

Han R., Melecky M., "Financial Inclusion for Financial Stability: Access to Bank Deposits and the Growth of Deposits in the Global Financial Crisis", *World Bank Policy Research Working Paper Series*,

No. 6577, 2013.

Hermes N., Lensink R., "The Empirics of Microfinance: What do We Know?", *The Economic Journal*, Vol. 117, No. 517, 2007.

Herzenstein M., Dholakia U. M., Andrews R. L., "Strategic Herding Behavior in Peer-to-Peer Loan Auctions", *Journal of Interactive Marketing*, Vol. 25, No. 1, 2011.

Herzenstein M., Sonenshein S., Dholakia U. M., "Tell Me a Good Story and I May Lend You Money: The Role of Narratives in Peer-to-Peer Lending Decisions", *Journal of Marketing Research (JMR)*, 2011, 48 (SPL): S138.

Hudon M., Traca D., "On the Efficiency Effects of Subsidies in Microfinance: An Empirical Inquiry", *World Development*, Vol. 39, No. 6, 2011.

Jacobs J., *The Death and Life of Great American Cities*, New York: Vintage Books, 1961.

Jacobs J., *The Economy of Cities*, New York: Vintage Books, 1969.

Jagtiani J., Lemieux C., "Fintech Lending: Financial Inclusion, Risk Pricing, and Alternative Information", *Working Paper 17-17*, Federal Reserve Bank of Philadelphia, 2017.

Kim M., Kristiansen E., Vale B., "Endogenous Product Differentiation in Credit Markets: What do Borrowers Pay for?", *Journal of Banking & Finance*, Vol. 29, No. 3, 2005.

Knox P. L., Pinch S., *Urban Social Geography: An Introduction*, London: Prentice Hall, 2006.

Kornai J., Maskin E., Roland G., "Understanding the Soft Budget Constraint", *Economics Working Papers*, Vol. 41, No. 4, 2002.

Kshetri N., "Big Data's Role in Expanding Access to Financial Services in China", *International Journal of Information Management*, Vol. 36, No. 3, 2016.

Laffont J. J., "Collusion and Group Lending with Adverse Selection", *Journal of Development Economics*, Vol. 70, No. 2, 2003.

Lang R. E., Dhavale D., *Micropolitan America: A Brand New Geography*, Census Note 04, 2004.

Lee E., Lee B., "Herding Behavior in Online P2P Lending: An Empirical Investigation", *Electronic Commerce Research and Applications*, Vol. 11, No. 5, 2012.

Lewis A., "Economic Development with Unlimited Supplies of Labor", *The Manchester School of Economic and Social Studies*, Vol. 22, No. 2, 1954.

Marshall A., *Principles of Economics*, London: Macmillan and Co., 1920.

Meghana Ayyagari, Thorsten Beck, and Asli Demirgüç-Kunt, "Small- and Medium-enterprises Across the Globe: A New Database", World Bank Policy Research Working Paper 3127, August 2003.

Morduch, Jonathan, "The Microfinance Promise", *Journal of Economic Literature*, Vol. 37, No. 4, 1999.

Morduch J., "The Microfinance Schism", *World Development*, Vol. 28, No. 4, 2000.

Padilla A. J., Pagano M., "Endogenous Communication Among Lenders and Entrepreneurial Incentives", *Papers*, 1994.

Padilla A. J., Pagano M., "Sharing Default Information as a Borrower Discipline Device", *European Economic Review*, Vol. 44, No. 10, 2000.

Pagano M., Jappelli T., "Information Sharing in Credit Markets", *The Journal of Finance*, Vol. 48, No. 5, 1993.

Petersen M. A., Rajan R. G., "Does Distance Still Matter? The Information Revolution in Small Business Lending", *The Journal of Finance*, Vol. 57, No. 6, 2002.

Pischke J. D. V., "Measuring the Trade-off between Outreach and Sustainability of Microenterprise Lenders", *Journal of International Development*, Vol. 8, No. 2, 1996.

Pope D. G., Sydnor J. R., "What's in a Picture?: Evidence of Discrimination from Prosper.com", *Journal of Human Resources*, Vol. 46, No. 1, 2011.

Prasad E. S., "Financial Sector Regulation and Reforms in Emerging Markets: An Overview", *Nber Working Papers*, Vol. 70, No. 4, 2010.

Pérez-Martín, A., Pérez-Torregrosa, A., Vaca M., "Big Data Techniques to Measure Credit Banking Risk in Home Equity Loans", *Journal of Business Research, Vol. 89, 2018.

Rajan P. R. G., "The Effect of Credit Market Competition on Lending Relationships", The Quarterly Journal of Economics, Vol. 110, No. 2, 1995.

Rajan, Raghuram G., "Insiders and Outsiders: The Choice between Informed and Arms-Length Debt", The Journal of Finance, Vol. 47, No. 4, 1992.

Scott A. J., Metropolis: From the Division of Labor to Urban Form, Berkeley: University of California Press, 1998.

Scott J. A., "Small Business and the Value of Community Financial Institutions", Journal of Financial Services Research, Vol. 25, No. 2 – 3, 2004.

Sharpe S. A., "Asymmetric Information, Bank Lending, and Implicit Contracts: A Stylized Model of Customer Relationships", Journal of Finance, Vol. 45, 1990.

Sjoberg G., "The Origin and Evolution of Cities", Scientific American, No. 9, 1965.

Stiglitz J. E., Weiss A., "Credit Rationing in Markets with Imperfect Information", American Economic Review, Vol. 71, No. 3, 1981.

Stiglitz, Joseph E., "Peer Monitoring and Credit Markets", The World Bank Economic Review, Vol. 4, No. 3, 1990.

Teece D., "Economies of Scope and the Scope of the Enterprise", Journal of Economic Behavior and Organization, No. 9, 1980.

Torre A. D. L., María Soledad Martínez Pería, Schmukler S. L., "Bank Involvement with SMEs: Beyond Relationship Lending", *Journal of Banking & Finance*, Vol. 34, No. 9, 2010.

Weil, D. N., "Mobile Banking: The Impact of M-PESA in Kenya", *The National Bureau of Economic Research*, Working Paper, No. 2, 2016.

Zhang J., Liu P., "Rational Herding in Microloan Markets", *Informs*, Vol. 58, No. 5, 2012.